ESTHER PANIAGUA

ERROR 404
Der Ausfall des Internets und seine Folgen für die Welt

Aus dem Spanischen von
Marlene Fleißig und Thomas Stauder

Hoffmann und Campe

Die Originalausgabe erschien 2021 unter dem Titel *Error 404. ¿Preparados para un mundo sin internet?* bei Debate, einem Imprint von Penguin Random House Grupo Editorial, Barcelona.

Sollte diese Publikation Links auf die Webseiten Dritter enthalten, so übernehmen wir für deren Inhalte keine Haftung, da wir uns diese nicht zu eigen machen, sondern lediglich auf deren Stand zum Zeitpunkt der Redaktion im Januar 2022 verweisen.

1. Auflage 2022
Copyright © 2021 Esther Paniagua Gómez
Für die deutschsprachige Ausgabe
Copyright © 2022 Hoffmann und Campe Verlag, Hamburg
www.hoffmann-und-campe.de
Umschlaggestaltung: Lisa Busch © Hoffmann und Campe
Typographie und Satz: fuxbux, Berlin
Gesetzt aus der Berling LT und der Verlag Compressed
Druck und Bindung: Friedrich Pustet, Regensburg
Printed in Germany
ISBN 978-3-455-01437-2

Ein Unternehmen der
GANSKE VERLAGSGRUPPE

GEWIDMET DER ZUKUNFT
**DIE SONNE WIRD
WIEDER LEUCHTEN**

INHALT

Prolog: Wir kommen noch rechtzeitig 9

ERSTER TEIL
DÄMMERUNG

1 Das Debakel. Abschied vom Internet. Willkommen beim Weltuntergang 19
2 Nur vier Mahlzeiten vom Chaos entfernt 43

ZWEITER TEIL
FINSTERNIS

3 Verbrechen 63
4 Sucht 89
5 Desinformation und Hass 111
6 Diskriminierung 145
7 Digitale Tyrannei 165
8 Gebrochene Versprechen 207

DRITTER TEIL
EIN NEUER TAG BRICHT AN

9 Ungewisse Zukunft 231
10 Erneutes Vertrauen 261
11 Der Anfang vom Ende 287

Epilog: Eine Milliarde Sekunden 339
Danksagungen 347
Anhang: Liste der Vorschläge aus Kapitel 11 351
Anmerkungen 359

PROLOG
Wir kommen noch rechtzeitig

Im Jahr 1909 verfasste der britische Schriftsteller E.M. Forster eine dystopische Erzählung mit dem Titel *The Machine Stops (Die Maschine steht still)*. Darin beschreibt er eine unbewohnbare, zu Staub zerfallene Welt, in der die Menschen dazu gezwungen sind, unter der Erdoberfläche zu leben. Jede Person befindet sich isoliert in einer der Wohnungen innerhalb der großen Maschine, die diese beherrscht und kontrolliert. Die Maschine sorgt für die Verpflegung und die Verbindung zum Rest der Welt. Die Menschen interagieren untereinander mit Hilfe von Nachrichten und Hologrammen. Jeder hat Tausende von Kontakten, aber keine einzige echte Beziehung. Das frenetische Lebenstempo, stets in Verbindung mit der ehrfurchtgebietenden Maschine, verhindert jede tiefere menschliche Bindung. Forster schildert eine Zivilisation, die keine Stille kennt. Im Hintergrund ist immer das Geräusch der großen Maschine zu hören. Jede noch so kleine Bemerkung, die gegen sie gerichtet ist, wird als Rebellion gegen die herrschende Moral betrachtet, als Blasphemie.

Die Maschine steht still wurde vor mehr als einem Jahrhundert geschrieben, sechzig Jahre vor der Erfindung des Internets, und sie ist erschreckend aktuell. Forsters Befürchtungen bezüglich der Zukunft der Menschheit – und des Planeten – sowie der Konsequenzen der menschlichen Abhängigkeit von der Technik sind immer noch relevant, heute sogar mehr denn je. Seine Überlegungen zur Delegierung individueller Entscheidungen, zum Verzicht auf Freiheit, zur Entfremdung unter den Menschen, zur Spaltung der Gesellschaft und zur unbegrenzten Reichweite eines Systems, das niemand in seiner Gesamtheit zu verstehen ver-

PROLOG

mag, betreffen heute die Digitalisierung und die künstliche Intelligenz.

Forsters Maschine ist heute das World Wide Web und mit ihm die massiven Datenmengen und Technologien, die der komplexen Informationsverarbeitung dienen (was fälschlicherweise als »künstliche Intelligenz« bezeichnet wird).* Diese moderne, dem Stand des 21. Jahrhunderts entsprechende, große Maschine könnte ebenfalls aufhören zu funktionieren. Tatsächlich ist diese Sorge in den Kreisen der Spezialisten für Computertechnik und Cybersicherheit ständig präsent. Es gibt Menschen aus verschiedenen Bereichen, die schon seit vielen Jahren, ja sogar Jahrzehnten, hiervor warnen. Der Philosoph und Bewusstseinstheoretiker Daniel Dennett erklärte 2014 gegenüber dem Journalisten Toni García: »Das Internet wird zusammenbrechen, und wir werden Wellen der Panik erleben.«[1]

Diese Schlagzeile war der Ursprung dieses Buches, das in einer Schublade meines Freundes Toni darauf wartete, geschrieben zu werden. Toni ist Journalist und verfasst Bücher über Gastronomie und Kino, aber er ist kein Fan der Welt der Technik. Ich hingegen habe als Wissenschaftsjournalistin mein ganzes Berufsleben der Technik gewidmet, ohne dass ich deswegen die Absicht gehabt hätte, darüber ein Buch zu schreiben. Dies änderte sich erst, als Toni mir von seinem Interview mit Dennett erzählte und von seiner Idee, ausgehend von der Annahme vom Absturz des Internets einen längeren Text zu schreiben.

Von diesem Moment an ging mir das Thema nicht mehr aus dem Kopf. Ich begann zu recherchieren und erkannte, dass es nicht nur Sinn ergab, sondern dass es etwas war, das unbedingt erzählt und mitgeteilt werden musste. Während ich mich in das

---

* Künstliche Intelligenz (KI) besteht aus einer Reihe hochentwickelter Computertechniken, die versuchen, wie das menschliche Gehirn zu funktionieren, um große Datenmengen auf komplexe Weise zu verarbeiten und Aufgaben wie die Erkennung von Mustern, die Erstellung von Empfehlungen und die Unterstützung bei der Entscheidungsfindung zu erfüllen.

Thema einarbeitete, wuchs in mir das Gefühl der Dringlichkeit. Alles, was um mich herum geschah, ließ sich aus der Perspektive dieses Buches verstehen. Es schrie förmlich danach, geschrieben zu werden.

Dann kam Covid-19 und änderte (fast) alles. Die beschleunigte Digitalisierung und die damit einhergehende Zunahme der Abhängigkeit von der Technologie gossen zusätzliches Öl ins Feuer. Wir hatten nicht auf die Warnzeichen gehört und waren nicht darauf vorbereitet. Dieser Wirklichkeitsschock verdeutlichte die Notwendigkeit, das Bewusstsein dafür zu schärfen, was uns zustoßen könnte, wenn das Internet ausfallen würde. Wie dies bei der Pandemie der Fall war, ist auch das Eintreten eines Internet-Blackouts nur eine Frage der Zeit. Unklar ist nicht, ob es dazu kommt, sondern wann.

Und dann geschah etwas. Zehn Tage vor der Veröffentlichung der spanischen Version dieses Buches wurde die Welt Zeuge einer winzigen Probe dessen, was passieren könnte. Es war die Abschaltung sämtlicher Apps von Meta (dem Unternehmen, das früher als »Facebook« bekannt war). Am 4. Oktober 2021 verschwanden WhatsApp, Instagram, Facebook und all ihre digitalen Verwandten von der Landkarte des Internets. Der Absturz ging als schwarzer Tag in die Geschichte ein. Er dauerte zwar nur etwas mehr als sechs Stunden, aber für viele war dies eine gefühlte Ewigkeit, während andere erleichtert aufatmeten. Die dadurch erzeugte Verwirrung und Beklemmung zeigten, wie abhängig wir von diesen Tools sind, die von Milliarden von Menschen auf der ganzen Welt genutzt, aber von einem einzigen Unternehmen kontrolliert werden.

Der Absturz von Meta war auf einen Fehler bei der Aktualisierung des BGP-Protokolls zurückzuführen, das wie eine Form von GPS-Positionierung im Internet dafür sorgt, dass die Informationen so effizient wie möglich fließen. Wie wir in Kapitel 1 sehen werden, ist ein Versagen dieses Protokolls oder ein Angriff darauf einer der direktesten Wege, um einen weltweiten Internet-

Crash zu verursachen. Aber es ist keineswegs der einzige. Genauso wenig war die Panne von Facebook das einzige Ereignis dieser Art im Jahr 2021. Zu den bekanntesten Vorfällen gehörte eine vorübergehende Einstellung der Dienste von Akamai, einem der größten Netzwerke von Inhaltsanbietern. Vom Absturz von »Akamai« war das halbe Internet betroffen: Websites von Banken, journalistische Medien, Live-Streaming-Dienste, Fluggesellschaften und so weiter.

Einen Monat zuvor, am 8. Juni 2021, waren durch einen anderen Fehler Tausende von Websites in aller Welt lahmgelegt worden, darunter die von Amazon, Twitter und Spotify sowie von Zeitungen wie *El País* und der *New York Times*. Der Absturz wurde durch einen Computerfehler bei »Fastly« verursacht, dem Anbieter von Cloud-Computing-Diensten, bei dem diese Sites gehostet werden. Er dauerte nur eine Stunde, was aber lange genug war, um weltweit Schlagzeilen zu machen.

Erst ein paar Monate zuvor war dies Amazon schon einmal zugestoßen. Ein Problem mit den Servern von Amazon Web Services (AWS) hatte dazu geführt, dass eine Vielzahl von Websites ausfiel und angeschlossene Geräte wie Staubsauger und Türklingeln nicht mehr funktionierten.[2] Und im Dezember 2020 war Google das Opfer gewesen: Ein Fehler aufgrund mangelnden Speicherplatzes in den Authentifizierungstools verhinderte den Zugriff auf alle Dienste des Unternehmens, mit Ausnahme der Suchmaschine.[3] Dies führte zu schwerwiegenden Ausfällen, von denen viele Unternehmen betroffen waren, da sie nicht mehr in der Lage waren, E-Mails, Instant-Messaging-Systeme und Echtzeit-Arbeitsplattformen zu nutzen. Über Google gesteuerte Geräte für Privathaushalte (darunter Thermostate, Lampen und Rauchmelder) und die YouTube-Plattform waren ebenfalls nicht erreichbar. Und das alles dauerte aufgrund des Versagens immerhin fünfundvierzig Minuten.

Amazon und Google konnten das Problem relativ schnell beheben, aber diese Ereignisse haben gezeigt, wie einfach es ist, einen Großteil des Internets lahmzulegen, sogar ganz unabsichtlich. Das ist das Problem der heutigen Online-Dienste, die in so wenigen Händen zentralisiert sind. Neue Unternehmen haben es ob dieser Macht sehr schwer, sich zu etablieren.

Doch nicht nur die – nicht mehr allein theoretische – Vorstellung eines Internet-Crashs mit seinen möglichen Auswirkungen und seinen Lehren hinsichtlich unserer Abhängigkeit von Konnektivität auf individueller und gesellschaftlicher, unternehmerischer, staatlicher, administrativer und kritische Infrastrukturen betreffender Ebene war hierbei von Bedeutung. Worauf es ankam, waren vor allem die Ursachen und Folgen dieser Abhängigkeit: die bestehenden Cybersecurity-Risiken; die wachsende Internet- und Smartphone-Sucht, um ständig in Verbindung zu bleiben; die Manipulation und die Verbreitung von Falschmeldungen; die Hassbotschaften in den sozialen Medien; die gesellschaftliche und politische Zersplitterung und Polarisierung; die Automatisierung der Diskriminierung; die tyrannische Nutzung persönlicher Angaben sowie von Algorithmen, die auf massiven Datenmengen beruhen; die neuen Formen prekärer Beschäftigung, die auf digitalen Plattformen und Apps basieren; die polizeiliche Nutzung des Internets; die eklatante Ungleichheit, die Verletzung von Menschenrechten; die Zensur und Unterdrückung; die Privatisierung der staatlichen Verwaltung, die Umweltkosten der Digitalisierung …

All dies erforderte eine Erklärung, eine erläuternde Darstellung der Zusammenhänge. Das ist es, was ich in diesem Buch versucht habe. Aber nicht nur das. Als Journalistin habe ich mich immer für einen Journalismus als Mittel zur Veränderung eingesetzt und dies zu meinem Leitbild gemacht. Im Rahmen einer Konzeption von Journalismus, zu der auch das Suchen nach Lösungen gehört, vertrete ich die Auffassung, dass die Medien nicht nur Macht hinterfragen, Korruption aufdecken, eine kritische Sichtweise fördern und über soziale Probleme berichten müssen, sondern auch die Öffentlichkeit über mögliche Antworten und

Lösungswege angesichts dieser Missstände informieren sollten. Das ist für mich konstruktiver Journalismus.

Deshalb darf nicht unerwähnt bleiben, dass uns die Erfindung des Internets natürlich auch ganz wunderbare Möglichkeiten eröffnet hat, die hätten wir uns vor einigen Jahren noch nicht träumen lassen; dass das Internet, die digitalen Plattformen, die KI und andere vernetzte Technologien trotz allem mit positiven Ergebnissen eingesetzt werden; dass es möglich ist, diese sinnvollen Verwendungszwecke in den Vordergrund zu rücken, um die Technologie zu unserem Verbündeten zu machen. Und deshalb muss dieses Buch zeigen, wie dies erreicht werden kann, oder zumindest Optionen anbieten.

Ich habe mich für eine Ausbildung im Bereich Wissenschafts- und Technikjournalismus entschieden, weil Wissenschaft und Forschung immer eine Quelle für gute Nachrichten darstellen: neue Entdeckungen, um unsere Gesundheit zu verbessern und Mensch und Umwelt besser zu verstehen; neue Technologien, um mit deren Hilfe etwas zu erreichen, das die Menschen ohne sie nicht können, um Hindernisse zu überwinden und um ein besseres Leben zu führen. Dabei konnte ich jedoch die negativen Auswirkungen auf die Gesellschaft einiger dieser Erfindungen durch deren unrechtmäßige, unethische oder moralisch verwerfliche Verwendungen nicht ignorieren. Ich konnte die Augen nicht vor den unerfüllten Versprechen der Technik verschließen.

Die Konfrontation mit den Schattenseiten des technischen Fortschritts – die Tatsache, dass eine neue Technologie nicht immer zu Verbesserungen für die Menschen führt – brachte mich dazu, mich gezielt mit dieser verborgenen Seite zu befassen. Ich wollte das Phänomen analysieren und versuchen, Punkte zu finden, an denen man ansetzen könnte, um negative Entwicklungen umzukehren.

Dieses Buch hat daher eine didaktische und bewusstseinsbildende Zielsetzung. Es möchte eine Hilfe sein für Individuen und Gesellschaftsgruppen, indem es die Wirklichkeit schildert, wie sie ist: immer komplexer, als sie zu sein scheint. Jeder Versuch, die Wirklichkeit abzubilden, ist riskant. Es gibt unendlich viele Dinge, die erzählt werden müssten, unendlich viele Verbindungen und Zusammenhänge, Nuancen und Aspekte – es scheint unmöglich, auszuwählen und zusammenzufassen, ohne ungebührlich zu vereinfachen. Außerdem bietet jeder Tag neue Belege für das, wovon hier die Rede ist. Dieses Buch könnte ständig erweitert werden. Der Prozess der Dokumentation und Aktualisierung würde nie ein Ende finden. Das werden auch Sie feststellen, wenn Sie erst einmal das Augenmerk darauf richten, was um Sie herum vorgeht.

Im Unterschied zu Forsters Erzählung ist *Error 404* keine Dystopie. Dieses Buch möchte dystopischen Verhältnissen zuvorkommen, um auf das vorbereitet zu sein, was geschehen könnte. Nicht zufällig hat die französische Armee jüngst Science-Fiction-Autoren angeheuert, um sich zukünftige Bedrohungen auszumalen.[4] Auf ganz ähnliche Weise soll hier vor einer Katastrophe gewarnt werden, bevor es zu spät ist. Dabei soll das Internet weder kriminalisiert werden, noch wird dafür plädiert, auf Instrumente zu verzichten, die uns nachweislich nützen. Es spricht nichts dagegen, Technologien zu verwenden, die es uns erleichtern, mit unseren Angehörigen und Freunden zu kommunizieren sowie neue Menschen kennenzulernen, uns kollektiv zu organisieren, zu debattieren, auf wichtige Informationen zuzugreifen oder Verwaltungsvorgänge und Einkäufe per Mausklick zu erledigen. Es geht lediglich darum, Grenzen festzulegen und zu fordern, dass diese Instrumente besser werden.

Die Herausforderungen sind groß, aber keinesfalls größer als das Vorhaben, einen Menschen auf den Mond zu schicken, und keineswegs so groß, wie schneller als das Licht zu reisen. Ich schreibe dies mit realistischem Optimismus, aus der tiefen Überzeugung heraus, dass Veränderungen möglich sind und dass die Taten jedes und jeder Einzelnen von uns zählen (manche Taten natürlich mehr als andere). Und ich verfasse dieses Buch in der

Hoffnung auf eine bessere Zukunft für uns und für die kommenden Generationen, darunter mein Bruder Manuel, der gerade vier Jahre alt geworden ist.

ERSTER TEIL
DÄMMERUNG

Hello darkness, my old friend
I've come to talk with you again
Because a vision softly creeping
Left its seeds while I was sleeping
And the vision that was planted in my brain
Still remains
Within the sound of silence.

Simon & Garfunkel,
»The Sound of Silence«

1
Das Debakel. Abschied vom Internet. Willkommen beim Weltuntergang

> *This is the end, beautiful friend*
> *This is the end, my only friend, the end*
> *Of our elaborate plans, the end*
> *Of everything that stands, the end*
> *No safety or surprise, the end*
> *I'll never look into your eyes again.*
>
> *Can you picture what will be, so limitless and free*
> *Desperately in need of some stranger's hand*
> *In a desperate land.*
>
> The Doors, »The End«

Wenn eine Maschine sich gegen die Menschheit wenden und versuchen würde, sie zu vernichten, wie würde sie das anstellen? »Ich weiß wie: durch die Abschaltung des Internets. Es gibt keinen einfacheren Weg, unser gewohntes Leben zu beenden.«[1] Das sagt nicht irgendwer, sondern Mo Gawdat, Ingenieur und ehemaliger Leiter des streng geheimen futuristischen Innovationslabors von Google (Google X).

Die Vorstellung klingt ebenso absurd wie beängstigend. Das Internet ist zu einem derart wichtigen Teil unseres Lebens geworden, mit dem es mittlerweile tief und untrennbar verbunden ist, dass wir seine Existenz für selbstverständlich halten. Es ist unsichtbar geworden, weil es vollständig in die Abläufe des Systems, dessen Funktionsweise und unsere Gewohnheiten eingebunden ist.

Aber halten wir einmal inne und denken wir darüber nach. Gawdat hat tatsächlich recht: Wir sind so abhängig vom Internet, dass dessen Ausfall für uns verheerende Folgen hätte. Nicht weil wir dann keine Videos von niedlichen Kätzchen mehr ansehen, Filme streamen, Online-Spiele spielen, Videoanrufe tätigen oder etwas in den sozialen Medien posten könnten, was gewiss auch schon viele für eine Katastrophe halten würden. Nein, denn ein Internet-Blackout würde viel weitreichendere Konsequenzen haben.

Er würde den Verlust eines wesentlichen Teils unseres Kommunikationssystems, den Zusammenbruch unserer kritischen Infrastruktur, wirtschaftliche Verluste in Millionenhöhe, das Ende der Telearbeit, des Online-Handels, gravierende Versorgungsprobleme, nicht mehr funktionierende Verkehrsmittel und eine endlose Liste weiterer Schäden nach sich ziehen. So schlimm wären die Folgen, dass wir deren Umfang gar nicht ermessen können: Nicht einmal jene Personen, die diesbezüglich Bescheid wissen sollten – Experten, die in unseren Regierungen für die nationale Sicherheit zuständig sind oder die an der Entstehung und Entwicklung des Internets beteiligt waren und immer noch an seiner Betreuung mitwirken –, können mit Sicherheit sagen, welcher Teil unserer Infrastruktur einen Zusammenbruch des Internets überstehen würde.

Gewiss: Es ist sehr praktisch, dass jeder und jede und einfach alles mit dem Internet verbunden ist, das hat entschiedene Vorteile, aber gleichzeitig birgt es auch Risiken. Je mehr wir uns miteinander verbinden und je mehr Dinge wir untereinander verbinden, desto anfälliger sind wir und desto größer ist der Dominoeffekt im Falle eines Versagens. Denn wenn das Internet verschwinden würde, würden die Teile, aus denen sich die Welt, in der wir leben, zusammensetzt und die ein wesentlicher Teil des Systemgerüsts sind, auf einen Schlag einstürzen. Einfach so, im Handumdrehen, wäre alles außer Kontrolle. Heute hat man noch alles im Griff, am darauffolgenden Tag nichts mehr. Heute

KAPITEL 1

lebt man in einer – mehr oder weniger – funktionierenden Welt, morgen im Chaos.

Klingt das alles lediglich wie die Wahnvorstellung eines Einzelnen? Oder sind noch mehr Leute besorgt? Letzteres ist tatsächlich der Fall. Regierungen, Unternehmen,[2] Experten für Cybersicherheit und Intellektuelle weltweit warnen hiervor schon seit Jahren. Vinton Cerf,[3] einer der Väter des Internets, räumt ein, dass sein Geschöpf sehr verletzlich sei. Der Kryptograph Bruce Schneier verweist auf die unzähligen Möglichkeiten, wie etwas im Netz aus dem Lot geraten kann oder wie ein Angreifer oder eine Gruppe von Angreifern – ohne notwendig große Kenntnisse oder Ressourcen zu besitzen – schlimme Schäden verursachen können. »Die Frage ist nicht, ob es passieren wird oder nicht, sondern wann«,[4] sagte zu mir der Philosoph und Bewusstseinstheoretiker Dan Dennett im Rahmen eines Interviews für dieses Buch. Bereits 2014 hatte er sich in einem TED-Vortrag zum 30-jährigen Jubiläum der bekannten Vortragsreihe folgendermaßen geäußert:

»Das Internet wird zusammenbrechen, und wenn das geschieht, werden wir eine weltweite Panik erleben … Es ist nichts Apokalyptisches an dem, was ich sage: Sie können jeden beliebigen Experten fragen, und er wird Ihnen dasselbe sagen wie ich, nämlich *dass es nur eine Frage der Zeit ist, bis das Netz abstürzt.*«[5]

Dass dieser Absturz früher oder später kommen wird, vermutet Dennett seit Jahren. Beinahe genauso lange wie sein Freund Danny Hillis, der 2013 in Vancouver ebenfalls im Rahmen einer TED-Veranstaltung einen Vortrag hielt mit dem Titel: »Es könnte einen Internetcrash geben. Wir benötigen einen Plan B«.[6] Hillis ist einer der führenden Informatiker und Erfinder, der genau Bescheid weiß über die Anfälligkeit und Zerbrechlichkeit des Netzes bei Fehlern oder Angriffen:

»Wir haben dieses System aufgebaut, dessen Einzelteile wir alle separat verstehen, aber wir nutzen es auf eine Weise, die sich sehr stark von der anfangs erwarteten Verwendung unterscheidet, und es hat ein ganz anderes Ausmaß angenommen als ursprünglich geplant. Tatsächlich überblickt niemand so genau, für welche Vielzahl von Zwecken es derzeit eingesetzt wird. Es ist wie bei allen großen, in Entwicklung befindlichen Systemen, beispielsweise beim Finanzsystem, bei dem wir zwar alle Teile entworfen haben, aber niemand vollständig versteht, wie es in allen seinen Verästelungen funktioniert und wie es sich in Zukunft verhalten wird ... Alles verändert sich so schnell, dass selbst die Experten nicht genau wissen, was vor sich geht. Niemand weiß wirklich, welche Form das Internet in diesem Augenblick besitzt, denn es hat nun eine andere Gestalt als noch vor einer Stunde. Die Struktur verändert sich ständig. Sie wird kontinuierlich neu konfiguriert.«

Die Finanzkrise von 2008 war für viele von uns eine Katastrophe, aber doch vielleicht nur ein Vorgeschmack auf das, was noch folgen wird. Denn wenn man ein System nimmt, das im Wesentlichen auf Vertrauen beruht (was für das Finanzsystem ebenso gilt wie für das Internet) und das für eine Funktionsweise in einem relativ überschaubaren Rahmen konzipiert wurde, und dieses System dann ins Maßlose hinaus ausdehnt, dann verliert man die Kontrolle. Nicht nur über die Sache selbst, sondern vor allem über die Folgen dieses Kontrollverlusts, die Folgen, die ein Aussetzen des Internets nach sich ziehen würde.

Alles ist miteinander verbunden, vernetzt, und wir wissen weder, in welchem Ausmaß, noch können wir uns die schrecklichen Folgen eines Zusammenbruchs vorstellen. Alles hängt heutzutage vom Internet ab. Das weiß man bei der Internet Society (ISOC), einer gemeinnützigen Organisation, die 1992 gegründet wurde, um die Entwicklung, den Ausbau und die Nutzung des Internets zum Wohl aller zu gewährleisten. Der mögliche Absturz des Internets bereitet ihren Mitarbeiterinnen und Mitarbeitern größte Sorgen. Ebenso beunruhigt ist man am Oxford Internet Institute (OII), dem ersten Zentrum, das das Internet aus einer multidisziplinären Perspektive untersucht. Wie sich der Gründungsdirektor des OII erinnert,[7] trug eine der ersten von dieser Einrichtung organisierten Konferenzen den Titel »Wird das Internet abstürzen?«. Unter den Fragen, die die elitäre Gruppe von Fachleuten jedes Jahr in dem fast tausendjährigen Gemäuer der zweitältesten Universität der Welt erörtert, taucht dieses Thema immer wieder auf.

In Wirklichkeit ist es gar nicht nötig, Hypothesen zu formulieren. Wie im Prolog dieses Buches bereits erwähnt wurde, wurde die Welt sowohl 2020 als auch 2021 Zeuge einiger sehr realer Belege dafür, wie das Internet, oder ein guter Teil davon, plötzlich ausfallen kann.

Der Thinktank des Europäischen Parlaments veröffentlichte im September 2021 eine wissenschaftliche Analyse der Zukunftsaussichten mit dem Titel *What if the internet failed?*[8] Darin werden einige der Möglichkeiten des Ausfalls des Internets und deren Folgen aufgezeigt. In Wirklichkeit ist es gar nicht nötig, zu spekulieren. Wie bereits im Vorwort erwähnt, gab es sowohl im Jahr 2021 als auch im Jahr 2020 weltweit mehrere sehr reale Belege dafür, dass das Internet oder zumindest ein großer Teil davon abstürzen kann.

Fünf mögliche Wege in die Katastrophe

Wenn man versucht, sich das Szenario einer eventuellen vollständigen Unterbrechung des Internets auszumalen, nachdem man verstanden hat, dass dies theoretisch möglich ist, stellen sich die folgenden Fragen: Auf welche Weise könnte dies geschehen? Für wie lange? In welchem Umfang? Die Experten verraten nicht gern viele Einzelheiten zu diesem Thema. Es gibt immer wieder Angriffe auf Internet-Provider, die nie bestätigt werden, und es ist unmöglich zu wissen, was genau passiert ist. Es liegt in niemandes Interesse, dass diese Vorfälle an die Öffentlichkeit dringen.[9] In Interviews mit ehemaligen Geheimagenten, Fachleuten für Cybersicherheit und Internetpionieren war niemand dazu bereit, sich hierzu näher zu äußern. Dennoch wurde eine Reihe von Wegen bekannt, das Internet lahmzulegen.

WEG NR. 1: EIN PROBLEM DES FLOWS

Innerhalb von weniger als dreißig Minuten könnte das gesamte Internet zusammenbrechen. Wie? Durch eine Schwachstelle im BGP-Protokoll,* das den Datenfluss im Internet regelt. Dies erklärte der berüchtigte Hacker Peiter Zatko alias Mudge (heute Direktor für Cybersicherheit bei Twitter) vor dem US-Senat.[10] Er und die sechs anderen Mitglieder seiner Hacker-Denkfabrik L0pht sagten dort am 19. Mai 1998 bei einer Anhörung zum Thema der staatlichen Computersicherheit aus.

Es war nicht das erste Mal, dass sie dies taten. Die Cyber-Experten versicherten, bereits zuvor verschiedene staatliche Stellen auf dieses Risiko hingewiesen zu haben. Sie erklärten auch, das US-Verteidigungsministerium habe eine umfangreiche Studie möglicher Angriffe auf Internet-Infrastrukturen durchgeführt, wobei es sich auf Informationen von L0pht gestützt habe. Allerdings seien die dabei gewonnenen Erkenntnisse zu ihrem Leidwesen sofort als geheim eingestuft worden.

Worin bestanden diese Untersuchungsergebnisse? Unter anderem hatte die Gruppe L0pht, die von der *Washington Post* als »Rockstars der Hacker-Elite« bezeichnet wurde,[11] eine Schwachstelle im BGP-Protokoll entdeckt. Wenn dem System fehlerhafte Informationen zugeführt würden, könnte dieser Fehler eine Kettenreaktion auslösen, die sich auf alle Systeme auswirken würde. Da es sich um einen kaskadenartigen und automatisierten Vor-

---

* Das »Border Gateway Protocol« (BGP) ist die Grundlage für das Funktionieren des Internets. Es dient der Routenplanung des Verkehrs im World Wide Web. Mit anderen Worten: Es entscheidet darüber, wie die Daten im Internet von einem Ort zum anderen gelangen. Wie im Vorwort erwähnt, handelt es sich dabei um eine Art von GPS-Anweisung, um den Online-Informationsfluss so effizient wie möglich zu gestalten.

KAPITEL 1

gang handeln würde, würde er relativ schnell erfolgen, innerhalb von voraussichtlich weniger als dreißig Minuten. Der Absturz könnte mehrere Tage dauern.

Das Problem besteht darin, dass durch die Öffnung des Internets für die massenhafte Nutzung eine ungeheure Vielzahl von Risiken für die Nutzer und für wichtige Systeme und Infrastrukturen in der realen Welt entstand, einschließlich der Kraftwerke, die schnell an das World Wide Web angeschlossen wurden. Das Internet ist mittlerweile mehr als vierzig Jahre alt. Obwohl die Technologie noch funktioniert, wird ihr die Erfüllung von Aufgaben abverlangt, für die sie nie vorgesehen war und für die sie nicht mit den nötigen Sicherheitsvorkehrungen ausgestattet wurde. Auf diese Aufgaben ist sie also nicht vorbereitet.

Mudge und den übrigen L0pht-Mitgliedern gelang es trotz der Untätigkeit der staatlichen Behörden, den Fehler eigenständig zu beheben. Ihre Entdeckung enthielt jedoch eine Botschaft: L0pht hatte eine von vielen Schwachstellen gefunden, die dazu genutzt werden konnten, das Internet lahmzulegen. In einem Vortrag auf der DefCon-Konferenz in San Francisco im Jahr 2008 demonstrierte Mudge, dass dies ganz einfach war. Es war so schockierend, dass die Zeitschrift *Wired* dies »die größte Sicherheitslücke des Internets« nannte.[12]

Ein solches Hintertürchen ist für staatliche Geheimdienste und Spionageagenturen manchmal sehr praktisch. Die National Security Agency (NSA) der USA nutzt es, um bestimmte Datenströme leichter überwachen zu können (oder, platt gesagt, um zu spionieren). Mit Hilfe dieses Tricks hat die NSA im Jahr 2012 dafür gesorgt, dass Syrien etwas mehr als zwei Tage lang komplett vom Internet abgeschnitten war.[13] Die gleiche Technik wurde 2014 von der türkischen Regierung eingesetzt, um Teile des Internets zu zensieren.

Ein weiterer legendärer Fall von Missbrauch des BGP-Protokolls führte im Jahr 2010 dazu, dass 15 Prozent des Internetverkehrs 18 Minuten lang über chinesische Server geleitet wurden.

Der Betreiber China Telecom behauptete, es habe sich um ein Versehen gehandelt, und das ist durchaus möglich. Jedoch stellt es einen weiteren Beleg dafür dar, wie anfällig das System für Fehler und noch mehr für vorsätzliche Angriffe ist.[14]

Diese Schwachstellen sind auch heute noch vorhanden. Das Bewusstsein für Cybersicherheit und die diesbezüglichen Investitionen sind gestiegen, aber das Risiko existiert nach wie vor. Allein im Jahr 2017 gab es fast 14 000 derartige Zwischenfälle.[15] In einem noch nicht lange zurückliegenden Fall (2019) war ein kleiner Internetdienstleister in Pennsylvania in den USA der Auslöser dafür, dass Millionen von Websites auf der ganzen Welt offline gingen.[16] Die Hauptursache war ein Problem im Zusammenhang mit dem BGP-Protokoll, von dem Cloudflare betroffen war, einer der führenden Content-Hoster im Internet, bei dem die in Mitleidenschaft gezogenen Websites gehostet waren.

Man versucht schon seit langem, die Probleme mit diesem Protokoll zu lösen, aber der Prozess ist äußerst schwierig und entsprechend langsam geht es voran. Zu wissen, dass das Internet nicht nur durch einen vorsätzlichen Angriff, sondern auch durch einen technischen Fehler zum Absturz gebracht werden könnte, ist nicht gerade beruhigend. In beiden Konstellationen wären die Folgen verheerend: Das Internet würde in seine Einzelteile zerfallen.

Man versucht bereits seit langem, die Probleme mit diesem Protokoll zu lösen, aber das ist ein sehr langsamer und äußerst schwieriger Prozess. Es ist alles andere als beruhigend, dass das Internet nicht nur durch einen vorsätzlichen Angriff, sondern auch durch einen technischen Fehler oder menschliches Versagen ausfallen könnte, was der Fall war, als am 4. Oktober 2021 WhatsApp, Instagram, Facebook und die ganze Produktfamilie von Meta vorübergehend von der Online-Landkarte verschwunden waren. Unabhängig von den Ursachen wären die Folgen verheerend. Das Internet würde auseinanderbrechen.

KAPITEL 1

WEG NR. 2: DIE NAMEN DES INTERNETS UND IHRE VIERZEHN WÄCHTER

Ebenso kompliziert oder sogar noch komplizierter als die Lage beim BGP sind die Probleme beim Domain Name System (DNS), für das es alle möglichen Angriffsmöglichkeiten gibt. Das DNS ist ein zentraler Bestandteil des Internets: Das Domänennamensystem legt dessen Nomenklatur fest, die weltweit jedem Teilnehmer des Netzes einen Namen zuweist. Es ermöglicht den Nutzern, sich leicht zu verbinden und verleiht dem Netz den nötigen Zusammenhalt. Es stellt eine der Grundlagen des Internets dar, die das World Wide Web von allen anderen Netzwerken unterscheidet und sein Wesen bestimmt. Daher ist es eine mehr als besorgniserregende Vorstellung, dass die Struktur, die den einzigartigen Charakter dieses Raums aus Namen und Adressen aufrechterhält, zerbrechen könnte. Das Internet ohne DNS ist wie die traditionelle Post ohne Anschriften. Dann könnte jeder nur noch zwei Computer zu Hause miteinander kommunizieren lassen, die aber nicht mehr mit den anderen Computern in der ganzen Welt verbunden wären.

Der Schutz dieses DNS-Systems ist so wichtig, dass dafür auf internationaler Ebene vierzehn Internet-Wächter bestimmt wurden. Ihre Aufgabe besteht darin, die sieben Hauptschlüssel zu bewachen, mit denen das Netz kontrolliert wird. Sieben Zeitbomben, die jederzeit explodieren könnten (wenngleich es zweifellos alles andere als einfach ist, sie zu aktivieren). Wie kann ein erdumspannendes Netzwerk von sieben Schlüsseln gesteuert werden, die von vierzehn Personen überwacht werden? Das klingt nach einem James-Bond-Film.

Einer dieser vierzehn Wächter, die keine Fiktion sind, ist João Damas.[17] Er ist Portugiese, lebt in Spanien und arbeitet mit seinen Kollegen in Australien für APNIC, das regionale Internet-Adressregister für den asiatisch-pazifischen Raum. Damas beschäftigt sich mit dem Internet, so lange er denken kann. Er ist im Laufe der Jahre tief in die Materie eingetaucht und weiß, wie anfällig dessen Struktur ist. Daher hat er die Rolle eines Aufpassers übernommen, als Teil eines um höchste Sicherheit bemühten Offline-Systems, mit dem versucht wird, die Lücken in der Online-Sicherheit zu schließen.

Als das DNS in den achtziger Jahren geschaffen wurde, bestanden die Protokolle ausschließlich aus Text, und der Datenverkehr war für jedermann sichtbar. Es genügte, sich die durch das Kabel übertragenen Daten anzusehen, sie waren nicht verschlüsselt und nicht gegen Manipulationen geschützt. Beide, das DNS wie auch das BGP-Protokoll, sind tragende Systeme des Internets. Daher ist es außerordentlich schwierig, sie zu ändern, denn das würde bedeuten, alle im Stich zu lassen, die bereits angeschlossen sind. 4,57 Milliarden Menschen, 59 Prozent der Weltbevölkerung, waren es im Jahr 2020.[18] All diese Menschen würden dann vom Netz getrennt. Systeme wie das DNS oder das BGP-Protokoll umzustellen, ist nicht so einfach wie der Wechsel von Hotmail zu Gmail oder von WhatsApp zu Telegram.

Um das DNS zu verteidigen, haben diese Wächter eine zusätzliche Sicherheitsebene geschaffen, die digitale Signaturen verlangt, die alle drei Monate erneuert werden, und die es zumindest ermöglicht, die Daten während der Übertragung vor Veränderungen zu bewahren. Physische Schlüssel (aus Metall) werden verwendet, um den Zugang zu den Computern zu kontrollieren, auf denen die digitalen Signaturen ausgeführt werden. Ihr Inhalt würde automatisch gelöscht werden, wenn jemand versuchen würde, ohne die Schlüssel darauf zuzugreifen.

Was würde passieren, wenn sie gelöscht würden? Gar nichts, denn es gibt vier Computer, die identische Kopien davon sind und sich an zwei verschiedenen Standorten in den Vereinigten Staaten befinden: zwei in Kalifornien und zwei in Washington, D.C. Für den Zugang zu diesen Computern gibt es Plastikkarten mit einem Chip. Mit sieben davon lassen sich die Computer an der Ostküste des Landes aktivieren und mit sieben weiteren die Computer an der Westküste. Damas besitzt eine dieser Karten.

Oder, genauer gesagt, den Schlüssel, um auf eine dieser Karten zugreifen zu können.

Warum sind es sieben? Die Antwort ist einfach: Damit mehrere Personen zustimmen müssen, um auf das System zuzugreifen. Gleichzeitig dürfen es aber nicht so viele Personen sein, dass der Überblick verloren geht, wer die Karten hat. Diese werden in zwei DeWalt-Tresoren mit jeweils sieben Schließfächern aufbewahrt. Jeder Wächter und jede Wächterin besitzt einen Schlüssel, mit dem er beziehungsweise sie das Fach seiner oder ihrer Karte öffnen kann. Wenn jemand die sieben Wächter von einem der Computer angreifen würde, dann wüsste diese Person zweifellos auch, wo der Computer sich befindet. Sollte dies geschehen, müsste das gesamte System völlig neu konfiguriert werden, um schlimmere Schäden zu verhindern. Mit anderen Worten, man müsste wieder bei null anfangen: die Schließfächer leeren, andere Wächter auswählen und so weiter.

Dies kann innerhalb weniger Tage geschehen. In der Zwischenzeit würde der Angreifer versuchen, sich Zugang zum Tresor zu verschaffen, der sich in einem Käfig befindet und durch eine Zahlenkombination geschützt ist. Von dieser Kombination kennen zwei Personen, die für die ICANN (Internet Corporation for Assigned Names and Numbers) arbeiten, jeweils nur eine Hälfte. Wenn sie sich einigen könnten, würden sie die ganze Zahl kennen, aber sie könnten auch zu zweit nicht auf den Tresor zugreifen, denn eine dritte Person bewacht diesen und müsste ihn öffnen. Diese beiden Personen müssten erst um Erlaubnis bitten, das Datenzentrum, in dem sich der Käfig und der Tresor befinden, zu betreten. Sie müssten ankündigen, dass sie dorthin gehen wollen, und mitteilen, an welchem Tag und zu welcher Zeit sie dies vorhaben, und jemand müsste dies dann genehmigen. Der Vorgang ist so stark segmentiert, damit niemand ihn allein vollständig durchlaufen kann.

Angesichts der Komplexität des Verfahrens wäre ein derartiger Angriff auf das DNS tatsächlich sehr schwierig. Dennoch ist er nicht unmöglich. Manchmal passieren die dümmsten Dinge. Damas gesteht, dass es einige unvorhergesehene Zwischenfälle gab. Zum Beispiel einen im Februar 2020, als er und die sechs anderen Internet-Wächterinnen und -Wächter sich trafen, um die digitalen Signaturen der von ihnen geschützten Computer zu aktualisieren. Zu ihrer Überraschung gelang es ihnen jedoch bei einem der Tresore nicht, ihn zu öffnen. Im Jahr zuvor hatte der Hersteller der Schlösser der Tresore sie darauf hingewiesen, dass dieses zehn Jahre alte Modell nicht mehr hergestellt werde und der Tresor möglicherweise nicht mehr optimal funktionieren würde. Es waren auch bereits zwei neue Tresore angeschafft worden. Im Rahmen einer Zeremonie, die aus diesem Anlass organisiert wurde, schickte sich ein spezialisierter Schlosser gerade an, die Tresore auszutauschen, als eines der Schlösser plötzlich blockierte. Es war das letzte Mal, dass der alte Tresor benutzt werden sollte, das letzte Mal, dass man ihn öffnen wollte, aber der Zufall wollte es, dass er ausgerechnet bei dieser Gelegenheit streikte. »Man sagt immer, dass Schlösser dazu dienen, nur anständigen Menschen den Zugriff zu verwehren. Die kriminellen knacken sie einfach«, berichtete Damas im Gespräch. Zwei Tage lang war er zusammen mit den anderen Wächterinnen und Wächtern im Datenzentrum eingesperrt, bis es dem Schlosser endlich gelang, den Tresor zu öffnen.

Eine andere törichte oder unbeabsichtigte Art, über das DNS den Zugang zu einem großen Teil des Internets zu blockieren, hat mit der Datenbank zu tun, in der die Listen der verschiedenen Typen von Domänen (.com, .net, .es, .org und so weiter) gespeichert sind und in der angegeben ist, von wem sie abhängen. Wenn diese Datenbank gelöscht würde, würde es mindestens drei oder vier Tage dauern, sie wiederherzustellen. Selbst wenn dort nur ein geringfügiger Fehler auftritt, kann dies zu stunden- und tagelangen Zugangsausfällen führen. Dies ist keine bloße Spekulation, sondern es gibt bereits Präzedenzfälle. Im Jahr 2009 verschwand ganz Schweden (genauer gesagt, es verschwanden alle Websites mit der Endung ».se«) aufgrund eines banalen Konfigurationsfehlers vorübergehend aus dem Internet. Wegen eines dummen Details wie eines fehlenden Punkts am Ende eines jeden Datensatzes. In Spanien gab es mehrere ähnliche Fälle: 2006 war es aufgrund eines Fehlers bei der Aktualisierung der DNS-Adressen der Domänen unmöglich, auf Websites unter der Domäne ».es« zuzugreifen,[19] und 2018 legte ein technisches Problem bei Red.es (der Einrichtung, die die Domänen in Spanien verwaltet) den Zugang zu allen ».es«-Seiten vorübergehend lahm.

Auch ein Angriff unter Ausnutzung von IPv6-Sicherheitslücken wäre denkbar. IPv6 ist der neue Namensraum für das Internet. Es ersetzt das alte IPv4, das die Adressen bereitstellte, die zur Identifizierung und Lokalisierung von mit dem Internet verbundenen Computern benötigt wurden. Am 3. Februar 2011 waren diese gewissermaßen »aufgebraucht«: Dem Internet standen keine Nummern mehr zur Verfügung. Daher die Notwendigkeit der Umstellung auf IPv6. Das Problem ist, dass wir mit der Verwendung dieses Systems viel weniger Erfahrung haben als mit IPv4. Es ist daher anfälliger, und Cyberkriminelle sind geschickt darin, dies auszunutzen. Im Jahr 2018 entdeckte der Netzwerkingenieur Wesley George einen Angriff, der von den IPv6-Schwächen profitierte, um einen DNS-Server auszuschalten.[20] Das war nur ein Vorbote dessen, was Experten »die nächste Welle von Online-Blackouts« nennen.

WEG NR. 3: »VON OBEN ANGEORDNETER« AUSFALL

In Zeiten von zunehmendem Populismus und Autoritarismus gewinnt die Zensur des Internets an Bedeutung. Autoritäre Regierungen nutzen das Internet als Propagandawaffe – bis es sich gegen sie wendet und sie beschließen, es zu blockieren.

Es kann vorkommen – das ist bereits geschehen und wird auch wieder geschehen –, dass eine Regierung beschließt, den Zugang zum Internet oder zu Teilen davon zu sperren, sobald es zu

Konflikten kommt. Dafür gibt es zahlreiche Beispiele. Erst 2022 beschloss die kasachische Regierung, den Internetzugang zu sperren, nachdem es zu Unruhen wegen steigender Kraftstoffpreise gekommen war.[21] Die Abschaltungen begannen an einem Dienstagabend, dem 4. Januar, und gipfelten am folgenden Tag, als die Gewalt eskalierte, in einem landesweiten Kommunikationsausfall. Nachdem bei der Niederschlagung der Proteste Dutzende von Demonstranten getötet worden waren und der kasachische Präsident Kassym-Schomart Tokajew ohne Vorwarnung Schießbefehl erteilt hatte, schickte Russland Truppen in das Land.[22] Mindestens 225 Menschen wurden (nach offiziellen Angaben) getötet und Tausende verhaftet.

Auch im Jahr 2021 kam es zu aufsehenerregenden Ausfällen. Die indische Regierung unterbrach den Internetzugang in mehreren Bezirken eines an die Hauptstadt Neu-Delhi angrenzenden Bundesstaates, um Proteste gegen die Agrarreformen im Land zu unterdrücken.[23] In Myanmar blockierte die neue Militärregierung, die durch einen Staatsstreich an die Macht gekommen war, den Zugang zu Facebook, das für die meisten Menschen dort das Tor zum Internet ist.[24]

Im Sommer 2013 kam es in der türkischen Gesellschaft zu einer Reihe von Massenprotesten im ganzen Land als Reaktion auf das gewaltsame Vorgehen der Regierung gegen Umweltschützer. Die wichtigsten Informations- und Organisationsmittel der Protestbewegung waren die sozialen Netzwerke. Dies veranlasste die türkische Regierung, im Jahr 2014 die Internetzensur zu legalisieren, obwohl der Zugang zum Internet zu diesem Zeitpunkt bereits stark eingeschränkt war. Menschenrechtsaktivisten kalkulierten damals, dass die Behörden den Zugang zu mehr als 4400 Websites sperrten. Diese Zensur wurde über das besagte BGP-Protokoll umgesetzt.

Noch gravierender waren die Ereignisse im indischen Kaschmir. Mitte des Jahres 2019 schaltete die Regierung das Internet für sieben Monate einfach ab. Es war die längste Unterbrechung des

KAPITEL 1

Online-Anschlusses in einer Demokratie, und die Auswirkungen sind noch immer spürbar. Wie die Journalistin Pavithra Mohan im Magazin *Fast Company* berichtet,[25] kappte die indische Regierung am 5. August 2019 ohne Vorwarnung alle Telefon- und Internetverbindungen in der Region. Fehlende Kommunikation, zum Schweigen gebrachte WhatsApp-Threads, unbezahlte Rechnungen, inhaftierte Oppositionelle, eingeschränkte Bewegungsfreiheit und von Soldaten gesperrte und patrouillierte Straßen waren nur einige der Folgen dieser Maßnahme. »Wir wussten nicht, was vor sich ging ... In den ersten zwei Wochen war es ziemlich schwierig, weil es keine Verständigungsmöglichkeit gab und die Menschen sich wegen der Ausgangssperre nicht bewegen konnten«, so ein Mann aus Kaschmir gegenüber der Journalistin. Auch später, als er in sein Büro zurückkehren konnte, war es ihm nicht möglich, mit den Mitarbeitern seiner Organisation zu kommunizieren. Natürlich hatte die Abschaltung auch Auswirkungen auf indische Unternehmen und die indische Wirtschaft. Die Verluste wurden auf rund 2,3 Milliarden US-Dollar geschätzt.

Indien führt die weltweite Rangliste der Länder mit den meisten Internetausfällen an, die von lokalen, bundesstaatlichen oder nationalen Behörden verhängt worden sind.[26] Allein im Jahr 2018 wurden in dem asiatischen Land 134 Mal die Internetverbindungen unterbrochen. Mit weitem Abstand folgt an zweiter Stelle Pakistan, wo das Internet 2018 zwölf Mal abgeschaltet wurde.

Dies geschah auch in Ägypten während des Arabischen Frühlings (2010–2012). Nach jahrzehntelanger autoritärer Herrschaft organisierten sich Zehntausende Menschen über die sozialen Medien, um auf dem Tahrir-Platz in Kairo zu demonstrieren und Demokratie zu fordern. Die Regierung reagierte, indem sie die Telekommunikationsunternehmen anwies, den Internetzugang, Sprachanrufe und SMS zu blockieren. Außerdem wurden diese Firmen dazu verpflichtet, regimetreue Propagandabotschaften zu senden.

Der Blackout des Internets in Ägypten dauerte nur fünf Tage.

Andernorts sind staatliche Restriktionen jedoch permanent in Kraft, wie etwa in Nordkorea, wo die Regierung dem größten Teil der Bevölkerung den Zugang zum Internet verwehrt, obwohl es eine Verbindung gibt. In China können Google, WhatsApp und soziale Netzwerke wie Facebook nicht genutzt werden. In Russland hat man unterdessen bereits begonnen, sich auf eine mögliche Abschaltung vorzubereiten. Im Dezember 2019 wurde dort ein erster Test zur Trennung vom World Wide Web erfolgreich abgeschlossen.[27]

Es kann allerdings vorkommen, dass beim Versuch, den Internetzugang zu sperren, etwas schiefläuft. Am Sonntag, den 24. Februar 2008 mussten Nutzer auf der ganzen Welt mehr als zwei Stunden lang ohne YouTube auskommen. Schuld daran war ein fehlerhafter Versuch Pakistans, den Zugang für Internetnutzer in diesem Land auf Anordnung der Regierung zu sperren. Ungewollt war von dieser Zensur dann jedoch der gesamte Planet betroffen. Aufgrund der Funktionsweise von Internetprotokollen führte die Aktion dazu, dass der YouTube-Datenverkehr weltweit konfisziert wurde. Das ist der Typ von Absturz, zu dem es durch den »Schmetterlingseffekt« im Internet heutzutage jederzeit kommen kann. In diesem Fall war es ein Versehen, aber man könnte diese Wirkung auch absichtlich erzielen.

Eher hypothetisch ist die Möglichkeit, dass eine einzelne Regierung vorsätzlich das gesamte Netz zum Erliegen bringt. Die Vorstellung, dass so etwas passieren könnte, wird – insbesondere von den Vereinigten Staaten – als Argument gegen Chinas 5G-Initiative verwendet, weil es hierbei um den neuen globalen Standard für drahtlose Kommunikation geht. Diejenigen, die vor dieser Bedrohung warnen, gehen davon aus, dass das asiatische Land die Kontrolle über die gesamte Infrastruktur der Telekommunikation erhalten würde, wenn sich das 5G-System des chinesischen Herstellers Huawei durchsetzen würde. Die Regierung von Xi Jinping könnte aufgrund dieser technisch dominanten Position zumindest bestimmte Teile des Internets aus der Ferne abschalten oder sie (durch das Abstoßen von Huawei) an den Meistbietenden verkaufen. Die Frage lautet jedoch: Warum zum Teufel sollten die Chinesen das tun? Sie könnten dieses Szenario allenfalls als Drohung benutzen, aber es würde keinen Sinn ergeben, es zu verwirklichen. China ist vom Welthandel abhängig. Das komplette Internet zu sabotieren würde bedeuten, sich in den eigenen Fuß zu schießen.

Die Abschaltung des Internets hat immer finanzielle Verluste zur Folge. Aus einem Bericht des Bewertungsportals Top10VPN.com geht hervor, dass es zwischen 2019 und April 2021 in 40 Ländern zu 226 »schwerwiegenden« Ausfällen kam, die »von oben angeordnet« worden waren.[28] Diese kosteten die Weltwirtschaft insgesamt 14,4 Milliarden US-Dollar, wobei die größten Auswirkungen im Nahen Osten, in Afrika, Asien, Irak, Sudan und Indien zu verzeichnen waren.

WEG NR. 4: BEHÄLTER OHNE INHALT

In seinen Anfängen, als das Internet noch ein Kommunikationsnetz unter Gleichgestellten war (das heißt zwischen zwei beliebigen Netzwerkknoten), war es widerstandsfähiger, weil es dezentralisiert war. Obwohl die Internetprotokolle auch heute noch verteilt sind, sind wir zunehmend von zentralisierten Ressourcen abhängig. Dies wird als »Konsolidierung« bezeichnet. Gemeint ist damit die Verringerung der Zahl der Akteure auf dem Markt und die Konzentration auf einige wenige, aber sehr große unter ihnen, die die Anwendungsmöglichkeiten des Internets, die Bereitstellung des Zugangs zu diesem und die Infrastruktur der Serviceleistungen kontrollieren. In früheren Zeiten kommunizierte beispielsweise eine Zeitung direkt mit dem Computer einer anderen Person, eines Unternehmens oder einer Universität, wobei das Hosting von einem lokalen Serviceanbieter übernommen wurde, der sich in unmittelbarer Nähe der beiden Enden der Netzwerkverbindung befand, das heißt in diesem Fall der Zeitung und ihrer Leserschaft. Heutzutage erfolgt das Hosting jedoch auf einer der großen Plattformen für die Verbreitung von Inhalten – als da wären: Akamai, AWS (Amazon Web Services), Fastly und Google –, die den Markt beherrschen und in der Regel sehr weit von den beiden Enden der Kommunikation entfernt sind. Eine der schwerwiegendsten Konsequenzen dieser Situation ist, dass im Falle eines Angriffs auf eine dieser Plattformen alles, was mit ihnen verbunden ist, ausfallen wird: Zeitungen, die ganze Bandbreite von Websites, Streaming-Plattformen ... Nur sehr wenige Angebote sind davon nicht betroffen, wie wir beim massiven Absturz von Websites nach einem Computerfehler bei Fastly gesehen haben.

Während früher mehrere Suchmaschinen benutzt wurden, existiert heute das Verb »googeln«. Wenn derartig zentrale Anlaufstellen des Internets sabotiert werden, kann man sehr leicht bestimmte Dienste unterbrechen oder blockieren. Weil wir rasch und bequem Informationen in Echtzeit erhalten möchten, setzen wir alles auf eine Karte, statt das Risiko zu streuen.

Ein Angriff auf Google oder auf eine der Plattformen für die Verbreitung von Inhalten wie AWS hätte erhebliche Auswirkungen, wie oben bereits angedeutet wurde.

Wie es der Bericht des Thinktanks des Europäischen Parlaments ausdrückt: »Trotz seiner ursprünglich belastbaren dezentralen Struktur haben die wachsende Bedeutung einiger weniger zentraler Akteure und die Entwicklung hin zu einer größeren Zentralisierung das Internet anfälliger für Zusammenbrüche gemacht.«[29]

WEG NR. 5: 20 000 MEILEN UNTERSEEKABEL

Das Internet ist ein Wirrwarr von Kabeln. Genauer gesagt: Es gibt 487 Unterseekabel mit einer Gesamtlänge von 1,3 Millionen Kilometern.[30] Viel mehr als die 20 000 Seemeilen, die Jules Vernes U-Boot *Nautilus* zurücklegt. Wer heutzutage am meisten in neue

KAPITEL 1

Kabel investiert, sind nicht die Telekommunikationsunternehmen, sondern die privaten Netzbetreiber, vor allem Google, Meta, Microsoft und Amazon. Dies ist ein weiteres Beispiel für die Zentralisierung des Internets in wenigen Händen.

Was würde passieren, wenn es einen Angriff auf diese Kabel gäbe? Das ist keineswegs unwahrscheinlich. Wie mir Ángel Gómez de Ágreda, Oberst der spanischen Luftwaffe und ehemaliger Leiter der Zusammenarbeit im Gemeinsamen Kommando für Cyberverteidigung der spanischen Regierung, erklärte, gibt es U-Boote, die speziell dafür ausgelegt sind, diese Art von Verkabelung zu durchtrennen.[31] Wie sorgen die Unternehmen, denen die Kabel gehören, für ihre Sicherheit? Die Antwort von Gómez de Ágreda lautet: »Google ist sehr klar in Bezug auf die Aneignung der intimen Daten seiner Nutzer, aber Sicherheitsvorkehrungen sind nirgendwo festgelegt. Es gibt keine rechtliche Garantie dafür, dass dies Berücksichtigung findet. Diese Art von Verantwortung wird normalerweise dem Staat zugeschrieben, den das Unternehmen immer dann vorschiebt, wenn es in seinem Interesse ist, und an dessen Stelle es zu treten versucht, wenn es ihm gerade passt.«

Es kann zu einem physischen Angriff kommen, aber auch zu einem Ausfall der Infrastruktur oder zu Beschädigungen durch Naturereignisse. Im Januar 2022 wurde die kleine Inselgruppe Tonga durch den Ausbruch eines Unterwasservulkans vom Internet abgeschnitten.[32] Dadurch wurden die Rettungsmaßnahmen nach dieser Naturkatastrophe natürlich erheblich erschwert. Es gab sozusagen zwei Katastrophen zum Preis von einer. Es war nicht das erste Mal, dass dies dort geschah, denn bereits 2019 hatte ein Schiffsanker ein Unterseekabel durchtrennt, sodass das Land gezwungen war, sich per Satellit mit dem World Wide Web zu verbinden. Dieser Behelf war beim diesjährigen Vorfall aber nicht möglich, wahrscheinlich wegen der durch die Vulkanexplosion verursachten Schäden am Satelliten.

Im Jahr 2020 war auch der gesamte Jemen (30 Millionen Einwohner) durch ein abgetrenntes Unterseekabel von der Verbindung mit dem Internet abgeschnitten. In diesem Fall war es so, dass das Land zwar über andere Leitungen verfügte, diese aber nicht in der Lage waren, den gesamten Internetverkehr auf einmal zu bewältigen. Der Ausfall blockierte Banken und essenzielle Geschäftsabläufe im ganzen Land.[33] Und im Jahr 2012 zerstörte der Hurrikan »Sandy«, der die Ostküste der USA heimsuchte, mehrere wichtige Verbindungsstellen von Unterseekabeln zwischen Nordamerika und Europa.[34] Das gesamte Netz im Bereich des Atlantiks war mehrere Stunden lang isoliert.

Warum passiert das alles? Jährlich kommt es zu etwa 200 Störungen dieser Art, von denen die meisten durch von Menschen verursachte Zwischenfälle (Kabelbrüche durch Anker oder Fischer- und Schleppnetze) ausgelöst werden. Das Problem ist, dass es nicht genügend »Redundanz« (also »Ersatz-Systeme«) gibt, um sicherzustellen, dass ein örtlich begrenzter Schaden nicht mehrere Internetleitungen betrifft und ein ganzes Land oder einen großen Teil desselben vom World Wide Web abschneidet. Die Lösung besteht darin, mehrere Unterwasserverbindungen mit unterschiedlichen Routen einzurichten, was jedoch eine große finanzielle Investition erfordert. Länder wie Deutschland und Spanien sind auf Verbindungen zu anderen Ländern wie Frankreich angewiesen.

EXTRA-BONUS: ANGRIFF AUF DIE MOBILTELEFONE

Auf der Liste der Wege zu einem massiven Internet-Crash darf ein möglicher Angriff auf die Konnektivität unserer unverzichtbaren Smartphones nicht fehlen. Eine derartige Attacke ist keineswegs vernachlässigenswert, da die Mobiltelefone gerade dabei sind, den Computer als Hauptgerät für den Internetzugang zu ersetzen. Bereits im Jahr 2018 wurden 58 Prozent der weltweiten Webbesuche von Smartphones aus getätigt.[35]

Es ist leicht, die Kommunikation mit dem Handy zu stören, weil das Medium, in dem sie sich bewegt, die Luft, gemeinsam genutzt wird. Jeder kann mit einem einfachen Sender in die Frequenz der Mobiltelefone gelangen und so viel Störgeräusche und Interferenzen aussenden, dass das gesamte System, beispielsweise in einer Stadt, nicht mehr funktioniert. Schwieriger wäre es, auf diese Weise weitreichendere Ausfälle zu verursachen, denn dafür wären mehrere koordinierte Angriffe über einen längeren Zeitraum nötig. Im Falle einer derartigen Störung würden die Netzbetreiber dies jedoch schnell bemerken und in der Lage sein, das Problem zu beheben, bevor eine Panik unter der Bevölkerung ausbrechen könnte.

Von der Supernova zur Superintelligenz

Bisher haben wir uns eine Reihe praktizierbarer Methoden zur Abschaltung des Internets angesehen. Ich wollte zunächst einige sehr reale Möglichkeiten aufzeigen, wie das Internet abstürzen oder zu Fall gebracht werden kann. Jedoch möchte ich den Leserinnen und Lesern nicht das Vergnügen vorenthalten, noch andere, ausgefallenere Ideen kennenzulernen. Begeben wir uns ein wenig in das Reich der spekulativen Science-Fiction.

In der Vergangenheit gab es immer wieder Vorhersagen über Internetausfälle. Eine der berühmtesten ist die von Robert Metcalfe, dem Erfinder des Ethernets (jener Netzwerktechnologie, die Computer über Kabel untereinander und mit dem Internet verbindet). Metcalfe hatte eine Kolumne mit dem Titel »From the Ether« (»Aus dem Äther«) in der Zeitschrift *InfoWorld*, deren Herausgeber er war. In der Ausgabe vom 4. Dezember 1995 behauptete er: »Das Internet wird sich bald zu einer spektakulären Supernova entwickeln, und 1996 wird es katastrophal zusammenbrechen.«[36] Er nannte außerdem eine Reihe von Faktoren, die seiner Meinung nach zum Zusammenbruch des Internets führen würden, darunter Sicherheitslücken, Kapazitätsüberlastungen und die Nachfrage nach Online-Videos.

Wie wir mittlerweile wissen, hat sich seine Vorhersage nicht bewahrheitet. Offenbar bereute Metcalfe, dass er damals überhaupt den Mund aufgemacht hatte, jedenfalls beschloss er jetzt, seine Worte gewissermaßen wieder »hinunterzuschlucken«. In einer Aktion, die er als seinen »größten Publicity-Stunt aller Zeiten« bezeichnete, riss er die Seite mit seiner *InfoWorld*-Kolumne aus einem Expemplar der Zeitschrift, zerfetzte sie in kleine Stücke und füllte diese zusammen mit Wasser in einen elektrischen Mixer. Dann goss er den verquirlten Inhalt in eine Tasse und trank ihn aus.

Einige Jahre vor Metcalfe, genauer gesagt 1991, hatte der Experte für Cybersicherheit Winn Schwartau in seiner Aussage vor dem US-Kongress bereits von einem bevorstehenden »elektronischen Pearl Harbor« gesprochen. Schwartau beschrieb einen »verheerenden« Angriff, der die ganze Bevölkerung in Mitleidenschaft ziehen würde, ein »lähmendes« Ereignis, das »massive Schäden« verursachen und die Ordnung und das Funktionieren unserer Gesellschaft erschüttern würde. Die Schreckensvision machte Eindruck, denn sie wurde im Kongress der Vereinigten Staaten von verschiedenen Rednern wieder aufgegriffen. Richard Clarke, damals Nationaler Koordinator der USA für Sicherheit, Infrastrukturschutz und Terrorismusabwehr, wies auf der Konferenz Safenet 2000 am 8. Dezember jenes Jahres ebenfalls auf diese Gefahr hin. Im Jahr 2011 warnte der damalige US-Verteidigungsminister Leon Panetta den Senat in Washington vor der »realen Möglichkeit« eines neuen Pearl Harbor in Form eines Cyberangriffs, der das Stromnetz, das Internet, die Telekommunikation, die Sicherheits- und Finanzsysteme und so weiter lahmlegen könnte. Im Jahr 2012 wiederholte er seine Prognose und erklärte, ein derartiger Vorfall könne genauso verheerend sein wie der Terroranschlag vom 11. September 2001. Er könne Panik, Sachschäden und sogar Tote zur Folge haben. Der Alltag würde zum Stillstand kommen und die ganze Nation erschüttert werden, was ein tiefgreifendes Gefühl der Verwundbarkeit erzeugen würde.

KAPITEL 1

Daneben gibt es aber auch Szenarien, die nicht sonderlich plausibel wirken. Einige von ihnen sind nicht *völlig* auszuschließen, aber viele grenzen an Wahnvorstellungen. Von absichtlichen Abschaltungen des Internets war bereits die Rede, bei denen autokratische Regierungen den Zugang zu Online-Plattformen für den Austausch von Informationen und die freie Meinungsäußerung dauerhaft oder vorübergehend verhindern wollten. Ebenfalls auf Initiative von Regierungen, aber aus ganz anderen Gründen, könnte es zu einer Art präventiver Abschaltung kommen, wenn die Gefahr bestünde, dass die eigene nationale Infrastruktur in die Hand von einem Angreifer gelangen könnte, oder wenn ein über das Internet geführter Krieg bestimmte Länder zu diesem Schritt zwingen würde. Hypothetisch könnte es passieren, dass eine Gruppe weltweit operierender krimineller Hacker beschließen würde, das Internet »zum Wohle der Menschheit« zum Absturz zu bringen; oder dass ein Computervirus Nutzer auf der ganzen Welt dazu zwingen würde, die Verbindung zum Internet aufgrund der Infektionsgefahr zu unterbrechen; oder dass die engagierte Zivilgesellschaft, genervt von der Überwachung, der Manipulation und der Kontrolle des Internets in Verbindung mit der zunehmenden Ungleichheit und den zunehmend prekären Lebens- und Arbeitsverhältnisse, in einer Art modernem Sturm auf die Bastille gegen das World Wide Web rebellieren würde; oder dass eine Verkettung von unerwarteten und unerwünschten Auswirkungen bei der Nutzung intelligenter Systeme den Blackout verursachen würde; oder dass ein elektromagnetischer Impuls oder ein gewaltiger Sonnensturm wie jener vor 160 Jahren uns treffen und dabei unsere Stromnetze, die Satellitenkommunikation und das Internet zerstören könnte; oder, wie die Apostel der technologischen Einzigartigkeit vorhersagen, dass eine uns überlegene Superintelligenz beschließen würde, unser Internet zu vernichten, damit wir es nicht als Waffe gegen sie einsetzen können; oder dass diese Superintelligenz das World Wide Web mit den besten moralischen Absichten beseitigt, weil sie der Meinung ist, dass das Internet schlecht für uns sei und dass es ihre philanthropische Pflicht sei, uns davor zu schützen durch die Schaffung eines neuen Netzwerks ohne solch negative Eigenschaften.

Wie irreal die Vorstellung einer »Superintelligenz« auch wirken mag, so gibt es doch Menschen, die es sehr wohl für möglich halten, dass eine solche dem Internet ein Ende bereiten könnte, und dass der Regisseur James Cameron mit dem sogenannten Skynet aus seinem Film *Terminator* der Wirklichkeit gefährlich nahegekommen sein könnte, dass wir es also mit einer Technologie zu tun bekommen könnten, die ein Bewusstsein ihrer selbst erlangt und aus Angst vor ihrer Deaktivierung beschließt, die menschliche Zivilisation anzugreifen. Die apokalyptischen »Singularitäts-Verfechter« glauben, dass die künstliche Intelligenz (KI) früher oder später hinsichtlich ihrer Leistungsfähigkeit die menschliche Intelligenz übertreffen wird. Mo Gawdat gehört zu diesem Club, und neben ihm bekannte Unternehmer wie Elon Musk (der Gründer von Tesla) oder Experten wie Nick Bostrom (ein renommierter Philosoph, der das Future of Humanity Institute, FHI, an der Universität Oxford leitet). Sogar ein Wissenschaftler wie Stuart Russell, der Hohepriester der künstlichen Intelligenz, ist mit seinem Kurzfilm *Slaughterbots* auf diesen Zug aufgesprungen.[37] Darin präsentiert er durchaus plausibel eine nicht allzu ferne Zukunft, in der Armeen autonomer Mikrodrohnen die Bevölkerung durch mörderische Angriffe auf Einzelpersonen oder bestimmte Gruppen terrorisieren. Alle diese Persönlichkeiten warnen in irgendeiner Form vor dem Risiko der Vernichtung der Menschheit durch autonome Maschinen, die über eine hochentwickelte technische Intelligenz verfügen. Sie behaupten, dass »alles, was wir in Science-Fiction-Filmen sehen, tatsächlich passieren wird«.[38]

Die Realität ist in der Tat oft verblüffender als die Fiktion, und wenn es wirklich zu einem Absturz des Internets kommen sollte, könnte dies schlimme Folgen haben. Das werden wir im folgenden Kapitel sehen.

2
Nur vier Mahlzeiten vom Chaos entfernt

»Am dunkelsten ist die Nacht vor der Dämmerung.
Und ich verspreche Ihnen, die Dämmerung bricht an.«

The Dark Knight

Am 1. September 1859 wurde die Erde von einem gewaltigen, in dieser Form noch nie beobachteten Sonnensturm erschüttert, was seitdem als »Carrington-Ereignis« bekannt ist. Die gewaltige Sonneneruption traf den Planeten auf dem Höhepunkt einer weltweiten Telegraphie-Begeisterung. Sie legte den gesamten Telegraphendienst vorübergehend lahm, ohne jedoch größere Schäden zu verursachen. Heute, mehr als 160 Jahre danach, würde ein solcher Sonnensturm dagegen eine verheerende Wirkung haben. Das Magnetfeld der Sonne könnte paradoxerweise dafür sorgen, dass wir ohne elektrisches Licht dastehen, und natürlich auch das Internet zum Erliegen bringen. Mit anderen Worten: Ein derartiges Ereignis könnte alles zerstören, worauf die heutige Zivilisation beruht und wovon sie abhängt.

Die Eruption auf der Sonne im Jahr 1859 war ein bemerkenswertes Ereignis, aber doch nicht so außergewöhnlich, als dass sie sich nicht wiederholen könnte. Bis vor kurzem glaubte man noch, eine solche Eruption habe noch nie zuvor stattgefunden, aber dann fand man Belege für eine ebenfalls sehr starke Sonneneruption, die im Jahr 1770 in Ostasien beobachtet worden war.[1] Mittels staatlicher Dokumente und persönlicher Tagebücher damaliger Einwohner von Korea, China und Japan konnte das Geschehen rekonstruiert werden. Soweit bekannt ist, war es der längste geomagnetische Sturm in der Geschichte der Menschheit.

Er dauerte mindestens neun Nächte, nicht nur zwei wie beim Carrington-Ereignis. Und das ist noch nicht alles. Noch nicht ausgewertete historische Dokumente könnten zur Entdeckung von noch länger währenden erdmagnetischen Vorkommnissen führen. In der Tat lassen die historischen Befunde darauf schließen, dass derartige Phänomene häufiger auftreten als bislang angenommen (alle paar Jahrzehnte). Sie könnten daher eine unmittelbare Bedrohung für unsere Zivilisation darstellen. Mit anderen Worten: Es ist nur eine Frage der Zeit, bis wir Zeuge eines dieser Sonnenspektakel werden. Bislang stand Fortuna uns bei. Im Jahr 2012 durchquerte ein starker Sonnensturm die Erdumlaufbahn, glücklicherweise aber an einer anderen Stelle als der, an der sich die Erde zu diesem Zeitpunkt befand. Wäre es eine Woche früher passiert, wären wir getroffen worden. Die Folgen wären vergleichbar gewesen mit denen des Einschlags eines riesigen Asteroiden, was uns, technologisch gesprochen, zurück ins 18. Jahrhundert katapultiert hätte. Ein geomagnetisches »Feuerwerk« dieser Größenordnung führt zu einem raschen Leistungsabfall des Erdmagnetfelds, was heutzutage weitreichende technische Probleme verursachen würde, darunter den Ausfall der Stromnetze, die Unterbrechung der Kommunikation sowie Störungen der Satellitennavigation per GPS.

In einem Bericht des US-amerikanischen National Research Council (NRC) aus dem Jahr 2008 werden die wirtschaftlichen Auswirkungen eines dem Carrington-Ereignis vergleichbaren Vorfalls im 21. Jahrhundert auf bis zu zwei Billionen Dollar innerhalb des ersten Jahres geschätzt, mit Wiederherstellungszeiten von bis zu zehn Jahren.[2] Das heißt, mehr als die Hälfte des deutschen BIP.

Zum jetzigen Zeitpunkt wären angesichts der Auswirkungen des Coronavirus die wirtschaftlichen Schäden sogar noch größer und würden jedes BIP bei weitem übertreffen. Was Covid-19 betrifft, so schätzt man, dass das BIP in der Eurozone im Jahr 2020 um 6,8 Prozent und in der Europäischen Union um 6,4 Prozent zurückging.³ In den Vereinigten Staaten schrumpfte die Wirtschaft im Jahr 2020 um durchschnittlich 3,5 Prozent, die größte Rezession seit der Demobilisierung nach dem Zweiten Weltkrieg im Jahr 1946.⁴ All dies ist sehr viel weniger als der zu erwartende Rückgang des BIP um etwa 14 Prozent nach einem heftigen geomagnetischen Sonnensturm.⁵

Weniger extrem, aber mit nicht unerheblichen Folgen, waren andere erdmagnetische Stürme der jüngeren Vergangenheit. Einer davon war das sogenannte Halloween-Ereignis. Es war von Ende Oktober bis Anfang November 2003 zu beobachten. Laut den Messdaten war es deutlich schwächer als das Carrington-Ereignis, dennoch verursachte es Probleme in nordeuropäischen Stromtransformatoren. Es kam zu Stromausfällen und in der Folge zu erheblichen Beeinträchtigungen beim Flugverkehr sowie in anderen vom Weltraumwetter abhängigen Industrien. Aufsehen erregte auch das Sonnenereignis, das 1989 das Stromnetz in Québec zusammenbrechen ließ. Der vollständige Stromausfall dauerte mehr als neun Stunden. Mehr als sechs Millionen Menschen waren von ihm betroffen.

Die Experten räumen ein, dass sie kaum in der Lage sind, solche außergewöhnlichen Begebenheiten vorherzusagen. Bislang kann der Zeitpunkt einer Sonneneruption nur mit einer Genauigkeit von sechs bis zwölf Stunden vorhergesagt werden.⁶ Wenn man bedenkt, dass die Plasmawolke auf der Erde innerhalb von etwa fünfzehn Stunden eintreffen könnte, ist die verbleibende Zeitspanne, Maßnahmen zu ergreifen, minimal.

Auch die möglichen wirtschaftlichen und sozialen Auswirkungen des Versagens wichtiger technischer Systeme, das durch solch einen Vorfall ausgelöst würde, sind bisher nur unzureichend dokumentiert und analysiert worden.

Die 48-Stunden-Gnadenfrist

Bleiben wir noch bei den Folgen eines möglichen Sonnensturms. Betrachten wir vor allem den Aspekt des Stromausfalls einmal genauer. Wie schlimm können die Auswirkungen sein? Sehr schlimm! Und dies auch, wenn die Schäden zunächst noch begrenzt wären, denn es würde in jedem Fall zu einem Dominoeffekt kommen. Es beginnt als Ärgernis und wird zum Chaos, wenn Panik ausbricht.[7] Die Menschen beginnen dann, untereinander um Lebensmittel, um Medikamente und um Benzin zu kämpfen. Es kommt zu Handgreiflichkeiten, Plünderungen, bewaffneten Auseinandersetzungen und Morden unter den Betroffenen, weil das Überleben auf dem Spiel steht. Wäre der Vorfall örtlich begrenzt, könnten sofort Mittel zur Verfügung gestellt werden, um Ressourcen aus anderen Teilen des Landes heranzuziehen. Wirklich schwierig wäre es, wenn es auf nationaler Ebene passieren würde oder wenn die Auswirkungen in ganz Europa spürbar wären, da heutzutage alle Systeme miteinander verbunden sind.

Als Beispiel sei der Stromausfall in Europa von 2006 genannt. Auslöser dafür war die absichtliche Unterbrechung einer Hochspannungsleitung in Norddeutschland, um ein Schiff darunter durchfahren zu lassen. Dies führte zu überlasteten Leitungen, wodurch das Stromnetz in bestimmten Zonen zusammenbrach. Am Ende waren Millionen Menschen in Deutschland und Frankreich sowie Hunderttausende in Belgien, den Niederlanden, Italien und Spanien vom Netz getrennt und hatten keinen Strom mehr.

Was geschieht bei einem derartigen Vorfall? Wie Fernando Sánchez, Direktor des spanischen Nationalen Zentrums für Infrastrukturschutz und Cybersicherheit (CNPIC), erklärt, ist bei einem Vorfall dieser Art die Koordinierung auf nationaler und internationaler Ebene von entscheidender Bedeutung. Aber es sind die Betreiber, die die Krise bewältigen müssen. Je länger ein

Dienst ausfällt, desto länger dauert es, ihn wieder in Betrieb zu nehmen. Mit anderen Worten: Je länger die Unterbrechung, desto größer die Folgen. Wenn ein System ausfällt, ist es nicht einfach, es wiederherzustellen. Wenn ein elektrischer Transformator durchgebrannt ist, kann es Monate dauern, bis ein neuer geliefert wird, aus einem Werk, das sich möglicherweise in einem anderen Land befindet. Wenn ein Kernkraftwerk abgeschaltet wird, dauert es mehrere Tage, bis es wieder Strom produziert. Für den Neustart legt man nicht nur einfach einen Schalter um, sondern man hat es mit zeitaufwendigen Prozeduren zu tun.

Von da an wird ein Teufelskreis in Gang gesetzt. Denn wenn der Strom ausgeht, geht der Brennstoff aus, und ohne Brennstoff kann man kein Kraftwerk betreiben. Das Thema ist komplex, weil unser Organisationssystem komplex ist. Wie in einem Präzisionsuhrwerk hat jeder Teil unserer Gesellschaft eine bestimmte Aufgabe zu erfüllen. Wenn einer dieser Teile ausfällt, haben wir ein ernsthaftes Problem. Wenn der Strom ausfällt, führt dies im Metabolismus der Gesellschaft zu einem Multiorganversagen.

Man geht davon aus, dass bei einem Übergang von einem Zustand der Normalität zu einem Zustand der Krise nach einer Frist von 48 Stunden das Chaos ausbricht. In England pflegt man zu sagen: »Wir sind nur vier Mahlzeiten von der Anarchie entfernt.« Nicht mehr als vier fehlende Mahlzeiten braucht es, bis das Chaos ausbricht. Wir können durchaus auf bestimmte Annehmlichkeiten verzichten, aber sobald wir keinen Zugang zu Nahrungsmitteln, Medikamenten oder Wasser mehr haben, geht es nur noch darum, um jeden Preis am Leben zu bleiben.

Die Plünderungen nehmen zu, je länger der Stromausfall andauert und je verzweifelter die Menschen werden, weil ihnen die grundlegenden Güter fehlen. Immer häufiger kommt es zu Diebstählen, wobei die Kriminellen den Ausfall der Beleuchtung und Alarmanlagen sowie die Überlastung der Polizeikräfte ausnutzen.

Der fehlende Zugang zu elementaren Versorgungseinrichtungen verschlechtert das soziale und physische Wohlbefinden. Zu den Problemen des kontaminierten Wassers und der eingeschränkten Lebensmittelversorgung kommen Schwierigkeiten bei der Verwendung von Geräten für die häusliche Krankenpflege, zunehmende Lärmbelästigung, Umweltverschmutzung und andere Faktoren hinzu, die die Zahl der Todesfälle erhöhen.

Wie aus einem Bericht des Zentrums für Risikostudien an der Universität Cambridge für das britische Unternehmen Lloyd's of London hervorgeht, würden Datenanbieter und Mobiltelefondienste ihren Betrieb einstellen, sobald die Backup-Stromspeicher und der Treibstoff für die Generatoren erschöpft wären.[8] Nur die Dieselgeneratoren, die den Betrieb der Notrufdienste aufrechterhalten, würden noch funktionieren. Das bedeutet natürlich das Ende des Internets.

In der Anfangszeit würden die Unternehmen, Krankenhäuser und öffentlichen Einrichtungen mit alternativen Stromerzeugern zunächst noch eine Weile weiterarbeiten können. Alle Arten von Kommunikationssystemen ohne Ersatzstromquellen würden durch Stromausfälle behindert. Abgeschaltet wären die Ampeln, Straßenlaternen, Aufzüge und U-Bahnen. Gekühlte oder gefrorene Lebensmittel und alle Waren, die gekühlt werden müssen, würden verderben.

Industrieunfälle wären die Folge, und es würde wahrscheinlich zu Problemen bei der Abwasserbehandlung kommen und zur Verschmutzung des Frischwassers. Die meisten Menschen wären nicht einmal in der Lage, ihre Toiletten zu spülen, da die städtische Wasserversorgung in hohem Maße auf elektrische Pumpen angewiesen ist. Dies würde den Vertrieb zwar nicht völlig verhindern, aber doch deutlich einschränken. Haushalte, die ihr Wasser über Hochbehälter erhalten, können noch eine Weile versorgt werden. In Gebäuden mit mehr als sechs oder sieben Stockwerken wären jedoch auch hier Generatoren für Wohnungen erforderlich.

Selbstverständlich würde auch die Produktivität der Unternehmen durch die Schließung von Arbeitsstätten drastisch sin-

KAPITEL 2

ken. Und es würde immer schwieriger – wenn nicht gar unmöglich – werden, zu den Betrieben zu gelangen, die noch geöffnet wären. Ohne funktionierende Verkehrssignale käme es zum Chaos auf den Straßen. Die Staus wären gigantisch. Eine große Anzahl von Tankstellen würde bald nicht mehr benutzt werden können.

Auch der Bahnverkehr würde unterbrochen werden. Ersatz-Busse wären aufgrund von Staus und wiederum Benzinmangel nicht sehr effektiv. Ohne öffentliche Verkehrsmittel und ohne Treibstoff für die Motoren gäbe es keine Möglichkeit, sich fortzubewegen, außer zu Fuß oder mit mechanischen Hilfsmitteln. Der Luftverkehr würde ebenfalls nicht mehr funktionieren. Die Flughäfen wären gezwungen, ihre Tore zu schließen, weil der Strom für die Sicherheitskontrollgeräte und die elektronische Ticketüberprüfung fehlen würde, neben anderen ernsthaften Sicherheitsrisiken.

Durch die Aussetzung des Hafenbetriebs und die Unterbrechung der Ex- und Importe wäre überdies der Handel beeinträchtigt. Es käme zu einem Produktionsstopp mit enormen Auswirkungen aufgrund des Dominoeffekts entlang der Lieferkette.

Verbraucher würden mit Panikkäufen reagieren. Doch nach einem ersten Tag überstürzter Einkäufe würden die Unmöglichkeit, elektronisch zu bezahlen, und der Mangel an funktionierenden Geldautomaten den Konsum fast unmöglich machen.

Der Stromausfall hätte die Schließung von Fabriken und die Unterbrechung von Handelsaktivitäten zur Folge, die für einen großen Teil der Wirtschaftsleistung des Landes verantwortlich sind. Die finanziellen Auswirkungen wären direkte Schäden an Vermögenswerten und Infrastrukturen, Umsatzeinbußen bei Stromversorgern und Unternehmen. Innerhalb weniger Tage würden Milliarden von Euro verloren gehen, insgesamt etwa 5 Prozent des BIP.

Ein exponentielles Risiko

Kehren wir in die Realität zurück. Neben einem möglichen geomagnetischen Sonnensturm, dessen Eintritt vom Zufall abzuhängen scheint, gibt es sehr viel konkretere Risiken, Bedrohungen, die ebenfalls zu flächendeckenden Stromausfällen führen würden und dadurch alle Formen der Hochtechnologie unbrauchbar machen würden, darunter das Internet.

Die größte Gefahr geht nicht von der Natur, sondern vom Menschen aus, und der schlimmste denkbare Fall wäre ein terroristischer Angriff auf IT- und Kommunikationssysteme mit Hilfe von elektromagnetischen Impulsen, kurz: EMP *(electromagnetic pulse)*. Man hat deren Wirkung mit der einer Nuklearexplosion verglichen, weil dadurch nahezu alle elektronischen Geräte und Transformatoren in Reichweite außer Betrieb gesetzt würden.

Die gesamten Vereinigten Staaten (oder sogar mehrere Länder) könnten durch einen solchen Angriff in völlige Dunkelheit versetzt werden. Und das neben anderen schwerwiegenden Folgen, da die Elektronik heutzutage zur Steuerung, Kommunikation, Berechnung, Speicherung, Verwaltung und Umsetzung fast aller Aspekte ziviler Systeme eingesetzt wird. Diese Systeme hängen auch vom Internet ab, das unter diesen Bedingungen selbstverständlich nicht funktionieren würde. Zu den Kollateralschäden würden Brände gehören, elektrische Entladungen sowie der Stillstand des Transportwesens und wesentlicher Infrastrukturen (wie Krankenhäuser, Kernkraftwerke und chemische Anlagen). Mit anderen Worten: Alle systemrelevanten Bereiche wären gefährdet. Ihre gegenseitige Abhängigkeit würde die Auswirkungen des Ereignisses verschlimmern und dessen anschließende Bewältigung erschweren. Außerdem würde es zur Lähmung von Wirtschaft und Militär der USA führen.

Die allgegenwärtige Abhängigkeit vom Stromnetz lädt rivalisierende Länder dazu ein, diese Schwachstelle auszunutzen. Aus diesem Grund hat der US-Kongress 2001 eine EMP-Kommission

KAPITEL 2

eingesetzt, um die Risiken und Folgen eines solchen Angriffs zu bewerten, wobei mehrere Länder als Verursacher infrage kommen: China, Russland, Nordkorea, der Iran und eventuell Pakistan. Donald Trump erkannte während seiner Präsidentschaft, dass die zunehmenden Streitigkeiten und Spannungen mit diesen Ländern das Risiko eines Angriffs erhöhen, und unterzeichnete im März 2020 ein Präsidialdekret, um das Land besser auf die Verhinderung und Bewältigung eines solchen Ereignisses vorzubereiten.

Neben der Gefahr eines EMP-Angriffs ist es vor allem das Szenario eines Cyberangriffs auf das Stromnetz, das den Verantwortlichen in Politik, Wirtschaft und Wissenschaft Sorge bereitet. Dieser wäre einfacher zu bewerkstelligen als eine EMP-Attacke, hätte aber ähnliche Auswirkungen. Was würde passieren, wenn jemand – beispielsweise ein Hacker – das Internet dazu benutzen würde, um den Strom abzuschalten und dabei gleichzeitig das World Wide Web zu unterbrechen? Darüber wurde bereits 2015 in dem Bericht der Universität Cambridge für Lloyd's nachgedacht. Die Gründe für diesen Auftrag liegen auf der Hand: Der Versicherungsmarkt muss auf alle Eventualitäten vorbereitet sein. Das Verständnis der Auswirkungen schwerer Zwischenfälle ist für die Versicherer äußerst wichtig, gerade in einem Bereich, in dem ein hohes Maß an Unsicherheit herrscht. Hierbei soll die Erarbeitung einer Studie der Konsequenzen eines möglichen Stromausfalls als Leitfaden dienen für die Entwicklung von Deckungen für Cyberrisiken.

Die Untersuchung konzentriert sich auf die Auswirkungen eines hypothetischen Stromausfalls infolge eines Cyberangriffs, der fünfzehn US-Bundesstaaten in die Dunkelheit stürzen und 93 Millionen Menschen ohne Strom dastehen lassen könnte. Die Hypothese ist folgende: Eine Gruppe nicht identifizierter Personen beauftragt eine Reihe moralisch zweifelhafter Programmierer, die wissen, wie man in das Netzwerk des nationalen Stromsektors eindringt. Diese installieren ein bösartiges Programm, eine »Malware«, im System, das es ihnen ermöglicht, Informationen aus dem Netzwerk zu senden und dort auch Befehle zu empfangen. Die Malware bleibt so lange inaktiv, wie die Angreifer sich auf den Tag X vorbereiten, an dem der Blackout eintritt.

Das klingt für Sie unglaubwürdig? »Dieses Szenario ist zwar unwahrscheinlich, aber technologisch möglich«, schrieben die Autoren des im Juli 2015 veröffentlichten Berichts. Vier Monate später ereignete es sich tatsächlich in der Ukraine.

Alles begann auf der Krim. Im November 2015 saßen fast zwei Millionen Krimbewohner ohne Strom und im Dunkeln da, nicht nur für vierundzwanzig oder achtundvierzig Stunden, sondern ganze zwei Wochen lang. Auch wenn die Stromversorgung einige Tage nach Beginn des Ausfalls allmählich wiederhergestellt wurde, blieb der Zugang zur Elektrizität eingeschränkt und unregelmäßig, limitiert auf wenige Stunden am Tag und nur in Städten (nicht in ländlichen Gebieten) verfügbar, bis die Versorgung vollständig wiederhergestellt war. Der Notstand wurde ausgerufen, das kabelgebundene und drahtlose Internet funktionierte nicht mehr, die Mobilfunknetze waren stark eingeschränkt – selbst für Anrufe bei essenziellen Diensten wie Krankenwagen und Feuerwehr – und die Wasserversorgung in Hochhäusern war unterbrochen.

Die Bewohner der Krim mussten lernen, mit abgetauten Kühlschränken, leeren Geschäften, dunklen Straßen und geschlossenen Schulen zu leben, während ständig das laute Brummen von Generatoren zu hören war, die nicht in der Lage waren, die Krankenhäuser auf der Halbinsel angemessen zu versorgen, ganz zu schweigen von den Unternehmen, von denen die meisten gezwungen waren, zu schließen.

Trotz der Widerstandsfähigkeit und scheinbaren Ruhe der Krimbewohner, die an Versorgungsengpässe gewöhnt waren, wuchs bei ihnen die Frustration. Zu den bereits erwähnten Schwierigkeiten kamen noch Verkehrsprobleme hinzu: Die Straßenbahnen fuhren nicht mehr, und die Ampeln waren abgeschaltet, die we-

KAPITEL 2

nigen geöffneten Tankstellen waren überfüllt, und die Straßen lagen in völliger Dunkelheit.

Der Stromausfall auf der Krim war nicht auf einen Cyberangriff zurückzuführen, sondern auf einen physischen Anschlag auf mehrere Umspannwerke, aber der Störfall in der Ukraine weniger als einen Monat später war das Werk von Crackern.* Dieser Angriff – und andere, die später erfolgten – galt als Vergeltung für das gewaltsame Vorgehen pro-ukrainischer Aktivisten, die mit der Annexion dieses lange Zeit zur Ukraine gehörenden Gebiets durch Russland nicht einverstanden waren.

Der Cyberangriff auf das ukrainische Stromnetz gilt als die erste erfolgreiche Aktion dieser Art. Der Modus Operandi der computergestützten Stromcracker bestand in einem aus der Distanz kontrollierten Cybervorstoß in drei regionale Stromversorgungsunternehmen. Von den Stromausfällen waren etwa 225 000 Einwohner betroffen, die von mehreren zentralen und regionalen Einrichtungen abhängig waren. Fast 60 Umspannwerke wurden von den Angreifern abgeschaltet, die überdies einige alternative Stromversorgungsquellen deaktivierten.

Der Angriff erfolgte wahrscheinlich nach einer gründlichen Erkundung der Netzwerke der Opfer. Man geht davon aus, dass die Angreifer sich im Vorfeld offizielle Zugangscodes beschafft hatten, um den Fernzugriff zu erleichtern. Die unter dem Namen »BlackEnergy« bekannte Malware, die dabei verwendet wurde, wurde auch bei weiteren ukrainischen Unternehmen in kritischen Infrastrukturbereichen entdeckt.

Im Jahr 2016 tauchte das Schadprogramm »Industroyer« auf,

---

* Nicht alle Hacker sind kriminell. Diejenigen, die es sind, werden »Cracker« genannt. Im Spanischen ist es laut der von der Agencia Efe und der Real Academia Española unterstützten Fundación del Español Urgente so, dass die Bezeichnung »Hacker« zwar häufig für böswillige Computerpiraten verwendet wird, ein Hacker jedoch in Wirklichkeit einfach »eine Person (ist), die in der Lage ist, in fremde Computersysteme einzudringen«. Ein Cracker hingegen ist jemand, der »dies zu unerlaubten Zwecken tut«.

das einige Analysten für die »größte Bedrohung für industrielle Kontrollsysteme seit ›Stuxnet‹« halten (zum Letztgenannten später mehr).[9] Industroyer ist auch unter dem Namen »CrashOverride« bekannt. Es handelt sich um eine Malware, die darauf ausgelegt ist, die Stromversorgung ganzer Städte lahmzulegen, indem sie die Schwachstellen veralteter Industriesysteme ausnutzt.

Der grundlegende Unterschied zwischen diesem System und dem im Jahr 2015 verwendeten bestand darin, dass bei Ersterem eine manuelle Manipulation durch Fernkontrolle erforderlich war, um die Arbeitsstationen des Systems zu steuern, während bei Letzterem diese Manipulation vollständig in der Software codiert war. Das heißt, anstatt den Stromfluss zu unterbrechen, indem man die Ziele einzeln auswählte, ermöglichte dieses System eine Automatisierung und damit einen größeren Umfang des Eingriffs. Glücklicherweise waren die Auswirkungen geringer als erwartet, denn der Stromausfall dauerte nur eine Stunde. Es waren aber sechzig lange Minuten für die Einwohner von Kiew, die ohne Strom blieben.

»Wie ein ganzes Land zu Russlands Testlabor für Cyber-Kriegsführung wurde«. So lautete der Titel einer 2017 von *Wired* veröffentlichten Analyse zu diesem Thema.[10] »Russische Hacker erlernen gerade, die Infrastruktur zu sabotieren, und die Vereinigten Staaten könnten das nächste Opfer sein.« Das waren sie tatsächlich. In vorausschauender Weise warnte *Wired* vor den Folgen dessen, was zu jenem Zeitpunkt geschah. In jenem Jahr, 2017, gelang es einer russischen Cracker-Gruppe namens »Dragonfly«, sich per Fernzugriff Zugang zu den Kontrollräumen zahlreicher US-amerikanischer Energieversorger zu verschaffen. Im Jahr 2018, als er entdeckt wurde, war der Angriff noch immer aktiv.[11] Das geglückte Eindringen hätte es den Crackern ermöglichen können, Netze abzuschalten und Stromausfälle zu verursachen.

Aber nicht diese Gruppe wurde für die Angriffe auf das ukrainische Stromnetz verantwortlich gemacht, sondern eine andere Gruppe russischer Computerpiraten namens »Sandworm«. Es

KAPITEL 2

war dieselbe Gruppe, die im Juni 2017 mit einer anderen Schadsoftware (»Petya«) die Computer von Banken, Ministerien, Zeitungen und Stromversorgern in der Ukraine und in geringerem Umfang auch in Frankreich, Deutschland, Italien, Polen, Russland, dem Vereinigten Königreich, den Vereinigten Staaten und Australien infizierte.

Die Sandworm-Gruppe genießt die zweifelhafte Ehre, laut der NSA der Urheber eines massiven Angriffs auf E-Mail-Server zu sein, der seit August 2019 aktiv ist. Die NSA wies im Mai 2020 darauf hin, dass diese Gruppe die Exim-E-Mail-Server angegriffen hatte, also jenes System, mit dem fast die Hälfte aller E-Mail-Server für das Internet betrieben wird. Etwa 50 Prozent von ihnen waren mehr als neun Monate lang der Attacke von Sandworm ausgesetzt, der es den Crackern unter anderem ermöglicht hätte, die Kontrolle über Server zu übernehmen, die Sicherheitseinstellungen mehrerer Netzwerke zu deaktivieren, privilegierte Benutzer hinzuzufügen oder zusätzlichen Fernzugriff zu gestatten.

Man könnte denken, die erwähnten Vorfälle hätten sich in weiter Ferne abgespielt und beträfen mich nicht, aber sie könnten auch hier stattfinden und Konsequenzen für Sie und Ihre Angehörigen haben. In welchem Maße? Besteht für die ganze Welt, ein bestimmtes Land oder ein Konglomerat von Städten das Risiko, von einem Cyberangriff betroffen zu sein? Die befragten Experten halten dies für unwahrscheinlich, räumen aber ein, dass man es nicht genau einschätzen kann. Fest steht, dass mit den immer fortschrittlicheren Techniken und Programmen das Risiko für Cyberangriffe in den letzten Jahren kontinuierlich größer geworden ist. Das von der Universität Cambridge im Auftrag von Lloyd's erstellte Szenario zeigt, wie ein Schaden an fünfzig Generatoren in den Vereinigten Staaten – verursacht durch eine Schadsoftware wie CrashOverride – zu einem massiven Stromausfall führen könnte, der bis zu zwei Wochen lang 93 Millionen Menschen betreffen würde.

Dieses Szenario ist bisher noch nicht Wirklichkeit geworden, aber es ist keineswegs unrealistisch. Der Absturz des gesamten Elektrizitätssystems eines Landes ist eine Hypothese, die heute noch nicht in Betracht gezogen wird, aber da wir uns immer mehr auf Netzwerke und Informationssysteme und immer weniger auf analoge Systeme verlassen, steigt die Wahrscheinlichkeit, dass es zu einem Totalausfall kommen könnte. Dies bestätigt auch Fernando Sánchez vom CNPIC.

Im Jahresbericht der spanischen Regierung über die nationale Sicherheit von 2019 wird die Verwundbarkeit des Cyberspace als größtes kurzfristiges Risiko auf Platz eins der Liste genannt.[12] Das Dokument warnt vor Cyberangriffen auf kritische Infrastrukturen, die die Erbringung grundlegender Dienstleistungen beeinträchtigen können. Außerdem wird vorausgesagt, dass sich bei Fortsetzung dieser Entwicklung bis 2022 die Zahl der Cyberangriffe gegenüber 2019 verdoppelt haben könnte (insgesamt fast 43 000 Angriffe gegen Netze des öffentlichen Sektors und mehr als 107 000 gegen Unternehmen, Bürger und Universitäten).

Die Lehre aus Covid-19

> *Die Leute fragen oft: »Was wird die nächste Covid-Gefahr sein?« Ein Angriff auf unsere digitale Infrastruktur ist hierfür einer der aussichtsreichsten Kandidaten. Es dauerte mehrere Monate, bis sich das Coronavirus in der ganzen Welt ausbreitete und Millionen von Menschen infizierte. Unsere digitale Infrastruktur könnte binnen eines einzigen Tages zusammenbrechen.*
>
> Yuval Noah Harari[13]

In demselben Bericht bezeichnete die spanische Regierung die Möglichkeit einer Pandemie in Spanien als das vorletzte Risiko auf ihrer Liste der fünfzehn Risiken für die nationale Sicherheit, gefolgt von der Verbreitung von Massenvernichtungswaffen. Das Coronavirus SARS-CoV-2 war zu diesem Zeitpunkt weder da, noch wurde es erwartet, und doch kam es. Nicht, dass es keine Vorzeichen gegeben hätte: Wissenschaftler hatten bereits 2007 davor gewarnt, dass etwas Derartiges passieren könnte, dass die bei Fledermäusen in China nachgewiesenen Coronaviren eine tickende Zeitbombe seien.[14]

Einige der Reaktionen und Ereignisse, die durch einen Stromausfall ausgelöst werden könnten, traten tatsächlich während der Pandemie auf, die im Jahr 2020 begann: Panikkäufe zu Beginn, dann allgemeiner Rückgang des Verbrauchs, vorübergehende oder teilweise Schließungen der Grenzen, Konkurse und dauerhafte oder vorübergehende Schließungen von Unternehmen und Betrieben, starke Konjunktureinbrüche und so weiter. Nicht zu vergessen die wachsende Ungleichheit (weil in der Pandemie die Ärmsten, Abhängigsten und Schwächsten am härtesten getroffen wurden); die faktische Lähmung des Bildungswesens; die hohe Zahl der Arbeitslosen; die negativen Auswirkungen auf die psychische Gesundheit der Bevölkerung; die Rechtfertigung totalitärer Maßnahmen; die Zunahme von Cyberangriffen oder die parallele »Pandemie« der Desinformation.

Allerdings gab es keine dauerhaften Probleme mit dem Funktionieren der sogenannten »kritischen« und »systemrelevanten« Infrastrukturen, keine nennenswerten Versorgungsprobleme, ebenso wenig Schwierigkeiten bei Strom und Licht, mit dem Wasser, mit der Mobilität (zumindest für die Grundbedürfnisse) und mit dem Internet. Wäre dies eine Netflix-Serie, in der es darum ginge, zu zeigen, wie schlimm ein Stromausfall im Vergleich zur Pandemie sein könnte, dann wäre der passende Werbeslogan vielleicht: »Wenn Sie dachten, das Coronavirus sei eine Katastrophe, dann sollten Sie sich das hier ansehen.«

Man stelle sich vor, was passiert wäre, wenn es während der Covid-19-Pandemie einen Internet-Blackout gegeben hätte? Oder wenn so etwas bei der nächsten epidemischen Krise passieren würde? Die Auswirkungen würden sich nicht auf die geringfügigen Unannehmlichkeiten beschränken, die sich daraus ergeben, dass wir keine Serien online sehen können, dass wir nicht in den Genuss der zahlreichen Unterhaltungsmöglichkeiten kommen, die das Netz bietet, dass wir nicht im Homeoffice arbeiten oder online einkaufen können oder dass wir während des Lockdowns auf die einzige visuelle Verbindung mit unseren Angehörigen verzichten müssen. Hier ginge es um kritische Infrastrukturen, die betroffen wären (denn auch wenn es noch Strom geben würde: Alles ist schließlich mit dem Internet verbunden), es ginge um eine Vervielfachung der Auswirkungen auf die Wirtschaft und die am stärksten betroffene Bevölkerung. Die Folge wäre ein so vollständiges Chaos, dass dies je nach geographischer und zeitlicher Ausdehnung des Absturzes von einem »Alarmzustand«* zu einem »Ausnahmezustand« führen könnte.

Informations- und Kommunikationstechnologien (IKT) sind ein sogenannter »kritischer Dienst« – der wichtigste neben der Elektrizität. Sie stellen eine tragende Säule des Systems dar. Alle Sektoren hängen in gewisser Weise von ihnen ab, insbesondere das Finanzwesen, der Dienstleistungssektor und der Einzelhandel. Die meisten Branchen stützen sich bei ihrer Geschäftstätigkeit auf elektronische Finanztransaktionen, E-Mail und das Internet. Ohne sie wäre keines dieser Systeme funktionsfähig. Außerdem ist es ohne Kommunikation für die Katastrophenschutzbehörden sehr schwierig zu erkennen, welche Bereiche betroffen sind und wo sie ihre Ressourcen vorrangig einsetzen müssen, was die Wiederherstellung verlangsamt und auch die wirtschaftliche Ausfallzeit verlängert (wir dürfen nicht vergessen, dass die IKT einen erheblichen Beitrag zur Wertschöpfung in der Wirtschaft leisten).

Wir haben alle organisatorischen Strukturen des analogen Zeitalters abgebaut und durch eine effizientere technologische

---

* Der »Alarmzustand« ist die dritthöchste der in der spanischen Verfassung vorgesehenen Notfallstufen – nach dem »Ausnahmezustand« und der höchsten Stufe: dem »Belagerungszustand«. Der »Alarmzustand« wurde in Spanien vor der Coronavirus-Pandemie bisher nur einmal verhängt (2010 während der sogenannten Fluglotsen-Krise). [A.d.Ü.]

KAPITEL 2

Infrastruktur ersetzt, die jedoch störanfällig ist. Wir sprechen von Abhängigkeit und sind durch die Erfahrung des Coronavirus noch abhängiger vom Internet geworden als zuvor (sofern eine Steigerung noch möglich war). Unser Leben ist digitalisierter denn je geworden und dadurch noch viel stärker betroffen von einem eventuellen Absturz des Internets.

Genauso wie wir nicht auf Covid-19 vorbereitet waren, sind wir auch nicht auf eine vollständige Abschaltung des Internets vorbereitet. Niemand investiert genug Zeit und Geld in die Vorbeugung von Katastrophen dieser Art, nicht zuletzt, weil es sich um eine unrentable Investition handelt, sowohl hinsichtlich des kurzfristigen wirtschaftlichen Nutzens als auch in politischer Hinsicht. (Da sich die Auswirkungen solcher Vorsichtsmaßnahmen, wenn überhaupt, erst langfristig zeigen, ist es schwierig, dafür Anerkennung zu erhalten.)

Mit dem Internet verhält es sich genauso: Niemand, weder Unternehmen noch Regierungen, investiert genug Zeit und Geld in die Cybersicherheit, bis sie zu einem Problem wird. Es ist einfach billiger, jedes Jahr Geld zu sparen und das Risiko einzugehen.

Wie Mary Renault es in ihrem Roman *The Charioteer* formuliert: »Es gibt nur eine Art von Erschrecken, die schlimmer ist als das völlig unerwartete: das erwartete, auf das man sich nicht vorbereitet hat.« Die Risiken, die sich aus dieser mangelnden Vorbereitung ergeben, sind in der Tat zahlreich und werden immer größer. Es wird für Cyberpiraten (bei denen es sich um einfache Nutzer mit kriminellen Absichten handeln kann) immer einfacher, vom heimischen Sofa aus, ohne aufwendige Technologien und ohne große technische Kenntnisse, schwere Schäden zu verursachen. Anschläge, die vor einigen Jahren noch Millionen von Euro gekostet hätten, können heute bequem von einem Laptop aus praktisch gratis verübt werden.

Dies ist die düstere Seite des Internets. Das Gotham City des Online-Universums. Im nächsten Kapitel werden wir erkunden, wie dunkel es werden kann.

ZWEITER TEIL
FINSTERNIS

3
Verbrechen

»*Die dunklen Seiten der Macht sind sie.*«
»*Ist die dunkle Seite stärker?*«
»*Nein, nein. Nein. Schneller, leichter, verführerischer.*«

Star Wars: Episode V - Das Imperium schlägt zurück

Im Cyberspace hat die Offensive die Oberhand.

William J. Lynn, ehemaliger Stellvertretender
Verteidigungsminister der USA

Es ist kinderleicht, und das ist keine Übertreibung. Am 15. Juli 2020 wurde von einem Minderjährigen ein Cyberangriff auf Twitter verübt, der größte aller Zeiten. Dem Amerikaner Graham Ivan Clark gelang es, die Kontrolle über die Konten von 130 Personen in diesem sozialen Netzwerk zu übernehmen. Dabei handelte es sich um Prominente wie Barack Obama, Joe Biden, Bill Gates, Elon Musk, Kanye West und Kim Kardashian. Im Gegenzug erhielt er 121 000 Dollar aus mehr als 400 Zahlungen an drei verschiedene Bitcoin-Adressen.

Clark hatte diese Tat nicht allein begangen. Der Kopf der Aktion wurde von mindestens drei weiteren Personen unterstützt. Unter ihnen war der britische Staatsangehörige Joseph O'Connor, der im Juli 2021 in Estepona verhaftet wurde. Die anderen Komplizen waren bereits ein Jahr zuvor, nur zwei Wochen nach dem Cyberangriff, verhaftet worden. Das jugendliche Alter, Clark war zur Tatzeit siebzehn, sorgte für Verwunderung, wenngleich es für die Polizei nichts Neues ist, auf junge Cyberpiraten mit hervorragenden Computerkenntnissen zu stoßen. Jugendliche, die wie

Clark ihre Kindheit damit verbracht haben, in die Tiefen des Internets einzutauchen und dessen dunkle Ecken zu erkunden.

Viele dieser Minderjährigen sind Spieler von »Minecraft«, dem meistverkauften Videospiel aller Zeiten. Laut seinen Fans besitzt Minecraft einen hohen Suchtfaktor. Was daran sofort fasziniert, sind die unendlichen Möglichkeiten, Welten zu erforschen und zu erbauen, wobei die Kinder ihrer Phantasie freien Lauf lassen können. Aber nicht nur deswegen bleiben die Spieler bei der Stange. Minecraft bietet nicht nur einen Spielraum, sondern auch eine Gemeinschaft, einen Ort, an dem man Freunde kennenlernt. Durch diese ideale Kombination finden die Nutzer hier eine alternative Wirklichkeit vor, in der sie mit Hilfe des Videospiels familiären Problemen, einer schwierigen Kindheit oder einer unglücklichen Jugend entkommen können.

Manchmal überschreitet das Spiel die Grenzen zwischen der virtuellen und der realen Welt. Eine Gruppe von spielsüchtigen Schülern war verantwortlich für den meistdiskutierten Cyberpiraterie-Vorfall des Jahres 2016. Sie taten dies durch die Schaffung von »Mirai«, einem beispiellosen Botnet. Ein Botnet ist ein großes Netz von Computern, die miteinander verbunden sind und koordiniert werden, um eine bestimmte Aufgabe zu erfüllen. In diesem Fall mit kriminellen Absichten, die sich auf wichtige Internetdienste in aller Welt auswirkten. Es ist ein klassisches Beispiel für den Einsatz guter Technologie, um Böses zu tun.

Als Angriffsstrategie kam ein »Distributed Denial of Service« (DDoS) zum Einsatz.* Das Ziel derartiger Angriffe besteht darin, die Qualität der Dienste eines Systems so weit zu verschlechtern, dass es unbrauchbar wird. Eines der angegriffenen Unternehmen war DynDNS, eine wichtige Stütze des World Wide Webs. Wir

---

* Eine »verteilte Dienstverweigerung« (Distributed Denial of Service) ist ein Angriff, der darauf abzielt, die Dienstverweigerung (oder den Absturz bzw. die Deaktivierung) eines Servers oder einer Infrastruktur zu verursachen. Sie wird »verteilt« genannt, weil sie von mehreren Absendern initiiert wird, die eine so hohe Anzahl von Anfragen an das Zielsystem senden, dass es überlastet wird.

haben im ersten Kapitel gesehen, wie das Internet durch einen Angriff auf das DNS (die »Namen« im Internet-Telefonbuch) zum Absturz gezwungen werden könnte. Genau das geschah hier. Dieser Angriff brachte das Internet im nahezu ganzen Osten der Vereinigten Staaten fast völlig zum Erliegen. Es war die bis zu diesem Zeitpunkt größte Offensive dieser Art.

Die Schüler, die diesen Angriff organisierten, hatten offenbar nicht die Absicht, das Internet lahmzulegen. Sie versuchten einfach, in Minecraft Bonuspunkte zu sammeln, indem sie DDoS-Attacken gegen ihre Rivalen verübten. »Sie waren sich der Kräfte, die sie damit entfesselten, nicht bewusst«, sagte ein FBI-Agent, der damals in dem Fall ermittelt hatte.[1] Wie das sogenannte Manhattan-Projekt, das zur Entwicklung der Atombombe führte, begann es als Herausforderung und geriet schließlich außer Kontrolle (bei allen Unterschieden, natürlich).

Im Jahr 2022 geschah etwas Ähnliches in Andorra, das seine Internet-Verbindung einbüßte, als »Minecraft«-Spieler eine DDoS-Cyberattacke gegen den Telekommunikationsbetreiber des Landes, Andorra Telecom, durchführten. Ihr Ziel war es, die Konkurrenten auszuschalten, die sich von dort aus eingeloggt hatten. Allerdings waren sich die Angreifer in diesem Fall sehr wohl der Konsequenzen ihres Handelns bewusst.

Die Gefahr von Botnets wurde bekannt durch einen anderen Jugendlichen, einen Kanadier, der sich MafiaBoy nannte. Im Jahr 2000 attackierte dieser Fünfzehnjährige, der mit wirklichem Namen Michael Calce hieß, Websites wie Amazon, CNN, Dell, eBay und Yahoo (damals die international wichtigste Suchmaschine). Seine Strategie bestand darin, für eine Überlastung der Netze zu sorgen, um sie zum Absturz zu bringen. Es handelte sich um einen der ersten DDoS-Angriffe, die jemals verzeichnet wurden. Der Streich zeigte, dass diese Art von Offensive eine Gefahr für die Integrität und Stabilität des Internets darstellt. Diese negativen Folgen können auch unbeabsichtigt ausgelöst werden, sogar von Kindern.

Wie der Kryptograph Bruce Schneier sagt, ist in der Online-Welt der Angriff einfacher als die Verteidigung.[2] Die Komplexität computergestützter Systeme führt zu einer geringeren Sicherheit: Es sind mehr Menschen und Interaktionen beteiligt, und es treten mehr Fehler im Entwurfs- und Entwicklungsprozess auf. Angreifer haben den Vorteil, dass sie den ersten Schritt machen können, nicht auf konventionelle Gesetze oder Moralvorstellungen zu achten pflegen und in der Regel über mehr Möglichkeiten zur Verwendung der innovativsten Technologien verfügen. Dies und die Schwierigkeiten bei der Zuordnung von Online-Delikten und der Verfolgung von Cyber-Kriminellen haben zu den Problemen der Rechtsprechung geführt, die durch den internationalen Charakter des World Wide Webs entstanden sind.

Wir leben nicht mehr in einer mehr oder weniger sicheren Welt, sondern in einer durch und durch unsicheren.[3] Zwischen der Erfindung der Ritterrüstung und der Erfindung der Armbrust, die mit ihren Projektilen diese durchdringen konnte, mussten Hunderte von Jahren vergehen. Heutzutage dauert es nur noch Minuten, Tage oder höchstens ein paar Wochen, bis bestehende Sicherheitsmaßnahmen durch neue Angriffsmittel durchbrochen werden. Es gibt keine Garantie für völligen Schutz mehr, und es ereignen sich unaufhörlich neue Angriffe. Eine der meistzitierten Studien über die Häufigkeit von Online-Kriminalität besagt, dass alle 39 Sekunden eine Cyberattacke stattfindet. Diese Studie stammt aus dem Jahr 2007. Stellen Sie sich vor, wie viele Angriffe pro Minute es dann heute gibt, mehr als vierzehn Jahre danach und mit einem ganz neuen Arsenal an Werkzeugen zur Vermehrung der Internetkriminalität. Man rechnet damit, dass im Jahr 2031 nur noch zwei Sekunden zwischen den einzelnen Angriffen vergehen werden.[4] Das bedeutet, dass 30 Cyberanschläge pro Minute stattfinden werden (auf Unternehmen, Einzelpersonen oder Geräte).

Die Möglichkeiten für Online-Kriminalität vervielfachen sich auch aufgrund der Hyperkonnektivität. Wie bereits erwähnt, ist heutzutage praktisch alles an das Internet angeschlossen, und was noch nicht angeschlossen ist, ist auf dem Weg dazu. Analoge Kühlschränke, Kaffeemaschinen oder andere Haushaltsgeräte laufen Gefahr, als veraltet zu gelten, weil sie nicht online sind. Ob es sinnvoll ist oder nicht, scheint keine große Rolle zu spielen. Wir leben im Zeitalter der intelligenten Objekte: Handys, Lautsprecher, Turnschuhe, Uhren, T-Shirts, Armbänder, Ringe, Sexspielzeug und sogar Fischgläser. Fischgläser! Ein mit dem Internet verbundenes Aquarium ermöglichte es einem Cyberkriminellen in Finnland, Daten aus dem Casino zu stehlen, in dem das Aquarium stand.[5]

Dieser Vorfall, der sich 2016 in den Vereinigten Staaten ereignete, zeigt, wie im »IoT« (Internet of Things), dem Internet der vernetzten Dinge, selbst die unscheinbarsten und vermeintlich dümmsten Geräte als Einfallstor für Cyberkriminelle dienen können, die erheblichen Schaden anrichten könnten. Vor etwas mehr als einem Jahrzehnt wären ein Radio oder ein Lastwagen noch nicht anfällig für einen Cyberangriff gewesen. Heute sehr wohl, denn alles wird zu einem Computer: Gegenstände (einschließlich Geld), Infrastrukturen, Fabriken ... Auch wir Menschen sind zu vernetzten Wesen geworden, durch Herzschrittmacher und andere Implantate, Insulinpumpen oder sogar Mikrochips, die sich selbst ernannte »Cyborgs« freiwillig implantieren. Der brillante und etwas verschrobene Elon Musk will sogar unsere Gehirne miteinander verbinden (eine Idee, die er mit vielen anderen teilt).

Zum bloßen Internet kommen also das »Internet der Dinge« und das »Internet der Menschen« hinzu – ein erweitertes Internet, in dem sogar Dinge, die nicht direkt miteinander interagieren, sich gegenseitig beeinflussen. Aufgrund der Verflechtungen ist es schwierig zu erkennen, welches System gerade versagt. Es kann sogar sein, dass von zwei Systemen keines eine Fehlfunktion aufweist und die Ursache eine unsichere Interaktion dieser zwei Systeme ist, die für sich allein genommen sicher sind. 100 untereinander interagierende Systeme bedeuten 5000 Interaktionen und damit 5000 Schwachstellen. Wenn 1000 Systeme interagieren, sprechen wir von 500 000 Interaktionen. Und so weiter.

Die zunehmende Vernetzung aller Dinge und ihrer Interaktionen hat noch eine weitere Konsequenz: Der Bereich, den wir heute »Computersicherheit« nennen, wird letztendlich – wie Schneier sagt – die Sicherheit von allem betreffen. Daraus ergeben sich zwei Perspektiven. Erstens: dass alles gegen uns verwendet werden kann. Zweitens: dass die weltweite kritische Infrastruktur angegriffen werden kann. Beides kann zu erschreckenden Szenarien führen, wie wir bereits gesehen haben.

Die Hitparade der Cyberkriminalität

Auf den vorangegangenen Seiten wurden einige DDoS-Angriffe mit Hilfe von Botnets beschrieben. Dies ist aber nicht die einzige Angriffsart mit einem hohen Wirkungspotenzial. An Beispielen dafür besteht kein Mangel. Es ist für jeden etwas dabei:

WÜRMER

In Kapitel 2 war von der Malware Industroyer die Rede, der größten Bedrohung für industrielle Kontrollsysteme seit Stuxnet. Bei dem letztgenannten Schadprogramm handelt es sich um einen sogenannten Computerwurm, der im Jahr 2010 etwa ein Fünftel der iranischen Atomzentrifugen außer Betrieb setzte. Er trug damit dazu bei, den Zeitpunkt zu verzögern, zu dem der Iran fähig wäre, Atomwaffen herzustellen. Seine Erfinder waren mit ihm in der Lage, industrielle Systeme auszuspionieren und diese dazu zu bringen, sich ohne das Wissen der menschlichen Bediener selbst zu zerstören. All das hat man nachträglich erfahren, aber mehrere Monate lang war die Ursache dieser Zwischenfälle ein völliges Rätsel.

KAPITEL 3

Ein Wurm ist ein bösartiges System, das sich ohne menschliches Zutun selbstständig von Computer zu Computer verbreitet. Stuxnet war anders als jedes andere Virus oder jeder andere Wurm zuvor. Es war ein auf beispiellose und meisterhafte Art wirksamer Code. Anstatt einfach nur einzelne Computer zu kapern oder Informationen zu stehlen, ging er von der digitalen Welt zur physischen Zerstörung der von diesen Computern kontrollierten Geräte über.[6] Denn diese Geräte waren nicht mit dem Internet verbunden, weshalb die Angreifer eine Waffe entwickelten, die über infizierte USB-Sticks ihr Ziel erreichte.

Da wir gerade über Würmer sprechen: Eine der ersten Sicherheitskatastrophen dieses Jahrhunderts war der I-Love-You-Wurm. Er verbreitete sich im Jahr 2000 und benutzte als Köder eine E-Mail mit der Betreffzeile »Ich liebe dich«. Durch das Öffnen der beigefügten Datei mit dem vermeintlichen Liebesbrief wurde das Virus aktiviert. Sein bösartiger Code infizierte nicht weniger als 10 Prozent aller Computer weltweit. Mehr als 45 Millionen Geräte innerhalb von vierundzwanzig Stunden.

Das Pentagon, die CIA und das britische Parlament schalteten als Reaktion auf diesen Vorfall ihre E-Mail-Systeme ab, und viele weitere Organisationen nahmen Teile ihrer Infrastruktur vom Netz. Die damit verbundenen wirtschaftlichen Verluste werden auf etwa 10 Milliarden Dollar geschätzt. Übrigens wurde die Urheberschaft dieses Angriffs erst vor kurzem bestätigt. Man hatte schon lange vermutet, dass der Anschlag von einem Einwohner der Philippinen namens Onel de Guzmán verübt worden war, was er selbst jedoch erst im Mai 2020 zugab, zwanzig Jahre danach.[7] Der nunmehr vierundvierzigjährige de Guzmán gab zu, dass er dies getan hatte, um Passwörter zu stehlen, um ohne zu bezahlen auf das Internet zugreifen zu können. Er sagte auch, dass er nicht beabsichtigt habe, den Wurm weltweit zu verbreiten, und dass er den Schaden bedauere, den sein Code verursacht hatte.

ENTFÜHRER

Im Wald von Sherwood Forest beraubte Robin Hood die Reichen, um seine Beute den Armen zu geben. Anders die Schadsoftware »RobbinHood« (!), die im Cyberspace Informationen »entführt«, um von Unternehmen und Regierungen Lösegeld zu erpressen. Dabei handelt es sich um Ransomware, eine Art von bösartigem Programm, das die Nutzung des oder der betroffenen Computer oder den Zugriff auf bestimmte Dateien verhindert, bis ein Lösegeld gezahlt wird.

Im Jahr 2019 brachte RobbinHood durch einen Angriff auf die städtischen Server einen großen Teil der Dienste der Stadt Baltimore in den USA zum Erliegen. Nicht funktionierende E-Mails, nicht reagierende Telefonleitungen, die Unmöglichkeit, Steuern elektronisch zu zahlen … Viele Tätigkeiten, die früher gewohnheitsmäßig online erledigt worden waren, mussten nun auf vordigitale Weise, auf Papier, durchgeführt werden. Praktisch alle nicht der Notfallversorgung dienenden Systeme wurden abgeschaltet. Die langen Warteschlangen vor dem Rathaus und das Chaos in der Verwaltung dauerten mehr als einen Monat.

Kommt Ihnen das bekannt vor? Etwas ganz Ähnliches geschah 2021 in Deutschland, im Landkreis Anhalt-Bitterfeld, der nach einem Cyberangriff, der die ganze Region lahmlegte, den Katastrophenzustand ausrief.[8] Das Bundesamt für Sicherheit in der Informationstechnik (BSI) sprach von der »ersten Cyber-Katastrophe des Landes«. Sie betraf alle elektronischen Dienste im Landkreis, von der Auszahlung von verschiedenen Unterstützungen und Hilfen bis hin zur Lähmung der Geschäftstätigkeit.

Normalerweise verlangen die »Hijacker« eine Gegenleistung für die Freischaltung der Dienste. Im Fall von Baltimore waren es dreizehn Bitcoins (knapp 100 000 Dollar). Der dortige Bürgermeister zahlte nicht, wohl aber der Bürgermeister von Lafayette, einer anderen US-Stadt, die im Juli 2020 von einem ähnlichen Angriff betroffen war. Er begründete dies damit, dass das Kosten-Nutzen-

Verhältnis des Lösegelds die Option eines späteren Wiederaufbaus des Systems »bei weitem« überwiege.

Dies sind nur einige der vielen Beispiele für die Entführung von Daten durch Ransomware, die im Jahr 2020 wirtschaftliche Verluste in Höhe von Hunderten von Milliarden Dollar verursacht hat.[9] In Deutschland gab es 7138 derartige Angriffe mit einem geschätzten Schaden von mehr als 1 Milliarde Dollar.

Die Verwendung von Malware-Programmen nimmt exponentiell zu. Sie lassen sich immer leichter entwickeln und werden für Kriminelle immer lukrativer. Sie haben mehrere Vorteile: immer mehr angeschlossene und damit angreifbare Geräte, Fortschritte in der Verschlüsselung, die das Hijacking erleichtern, und internationale Zahlungssysteme, die anonym verwendet werden können und dadurch die Rückverfolgung von Straftaten erschweren. Damit erleichtern sie es den Hackern, Angriffe durchzuführen, während ihre Identität verborgen bleibt.

Ein deutliches Beispiel für die verheerenden Folgen, die diese Art von Angreifern auslösen kann, ist »WannaCry«. Im Vergleich dazu sind Ryak oder RobbinHood nur Kinderkram. Wir sprechen hier nicht von der SEPE (Servicio Público de Empleo Estatal), dem spanischen Arbeitsamt, oder einer kleinen US-Stadt, sondern von mehr als 150 Ländern, mehr als 360 000 blockierten Elektronikgeräten und mehr als 200 000 Opfern.[10] Binnen weniger Tage verursachte diese Malware Schäden in Milliardenhöhe.

Der Angriff fand zwischen dem 12. und 16. Mai 2017 statt. Seine Schlagkraft und globale Reichweite erklären sich weitgehend aus seiner Fähigkeit, als Wurm zu agieren, das heißt, sich automatisch zu verbreiten, ohne dass ein menschliches Eingreifen erforderlich gewesen wäre. Außerdem wurde eine Sicherheitslücke in Windows ausgenutzt, von der Millionen Menschen betroffen waren. Das Ausmaß dieses Angriffs in Deutschland ist nicht bekannt. Immerhin weiß man, dass Institutionen und Unternehmen wie die Deutsche Bahn davon betroffen waren. Spanien traf es besonders schwer: Das Telekommunikationsunternehmen Telefónica beschloss, alle seine Anlagen abzuschalten. Das Unternehmen war dabei nicht einmal unter den größten Opfern von WannaCry. Der Nationale Gesundheitsdienst (NHS) des Vereinigten Königreichs wurde mit mehr als 600 geschädigten Einrichtungen noch viel schwerwiegender in Mitleidenschaft gezogen.[11]

Einen Monat nach dieser Cyberattacke kam es in mehreren Ländern zu einem weiteren Angriff mit ähnlichen Merkmalen. Das Programm nannte sich »NotPetya«, und, welch Überraschung, es nutzte dieselbe Windows-Schwachstelle, um die Computer zu infizieren. (Eine Sicherheitslücke, unter der nebenbei bemerkt im Jahr 2019 immer noch 1,7 Millionen Endgeräte litten.)[12] Obwohl die Folgen derartiger Cyberangriffe mittlerweile bekannt sind und obwohl es eine Abhilfe für die aufgedeckten Sicherheitsprobleme gibt, wird die weltweite Cybersicherheit weiterhin durch Nachlässigkeit und mangelnde Vorsorge untergraben. Zu den Folgen gehören auch Todesopfer. Im Jahr 2020 gab es nach dem Angriff auf das Universitätsklinikum Düsseldorf den ersten bekannten Todesfall durch eine Cyberattacke.[13]

FALSCHE IDENTITÄTEN

Vor sieben Jahren erlebte der Deutsche Bundestag den größten Cyberangriff seiner Geschichte. Schuld war eine E-Mail, die von den Vereinten Nationen zu stammen schien. Ihr Text enthielt einen Link zu einem angeblichen Bericht, der, wenn er geöffnet wurde, ein Virus auf den betreffenden Computer des Bundestags herunterlud. Während der Zeit, in der dieser Anschlag unbemerkt blieb, sammelten die Angreifer Informationen aus dem Parlament.

Im Jahr 2018 wurden die damalige Bundeskanzlerin Angela Merkel und Hunderte von hochrangigen deutschen Politikern auf ähnliche Weise über Twitter attackiert und einige ihrer Briefe, Kontaktdaten und Memos wurden der Öffentlichkeit preisgegeben. Und im Jahr 2020 wurden mehr als hundert Führungskräfte eines multinationalen Unternehmens, das Teil einer deutschen Anti-Covid-Arbeitsgruppe war, ebenfalls zum Ziel eines derartigen Cyberangriffs.[14] Über eine E-Mail mit einem Link zu einer gefälschten Microsoft-Anmeldeseite stahlen die Kriminellen die Anmeldedaten von Nutzern, die auf diese Täuschung hereinfielen. Ihre Passwörter wurden dann an mehrere Konten weitergegeben, die bei dem russischen E-Mail-Dienst Yandex Mail gehostet wurden.

Das sind typische Beispiele für Phishing oder Annahme einer fremden Identität, eine Taktik, die darin besteht, sich als legitime Personen oder Organisationen auszugeben, um persönliche Daten oder Informationen über deren Bankkonten, Passwörter und so weiter zu erhalten.

Phishing ist die häufigste Art von Computerangriff. Die Liste der Einrichtungen, deren Identität die Kriminellen vortäuschen, ist lang: Banken, Zahlungssysteme, soziale Netzwerke, Kleinanzeigen-Websites, Messaging-Dienste, Online-Spiele, Polizeibehörden, öffentliche Stellen ... Die Cyberpiraten verwenden dabei alle möglichen lügnerischen Vorwände: technische Probleme, Änderungen der Sicherheitsrichtlinien, ein entdeckter Betrug, ein anomaler Zugriff auf Ihr Konto, die bevorstehende Deaktivierung des Dienstes, außerdem falsche Stellenangebote, Preise, Geschenke, unerwartete Geldzuwendungen ...

»Herzlichen Glückwunsch, heute ist Ihr Glückstag! Sie gehören zu den zehn ermittelten Gewinnern, die das neue iPhone 12 erhalten. Um Ihr Geschenk entgegenzunehmen, klicken Sie einfach auf den untenstehenden Link.«

»Sehr geehrter Kunde, Ihr Benutzerkonto ist aus Sicherheitsgründen vorübergehend deaktiviert worden. Bitte bestätigen Sie Ihre aktuelle Identität, indem Sie hier klicken, sonst wird das Konto gelöscht.«

Solche oder ähnliche Nachrichten sorgen dafür, dass jeden Tag Hunderte von Millionen von Einrichtungen und Privatpersonen in irgendeiner Form Opfer von Phishing werden. Allein Google blockiert täglich 100 Millionen Phishing-Angriffe auf Gmail-Nutzer.[15] Derartige Attacken erfolgen aber auch über SMS-Nachrichten, Apps, soziale Netzwerke, gefälschte Websites. Es ist in der Tat die häufigste Art von Kriminalität im Internet. Allein in den Vereinigten Staaten haben im Jahr 2019 mehr als 114 000 Opfer fast 58 Millionen Dollar durch einen solchen Betrug verloren.[16]

Manchmal machen Cyberkriminelle einen Fehler und erlauben damit anderen Personen, neue Angriffe zu starten, wie zum Beispiel als versehentlich Tausende von gestohlenen Passwörtern preisgegeben wurden, die durch die Annahme der Identität des Unternehmens Xerox erschlichen worden waren. Durch diesen Fehler war es jedem möglich, die Passwörter mit einer einfachen Google-Suche zu finden.[17] Ähnliches geschah, als ein Hacker die Telefonnummern und persönlichen Daten von 500 Facebook-Nutzern durchsickern ließ und so die Sicherheit ihrer Konten und ihre Privatsphäre gefährdete.[18]

Jeder Meister des Fachs hat seine eigene Vorgehensweise und einige Cyberkriminelle verwenden kompliziertere Techniken als andere. Eine Art der Identitätsübernahme, die »Spoofing« genannt wird, besteht darin, die Adresse oder Telefonnummer einer Person zu duplizieren (einschließlich ihres GPS-Standorts). Dies geschah mit einer Reihe von US-Kriegsschiffen, die 2017 an verschiedenen Orten zusammenstießen. Es ereigneten sich mindestens vier Unfälle mit Schiffen der Siebten Flotte der US Navy in weniger als einem Jahr. Die Forscher stellten fest, dass dies eine gemeinsame Ursache hatte: Die Schiffe glaubten, sie befänden sich an einem anderen Ort als dem, an dem sie tatsächlich waren. Sie wurden Opfer von Piraten, aber nicht von solchen, die die Meere befahren, sondern von solchen, die das Internet unsicher machen. In diesem Fall wird vermutet, dass es sich um ein Experiment russischer Cracker handelte, die sich die starke Abhängigkeit der Seeschifffahrt von Computernetzwerken zunutze machen.

WALFÄNGER

Im Jahr 2016 verbrachte eine Gruppe chinesischer Cyberkrimineller einige Zeit unerkannt in den Computernetzwerken von Mattel (dem multinationalen Unternehmen, das Barbie-Puppen und Fisher-Price-Babyspielzeug herstellt). Bevor sie zur Tat schritten, mussten die Betrüger sich über die internen Verfahren und Protokolle des Unternehmens, die Konzernhierarchie, die Angaben zu den Lieferanten, die Persönlichkeiten der Mitarbeiter und so weiter informieren. Das gehörte alles zu ihrem Walfangplan. Der perfekte Zeitpunkt für ihren Angriff war gekommen, als Mattel beschloss, mit Christopher Sinclair einen neuen Geschäftsführer zu ernennen.

Die Angreifer benutzten Sinclairs Identität, um eine E-Mail in seinem Namen zu versenden. In der E-Mail baten sie den Empfänger um die gemeinsame Genehmigung einer Gutschrift an einen chinesischen Lieferanten von Mattel. Der Betrag in Höhe von drei Millionen Dollar sollte an eine Bank in Wenzhou in China überwiesen werden. Nach dem internen Protokoll von Mattel erforderte eine derartige Zahlung die Genehmigung von zwei Führungskräften. Da die Anfrage (angeblich) vom neuen Chef kam, gab der Adressat grünes Licht. Als das Management den Betrug bemerkte, war die Überweisung bereits in Auftrag gegeben worden. Zum Glück für Mattel waren an diesem Tag die Banken geschlossen, sodass das Unternehmen genügend Zeit hatte, das Geld – mit Unterstützung der chinesischen Behörden – zurückzuholen, bevor es zum Empfänger gelangte.

Diese Geschichte hatte ausnahmsweise ein glückliches Ende. Der Vorfall zeigt genau das Wesen eines »Walfänger«-Angriffs. Der Name spielt auf die Größe des als Jagdbeute auserwählten Tieres an. Bei einem Angriff von Walfängern handelt es sich um eine Phishing-Attacke mit einer ganz besonderen Art von Ziel (das nicht zufällig gefunden wird, wie beim herkömmlichen Phishing), das im Voraus untersucht wird (wie die Chinesen es bei Mattel getan haben), mit eindeutig böswilligen Absichten und mit einem im Erfolgsfall höheren Gewinn.

Die Walfänger haben es oft auf Führungskräfte abgesehen. Sie übernehmen die digitale Identität dieser Personen, um Zugang zu vertraulichen Daten zu erhalten oder um andere Personen zu den von ihnen gewünschten Aktionen zu bewegen (wie bei der Drei-Millionen-Dollar-Überweisung von Mattel).

CYBERSPIONE

Im Dezember 2020 wurde der bis dahin größte Cyberangriff aller Zeiten in den Vereinigten Staaten entdeckt. Es handelte sich um eine perfekt geplante und kriminelle Cyberspionage-Operation, die es den Angreifern ermöglichte, in den Geheimunterlagen mehrerer Regierungsbehörden (darunter das Verteidigungsministerium, das Heimatschutzministerium und das Finanzministerium) zu wühlen. Sie drangen auch in viele andere Regierungsbehörden und große Unternehmen wie Microsoft ein. Sie konnten dies mit Hilfe einer bei all diesen Angriffen verwendeten Software tun, die ihnen Zugang zum Inneren des Systems verschaffte. Die Software gehörte der Firma SolarWinds. Und was glauben Sie, wie das Passwort der Firmensoftware lautete? Es war: »solarwinds123«.[19]

Eine weitere Cyberspionage-Geschichte führte am 2. Oktober 2018 zu der mysteriösen Ermordung des saudischen Journalisten und *Washington Post*-Kolumnisten Jamal Khashoggi. Seine Verlobte sah ihn zum letzten Mal, als er das saudi-arabische Konsulat in Istanbul betrat, wo er eine Scheidungsurkunde beantragen wollte, um sie heiraten zu können. Ab diesem Zeitpunkt wurde er nicht mehr lebend gesehen. In einem von Präsident Joe Biden veröffentlichten Bericht der US-Geheimdienste wird der

KAPITEL 3

saudische Kronprinz Mohammed bin Salman als Verantwortlicher für Kashoggis Ermordung genannt,[20] und auch UN-Quellen hatten zuvor bereits auf ihn verwiesen.

Khashoggis tragischer Tod würde in diesem Buch nicht auftauchen, gäbe es nicht ein kleines Detail: Man fand heraus, dass der Kolumnist ein Opfer der Spionagesoftware »Pegasus« war, eines Programms, das nicht zufällig zur selben Zeit auch dazu benutzt wurde, zwei Kashoggi nahestehende Personen auszuspionieren sowie sogar Jeff Bezos (den Eigentümer der *Washington Post*) zu überwachen. Dies wurde erreicht über bösartige Links in Textnachrichten oder Sicherheitslücken in Apps (z. B. WhatsApp), um die Kontrolle der Mobiltelefone der Adressaten zu übernehmen. Auf diese Weise können Spione jederzeit verfolgen, welche Tasten der Benutzer gerade drückt, sie können die Kamera und das Mikrofon des Telefons steuern oder auf den Standort, die Kontaktlisten, Dateien und verschlüsselten Nachrichten des Benutzers zugreifen.

»Pegasus« ist ein Überwachungsprogramm des israelischen Unternehmens »NSO Group«, das nur von staatlichen Geheimdiensten und Sicherheitskräften erworben werden kann. Im Jahr 2021 wurde bekannt, dass die deutsche Polizei es 2019 heimlich gekauft hatte.[21] Die Regierung behauptete, sie habe das Programm nur bei ausgewählten Operationen im Zusammenhang mit Terrorismus und organisierter Kriminalität eingesetzt, was aber schwer zu verifizieren ist, da sie sich geweigert hat, Einzelheiten zu nennen oder sich einer Kontrolle zu unterziehen.[22]

KONTROLLEURE

Stellen Sie sich einmal folgende Situation vor: Sie fahren mit 120 Stundenkilometern mit Ihrem Auto auf der Schnellstraße, und plötzlich wechselt Ihr Wagen die Spur, die Scheibenwischer gehen an, laute Musik ertönt, die Türen werden verriegelt und die Bremsen reagieren nicht mehr, ohne dass Sie etwas dagegen tun können. Ein vollständiger Verlust der Kontrolle über das Fahrzeug. Eine Szene, wie man sie in einem Albtraum erleben könnte – und inzwischen auch in der Realität.

Es ist eher ein Wunder, dass so etwas noch nicht geschehen ist. Moderne Autos sind, genauso wie jedes andere mit dem Internet verbundene Gerät, anfällig für Hackerangriffe. Und die Folgen können in diesem Fall verhängnisvoll sein. Dies wurde 2015 von zwei Hackern gezeigt, denen es gelang, die Kontrolle über einen Jeep Cherokee aus dem Jahr 2014 von ihrem Haus aus zu übernehmen, das mehr als 15 Kilometer von der Position des Fahrzeugs entfernt war. Das betreffende Auto wurde von Andy Greenberg, einem Journalisten der Zeitschrift *Wired*, gefahren. Der Stunt wurde als Video aufgezeichnet und auf YouTube übertragen.[23] Daraufhin rief Fiat Chrysler fast 1,5 Millionen dieser Fahrzeuge zurück, um deren Software zu aktualisieren und so einen möglichen Angriff zu verhindern.

Nun stellt sich die Frage: Wenn dies bei einem Auto oder einem anderen vernetzten Fahrzeug oder Gerät funktioniert, wäre das dann nicht auch bei einem Flugzeug möglich? Das ist in der Tat der Fall. 2017 gelang es einem Team von Hackern des US-Heimatschutzministeriums (DHS), die Kontrolle über eine auf einem Flugplatz von Atlantic City geparkte Boeing 757 zu übernehmen und sie aus der Ferne zu steuern. Sie nutzten hierfür eine Schwachstelle in der Funkkommunikation aus, die laut Luftfahrtexperten schon seit Jahren bekannt war. Warum hat dieses Problem dann bisher noch niemand behoben? So bedauerlich das auch sein mag, gibt es einen einfachen Grund dafür: Es kostet zu viel Geld und Zeit – circa eine Million Dollar pro Flugzeug über einen Zeitraum von einem Jahr, was für kleine Fluggesellschaften den Bankrott bedeuten kann. Dabei sollte noch Erwähnung finden, dass das Heimatschutzministerium damals schätzte, dass 90 Prozent aller Verkehrsflugzeuge von dieser Sicherheitslücke betroffen sein könnten.

KAPITEL 3

ALLESBRECHER

Haben Sie sich schon einmal gefragt, wie sicher die elektronischen Zimmerschlüssel im Format einer Kreditkarte sind, die man in Hotels erhält? Normalerweise neigen wir dazu, darauf zu vertrauen, dass sie ein gutes System sind und dass alles an seinem Platz ist, wenn wir in unser Zimmer zurückkehren. Das muss auch die Technologieberaterin Janet Wolf erwartet haben, als sie ihr Zimmer in einem Hyatt-Hotel in Houston, Texas, verließ, um zu einem Geschäftstreffen zu gehen. Als sie zurückkam, war alles in Ordnung, bis auf ein Detail: Ihr Laptop war verschwunden.

Nachdem dies zunächst sehr rätselhaft erschien, entdeckte man, dass die Schlösser aller Zimmer dieses Hotels gekapert worden waren. Die Angreifer hatten ein Sicherheitsproblem bei Onity ausgenutzt, dem Unternehmen, dessen Schlösser weltweit mehr als 4 Millionen Hotelzimmer in Anlagen von Hyatt, Marriot, InterContinental, Meliá, Husa und der NH Hotel Group schützen.

Vor dieser Schwachstelle hatten Experten für Cybersicherheit bereits vor Monaten gewarnt. Jeder Cracker konnte sich für weniger als 50 Euro ein simples Gerät basteln, mit dem er in Sekundenschnelle Räume mit der Onity-Technologie öffnen konnte. Mehr als neun Monate nach der Ankündigung des Unternehmens, diese Sicherheitslücke zu beheben, fuhren die Diebe immer noch fort, überall Diebstähle zu verüben, ohne Spuren zu hinterlassen.

Diese Art von Angriff wird als »class break« bezeichnet, weil ganze Klassen von Programmen beziehungsweise Computern angegriffen werden. Sobald jemand eine Schwachstelle entdeckt hat, kann er den Angriff über das Internet automatisieren und diese Fähigkeit an viele andere Personen weitergeben. Wie Bruce Schneier anmerkt, wird es angesichts der zunehmenden Bedeutung des Internets der Dinge immer häufiger zu class breaks kommen. Diese werden auch potenziell mehr Schaden anrichten, da die Kombination aus Automatisierung und Fernzugriff den Angreifern größere Macht verleiht.

TROJANER

Gemäß der bekannten Legende vom Trojanischen Krieg versteckten sich griechische Soldaten in einem angeblichen Geschenk in Form eines riesigen Holzpferdes, um in die Stadt Troja einzudringen und so vom Innern her ihre Eroberung zu ermöglichen. Auf die gleiche Weise dringt die Trojaner genannte Malware, getarnt als ein normales Programm, in ein System ein, um dann »vom Innern her« ihre Angriffe zu starten. Je nach seinen spezifischen Fähigkeiten kann ein Trojaner auf alles zugreifen und alles erfassen, von Logins und Passwörtern bis hin zu Tastatureingaben und Bankdaten, außerdem kann er Screenshots anfertigen und sogar auf dem Computer vorhandene Daten ändern.

Einer der bekanntesten Fälle von Online-Trojanern ist »Emotet«, laut dem US-Heimatschutz »eines der teuersten und verheerendsten Schadprogramme«. Es handelt sich hierbei um einen Banking-Trojaner, der sich über angeblich von Finanzinstituten stammende E-Mails mit bösartigen Anhängen oder Links zu verbreiten begann. Mittlerweile hat sich seine Verwendung weiterentwickelt. Er dient jetzt als Verteiler für andere Malware oder Schadkampagnen.

Die Wiederherstellungskosten nach einem solchen Angriff werden auf mehr als eine Million Dollar pro Vorfall geschätzt. Emotet ist eines der begehrtesten Schadprogramme, da es sich durch die Verwendung mehrerer Methoden und Techniken auszeichnet, mit denen es vermeidet, entdeckt zu werden. Spanien führt die Rangliste der Länder an, die am stärksten von diesem Trojaner heimgesucht wurden. Im August 2020 waren mehr als 17 Prozent aller spanischen Unternehmen davon betroffen.[24] In Deutschland wird er nach wie vor zur Ausspionierung von Unternehmen und Institutionen eingesetzt.[25]

KAPITEL 3

CYBERCUPIDOS

Sie suchen nach Ihnen, sie locken Sie, sie fragen Sie aus, sie versprechen Ihnen die große Liebe, und wenn Sie bis über beide Ohren verliebt sind – bitten sie zur Kasse. Es handelt sich dabei nicht um eine Cyberattacke im engeren Sinne, sondern um eine Form des Betrugs mit Hilfe des Internets, die allerdings sehr verbreitet ist. Die Cyberkriminellen im Bereich der Liebe machen sich die Tatsache zunutze, dass immer mehr Menschen auf verschiedenen Websites, in verschiedenen sozialen Netzwerken und mobilen Apps nach Liebe, Sex, Freundschaft oder einfach nur nach Kontakt suchen. Doch das eigentliche Ziel dieser Kriminellen ist lediglich Ihr Geld.

Die professionellen Online-Verführer erstellen gefälschte Profile, um ihre Opfer zu bewegen, Geld zu überweisen. Dazu nutzen sie die offenen Profile anderer Menschen in sozialen Netzwerken, die in der Regel sympathisch aussehen und gut gebaut sind. Von ihnen erhalten sie Fotos, Namen und weitere Informationen. Zu den einzelnen Personen werden überzeugende Geschichten erfunden. Dann erst wählen sie ihre Opfer aus, manchmal nach vorheriger Recherche, um bereits im Voraus etwas über die Person, die sie hereinlegen wollen, zu erfahren. Auch hierbei profitieren sie von den Vorteilen offen zugänglicher Profile, die genügend Angaben liefern, um die eigenen Botschaften entsprechend anzupassen.

Sobald die Zuneigung eines oder einer Interessenten/Interessentin gewonnen ist, ist den Betrügern jeder Vorwand recht, um eine Banküberweisung nötig erscheinen zu lassen. Zum Beispiel, dass sie Geld brauchen, um zu der neuen Liebe zu reisen. Häufig wird auch eine Entführung vorgetäuscht, um die Zahlung eines Lösegelds zu verlangen, oder es werden intime Bilder des Opfers verwendet, um Geld von ihm zu erpressen. Letzteres ist als »Sextortion« bekannt, eine Form der sexuellen Erpressung. Die Folgen können tödlich sein, wie der Selbstmord einer (damaligen) Iveco-Mitarbeiterin im Jahr 2019 zeigt, als ein Video, in dem sie mit einem ehemaligen Liebhaber beim Sex zu sehen war, unter den Kollegen in ihrer Firma in Umlauf gebracht wurde.

PÄDOPHILE UND DEREN BEGÜNSTIGER

Geld verdienen mit Videos von vergewaltigten Kindern. Es ist so abscheulich, dass es wehtut, darüber zu schreiben. Deshalb war der Skandal auch so groß, als der *New York Times*-Kolumnist und zweifache Pulitzer-Preisträger Nicholas Kristof bekannt machte, dass die Pornowebsite Pornhub genau das getan hatte.[26] Hunderttausende von Videos von Minderjährigen beim Sex oder in Situationen, in denen sie Opfer von Missbrauch oder sexueller Gewalt wurden, waren auf der Plattform verfügbar. Die Kontroverse veranlasste das Unternehmen, Millionen von Videos, die von Nutzern hochgeladen worden waren, zu entfernen und anzukündigen, dass in Zukunft nur noch überprüfte Nutzer neue Videos hochladen könnten.[27]

Der Fall von Pornhub ist nur die Spitze des Eisbergs. Das Internet ist ein Paradies für Pädophile und Perverse auf der ganzen Welt, die nach Online-Bildern von Minderjährigen suchen und mit ihnen handeln und dabei die mangelnde Vorsicht von Kindern oder ihrer Familie und Freunde ausnutzen, wenn diese alle Arten von Bildern öffentlich im Internet teilen. Noch einen Schritt weiter gehen die Päderasten, die die Online-Netzwerke als Mittel nutzen, um ihre Opfer zu finden und dann zur Tat zu schreiten (das heißt, zum sexuellen Missbrauch). Manchmal laden sie ihre Taten im Internet hoch, die dann auf Websites wie Pornhub erscheinen.

Zwischen den beiden Gruppen – unabhängig davon, ob es zu sexuellem Missbrauch auf konkret körperlicher Ebene kommt oder nicht – befinden sich diejenigen, die »Grooming« praktizieren. Sie verbergen oder tarnen sich mit dem Profil eines Minderjährigen, um eine Online-Beziehung zu einem anderen Minderjährigen aufzubauen, den sie zu sexuellen Zwecken täuschen oder unter Druck setzen. Es kann ihnen dabei um erotische Unterhaltungen gehen oder um die Beschaffung sexualisierter Bilder und Videos. Wenn sie »Sextortion« praktizieren, dann nicht, um Geld, sondern weitere einschlägige Bilder zu erhalten. Auch wird die Erpressung eingesetzt, um die Minderjährigen zu bewegen, die sexuellen Wünsche der Betrüger zu erfüllen. Das ist so widerlich, wie es klingt.

Gegen die Verletzlichsten

Wir haben nur einen winzigen Bruchteil der Millionen von Fälle von Cyberkriminalität betrachtet, die aufgelistet werden könnten – die Vielfalt an Varianten der bekannten Muster ist schier unerschöpflich. Und wir reden hier von vergleichsweisen »normalen« Bedingungen.

Aber 2020 war kein normales Jahr. Durch Covid-19 hat sich unser aller Leben verändert. Was die Cyberkriminalität betrifft, so hat sich diese vervielfacht. Weltweit gab es schätzungsweise 25 Prozent mehr Cyberangriffe.[28]

Die Übeltäter des World Wide Webs nutzen nicht nur technische Systemfehler aus, sondern auch menschliche Schwächen, und eine Pandemie bietet die perfekten Bedingungen, um beides zu kombinieren und großen Schaden anzurichten. Es handelt sich aus mehreren Gründen und in vielerlei Hinsicht um einen explosiven Cocktail: Wir arbeiten im Homeoffice (in unsicheren Heimnetzwerken, manchmal auch an privaten Computern), nehmen an Videokonferenzen teil, verbringen mehr Zeit denn je im Internet und in sozialen Netzwerken. Gleichzeitig ist die Unsicherheit groß im Hinblick auf die Krankheit. Wir sind abhängiger denn je von wichtigen Online-Dienstleistungen, von kritischen Infrastrukturen, die am anfälligsten sind für potenzielle Angriffe ... Sogar die Langeweile und die zusätzliche Freizeit der

Hacker während der Quarantäne wurden als Faktoren genannt, die den Anstieg der Internetkriminalität begünstigt haben.[29]

Auch hierfür gibt es Beispiele in allen Bereichen: Würmer, »Entführungen«, Identitätsdiebstahl, Cyberspionage ... Der erste Todesfall im Zusammenhang mit Ransomware wurde nach einem Cyberangriff auf das Düsseldorfer Universitätsklinikum bekannt, und das Krankenhaus Moisès Broggi in der Provinz Barcelona stand nach einem Angriff russischer Cracker ohne Telefondienst, ohne E-Mail und ohne Zugang zu Röntgenbildern da. Wir wurden Zeugen, wie immer mehr Industrie- und Forschungsgeheimnisse ausspioniert wurden, von chinesischen und russischen Cyberkriminellen, die Daten über Covid-19-Impfstoffe raubten. Wir haben Cyberangriffe auf die Europäische Arzneimittelbehörde (EMA) und die Lieferkette der ersten in großem Umfang hergestellten Impfstoffe erlebt. Wir haben einen 400-prozentigen Anstieg des Angebots an gefälschten Impfstoffen durch Cyberkriminelle registriert, die sich im sogenannten Darknet verstecken (einem verborgenen Teil des Internets, der von Suchmaschinen nicht gefunden werden kann und auf den man normalerweise nur über bestimmte Programme zugreifen kann).

Wir haben gesehen, wie die Sicherheitslücken von Zoom bei Videokonferenzen dazu führten, dass Tausende von E-Mail-Adressen und Fotos von Nutzern preisgegeben wurden, oder zu Versuchen von Fremden, derartige Videoanrufe zu starten oder in private Videogespräche einzudringen. Wir mussten registrieren, dass sich die Zahl der Identitätsdiebstähle vervielfacht hat, wobei die Fälle von URL-Phishing im Zusammenhang mit Netflix um mehr als 850 Prozent gestiegen sind.

Wir wurden Zeugen der Verbreitung bösartiger E-Mails mit angeblichen Informationen über Covid-19 sowie des Auftauchens von Spyware, die sich als Corona-Warn-Apps getarnt hatte. Wir haben den Diebstahl von Daten mehrerer Organisationen durch einen erst sechzehnjährigen Cracker erlebt. Wir haben gesehen, wie ein anderer Jugendlicher gleichen Alters sich in das

KAPITEL 3

Online-Lernsystem der Miami-Dade County Public Schools gehackt hat, im viertgrößten Schulbezirk der Vereinigten Staaten. Es gab auch Anschlagsversuche auf mehrere Flughäfen. All das sind nur wenige Beispiele von vielen derartigen Vorfällen.

Wenn Covid-19 schon Normalsterbliche anfälliger für Cyberangriffe machte, so galt dies besonders für in prekären Verhältnissen lebende Familien und für die Allerjüngsten, da sie heutzutage immer mehr Zeit unbeaufsichtigt online verbringen. Kinder sind genauso gefährdet wie Erwachsene, haben aber in der Regel weniger Möglichkeiten, sich gegen Missbrauch oder Betrug zu wehren. Ihre Unerfahrenheit und Naivität machen sie besonders verwundbar. Kinder verstehen nicht, dass sich hinter einem Computer jemand verbergen kann, der sie ausnutzen will. Sie nehmen das Risiko nicht auf dieselbe Weise wahr, wie es ein Erwachsener tun würde.

Nicht nur von Päderasten werden Minderjährige bedrängt, sondern sie sind auch häufig Opfer von Sextortion, werden belästigt, missbraucht von Gleichaltrigen (beispielsweise Schulkameraden oder Liebespartnern), werden auf verschiedene Weise manipuliert, um ihre Eltern finanziell auszunehmen, müssen Erpressungen und die Verletzung ihrer Privatsphäre erdulden und so weiter. Von vielen dieser Fälle erfährt niemand, entweder weil die Betroffenen nicht davon erzählen oder weil sie nicht angezeigt werden.

Die Experten warnen: »Misstrauen Sie allen Statistiken über Minderjährige.«[30] Die Fachleute beklagen auch, dass nicht genügend technische und personelle Ressourcen zur Verfügung stehen, um alle gemeldeten Vorfälle zu untersuchen. Was wurde denn in dieser Hinsicht unternommen, wie viele Straftäter wurden gefasst, wie viele Banden zerschlagen? Nur sehr wenige. Für die Lösung derartiger Fälle ist viel Geld nötig, und es scheint sich nicht zu lohnen, da kein hinreichender Druck vonseiten der Gesellschaft ausgeübt wird, die dies nicht sonderlich zu kümmern scheint. Wir haben Angst davor, auf der Straße mit einem Messer bedroht und ausgeraubt zu werden, aber im Internet befürchtet niemand, überfallen zu werden.

Es wird immer schlimmer

Das führt uns zurück zum Anfang. Im Internet ist der Angriff leichter als die Verteidigung. Wozu das führt, haben wir gesehen: Kinder und Jugendliche, die gewissermaßen unbeabsichtigt zu Cyberkriminellen werden; die immer größer werdende Bandbreite möglicher Angriffsformen; die bekannten Sicherheitslücken, die nicht geschlossen werden, sogar dann nicht, wenn mit ihrer Hilfe eine Cyberattacke durchgeführt wurde; Kriminelle, die ihr Geschäft mit der sexuellen Ausbeutung von Menschen machen und die von der Wehrlosigkeit bestimmter Personen und von Ausnahmesituationen wie einer Pandemie profitieren.

Damit aber noch nicht genug. Angesichts veralteter Infrastrukturen (die verantwortlich dafür sind, dass sogar die US-Wahlen durch gehackte Auszählungssysteme gefährdet wurden),[31] werden die Techniken für Cyberangriffe nicht nur immer ausgefeilter, sondern oftmals auch einfacher und billiger. Außerdem stehen ständig neue Technologien zur Verfügung, die die Automatisierung der Angriffe erleichtern und ihre Schlagkraft vergrößern. Die künstliche Intelligenz, zusammen mit der zunehmenden Leistungsfähigkeit der Netze, die den Online-Verkehr übertragen, ist eine tickende Zeitbombe. Im Jahr 2019 erreichte das »SCinet«, das Netzwerk der jährlich stattfindenden internationalen SC-Konferenz eine Geschwindigkeit von mehr als vier Terabyte pro Sekunde. Das ist genug Bandbreite, um den gesamten Netflix-Filmkatalog in fünfundvierzig Sekunden herunterzuladen. Wie Soledad Antelada (als Network Security Manager für die Sicherheit des SCinet zuständig) einräumt, würde ein solches Netzwerk in den falschen Händen zu einer Angriffsautobahn werden: Es wäre nicht mehr nötig, Tausende von Computern zu infizieren, um genügend Verkehr zu erzeugen, um ein System zum Absturz zu bringen.

Auch durch die Kryptowährungen könnte sich die Cybersicherheit verschlechtern. Digitale Zahlungsmittel wie Bitcoin, die eine kryptographische Verschlüsselung verwenden, bieten Nutzern eine sichere, anonyme und zuverlässige Möglichkeit, Geld zu überweisen. Die Anonymität ist dabei ein entscheidender Faktor. Kryptowährungen sind daher perfekt geeignet für illegale Zwecke. Aus diesem Grund kommen sie bei Zahlungen auf dem Schwarzmarkt und immer häufiger auch bei Cyberangriffen zum Einsatz (was bei vielen der weiter oben in diesem Kapitel beschriebenen Ransomware-Attacken der Fall war). Die Anonymität macht es natürlich äußerst schwierig, die Urheber dieser Cyberstraftaten zu ermitteln.

Außerdem erleichtert Bitcoin die kriminelle Geldwäsche, da Zahlungen von ihrer Quelle abgekoppelt und Bitcoins anonym in Bargeld umgewandelt werden können. Mit anderen Worten, Kriminelle erhalten dadurch die Möglichkeit, die Herkunft ihrer Einkünfte aus illegalen Aktivitäten zu verbergen, um sich die Beträge problemlos auszahlen zu lassen.

Aber durchaus nicht alles an diesem Verfahren ist von Übel. Blockchain, die Technologie hinter Kryptowährungen, dient auch als Sicherheitssystem und Fälschungsschutz. Es handelt sich um eine neuartige Möglichkeit, alle Typen von Transaktionen dezentral, transparent und unveränderlich durchzuführen und aufzuzeichnen, da keine zentrale Behörde zur Überprüfung und Registrierung derartiger Transaktionen mehr erforderlich ist. Mit anderen Worten, das Verfahren funktioniert ohne Vermittler und ohne Offenlegung der Identität der an den Transaktionen beteiligten Personen oder Einrichtungen. Auf welche Weise? Durch ein System von Buchhaltungsunterlagen in Form einer gemeinsamen, dezentralisierten und sicheren Datenbank. Gemeinsam und dezentral sind diese Unterlagen, weil es Kopien davon auf Millionen von Computern in der ganzen Welt gibt, und sicher, weil sie kryptographisch geschützt sind. Daher können sie – zumindest in der Theorie – weder angegriffen noch verboten noch gelöscht werden. Außerdem gibt es bei Unstimmigkeiten in den Aufzeichnungen einen Konsensmechanismus (der die zentrale Behörde ersetzt), mit dem festgestellt werden kann, welche Angaben die richtigen sind.

Wie andere Technologien kann auch die Blockchain zu guten wie schlechten Zwecken eingesetzt werden. Das bedeutet gleichzeitig nicht, dass diese Technologie an sich *neutral* wäre. Das ist der Trugschluss, den man uns glauben machen will, denn eine Technologie hört in dem Moment auf, »neutral« zu sein, in dem sie geschaffen wird. »Wir drängen«, so der Künstler und Autor James Bridle, »auf ein bestimmtes Verständnis der Welt, das, so verdinglicht, in der Lage ist, bestimmte Wirkungen in ihr zu erzielen. Die Technologie wird so zu einem weiteren, wenngleich oft unbewussten Teil unserer Auffassung dieser Welt.«[32]

Die Technologie ist ein Produkt ihrer Zeit, ihrer Entstehungsbedingungen und des Anlasses ihrer Entwicklung. Sie reproduziert die Werte, die sie hervorgebracht haben. Sie ist eine Folge der politischen und gesellschaftlichen Entscheidungen in jenem Moment. Ihrerseits prägt, orientiert und formt sie die Welt, die auf sie folgen wird. Sie legt die Grenzen fest zwischen dem, was möglich ist, und dem, was nicht möglich ist. Sie definiert sogar die Grenzen der Entscheidungsfreiheit. Sie schafft die Grundlagen und Bedingungen für die Beziehungen zwischen den Menschen und lenkt die menschliche Aufmerksamkeit.

Jede Technologie dient einem bestimmten Zweck. Im Zeitalter der Smartphones geht es darum, so lange wie möglich unsere Aufmerksamkeit zu binden. Uns in den Bann zu ziehen. Die sozialen Netzwerke sind das deutlichste Beispiel für eine Entwicklungsphilosophie, deren Maxime lautet: »Je mehr, desto besser«, unabhängig davon, wie dieses Ziel erreicht wird oder welche Konsequenzen dies hat. Mit den Folgen werden wir uns im nächsten Kapitel befassen.

4
Sucht

Von Sucht spricht man, wenn natürliche biologische Bedürfnisse, beispielsweise nach Nahrung, Sex, Entspannung oder Status, so sehr die Oberhand gewinnen, dass sie zerstörerisch wirken. Verschärft wird das Problem durch eine Kultur, die diese Mechanismen verständlicherweise ausnutzt, da sich auf diese Weise sehr gut Mars-Riegel und Toyotas verkaufen lassen.

Russell Brand, *Die 12 Schritte aus der Sucht*

Der britische Komiker und Autor Russell Brand ist kein Wissenschaftler, aber er hat eine *cum laude* benotete Doktorarbeit über Heroinmissbrauch und die anschließende Entgiftung verfasst. Aktuell setzt er sich für die Rehabilitierung der Betroffenen ein. In seinem Buch *Die 12 Schritte aus der Sucht. Wie du dich von deinen Abhängigkeiten befreist* behandelt er das Suchtverhalten jenseits von Alkohol- und Drogenkonsum: Kaffee, Glücksspiel, Essen, Sport, Fernsehen, Technologie und Vernetzung sowie Konsum ganz allgemein.[1] Er behauptet, diese Laster seien so alltäglich geworden, dass sie erst dann auffallen, wenn sie extrem werden. »Du weißt nicht, dass du in der Matrix bist, weil du in der Matrix bist. Die Matrix ist unsere Kultur des Konsumwahns, des Materialismus und des Individualismus, worauf jene Dinge basieren, die wir zwanghaft tun, um uns gut zu fühlen: unsere Süchte.«

Das Smartphone ist die ultimative Ausgeburt der Konsumsucht. Von ihm bleiben uns so surreale Bilder in Erinnerung wie die endlosen Schlangen vor den Apple-Läden in aller Welt, wenn es dort die jeweils neueste Version des iPhones zu kaufen gibt. Das von Steve Jobs entworfene Smartphone war nicht das erste

Gerät, das Internet und Mobiltelefon kombinierte, aber sein Auftauchen im Jahr 2007 markierte ein Vorher und Nachher in der Akzeptanz dieser Geräte. Jobs verstand es auf geniale Weise, die Psychologie der Verbraucher für den Absatz seiner Produkte zu nutzen, was genauso gut funktionierte wie bei Schokoriegeln oder Autos.

Dieses merkwürdige Ding namens Smartphone war jedoch etwas Besonderes: Es vereinte ein tragbares Produkt im Taschenformat (das zunehmend erschwinglich für alle war) mit einem Dienst, nach dem wir zu diesem Zeitpunkt bereits süchtig geworden waren: dem Internet. Bereits in den Jahren, als es nur über den Computer möglich war, eine Verbindung zum World Wide Web herzustellen, stellte das Internet eine Gefahr für die geistige Gesundheit vieler Menschen dar. Mit seiner Verfügbarkeit auf einem Gerät, das wir stets dabeihaben konnten, wurde das Internet nun endgültig zum neuen Opium des Volkes.

Trotz der vielen Fans des iPhones und anderer Marken sind die Warteschlangen vor den Läden mit den neuesten Versionen dieser Geräte doch nur eine Anekdote im Vergleich zu dem tatsächlichen Suchtrisiko, das mit ihnen verbunden ist. Dies hat weniger mit der Hardware, mit dem Gerät selbst, zu tun, als mit den Nutzungsmöglichkeiten, die diese Hardware bietet. Abgesehen von dem stolzen Gefühl, eine bestimmte Handymarke zu besitzen, die sich nicht jeder leisten kann, liegt die Befriedigung darin, zu wissen, was man mit einem Handy alles machen kann. Und es ist nicht einmal nötig, Hunderte von Euro auszugeben, um ein derartiges Gerät zu erhalten, denn viele Mobilfunkbetreiber bieten es bei Vertragsabschluss praktisch kostenlos an.

Um eine Vorstellung von der Größenordnung zu bekommen: 3,5 Milliarden Menschen, fast die Hälfte der Weltbevölkerung, haben ein Smartphone.[2] In Deutschland besitzen mehr als 80 Prozent der Bevölkerung ein Smartphone. Die Bundesrepublik gehört damit zu den drei Nationen mit den weltweit meisten Nutzern dieser Geräte.[3] Tatsächlich ist die Zahl der Smartphone-

Nutzer in Deutschland von 6,3 Prozent im Jahr 2009 auf 63 Prozent im Jahr 2021 gestiegen.[4]

Die Tatsache, dass sehr viele Menschen eines dieser Geräte besitzen, stellt an sich kein Problem dar. Beunruhigend ist dies nur in bestimmten Altersgruppen, denn die wirklich erschreckende Zahl ist folgende: Fast ein Drittel der deutschen Kinder im Alter von acht und neun Jahren hat ein Handy.[5] Bei den 10- bis 11-Jährigen sind es schon 54 Prozent und in der Altersgruppe der 12- bis 13-Jährigen sogar 73 Prozent. Die deutschen Jugendlichen verbringen durchschnittlich drei Stunden pro Tag mit sozialen Netzwerken und Online-Spielen. Jeder Fünfte hält seine eigene Handynutzung sogar für »problematisch«.[6] In einigen Fällen führt dies zu ernsthaften psychologischen Störungen aufgrund der Abhängigkeit. Auch Erwachsene sind hiervon betroffen.

Aber was versteht man unter Smartphone-Sucht, und welche Eigenschaften des Smartphones können seine Nutzer süchtig machen?

Internet

Der Schlüssel liegt im World Wide Web, in der Konnektivität. Bereits im Jahr 2011 war ein Prozent der deutschen Bevölkerung (mehr als eine halbe Million Menschen) internetsüchtig.[7] Die Existenz des Phänomens der Internetsucht war bereits viele Jahre zuvor konstatiert worden. Eine Vorreiterrolle bei der Identifizierung dieses Leidens spielte die Psychologin Kimberly Young. Im Jahr 1995 gründete sie das Zentrum für Internetsucht, um dieses ihrer Meinung nach wachsende Problem zu bekämpfen. Achtzehn Jahre später, im Jahr 2013, eröffnete sie die erste Klinik der USA für Patienten mit dieser Abhängigkeit, in Zusammenarbeit mit dem Bradford Regional Medical Center in Pittsburgh, in Pennsylvania.

Young stellte besorgt fest, dass die Demokratisierung der Internetnutzung nicht nur die lobenswerte Möglichkeit der Echtzeit-Kommunikation geschaffen hatte, sondern auch das Problem einer zunehmenden Abhängigkeit der Menschen von Videospielen und anderen Online-Programmen. Und dies war bereits am Ende der neunziger Jahre der Fall.

Young warnte schon damals, die Internetsucht verursache zwar nicht die gleichen körperlichen Probleme wie beispielsweise die Alkoholsucht, aber die sozialen Probleme seien durchaus vergleichbar. Wir sprechen von Kontrollverlust, Suchtbedürfnis und Entzugserscheinungen, sozialer Isolation, schulischem Versagen, Eheproblemen, Verschuldung ... Die Internetsucht ist – wie jede andere Form der Sucht auch – kräftezehrend. Die Betroffenen bekommen Probleme mit der Gesellschaft, mit dem Arbeitgeber, mit dem Lebenspartner oder der Lebenspartnerin. Ehen und Familien gehen darüber kaputt, manchmal die ganze Existenz.

Die im Lauf von mehr als zwanzig Jahren durchgeführten Forschungen haben gezeigt, dass die Internetsucht eine neue und oftmals nicht erkannte klinische Störung ist. Sie zeigt sich darin, dass der oder die Süchtige nicht mehr dazu in der Lage ist, seine oder ihre Online-Aktivitäten zu kontrollieren. Von der Typologie her gehört die Internet-Sucht zu den sogenannten stoffungebundenen oder verhaltensbezogenen Süchten. Die Symptome lassen sich vergleichen mit den Kriterien zur Diagnostizierung anderer Impulskontrollstörungen wie etwa die Spielsucht.

Young hat die Analyse der Internetsucht »methodisiert«. Laut der Psychologin ist süchtig, wer fünf der folgenden acht Fragen mit »ja« beantwortet:

1. Geht Ihnen das Internet nicht aus dem Kopf? Denken Sie über Ihre letzte Online-Aktivität nach oder freuen Sie sich auf die nächste Sitzung?
2. Haben Sie das Bedürfnis, das Internet ständig noch länger zu nutzen, um zufrieden zu sein?

3. Haben Sie sich wiederholt erfolglos bemüht, die Internetnutzung zu kontrollieren, zu reduzieren oder ganz einzustellen?
4. Fühlen Sie sich unruhig, schlecht gelaunt, deprimiert oder reizbar, wenn Sie versuchen, die Internetnutzung einzuschränken oder zu beenden?
5. Bleiben Sie länger online als ursprünglich geplant?
6. Haben Sie wegen des Internets eine wichtige Beziehung, einen Arbeitsplatz, eine Bildungs- oder Karrieremöglichkeit gefährdet oder beinahe verloren?
7. Haben Sie Familienmitglieder, Therapeuten oder andere Personen belogen, um das Ausmaß Ihrer Online-Aktivitäten zu verbergen?
8. Nutzen Sie das Internet, um Problemen zu entkommen oder um eine dysphorische Stimmung zu verbessern (z. B. Gefühle der Hilflosigkeit, Schuldgefühle, Angst oder Depression)?

Es gibt noch weitere Symptome, wie zum Beispiel die Vernachlässigung von Freunden und Familienangehörigen, Schlafentzug, um online zu bleiben, Unaufrichtigkeit gegenüber den Mitmenschen, Gewichtszunahme oder -abnahme, Rücken- oder Kopfschmerzen, Verringerung der Zeit, die man mit anderen angenehmen Freizeitaktivitäten verbringt (oder deren völlige Aufgabe), Schuldgefühle, Verlegenheit, Angst oder Depression aufgrund des eigenen Online-Verhaltens.

Kommt Ihnen eins dieser Probleme bekannt vor? Wahrscheinlich mehr als eins. »Vernetzung« ist zu einer Priorität in der Maslowschen Bedürfnispyramide des 21. Jahrhunderts geworden.

Es ist eine Sache, internetsüchtig zu sein, und eine andere, handysüchtig zu sein, aber die zwei Süchte verstärken sich gegenseitig. Bei allen oben aufgelisteten Fragen und Symptomen könnte man ohne weiteres »Internet« durch »Smartphone« ersetzen. Die Verwendung der modernen Handys hat die Sucht, ständig vernetzt zu sein, zu einer Epidemie gemacht. Bereits 2009 sprach man bezüglich der Verbreitung dieser Störung von einem Anteil der Weltbevölkerung zwischen 1,5 und 8,2 Prozent.[8] In Europa ging man 2014 von mehr als 18 Prozent Betroffenen aus, in Ländern wie Südkorea, China und den Vereinigten Staaten waren es noch mehr. Es ist schwierig, aktuelle und genaue Zahlen zu diesem Thema zu finden, da es keine von allen akzeptierten Kriterien für die Diagnose dieser Störung gibt. (So einleuchtend die von Young vorgeschlagenen Punkte auch wirken mögen, werden diese dennoch von einem Teil der wissenschaftlichen Gemeinschaft als zu weit gefasst und zu allgemein angesehen.)

Die Smartphone-Falle

Aus welchen seiner Eigenschaften resultiert das Suchtpotenzial des Smartphones? Eine einfache Erklärung wäre, dass es alle Vorzüge des Internets auf kleinstem Raum in einem Gerät zusammenfasst, das man im Gegensatz zu einem Laptop oder gar Desktop-Computer immer bei sich tragen und mit einer einfachen Handbewegung benutzen kann. Auf diese Weise wird das Smartphone zu einer Erweiterung unserer selbst.

Zu den süchtig machenden Aktivitäten, die es bietet, gehören neben der Vernetzung rund um die Uhr die Möglichkeit des Zugriffs auf Informationen in Echtzeit, soziale Netzwerke, Videospiele und zahllose Arten von Apps und Plattformen, die alle über das Gerät zugänglich sind und eines gemeinsam haben: Sie sind darauf ausgelegt, unsere Aufmerksamkeit einzufangen und nicht mehr loszulassen. Das ist keineswegs banal, sondern das Kernproblem der Computertechnologie als einer »persuasiven Technologie«. Die »Captology« genannte Wissenschaft befasst sich dann auch mit Computern als Manipulationsmaschinen.

Die Idee hierzu entstand vor etwas mehr als zwanzig Jahren an der Stanford University in den USA, als der Forscher B.J. Fogg aus der Formulierung »computers as persuasive technologies« das Akronym CAPT und daraus den Ausdruck »Captology« formte. Durch ihn begann die Erforschung der Wirkung aller Aspekte von Computerprodukten auf die Veränderung von Einstellungen und Verhaltensweisen. So kam es zur Eröffnung des Stanford Persuasive Technology Lab, das die Grundlagen für die Gestaltung der sozialen Netzwerke, Plattformen und Apps definierte, die heute das tägliche Leben eines Großteils der Weltbevölkerung prägen, und die nahezu alle aus dem technologischen Imperium des Silicon Valley stammen.

Captology ist heute bekannter unter dem Namen »Behavioral Design«, basierend auf dem Behaviorismus und den Verhaltenswissenschaften. Genauer gesagt, auf der sogenannten Verhaltensökonomie, für deren Theorie der Psychologe Daniel Kahneman den Nobelpreis für Wirtschaftswissenschaften erhielt.

Die Verhaltensökonomie versucht zu verstehen, wie Menschen Entscheidungen treffen, wobei sie davon ausgeht, dass sie dies nicht immer auf optimale oder rationale Weise tun. Wir handeln schnell und instinktiv, ohne (allzu viel) nachzudenken. Wir sind Gewohnheitstiere, und unser Gehirn verwendet oft Abkürzungen, um rasch agieren zu können. Wir wollen uns nicht unnötig Mühe machen. Nach Kahneman gehört dieses Verhalten zu unserem »System 1«, das sich so entwickelt hat, dass es ultraschnell ist und auf Signale wie zum Beispiel soziale Normen reagiert. »System 2« hingegen ist unser rationales Selbst. Letzteres kann gegen »System 1« ankämpfen, aber dafür ist viel Energie (Willenskraft) erforderlich, und es scheitert oft.

Dieses Wissensgebiet wurde durch einen anderen Nobelpreisträger bereichert, der mit Kahneman zusammenarbeitete. Es handelt sich um Richard Thaler, der bekannt wurde für seine Erforschung der Frage, wie nicht-rationale, emotionale Aspekte wirtschaftliche und finanzielle Entscheidungen beeinflussen. Er gilt als Begründer des »libertären Paternalismus«, der das Wissen um Irrationalität und menschliche Neigungen nutzt, um ein Umfeld zu schaffen, das die Menschen dazu bringt, bessere Entscheidungen zu treffen. Wobei zu fragen ist: Für wen sind diese Entscheidungen besser?

Das Wissen, wie man das Verhalten der Menschen beeinflussen kann, ist für ganz unterschiedliche Zwecke von großer Bedeutung. Fogg interessierte sich für die Anwendung dieser Theorien auf die Informatik und nahm die Überlegungen von Kahneman und Thaler als Grundlage für die Entwicklung seines eigenen Modells. Dieses beruht auf dem Zusammenwirken von drei Elementen: Motivation (etwas tun wollen), Fähigkeit (etwas tun können) und Anreiz (dazu verleitet werden, etwas zu tun). Zum Beispiel der Wunsch, etwas zu kaufen, die Fähigkeit, es zu tun (Geld zu haben), und der Anstoß, es zu tun.

Letzteres wird durch das Design des Tools selbst gewährleistet, sei es in Form einer Online-Plattform oder einer mobilen App. Farben, Formen, Größen, Geräusche – alles auf einer Onlinehandels-Website (wie beispielsweise Amazon) trägt dazu bei, die Menschen dazu zu bewegen, immer wieder neue Produkte zu kaufen, pausenlos ihre Aufmerksamkeit zu erregen, damit sie so lange wie möglich dort verweilen, sei es beim Einkaufen, beim Austausch von Bildern oder Gedanken, bei der Interaktion mit anderen Menschen oder beim endlosen Ansehen von Filmen oder Serien.

Die Captology verfügt über immer ausgefeiltere und subtilere Techniken, um Besitz vom menschlichen Gehirn zu ergreifen und dessen Schwächen auszunutzen. Alles, was wir auf einem Bildschirm zu sehen bekommen, jede Schaltfläche und jede Option, die uns dort präsentiert wird, und alles, was uns empfohlen wird, beruht auf Strategien des Verhaltensdesigns und bekannten menschlichen Tendenzen, den sogenannten »kognitiven Verzerrungen« von Kahneman.* Nach Fogg gibt es sieben Arten von

---

* Laut Kahneman führen diese Verzerrungen dazu, dass unsere Wahrnehmungen Vorurteilen oder Illusionen unterworfen sind.

Überzeugungstechniken, die sich besonders für das Computermedium eignen: Reduzierung, Tunnelbildung, Personalisierung, Suggestion, Selbstkontrolle, Überwachung und Konditionierung.

Die Reduzierung vereinfacht eine Aufgabe, die der Benutzer auszuführen versucht. Die Tunnelbildung führt den Benutzer Schritt für Schritt durch eine Abfolge von Aktivitäten. Die Personalisierung versorgt den Benutzer mit Informationen und Rückmeldungen auf der Grundlage seiner Handlungen. Die Suggestion liefert dem Benutzer zur richtigen Zeit und im richtigen Kontext Empfehlungen. Die Selbstkontrolle ermöglicht es dem Benutzer, sein eigenes Verhalten zu verfolgen, um es zu ändern und um ein vorher festgelegtes Ergebnis zu erreichen. Die Überwachung beobachtet den Benutzer ganz offen, um ein angestrebtes Verhalten zu verstärken. Und die Konditionierung basiert auf der Bestärkung oder Bestrafung des Benutzers, um eine bestimmte Vorgehensweise, ein bestimmtes Verhalten oder eine bestimmte Handlung zu fördern oder zu vermehren.

Diese Strategien spiegeln sich deutlich in den Systemen wider, die wir tagtäglich verwenden. Ein typisches Beispiel dafür sind die sozialen Netzwerke: Sie stellen personalisierte Informationen bereit, bieten Empfehlungen zum richtigen Zeitpunkt und im richtigen Kontext, überwachen den Nutzer, um die Nutzungsdauer und die Interaktionen zu erhöhen, und bieten positive Verstärkungen und Belohnungen für die bloße Benutzung der App. Sie stützen sich außerdem auf immer leistungsfähigere Algorithmen – Sequenzen von Arbeitsschritten, die von einer Maschine ausgeführt werden –, die auf Technologien der künstlichen Intelligenz (KI) basieren.

Die »Gefällt mir«-Buttons und deren Surrogate, die Benachrichtigungen, die Möglichkeit, Freunde zu markieren, Empfehlungen für neue Freundschaften, Geburtstagserinnerungen, die Einrichtung privater Gruppen, die nach Interessen gegliedert sind, der Instant-Chat, empfohlene Nachrichten, Listen mit Trends oder die drei Pünktchen, während jemand schreibt, damit man weiß, dass er oder sie auf der anderen Seite vor dem Bildschirm ist, und man die Verbindung nicht unterbricht – all das ist darauf ausgerichtet, uns so lange wie möglich dort verweilen zu lassen: auf Twitter, auf Facebook, auf Instagram, auf LinkedIn. Der Journalist Richard Seymour bemerkt diesbezüglich: »Noch nie in der Geschichte der Menschheit haben die Menschen so viel und so hektisch geschrieben: Sie verschicken Textnachrichten und Tweets, die sie in öffentlichen Verkehrsmitteln eintippen, aktualisieren ihren Status in den Arbeitspausen, swipen Bilder und klicken Links vor leuchtenden Bildschirmen um drei Uhr morgens.«[9]

Soziale Netzwerke belohnen Spontaneität, Schlagfertigkeit, Ironie, Kreativität, aber auch Empörung oder Sadismus. Wie Wissenschaftler herausgefunden haben, ist die von ihnen ausgelöste Sucht der des Glücksspiels sehr ähnlich, da beide in ähnlicher Weise das Ziel verfolgen, psychische Abhängigkeiten zu erzeugen.

Wie Spielautomaten versuchen die sozialen Netzwerke, die Nutzer in einen Kreislauf der Abhängigkeit zu ziehen, da ihre Werbeeinnahmen davon abhängen, dass die Menschen dem, was auf dem Bildschirm angezeigt wird, ständig ihre Aufmerksamkeit schenken. Diese Netzwerke sorgen dafür, dass Sie gefangen werden in einem Teufelskreis aus Ungewissheit, Erwartung, Unvorhersehbarkeit, schnellem Feedback und zufälligen Belohnungen, die Sie davon abhalten, sich auszuloggen. Und wenn Sie die Verbindung dennoch unterbrechen, werden Sie mit Nachrichten und Mitteilungen verfolgt, um Ihre Aufmerksamkeit zu erregen und Sie dazu zu bringen, sich wieder anzumelden.

Diese »Spielschleifen«,[10] die zur Sucht führen, werden häufig durch eine Überaktivität des Gehirns ausgelöst, das Belohnungen auswertet und impulsives Verhalten fördert. Infolgedessen schüttet das Gehirn Dopamin aus, wie bei einem leckeren Essen, einem Orgasmus oder nach dem Sport. Diese Substanz prämiert genussbringende Verhaltensweisen und motiviert uns, sie zu wiederholen. Eine solche Wiederholung kann durch die ständige

KAPITEL 4

Abfolge von lustbetonten Verhaltensweisen mit starken intrinsischen Belohnungen zu einer Übersensibilisierung des Dopaminsystems führen. Dies wiederum kann zur Folge haben, dass man ständig das angenehme Verhalten erleben möchte. Das heißt, das eigene Verhalten – sei es der Konsum von Drogen, das Spielen an Spielautomaten oder die Interaktion in den sozialen Medien – macht am Ende süchtig.

Die Führungskräfte der Tech-Giganten im Silicon Valley sind sich dessen durchaus bewusst. Tim Kendall, der von 2006 bis 2010 für die Monetarisierung von Facebook zuständig war, gab vor dem US-Kongress zu, dass man so viel Aufmerksamkeit wie möglich erregen wollte und sich von den Strategien der Tabakindustrie anregen ließ, um der Plattform »von Anfang an eine süchtig machende Wirkung« zu verleihen. So wie die Tabakkonzerne beschlossen, den Zigaretten Zucker und Menthol beizufügen, um mehr Menschen zu ködern, fügte Facebook Statusaktualisierungen, Foto-Tagging und »Likes« hinzu: »Damit wurden Status und Ansehen zu zentralen Faktoren und legten den Grundstein für eine Krise der psychischen Gesundheit der Jugendlichen.«[11]

Was für soziale Netzwerke gilt, gilt auch für Videospiele, Online-Unterhaltungsplattformen und so weiter. Zweifellos kann es auch süchtig machen, Candy Crush zu spielen, Filme auf Netflix anzuschauen oder ständig E-Mails oder unsere Aktivitätsdaten mit Apps wie Fitbit zu überprüfen. Mehrere der oben genannten Überzeugungstechniken sind in allen von ihnen vorhanden. Es ist zum Beispiel kein Zufall, dass am Ende einer Folge Ihrer Lieblingsserie die nächste beginnt – standardisiert, automatisch und sofort. Es ist schwieriger, die neue Folge anzuhalten, als sie sich weiter anzusehen.

Gemeinsam ist all diesen Angeboten auch, dass sie tief in unserem Inneren sitzende und weit in die Evolution der Menschheit zurückreichende Mechanismen und Bedürfnisse wie das nach Geselligkeit, nach Beobachten und Beobachtetwerden aktivieren.[12] Dies wird in einer Studie kanadischer Forscher aus dem Jahr 2018 erklärt:

> Aus evolutionärer Sicht basiert die menschliche Fähigkeit, in jeder Umgebung optimal zu funktionieren (und sogar die menschliche Intelligenz selbst), auf dem Zugang zu einem großen kumulativen Fundus kontextrelevanter kultureller Informationen, die von anderen entwickelt wurden und die kein Individuum ganz allein erfinden könnte ... Die Suche nach Nachrichten und Informationen ist kurz gesagt ein Weg, um von anderen zu lernen und sich über kulturell relevante Ereignisse und Personen auf dem Laufenden zu halten.[13]

Der Sozialpsychologe Matthew D. Lieberman beschreibt in seinem Buch *Social – Why Our Brains Are Wired to Connect* (auf Deutsch etwa *Warum unsere Gehirne so gepolt sind, dass sie sich verbinden wollen*) das Bedürfnis, miteinander zu interagieren, als eine der stärksten Motivationskräfte des Menschen.[14] Seine Forschungen auf dem Gebiet der sozialen Neurowissenschaften zeigen, dass unser Bedürfnis, mit anderen Menschen in Kontakt zu treten, sogar noch ausgeprägter ist als das Bedürfnis nach Nahrung oder Schutz.

Deshalb sind soziale Belohnungen so wirkungsvoll und deshalb modulieren auf Überzeugung angelegte Apps das Suchtverhalten durch deren Vorwegnahme. Oder wie es eine moderne Version von Kahneman vielleicht sagen würde: Sie hacken sich in unser »System 1« (das der irrationalen Shortcuts, die auf soziale Impulse reagieren). Hinzu kommen weitere Facetten, die dazu beitragen, dass die Technologie die Menschen fasziniert, wie zum Beispiel der sensorische Aspekt (die spezifische Sinnlichkeit des Geräts, mit dem wir uns verbinden), die Art und Weise, wie es auf die Wünsche, Gefühle und Ängste eines jeden Menschen eingeht, oder der transformative Charakter dieser Erfahrung.[15]

Das erweiterte Ich

Alle oben genannten, potenziell süchtig machenden Aktivitäten können von jedem ans Internet angeschlossenen Gerät aus durchgeführt werden. Das mit Abstand am leichtesten zugängliche Gerät ist das Smartphone. Da es sich um eine mobile Technologie handelt, besitzt es einen zusätzlichen Vorteil: Es ist in der Lage, die Menschen zur richtigen Zeit und im richtigen Augenblick zu überzeugen, was die Chancen erhöht, die gewünschten Ergebnisse zu erzielen. Laut Fogg bedeutet dies einen Fortschritt in der Captology als Basis der Motivation von und der Einflussnahme auf Menschen, was bis hin zur Manipulation gehen kann.[16]

Als ständiger Begleiter, als ständige Präsenz, sind Smartphones in einer einzigartigen Position, um Überzeugungsarbeit zu leisten. Außerdem sind sie zu einer Erweiterung unseres Wesens geworden. Damit beschäftigt sich die sogenannte »Theorie des erweiterten Ichs«, die besagt, dass die Besitztümer eines Menschen bewusst oder unbewusst, absichtlich oder unabsichtlich zu einer Erweiterung seiner selbst werden können.[17]

Smartphones fungieren als Komfortobjekte. Sie sind zu Gebilden geworden, die uns so vertraut sind, dass sie eine Erweiterung unseres physischen Selbst darstellen können – eine Verkörperung, bei der das Gehirn externe Elemente in das eigene Körperschema aufnimmt und sie buchstäblich wie einen Teil des Körpers behandelt.

Wenn das Gerät als Teil der eigenen Person betrachtet wird, könnte eine unfreiwillige Trennung von ihm als Beeinträchtigung des erweiterten Ichs wahrgenommen und erlebt werden. Daher die neue Phobie, die aus der Angst oder Sorge entsteht, sein Handy zu verlieren oder es nicht benutzen zu können: die »No-Mobile-Phobie« oder kurz: Nomophobie.

Mit der Nomophobie ist eine weitere Pathologie verbunden: die »Angst, etwas zu versäumen«. Auf Englisch: »fear of missing out«, kurz: FOMO. Zu dieser Kategorie gehören die Sorge und die Angst, den Kontakt zu verlieren zu den Ereignissen, Erfahrungen und Gesprächen, die in unseren Social Networks stattfinden. Dies ist ein Beispiel für eine der von Kahneman identifizierten kognitiven Tendenzen des Menschen: die Verlustaversion. Sie ist in diesem Fall besonders stark ausgeprägt.

Soziale Netzwerke machen sich dies zunutze. So auch jenes Netzwerk, dessen Beliebtheitsgrad Anfang 2021 sprunghaft angestiegen ist: Clubhouse. Abgesehen von der Tatsache, dass der Zugang zunächst nur auf Einladung möglich war (was an sich schon FOMO erzeugte), basiert seine gesamte Funktionsweise auf FOMO, weil es nur Live-Unterhaltungen zulässt. Wer nicht zum richtigen Zeitpunkt im Chatraum ist, verpasst etwas.

Von der FOMO zur Schlaflosigkeit. Die Abhängigkeit von diesen Apps und dem Mobiltelefon führt zu einem Verlust von mehreren Stunden Schlaf, entweder durch späteres Zubettgehen oder durch die Benutzung des Geräts mitten in der Nacht. Dies wiederum ist mit einer Zunahme der Körpermasse verbunden, womit nicht die Muskeln gemeint sind.[18] Mit anderen Worten: Die Abhängigkeit macht dick.

Die Auswirkungen der Nutzung von Mobiltelefonen auf den Schlafrhythmus sind ebenfalls bekannt, insbesondere wenn wir diese Geräte vor dem Schlafengehen benutzen. Das von ihnen ausgehende blaue Licht kann die Produktion von Melatonin und damit den Schlaf-Wach-Zyklus beeinflussen. Daher bieten viele Hersteller einen »Nachtmodus« an, der diese Art von Kurzwellenlicht reduziert.

Die Verdummung ist ein weiterer möglicher Nebeneffekt des stundenlangen Starrens auf das Smartphone und der Übertragung von immer mehr Aufgaben auf dieses Gerät. Der Verlust bestimmter Fähigkeiten und des Erinnerungsvermögens (beispielsweise beim Merken von Telefonnummern) oder Schwierigkeiten, ohne GPS ein neues örtliches Ziel zu erreichen, sind einige der möglichen Folgen.[19]

Eine weitere Folge der Smartphone-Sucht ist das sogenannte

Phubbing. Dieser Begriff bezeichnet das Verhalten, dass eine Person ihre Aufmerksamkeit nur auf ein mobiles Gerät richtet und die Menschen um sie herum und ihre Umgebung ignoriert. Das ist nur eine von vielen Situationen, in denen das Smartphone wie eine Waffe zur maximalen Ablenkung wirkt. Im Auto, bei der Arbeit, im Unterricht – jeder Ort ist recht, um unsere eigentliche Aufgabe zu vergessen und einen Blick auf das Handy zu werfen.

Das Problem der Ablenkung geht über den bloßen Verlust der Aufmerksamkeit hinaus. Es reicht von der Verursachung von Unfällen bis hin zur Verringerung der Arbeitsproduktivität, der Auslösung von Stress oder der Verringerung der schulischen Leistungen. Was die Produktivität betrifft, so geben die Arbeitnehmer zu, dass die persönliche Nutzung dieser Technologie am Arbeitsplatz der Produktivität des Unternehmens abträglich ist.[20] Eine Studie aus dem Jahr 2016 bezifferte den Rückgang der individuellen Leistung auf 26 Prozent.[21] Dies ergab ein Experiment, das die Universität Würzburg zusammen mit der britischen Nottingham-Trent-Universität im Auftrag des Kaspersky Lab durchführte.

Im akademischen Bereich hat sich gezeigt, dass die bloße Anwesenheit von Mobiltelefonen die kognitiven Fähigkeiten der Studierenden beeinträchtigt.[22] Darüber hinaus ergab eine Umfrage an sechs verschiedenen Universitäten in den USA, dass Studenten ihre Smartphones im Durchschnitt elf Mal pro Tag während des Unterrichts benutzen.[23] Es klingt immer gut, von unserer Fähigkeit zum Multitasking zu sprechen, doch in Wirklichkeit sind wir nicht dazu in der Lage, mehrere Aufgaben gleichzeitig mit Erfolg zu erledigen.[24] Es wurde nachgewiesen, dass diejenigen Personen, die im Unterricht durch Mobiltelefone abgelenkt werden, dazu neigen, schlechtere Notizen zu machen, sich weniger Informationen zu merken und bei Prüfungen schlechter abzuschneiden.[25] Auch die Studierenden geben zu, dass die Nutzung eines Smartphones während des Unterrichts ihre Fähigkeit zur Aufmerksamkeit mindert.[26] Es lenkt sogar andere Studierende in der Nähe ab, selbst wenn diese ihre Handys nicht benutzen.[27]

Berufswunsch: Influencer

»Mein Kind, was willst du einmal werden, wenn du groß bist?«
»Ich? Influencer!«

Mehr als ein Vater oder eine Mutter wird bereits den Kopf geschüttelt haben über diese Art von Antwort. Ihre Kinder gehören zu den 34 Prozent der 6- bis 7-Jährigen, die später einmal YouTuber oder Influencer werden wollen.[28] Dieser Anteil steigt, je älter die Kinder werden. Die Internet-Abhängigkeit und das Suchtverhalten in dieser Altersgruppe, sogar bei den Allerjüngsten, geben zunehmend Anlass zur Sorge. 2018 war Frankreich das erste Land der Welt, das die Benutzung von Mobiltelefonen im Unterricht verbot. Der französische Arzt und Schriftsteller Michel Desmurget begründete dies folgendermaßen: Die spielerische Nutzung von Bildschirmen schade allen Aspekten der Entwicklung, von der körperlichen über die emotionale bis hin zur kognitiven und intellektuellen.[29]

Die ersten Lebensjahre sind entscheidend für die Entwicklung des Gehirns. Jede sensorische Erfahrung, die nicht gemacht wird, jede Interaktion, die nicht stattfindet, jeder Reiz, der aufgrund der vor dem Bildschirm verbrachten Zeit nicht wahrgenommen wird, ist eine verpasste Gelegenheit. Wenn die Neuronen gerade in dieser Phase nicht den richtigen Input in der richtigen Menge erhalten, können sie nicht optimal lernen – eine verlorene Zeit, die nie wieder aufgeholt werden kann. Außerdem fördert der Umgang der Kinder mit Bildschirmen deren Neigung, sich ablenken zu lassen.[30] Dies wirkt sich unter anderem auf ihre schulischen Leistungen aus, wie wir oben gesehen haben.

Die Minderjährigen leiden nicht nur deshalb besonders unter den negativen Auswirkungen des Internets und der Smartphones, weil sie sich noch in der Entwicklung befinden, sondern auch, weil sie ein starkes Bedürfnis nach sozialer Akzeptanz haben. Die Nutzung sozialer Netzwerke durch Jugendliche als Orte der Suche nach dieser Akzeptanz ist ausführlich dokumentiert worden.

Mehr als 95 Prozent der deutschen Jugendlichen zwischen 12 und 17 Jahren nutzen ein soziales Netzwerk oder eine Instant-Messaging-App.[31] Vor der Pandemie war »Instagram« der klare Spitzenreiter. Im Jahr 2019 nutzten mehr als 70 Prozent der Teenager regelmäßig diese Plattform.[32] Seit der Ausbreitung von Covid-19 übernahm jedoch TikTok den Platz von Instagram in der Beliebtheits-Hitparade.[33]

Obwohl die chinesische App offiziell keine Nutzer unter 13 Jahren zulässt, gibt es in der Realität keine wirksamen Kontrollen, was Alterbeschränkungen angeht. Der Beweis dafür ist, dass ein 10-jähriges italienisches Mädchen im Jahr 2021 starb, weil es an einer gefährlichen Challenge teilgenommen hatte, die auf der Plattform populär geworden war. TikTok wurde auch kritisiert, weil es Videos, die für Fasten und Magersucht werben, nicht sperrt.[34]

Die Kinder verbringen durchschnittlich 80 Minuten pro Tag auf TikTok. Aber diese Nutzungsdauer wird von einer anderen Plattform noch übertroffen. Dabei handelt es sich um »YouTube«, das Kinder zwischen 4 und 15 Jahren täglich fast eineinhalb Stunden nutzen. Außerdem verbringen sie etwa eine Stunde pro Tag mit Videospielen. All diese Zahlen sind durch die Pandemie in die Höhe geschnellt.[35]

Welche weiteren Auswirkungen hat die wahllose Nutzung dieser Plattformen und sozialen Netzwerke auf die jungen Menschen? Sie bieten ihnen nicht nur Unterhaltung und den Kontakt mit Freunden und Familie, sondern lenken sie auch von ihren Verpflichtungen ab und haben unerwünschte Auswirkungen wie Belästigung und Betrug.[36] Außerdem leiden die Nutzer unter der emotionalen Abhängigkeit von ihren Mobiltelefonen und unter der Internet-Sucht, werden Opfer toxischer Kontrollbeziehungen und so weiter.[37]

Minderjährige machen ihr Selbstwertgefühl praktisch vollständig abhängig von der Beurteilung im Internet. Greg Lutze, Mitbegründer eines sozialen Netzwerks namens VSCO – in dem es keine Follower, Likes oder Kommentare gibt –, erklärt dies auf einleuchtende Weise: »Es ist sehr schwierig, immer in dieser Art von Welt zu leben, in der man die ganze Zeit nach Bestätigung seiner selbst durch die Meinung anderer Menschen sucht. Die Jugendlichen schwanken zwischen der Angst, etwas zu verpassen, und dem Bedürfnis, der Welt ein Bild von sich zu zeigen, das nicht ihrer wahren Identität entspricht, also eine Maske zu tragen. Der soziale Druck, dem sie ausgesetzt sind, ist überwältigend. Wir alle kennen dieses Phänomen auf irgendeine Weise, aber es ist besonders schwerwiegend, wenn man ein Heranwachsender ist und versucht, seine Identität zu finden, wenn man wissen möchte, wer man ist und wie man in die Welt passt.«[38]

Viele Jugendliche nutzen soziale Netzwerke, um Schuldgefühle, Ängste, Unruhe, Hilflosigkeit oder Depressionen zu lindern oder um persönliche Probleme zu vergessen, was paradoxerweise dazu führt, dass sie aufgrund der Apps Ängste, Sorgen oder Depressionen entwickeln.[39] Ihre vollständige Hingabe an die sozialen Netzwerke wirkt sich zum Nachteil ihrer zwischenmenschlichen Beziehungen aus, was zu familiären Spannungen, Konzentrations- und Kooperationsstörungen und sozialen Konflikten wie dem Verlust von Freunden führt. Der »Facebookgate«-Skandal und der geleakte Facebook-Bericht über die Auswirkungen von Instagram auf Jugendliche haben nur bestätigt, was prinzipiell bereits bekannt war.[40]

Die häufige Verwendung sozialer Netzwerke in der Kindheit wird mit einem schlechteren Wohlbefinden und psychischen Problemen in Verbindung gebracht, aber auch die seltene Verwendung kann Anzeichen von einem geringen Wohlbefinden bedeuten,[41] denn die Teilnahme der Minderjährigen an sozialen Netzwerken ist längst zu einem Indikator für ihre allgemeine soziale Teilhabe geworden.

Weitere Auswirkungen der übermäßigen Bildschirmnutzung von Kindern und Jugendlichen sind: schlechter Schlaf und erhöhtes Risiko für Herz-Kreislauf-Erkrankungen, Sehstörungen und verringerte Knochendichte, Verhaltensweisen im Umfeld der Aufmerksamkeitsdefizit-Hyperaktivitätsstörung (ADHS), Abnahme des prosozialen Verhaltens, der Substanzabhängigkeit ähnelndes Suchtverhalten oder strukturelle Hirnveränderungen, die die kognitive Kontrolle und die emotionale Regulierung betreffen.[42]

Verweigerer aus Gewissensgründen

Nach dem, was wir gerade erfahren haben, ist es nicht verwunderlich, dass die Bosse der Tech-Giganten im Silicon Valley die Bildschirmzeit ihrer Kinder auf Smartphones, Tablets oder Computern jeglicher Art einschränken, ihren Zugang zum Internet kontrollieren und begrenzen sowie das Alter, ab dem sie ein Mobiltelefon besitzen dürfen, möglichst spät ansetzen.[43] Die Chefs von Facebook (Meta Platforms), Google, YouTube, Snapchat, Apple oder Microsoft – und somit von süchtig machenden Apps, Videospielen, Plattformen und sozialen Netzwerken – schützen ihre Sprösslinge nicht ohne Grund vor der Technologie. Steve Jobs war in dieser Hinsicht genauso vorsichtig wie dies jetzt Bill Gates und Sundar Pichai sind. Twitter-Mitbegründer Jack Dorsey wird wissen, wieso er sich für den digitalen Entzug und die Abkopplung vom Internet einsetzt. Es ist keineswegs verwunderlich, dass Tristan Harris, ehemaliger Google-Mitarbeiter, spezialisiert auf Ethik und Produktphilosophie, beschloss, von Bord zu gehen und das »Center for Humane Technology« zu gründen, eine Initiative gegen die Manipulation durch persuasive Technologien und für die verantwortungsvolle Entwicklung und Nutzung der Technik.[44] Die vielen anderen Spitzenmanager von Tech-Giganten des Silicon Valleys, die sich gegenüber den sozialen Netzwerken zu Verweigerern aus Gewissensgründen erklärten, werden genau gewusst haben, wieso sie dies taten.

Sogar Fogg, der Begründer des Behavioral Design, scheint

jetzt bemüht, seinen Ruf zu rehabilitieren und sich zu rechtfertigen. Er sagt, er habe immer betont, dass es sein Ziel sei, Menschen dabei zu helfen, das zu tun, was sie tun möchten. Ein Ansatz, der auch unter der Präsidentschaft Obamas und im Vereinigten Königreich verfolgt wurde, deren Regierungen 2010 ihre neue Orientierung offiziell »Behavioral Government« nannten, um die Verhaltenswissenschaft bei der Gestaltung ihrer Politik und Programme anzuwenden.

Fogg gab seinem Labor, das jetzt »Behavior Design Lab« heißt, einen neuen Namen, um das Wort »Persuasive« loszuwerden, das ihm einen schlechten Ruf eingebracht hatte. Er entwickelt nun Tools wie Screentime, die den Menschen helfen sollen, die vor dem Bildschirm verbrachte Zeit zu reduzieren. Im Jahr 2019 prognostizierte er das Aufkommen einer »postdigitalen« Bewegung: »Wir werden allmählich erkennen, dass die Abhängigkeit von einem Smartphone ein Verhalten mit niedrigem Status ist, ähnlich wie das Rauchen«, sagte er auf Twitter.

Der Erfinder der Captology war übrigens der Mentor von Ex-Google-Mitarbeiter Harris. Beide warnen nun vor den negativen Auswirkungen unethischer Überredungstechniken. Keiner von ihnen fordert, auf die Technologie völlig zu verzichten, stattdessen soll »die Industrie dazu gebracht werden, sich zu ändern und unsere Interessen in den Vordergrund zu stellen«. Sind sie Teil des Status quo, Opportunisten, die auf den Zug der ethischen Technologie aufspringen, die jetzt in Mode zu sein scheint? Wollen sie zu neuen Gurus werden? Wollen sie mit ihrem Diskurs zu diesem Thema nur Profit machen und kritischere Ansichten zum Schweigen bringen? Oder werden sie im Gegenteil ihre Sichtbarkeit nutzen, um einen wichtigen Beitrag zum Wandel zu leisten? Das bleibt abzuwarten. Bislang haben wir nur wohlklingende Reden gehört und gut gemeinte Dokumentarfilme gesehen, wie *The Social Dilemma* von 2020, in dem die Problematik sozialer Netzwerke aufgezeigt wird und nicht die Verdienste von Fogg und Co. gepriesen werden.

KAPITEL 4

Andere Personen haben ähnliche Wege eingeschlagen. Nir Eyal, bekannt für seinen Bestseller *Hooked – Wie Sie Produkte erschaffen, die süchtig machen*, füllt nun seine Kassen mit einem neuen Buch darüber, wie wir uns von ebendieser Sucht befreien können. Dies ist ein häufig verwendeter Trick im Technologiesektor: Erst schafft man ein Problem, und dann verkauft man uns die Lösungen für dieses Problem, das wir zuvor nicht hatten.

Aber warum tun man das? Warum haben die Tech-Giganten und die Unternehmen aus dem Bereich von sozialen Netzwerken, Plattformen, Videospielen und Online-Anwendungen ihr Produktdesign auf »Überzeugung« aufgebaut? Warum versuchen sie, pausenlos, unsere Aufmerksamkeit zu erregen und uns zu fesseln? Die Antwort liegt auf der Hand: Weil sie so ihr Geld verdienen. Ihr Geschäftsmodell entstand als Reaktion auf eine bestimmte Erwartungshaltung an das Internet: Seit das Internet aufkam, erwarten die Menschen, dass alle Inhalte kostenlos zu haben sind. Seine Unentgeltlichkeit und die wundervoll klingende Vorstellung vom Internet als demokratischem, offenem, freiem und befreiendem Raum waren gewissermaßen der Sündenfall. Diese Eigenschaften haben das World Wide Web so groß gemacht, im Guten wie im Schlechten, mit seinen Vorzügen und Mängeln, deren Folgen wir heute erleben und von denen ausführlicher in Kapitel 8 die Rede sein wird. Doch zunächst müssen wir uns mit einem weiteren negativen Aspekt des vorherrschenden Online-Geschäftsmodells befassen, der sich auf ganz besondere Weise die schlechtesten Charakterzüge des Menschen zunutze macht. Gemeint sind die Desinformation und die Hassreden, die das Fundament der Demokratie zu untergraben drohen.

5
Desinformation und Hass

Das Ziel der gegenwärtigen Propaganda ist nicht nur, falsche Informationen zu verbreiten oder eine bestimmte Agenda zu fördern. Es geht darum, Ihr kritisches Denken zu blockieren und die Wahrheit zu beseitigen.

Garri Kasparow, Schachgroßmeister, Autor, Aktivist und Politiker

Der Einsatz von Propaganda ist nichts Neues, aber noch nie zuvor gab es eine Technologie, mit der sie so effektiv verbreitet werden konnte.

Natalie Nougayrède, französische Journalistin, Kolumnistin bei *The Guardian*

Die Geschichte beginnt mit einem Namen: Edward Louis Bernays. Er war der Mann, der Bacon and Eggs zum Inbegriff des nordamerikanischen Frühstücks machte, als die meisten Menschen dort ihren Tag höchstens mit Kaffee und Orangensaft begannen, eventuell noch ergänzt durch ein belegtes Brötchen. Er überzeugte die Einwohner der USA, die besorgt waren bezüglich der Gefahren des Alkohols, dass Bier das »Getränk der Mäßigung« sei. Er schaffte es, die Männer zum Tragen von Armbanduhren zu überreden, obwohl diese zuvor gedacht hatten, Armbänder seien nur etwas für Frauen. Und er nutzte die feministische Bewegung, um das Rauchen von Zigaretten – die er »Fackeln der Freiheit« nannte – als Geste der Frauenbefreiung erscheinen zu lassen.

Natürlich setzte Bernays sein Wissen auch auf dem Feld der Politik ein. Zum Beispiel bei der Planung des Sturzes der sozialistischen Regierung von Juan Jacobo Árbenz Guzmán in Guatemala im Jahr 1954 und auch schon zuvor bei der Rechtfertigung der Beteiligung der USA am Ersten Weltkrieg mit der Behauptung, das einzige Ziel der Wilson-Regierung sei es, die Demokratie nach Europa zu bringen.

Als gelehriger Neffe von Sigmund Freud nutzte Bernays die Erkenntnisse der Psychoanalyse, um seine »Theorie der Propaganda« zu entwickeln und das Berufsbild des »Public Relations Professional« zu schaffen. Der 1891 in Wien geborene Österreicher beriet mehrere US-Präsidenten und Dutzende von multinationalen Unternehmen wie Lucky Strike, Procter & Gamble, General Electric und General Motors sowie Medienkonzerne wie CBS und NBC. Sein erstes Buch, *Crystallizing Public Opinion*, erschienen 1923, war ein Vorbild für Joseph Goebbels während dessen Zeit als Propagandaminister des Dritten Reichs.

Bernays war zwar gewiss nicht der erste Propagandist der Geschichte, aber seine Pionierleistung bestand darin, daraus etwas zu machen, das wie eine Wissenschaft aussah: das neue Feld der »Public Relations«. Er nutzte psychoanalytische Prinzipien, um sein Konzept des »Consent Engineering« als Verkörperung seiner Hypothese zu entwickeln, dass es durch das Verständnis der kollektiven Psyche sowie der Frage, wann und wie Menschen als Individuen oder als Gruppe handeln, möglich sein würde, ihr Verhalten zu manipulieren, ohne dass sie sich dessen bewusst wären.

Damit legte er den Grundstein für die organisierte Manipulation der Massen durch Regierungen und Konzerne. Er selbst beschreibt das Konzept wie folgt:

Consent Engineering gehört zur Essenz des demokratischen Prozesses, denn es bedeutet die Freiheit, zu überzeugen und Vorschläge zu machen. Die Rede-, Presse-, Petitions- und Versammlungsfreiheit, also die Freiheiten, die das Consent Engineering überhaupt erst ermöglichen, gehören zu den am meisten geschätzten Garantien der Verfassung der Vereinigten Staaten. Consent Engineering muss sich theoretisch und praktisch auf eine umfassende Kenntnis derjenigen Personen stützen, die es für sich gewinnen will. Manchmal ist es jedoch unmöglich, gemeinsame Entscheidungen zu treffen, die auf dem Verständnis der Fakten vonseiten aller Beteiligten beruhen. Der durchschnittliche amerikanische Erwachsene hat nur sechs Jahre Schulbildung hinter sich. In einer dringenden Krisensituation, in der rasche Entscheidungen getroffen werden müssen, kann ein politischer Führer oft nicht so lange warten, bis die Menschen sich einig sind. In bestimmten Fällen müssen die demokratischen Führer ihre Aufgabe erfüllen, indem sie die Öffentlichkeit mit Hilfe des Consent Engineering zu sozial konstruktiven Zielen und Werten führen. Diese Rolle verpflichtet sie natürlich dazu, neben anderen verfügbaren Werkzeugen bevorzugt erzieherische Mittel einzusetzen, um der Bevölkerung ein möglichst vollständiges Verständnis zu ermöglichen.[1]

Oder, um es unverblümt auszudrücken: »Da der einfache Durchschnittsamerikaner ein Analphabet ist« – oder es seiner Meinung nach zumindest damals war –, »braucht er uns Gebildete, um ihn davon zu überzeugen, die richtigen Entscheidungen zu treffen.« Worte, die ebenso beleidigend sind wie seine Beschreibung dieser Methode als »essenziell« in einer Demokratie und deren unbeholfene Verknüpfung mit der Presse-, Meinungs- und Versammlungsfreiheit. Jedoch zweifellos eine geschickte Argumentation, um Manipulationen zu legitimieren. Letzteres war sein Hauptanliegen, von dem er schon viele Jahre zuvor in seinem bekanntesten Werk, *Propaganda*, gesprochen hatte:

Die bewusste und intelligente Beeinflussung der systematischen Gewohnheiten und Meinungen der Massen ist ein wichtiges Element der demokratischen Gesellschaft. Diejenigen, die diesen unsichtbaren Mechanismus der Gesellschaft manipulieren, bilden eine unsichtbare Regierung, welche die eigentliche Macht in unserem Lande ausübt.

Wir werden regiert, unser Geist wird geformt, unser Geschmack geprägt, unsere Ideen werden uns eingegeben, all dies größtenteils von Personen, deren Namen wir noch nie gehört haben. Dies ist eine logische Folge der Art und Weise, wie unsere demokratische Gesellschaft organisiert ist. Eine große Anzahl von Menschen muss auf diese Weise zusammenarbeiten, wenn alle in einem gut funktionierenden Gesellschaftsgefüge zusammenleben wollen.[2]

Auf diese Weise rechtfertigte Bernays mit verblüffender Unverfrorenheit nichts Geringeres als die Notwendigkeit und die Pflicht der Bürger, sich zu ihrem eigenen Wohl und zu dem der Gesellschaft manipulieren zu lassen. Damit hat er die Gestaltung der Massenmeinung eingebürgert, etabliert und verbreitet. Zu diesem Zweck entwickelte er eine Methodik, deren zentraler Punkt die Kenntnis der Bevölkerung und ihrer verschiedenen Untergruppen war: Welche Einstellungen haben die Menschen zu der Fragestellung, um die es dem »Zustimmungsingenieur« geht? Welche Motive liegen diesen Haltungen zugrunde? Welche Ideen nehmen die Menschen auf? Was sind sie bereit zu tun, wenn sie wirksam stimuliert werden? Welche Gruppenführer beeinflussen die Denkprozesse welcher Anhänger? Wie werden Ideen weitergegeben, von wem zu wem? Inwieweit spielen Autorität, Beweiskraft der Tatsachen, Genauigkeit, Vernunft, Tradition und Gefühl eine Rolle bei der Akzeptanz dieser Ideen?

Die Beantwortung dieser Fragen würde umfangreiche Recherchen und Fragebögen sowie Interviews und Kontakte erfordern, mit Meinungsführern aus allen repräsentativen Gruppen (Gewerkschaften, Berufsverbände, religiöse Konfessionen usw.) und auch aus informellen Gruppen (definiert durch jede beliebige Art von Gemeinsamkeit, wie beispielsweise das Lesen der *New York Times* oder das Hören von Jazz). Dies würde die unbewussten und bewussten Motive des Denkens der Bevölkerung sowie die Handlungen, Worte und Bilder, von denen sie beeinflusst wird, offenlegen. Das Ergebnis hätte für den »Zustimmungsingenieur« die gleiche Bedeutung wie der Bauplan für den Architekten oder die Landkarte für den Reisenden: Es würde ihm seine Marschroute vorgeben.

Als Bernays 1995 im Alter von 103 Jahren starb, konnte der Meister der Propaganda nicht ahnen, in welchem Ausmaß das Internet der heilige Gral für seine Theorie sein würde: die Verwirklichung des Traums von der Hyperpersonalisierung – zumindest dem Anschein nach. Von der Möglichkeit, den Clickstream jedes Einzelnen zu verfolgen, über neue Kanäle des Abhörens (oder der Überwachung) und des Zugriffs bis hin zur massiven Sammlung von digitalen Informationen (Big Data), alles unterstützt durch Systeme der künstlichen Intelligenz. Die perfekte Maschinerie für Manipulationen.

Die Hyperpersonalisierung nutzt all diese Werkzeuge, um zu versuchen, den Inhalt von Beeinflussungs- und Marketingkampagnen auf jeden Einzelnen maßgerecht zuzuschneiden. Diese Tools werden eingesetzt, um zu verkaufen und zu überzeugen, um Konsumfreude zu wecken und um Menschen für jede Art von Anliegen, Ideologie, Bewegung oder Partei zu gewinnen.

Wenn man nun Hyperpersonalisierung und Captology zusammenfügt, hat man die perfekte Mischung für »Ingenieure der Zustimmung«: Eine große Zahl von Menschen, die viel Zeit online verbringen, erhält personalisierte Inhalte, sei es in Form von Vorschlägen für den Besuch von Websites, von Artikeln oder Videos, die angeklickt werden sollen, von Nachrichten oder Updates in sozialen Medien oder auch einfach in Gestalt von Werbebotschaften. Wir sind stundenlang einem ständigen Bombardement von Eindrücken und Reizen ausgesetzt, die uns dazu auffordern, das zu kaufen, von dem der Absender weiß, dass wir es kaufen wollen. Mehr noch, der Absender will uns dazu bringen, so zu denken, wie er es gerne hätte.

Es ist ein geschlossenes System, das konzipiert wurde, um die menschliche Psyche zu stimulieren und zu manipulieren, um uns zu verführen und zu überreden, bestimmte Entscheidungen zu treffen, was und wie wir kaufen und essen, wie wir Sport treiben oder für wen wir unsere Stimmen abgeben, wem wir folgen, wen wir hassen, bewundern oder verehren. Ein geschlossenes System, von dem die Verkäufer und die großen Marken profitieren, aber auch die politischen Parteien und die Cracker sowie alle Arten von Trollen und Verschwörungstheoretikern. Alle hoffen, die Funktionsweise unseres Denkens und Handelns zu modifizieren, um einen möglichst großen Einfluss auf uns nehmen zu können.

Von Kleopatra bis zu den russischen Hackern

Was ist Desinformation, und was hat sie mit unserem Thema zu tun? Die EU-Kommission hat Desinformation definiert als »nachweislich falsche oder irreführende Informationen, die mit dem Ziel des wirtschaftlichen Gewinns oder zur absichtlichen Täuschung der Bevölkerung konzipiert, vorgelegt und verbreitet werden und öffentlichen Schaden anrichten können«.[3]

Diese Art von Inhalten würde kein normales journalistisches Medium veröffentlichen, das sich den üblichen Gepflogenheiten der Fakten- und Quellenüberprüfung unterzieht. Nicht immer sind Falschmeldungen als solche zu erkennen. Hinter einem richtigen Detail – das als Köder fungiert – kann sich eine gezielte Lüge verbergen. Andere nehmen kleine reale Details und vergrößern sie maßlos und verzerren sie damit. Die größte Gefahr der Falschmeldungen liegt darin, dass sie sich als Wahrheit tarnen, um plausibel zu erscheinen, und oft bleibt die Täuschung unbemerkt.

Wir sprechen hier von der Desinformation im Internet wegen des Vervielfältigungsfaktors des World Wide Webs, nicht nur aufgrund seiner enormen Reichweite und seines Ausmaßes, sondern

KAPITEL 5

auch wegen der Funktionsweise von Suchmaschinen und Empfehlungen, von Plattformen für die Veröffentlichung eigener Inhalte und sozialen Netzwerken, die diese Art von Inhalten verstärken und sie sichtbarer machen. Dies hat zu einer exponentiellen Steigerung der Desinformation geführt. Aber die Sache selbst gab es natürlich schon vor dem Internet, in Form der Propaganda. Und wie bereits erwähnt, war auch Bernays nicht der Erste, der Propagandatechniken einsetzte.

Deren Geschichte ist belegt seit dem Jahr 515 v. Chr., wo es zu der sogenannten Behistun-Inschrift an einer Felswand im Iran kam. Diese erzählt in drei verschiedenen Sprachen die Heldentaten von Darius I. von Persien vor seiner Thronbesteigung.[4] Einige Jahre später setzte der griechische Feldherr Themistokles (525–460 v. Chr.) Propaganda ein, um bestimmte Aktionen zu verzögern und dadurch seinen Feind Xerxes zu besiegen. Alexander der Große (356–323 v. Chr.) ließ sein Porträt auf Münzen, Denkmälern und Statuen anbringen. Am weitesten fortgeschritten in dieser Technik waren jedoch die römischen Kaiser, die eine Vielzahl von Strategien zur Beeinflussung der öffentlichen Meinung verwendeten: vom Mäzenatentum über Rollenspiele, von Genealogie und Ikonographie bis hin zur Verbreitung von Gerüchten und zur gezielten Desinformation. Kaiser Augustus (63 v. Chr.–14 n. Chr.) wird der Gebrauch von Falschinformationen als Propagandastrategie zugeschrieben. Das gilt beispielsweise für die rückblickende Darstellung der Kleopatra als gerissene Verführerin, mit dem angeblichen Ziel, Rom vor dem moralischen Verfall zu bewahren und eine Rückkehr zu »angemessenen« Familienwerten zu fördern.[5]

Die Weitergabe von Gerüchten, Falschmeldungen, irreführenden Nachrichten und Halbwahrheiten gehört zum Arsenal der Desinformation. Wenn man bedenkt, wie präsent diese Phänomene heutzutage in unserem Leben sind, könnte man meinen, es handle sich um ein Problem des 21. Jahrhunderts. Aber das ist nicht der Fall, denn diese Taktik wird seit Tausenden von Jahren zu Propagandazwecken eingesetzt. Im Detail hat sich jedoch seit dem 6. Jahrhundert v. Chr. viel verändert. Propaganda und Desinformation hatten genug Zeit, sich weiterzuentwickeln, sie wurden verfeinert und durch neue Strategien, Werkzeuge und Technologien an den geschichtlichen Fortschritt angepasst. Ein gigantischer Entwicklungsschritt wurde durch das Internet ermöglicht.

Wer hätte sich vor ein paar Jahren vorstellen können, dass russische Hacker dazu in der Lage sein würden, sich in die US-Wahlen einzumischen? Dass Russland versucht, die US-Wahlergebnisse zu beeinflussen, ist nicht weiter überraschend, aber noch nie zuvor hatte es die Mittel, dies so effizient und in einem solchen Umfang zu tun. Diese Wirksamkeit und Größenordnung sind die Vorteile der internetgestützten Propaganda. Was vor weniger als einem Jahrzehnt noch undenkbar schien, ist heute gang und gäbe: Jedes Land kann zur Zielscheibe eines Angriffs von Online-Desinformation werden. Ein klares Beispiel dafür, wie der Drang, alles zu digitalisieren, aus dem Ruder gelaufen ist.

Die Besorgnis über irreführende Nachrichten begann im Zuge der US-Präsidentschaftswahlen des Jahres 2016. Das war aber nur ein Vorgeschmack auf das, was im Internet köchelte. Es heißt, dass das World Wide Web alles Gute und alles Schlechte potenziert, und in diesem Fall war es nicht anders. Von Anfang an war das Internet der perfekte Nährboden für die Korrumpierung der Information durch Trolle, Memes, Bots, lügnerische Videos und Artikel sowie Deepfakes, die Hauptbestandteile des Kriegs der (Des-)Information.

KAPITEL 5

Trolle: Sie sind der nächste

*Was ist ein Troll?, sagst du, während du mich
mit deinen blauen Augen fixierst.
Was ein Troll ist? Das fragst du mich?
Ein Troll ... das bist du.*[6]

In der skandinavischen Mythologie sind die Trolle mal zwergen-, mal riesenhafte, monströse Wesen, die in den Bergen, in Schlössern oder unter Brücken leben, den Menschen gegenüber feindselig eingestellt sind und schnell gewalttätig werden. Sie kommen nur bei Einbruch der Nacht aus ihren Verstecken heraus. In der digitalen Welt sind Trolle ganz normale Menschen, die ebenso häufig nachts als tagsüber aktiv werden und die eine nicht minder unfreundliche Haltung einnehmen, denn sie verbreiten Hassbotschaften. Sie intervenieren in Internetforen mit dem böswilligen Ziel, Streit auszulösen, jemanden zu beleidigen, zu ärgern, zu nerven, aufzubringen, zu veräppeln, an der Nase herumzuführen, dumme Witze zu machen oder zu provozieren. Sie tun dies, indem sie eine Vielzahl von Nachrichten versenden, die die Aufmerksamkeit auf sich ziehen und den üblichen Austausch oder den normalen Ablauf des Forums verhindern sollen.

Ein Online-Troll ist die Cyber-Version des nervigen Schwagers, des Cousins, der die schlechten Witze macht, oder des missgünstigen Kollegen, der überall seine spitzen Bemerkungen anbringt. In Wirklichkeit könnte jeder von uns diese Rolle spielen. Wir alle sind potenzielle Internet-Trolle. Um uns ins Spiel zu bringen, bedarf es nur der richtigen Gelegenheit. Ein Klick genügt, um den Ball ins Rollen zu bringen. Das ist das Ergebnis einer Studie der Universitäten Stanford und Cornell in den Vereinigten Staaten.[7]

Obwohl wir Trolle oft für Soziopathen halten, für Menschen, die anders sind als wir, kann unter bestimmten Umständen jeder von uns zu einem von ihnen werden. Dies hängt vor allem von der Stimmung ab. Eine Person, die mit schlechter Laune aufwacht, kann eine Flut von Troll-Botschaften loslassen und andere Trolle anstacheln, die, wenn sie Widerspruch oder negative Bewertungen erhalten, dazu neigen, weiter zu kommentieren, und zwar mit immer drastischeren Worten. Negativität erzeugt Negativität, genauso wie Hass Hass schürt, bis hin zu kriminellen Akten. Oft hetzen Trolle die anderen Nutzer zu einer Art von »Hate Speech« auf, die Diskriminierung oder Gewalt gegen eine bestimmte Person oder Gruppe rechtfertigt, sei es aufgrund von Geschlecht, Rasse, Religion, Behinderung oder sexueller Orientierung.

Diese Form von Verhalten gibt es auch offline, aber die Rahmenbedingungen des Internets begünstigen derartige Invektiven. Die Anonymität im World Wide Web erleichtert das schlechte Verhalten auf gemeinsam genutzten Plattformen, da sie die Personen entindividualisiert und die Verantwortung für das Gesagte verringert. Dieser Enthemmungseffekt deutet darauf hin, dass es in Online-Umgebungen leichter ist, Menschen zu unsozialem Verhalten zu verleiten.

Auf diese Weise ist sogar eine eigene Unterkategorie von Trollen entstanden: sogenannte *sock puppets*. Darunter versteht man ursprünglich eine einfache Stoffpuppe, oder Handpuppe, aus einer Socke. In ihrer Online-Version sind *sock puppets* Hochstapler, die im Namen dieser Handpuppen Accounts erstellen. Das heißt, gefälschte Konten, mit denen sie häufig fremde Internet-Communitys infiltrieren, um dort Desinformation zu verbreiten. Sie versuchen, die anderen Nutzer von innen heraus zu überzeugen und dabei auch ihre Zielgruppe oder ihre Gegner besser kennenzulernen.

Ein Heer von Bots

Innerhalb eines einzigen Tages pries ein User Namens »Tay« den Diktator Adolf Hitler, verbreitete Judenhass, griff Feministinnen an, lancierte transphobe Botschaften und kündigte den Bau einer Mauer zu Mexiko an. Tay könnte ein menschlicher Troll sein, aber das war er nicht, und es war auch nicht die Absicht seiner Schöpfer, dass er auch nur im Entferntesten einem solchen ähneln sollte. Dieser auf künstlicher Intelligenz basierende »Bot« ging jedoch wegen seiner Hass- und Diskriminierungsbotschaften auf Twitter in die Geschichte ein. Er war von Microsoft als Experiment konzipiert worden, um die Fähigkeit eines virtuellen Roboters zu testen, aus der Interaktion mit Twitter-Nutzern zu lernen. Letzteren gelang es, den Bot in weniger als vierundzwanzig Stunden moralisch zu korrumpieren. Ein voller Erfolg.

Ein »Bot« (von Englisch *robot*) ist ein Computerprogramm, das automatisch arbeitet und eine Vielzahl von Aufgaben erfüllen kann, von der Suche nach Informationen im Internet bis hin zur Ausführung von Befehlen, der Beantwortung oder Übermittlung sprachlicher Botschaften oder der Nachahmung menschlichen Verhaltens. In ihren zahlreichen Spielarten und Varianten sind diese virtuellen Roboter bereits ein unverzichtbarer Teil unserer Online-Fauna geworden.

Es gibt gute und schlechte Bots, dumme und weniger dumme. Sie werden häufig in Form von Chatbots eingesetzt, um Kundenanfragen zu beantworten oder um bei Problemen behilflich zu sein. Das sind die typischen und manchmal nervigen virtuellen Assistenten. Sie werden jedoch auch als Informationsinstrument genutzt. So haben beispielsweise Körperschaften wie die Weltgesundheitsorganisation (WHO) und verschiedene öffentliche Verwaltungen offizielle Bots eingerichtet, um über die Entwicklung der Covid-19-Pandemie zu informieren, Empfehlungen zu geben und häufige Fragen zu beantworten. Bots können überdies für Transaktionen verwendet werden, das heißt als Agenten, die im

Namen von Menschen handeln, um finanzielle oder kommerzielle Aktivitäten auszuführen.

Sozusagen zur dunklen Seite der Macht gehören hingegen die bösartigen Bots, die immer stärker Verbreitung finden, sodass keine Branche vor ihnen sicher ist.[8] Diese Bots interagieren mit den Apps auf dieselbe Weise wie dies ein legitimer Benutzer tun würde. Unter ihnen gibt es »Cracker-Bots«, die Malware verbreiten, Menschen betrügen oder Websites und Netzwerke angreifen; »Scraper-Bots«, die Inhalte von Websites stehlen; »Spammer-Bots« (auch »Spambots« genannt), die minderwertige Werbeinhalte im Internet verbreiten, und Bots, die sich als reale Personen ausgeben, indem sie die faktischen Eigenschaften bestimmter Benutzer nachahmen.

Die Letztgenannten, die »Personifizierer« – automatisierte Systeme, die die Form »menschlicher« Benutzerkonten annehmen, um unaufhörlich, Hunderte von Malen pro Tag, Online-Inhalte zu verbreiten – sind am umstrittensten. Man geht davon aus, dass sie Propagandazwecken dienen und darauf abzielen, die öffentliche Meinung zu beeinflussen und abweichende oder gegnerische politische Ansichten zu überdecken. Während des mexikanischen Präsidentschaftswahlkampfs von 2012 war beispielsweise von »Peñabots« die Rede, womit eine Armee von Bots gemeint war, die geschaffen wurden, um die Persönlichkeit des damaligen Kandidaten Enrique Peña Nieto in den sozialen Netzwerken bekannt zu machen, seinen Diskurs und seine Selbstdarstellung zu unterstützen und Kritik an ihm zum Schweigen zu bringen.

Nach dem Wahlsieg von Peña Nieto wurden die Peñabots auch für Verleumdungskampagnen gegen Aktivisten und Journalisten wie Lydia Cacho verantwortlich gemacht, die international bekannt ist für ihre Ermittlungen in Sachen sexueller Missbrauch und Gewalt, Kinderhandel und Pornographie. Außerdem kamen diese Bots zum Einsatz im Rahmen von Strategien, um Verbrechen wie den Fall »Iguala« zu vertuschen, bei dem 2014 in einem

Dorf im mexikanischen Bundesstaat Guerrero 43 Studenten verschwanden, drei weitere getötet und 25 verletzt wurden.

Die Peñabots waren gar nicht besonders kompliziert: Sie versandten einfach wiederholt Botschaften zu verschiedenen Themen. Dabei ist unklar, ob es sich wirklich um Bots handelte oder um gefälschte Konten, die von Personen betrieben wurden, die diese Botschaften je nach Bedarf kopierten und einfügten. Es könnte sich auch um »Cyborg-Bots« handeln: hybride Konten, die wie Bots funktionieren, aber gelegentlich von einer Person gesteuert werden, die mit anderen Nutzern interagiert und Originalinhalte postet, damit es weniger auffällt, dass es sich um einen Bot handelt.

Die Existenz solcher »sozialer« Bots wird gerade diskutiert. Überprüfungen von Konten, die in Studien als »Social Bots« klassifiziert wurden, sind zu dem Schluss gekommen, dass sie in Wirklichkeit »zweifellos von menschlichen Nutzern bedient wurden … ohne die geringste Spur von Automatisierung«.[9] Es besteht daher ein hohes Risiko von falscher Einordnung, vor allem, wenn die Zählung nur mit Hilfe von automatischen Erkennungsprogrammen durchgeführt werden kann, die sich auf Faustregeln stützen, ohne dass eine manuelle Kontrolle durch Menschen erfolgt.

Das Meme »Ola k ase«

Memes sind heutzutage omnipräsent. Jeder von uns hat schon einmal eines per WhatsApp erhalten oder eines auf Twitter, Facebook oder Instagram gesehen. In Spanien erlangte das Bild eines Lamas mit dem Spruch »ola k ase?«* Berühmtheit. Das war ein »Meme« (sprich: »mim«). Tausende von Beispielen wie dieses fin-

---

* In traditioneller Orthographie »Hola, ¿qué haces?« – auf Deutsch: »Hallo, was machst du gerade?« [A. d. Ü.]

det man in den Messaging-Apps, den Online-Foren und den sozialen Netzwerken.

Die Covid-19-Pandemie hat ein ganzes Arsenal neuer Memes hervorgebracht: Bilder von Politikern, die aus dem Zusammenhang gerissen werden und parodiert oder mit lächerlichen Botschaften versehen werden; bissige oder alberne Formulierungen als Cartoons präsentiert oder einfache Textblöcke als Bilddateien oder Videoclips. Ausgehend von einer Grundform gibt es oft viele Varianten: mehrere Versionen desselben Bildes von einer bestimmten Persönlichkeit, aber mit unterschiedlichen Texten.

Memes dienen der Unterhaltung oder dem Spott (der bisweilen verletzend sein kann) und können dazu genutzt werden, um sich zu amüsieren oder um ein ernstes Thema auf die leichte Schulter zu nehmen. Sie sind jedoch nicht völlig harmlos. Oder zumindest nicht immer.

Ihr Ursprung, oder besser gesagt ihre Definition, geht auf das Jahr 1976 zurück. Der Evolutionsbiologe Richard Dawkins nannte sie damals ein Element der kulturellen Übertragung, das in der kulturellen Evolution eine ähnliche Rolle spiele wie ein Gen in der biologischen Evolution.[10] Es handle sich um ein Produkt, das sich in einer bestimmten Kultur schnell reproduziere und verbreite, und zwar mittels Nachahmung.

Etymologisch gesehen kommt »Meme« vom griechischen »mimema« und bedeutet »etwas Nachgeahmtes«. Es handelt sich um ein rhetorisches Mittel, bei dem ein Argument ohne Prämisse und Schlussfolgerung vorgebracht wird.[11] Aufgrund dieser Struktur ist ein Meme eine wirksame Waffe der Desinformation, die zu strategischen Zwecken eingesetzt werden kann.

Die Harvard-Forscherin Claire Wardle wies darauf hin, dass die Bezüge, auf denen Memes beruhen (ein aktueller Vorfall aus den Nachrichten, eine Äußerung einer politischen Persönlichkeit, eine Werbekampagne oder ein kultureller Trend), für gewöhnlich nicht explizit angegeben werden, sodass die Betrachter gezwungen sind, die Zusammenhänge selbst herzustellen. Diese kleine

Denksportaufgabe spricht die Menschen an, weil sie sich dadurch geistig mit anderen Personen verbunden fühlen.

Wir sehen hier wieder, wie das von Kahneman so genannte »System 1« reagiert, das des raschen und irrationalen Verhaltens, das von sozialen Impulsen ausgelöst wird (siehe Kapitel 4). Es handelt sich um eine Handlungsweise, die von der Erwartung gesellschaftlicher Belohnungen gesteuert wird, darunter das Gefühl der Zugehörigkeit. Die scheinbar spielerische Natur des Meme-Formats macht es besonders leicht verbreitungsfähig. Auf diese Weise werden Memes zu einflussreichen Trägern von Desinformation, Verschwörungstheorien oder Hassreden. Sie erfordern kein Klicken auf einen externen Link, kein Scrollen am Bildschirm, um alles sehen oder lesen zu können, und auch keinen anderen zusätzlichen Aufwand: Alles, was die Memes mitzuteilen haben, ist auf einen Blick zu sehen und perfekt an den Bildschirm des Smartphones angepasst.

Verbreiten Sie Desinformation! Irgendetwas wird schon hängen bleiben

»Mit Salzwasser zu gurgeln, hilft bei der Bekämpfung des Coronavirus.« – »Ein sechsjähriger Junge ist gestorben, weil er eine Maske trug.« – »Die Covid-19-Pandemie wird durch 5G verursacht.« – »Bill Gates hat bestätigt, dass beim Impfen gegen das Coronavirus Chips implantiert werden sollen.« – »Italien hat ein Heilmittel für Covid-19 gefunden.« – »Kaffeetrinken schützt vor dem Coronavirus.« – »Pedro Sánchez empfiehlt, in Bitcoin zu investieren, um für die Dauer der Pandemie Einkommen zu generieren.«[12]

Die zitierten Schlagzeilen mögen lächerlich erscheinen, aber Realität ist, dass es Menschen gibt, die sie für wahr halten und als Tatsachen verbreiten. Die Flut von Fake News, Lügengeschichten und Desinformation stieg nachweislich bei dieser Pandemie deutlich höher als bei ähnlichen Ereignissen in der Vergangenheit, sogar bei Wahlkämpfen oder Naturkatastrophen. Früher gab es vielleicht ein halbes Dutzend erfundener Geschichten, die auf verschiedene Weise Verbreitung fanden, heute sind es Hunderte. Außerdem richten sie sich an ein nicht nur lokales, sondern globales Publikum.[13]

Während Memes von ihrer Verkleidung als Witze profitieren, um weitergegeben zu werden, werden Unwahrheiten, Falschmeldungen, Lügengeschichten und betrügerische Informationen als scheinbare Wahrheit getarnt und verbreiten sich dann wie ein Lauffeuer. Sie zirkulieren in Form von Videoclips, Audiodateien oder Textnachrichten, die jeder erstellen kann. Sie zeichnen sich in der Regel durch griffige oder reißerische Schlagzeilen aus, die rasche Klicks provozieren sollen (sogenannte Clickbaits, also »Klick-Köder«), und durch die irreführende Verwendung von Bildern, Grafiken, Daten oder aus dem Zusammenhang gerissenen Informationen.

Diese Art von Desinformation enthält häufig Wörter in Großbuchstaben und sogar Rechtschreibfehler. In anderen Fällen ist der Inhalt völlig falsch und frei erfunden. Er kann seriös und plausibel wirken oder satirisch und parodistisch. Manchmal wird auch versucht, den Anschein der Seriosität zu erwecken, indem Symbole verwendet werden, die mit einem vertrauenswürdigen Medium assoziiert werden, beispielsweise indem Websites mit ähnlichen Adressen angegeben werden – etwa www.elpais.net anstelle von www.elpais.com – und ein ähnliches Logo, visuelles Design, ähnliche Typographie und Diktion benutzt werden.

Ein weiteres Phänomen sind sogenannte Deepfakes, was man mit »hyperrealistische Fälschungen« übersetzen könnte. Dabei handelt es sich um teilweise oder vollständig fiktive digitale Kreationen, die die Stimme und/oder das Bild (Foto oder Video) realer Personen imitieren, manipulieren und/oder verfremden, oder die Töne und Bilder verwenden, um scheinbar menschliche Figuren zu erschaffen. Hierfür werden immer ausgefeiltere Tech-

KAPITEL 5

niken der künstlichen Intelligenz eingesetzt. Eines der ersten viralen Deepfakes war ein Video des ehemaligen US-Präsidenten Barack Obama, in dem er sagte, dass Trump »ein totaler Vollidiot« sei. In Wirklichkeit war es eine andere Person, die dies sagte, aber die sogenannte Face2Face-Technologie ermöglichte es, die Gesichtsbewegungen jener Person mit einem Bild von Obamas Gesicht und seinem Tonfall zu synchronisieren, sodass es so wirkte, als ob Obama sprechen würde.

Das gefälschte Obama-Video wurde 2018 vom US-Medienunternehmen Buzzfeed erstellt, um das Manipulationspotenzial von Deepfakes aufzuzeigen. Seitdem gibt es viele Beispiele: Apps, mit denen man sich jünger oder älter machen kann, sein Geschlecht ändern oder zu einem Promi werden kann; Tools, die alte Fotos zum Leben erwecken oder die Stimmen von bekannten Persönlichkeiten imitieren; Websites wie www.thispersondoesnotexist.com, die aus Tausenden von Fotos menschlicher Gesichter neue Bilder fiktiver Personen erstellen; pornographische Kreationen … Die Technologie hat sich so sehr verbessert, dass man zu ihrer Benutzung kein Experte mehr sein muss. Jeder kann ohne technische Vorkenntnisse eine dieser Fälschungen von seinem Smartphone aus erzeugen.

Das ist ein enormes Problem, denn die Demokratisierung der Erstellung von Deepfakes vervielfacht die Produktion von gefälschten Inhalten, die immer schwerer von der Realität zu unterscheiden sind. Das bedeutet mehr Desinformation und mehr Betrugsfälle. Dieser Technologie sind bereits mehrere Personen zum Opfer gefallen, wie zum Beispiel der Direktor eines britischen Energieunternehmens, der 220 000 Euro an Kriminelle überwies, die sich als sein Vorgesetzter ausgaben, indem sie dessen Stimme am Telefon mit technischer Hilfe nachahmten.[14]

Deepfakes wurden auch verwendet, um angebliche Nacktfotos weiblicher Prominenter oder von Minderjährigen zu erzeugen und zu verkaufen[15] oder um auf diese Weise regierungskritische Journalistinnen in Verlegenheit zu bringen.[16] Außerdem entdeckte man die Existenz von Deepfake-Pornos auf der Grundlage echter Nacktfotos realer Frauen, die von Websites stammen, die im Verdacht des Menschenhandels, der Nötigung und der Vergewaltigung stehen.[17]

Eine der gefährlichsten Auswirkungen dieser Systeme ist das Gefühl der fundamentalen Unsicherheit bezüglich dessen, was wahr ist und was nicht. Diese Unsicherheit kann sogar zu einem Staatsstreich führen, wie in Gabun geschehen.[18] Aufgrund eines Gesundheitsproblems trat der dortige Präsident Ali Bongo einige Zeit nicht öffentlich auf, was Gerüchte über seinen Tod hervorrief. Als er sich wieder zeigte, tat er dies über ein Video, woraufhin die Opposition die Idee verbreitete, es handle sich in Wirklichkeit um eine Fälschung. Gerüchte über eine Verschwörung vermehrten sich schlagartig in den sozialen Netzwerken, die politische Lage destabilisierte sich, und das Militär inszenierte einen Staatsstreich – alles binnen einer Woche. Obwohl bis heute nicht mit Sicherheit bekannt ist, ob das Video eine Fälschung war oder nicht, gehen Experten davon aus, dass es keine war. In der Tat ist Bongo seitdem wieder in der Öffentlichkeit aufgetreten und ist weiterhin Präsident von Gabun.

Deepfakes dienen nicht nur der Manipulation, der Desinformation oder dem Betrug. Sie werden auch zur Unterhaltung oder als Werbemittel eingesetzt. Ein Beispiel: Eine spanische Biermarke veröffentlichte einen Werbeclip, in dem sie die verstorbene Sängerin Lola Flores wieder zum Leben erweckte. Erwartungsgemäß verbreitete sich der Clip wie ein Lauffeuer über soziale Netzwerke und Messaging-Apps. Die Funktionsweise derartiger Plattformen erleichtert die massenhafte Weitergabe gefälschter Inhalte, unabhängig davon, ob sie einen spielerischen oder bösartigen Zweck verfolgen. Die Verbreitung erfolgt über »Netzwerke des Vertrauens« unter bereits miteinander in Kontakt stehenden Personen: Familienangehörige, Freunde, Bekannte, WhatsApp- oder Facebook-Gruppen, Follower in sozialen Netzwerken und so weiter.

Diese Art von Streuung erhöht die Wahrscheinlichkeit, dass die Desinformation geteilt wird und sich viral verbreitet, vor allem, wenn der Inhalt eine emotionale Komponente aufweist.[19] Wenn die Weitergabe einer Unwahrheit erst einmal begonnen hat, gibt es niemanden, der diesen Prozess aufhalten könnte. Es gibt auch keine Möglichkeit, die Lügen aus dem Internet zu entfernen, wenngleich Initiativen existieren, die sich bemühen, ihre Verbreitung zu stoppen oder die falschen Behauptungen zumindest zu widerlegen.

Informationsepidemie und Informationsvergiftung

Wir leben gerade in Zeiten einer Pandemie. Doch schon lange vor Covid-19 brach erstmals eine Pandemie aus, die keine Anstalten machte, jemals wieder zu verschwinden: die Infodemie. Der Begriff kann auf verschiedene Weise verstanden werden. Eine davon ist die pandemische Verbreitung von irreführenden Informationen, Falschmeldungen und Verschwörungstheorien. Dies beeinträchtigt die Verfügbarkeit verlässlicher Informationen und die darauf basierende Entscheidungsfindung, die so wichtig ist für Politiker, Krisenverwalter und Bürger. Die Infodemie wurde von sozialen Netzwerken wie Facebook bewusst in Kauf genommen: »Die Verbreitung von irreführenden Nachrichten, Verschwörungstheorien und Falschmeldungen zuzulassen, war vergleichbar mit den Bronchodilatatoren der Tabakindustrie, die es dem Zigarettenrauch ermöglichten, eine größere Lungenoberfläche zu bedecken«, erklärte vor dem US-Kongress Tim Kendall, der bereits erwähnte ehemalige Meta-Manager.[20]

Eine andere Definition von Infodemie stammt von der Weltgesundheitsorganisation: Es geht um »zu viele Informationen – einschließlich falscher oder irreführender Nachrichten im digitalen und physischen Umfeld – während eines Krankheitsausbruchs«.[21] Die WHO spricht sogar von einer den Infodemien gewidmeten

Wissenschaft, mit der die Organisation zusammenarbeite, um Instrumente zu entwickeln, mit denen Gesundheitsbehörden und Gemeinwesen den schädlichen Folgen dieser die Information betreffenden Pandemien vorbeugen und diese gegebenenfalls überwinden können. Dies soll vor allem durch die Vermittlung von digitalem und gesundheitlichem Grundwissen an die Bevölkerung erfolgen.

Die dritte Bedeutung von Infodemie bezieht sich auf eine Überfülle an Informationen zu einem bestimmten Thema.[22] Dies steht in Zusammenhang mit einem anderen Konzept, das eng mit dem Internet und der Informationsflut verbunden ist: der »Informationsvergiftung«, einer Überschwemmung mit Nachrichten, die für uns nur schwer zu bewältigen ist. Das Bedürfnis nach Neuigkeiten lässt uns alle schneller von einem Thema zum anderen wechseln. Dies erschwert uns, die Qualität der Informationen, die wir konsumieren, zu prüfen, da es für Journalisten unmöglich ist, ständig bei allen Themen auf dem Laufenden zu sein. Die Wissenschaft hat nachgewiesen, was ohnehin offensichtlich ist: Die Informationsvergiftung verringert das allgemeine Aufmerksamkeitsvermögen.[23]

Manipulation, Populismus, Identität

Im Krieg der (Falsch-)Informationen im Internet verfügen die Drahtzieher der Manipulation über echte Infrastrukturen: Troll-, Klick- und Like-Farmen – Fabriken für irreführende Inhalte und Memes. Dabei handelt es sich um Einrichtungen, die in der Regel in Ländern wie Bangladesch, China, Indien, Thailand oder Russland angesiedelt sind und deren Mitarbeiter Tausende von Mobiltelefonen einsetzen, um Besuche und positive Bewertungen von echten Nutzern zu simulieren oder um den tatsächlichen Fluss von Beiträgen, Kommentaren und Interaktionen auf Websites und in sozialen Netzwerken aus dem Gleichgewicht zu bringen.[24]

KAPITEL 5

Sie schalten ihre Geräte in Scharen ein und stellen sie so ein, dass sie Videos ansehen, auf die Websites derjenigen klicken, die dafür bezahlt haben, oder einen bestimmten Inhalt verbreiten, um einen Trend zu schaffen, Aufmerksamkeit zu erregen oder einen früheren Trend zu verdrängen.

Einige dieser Farmen werden von ehemaligen Journalisten geleitet. Der Brite Peter Pomerantsev, ein in der UdSSR geborener Propagandaexperte, erzählt in seinem Buch von dem Besuch einer solchen Einrichtung in St. Petersburg:

> In den Etagen der Fabrik reihte sich ein Computer an den nächsten. Rund um die Uhr wurden sie von in Schichten arbeitenden Angestellten bedient. Jeder von ihnen hatte einen Pass, der Kommen und Gehen registrierte. Auch die Rauchpausen wurden genauestens notiert.
>
> In der Fabrik herrschte eine eigene Hierarchie. Am unteren Ende der Leiter standen die »Kommentatoren«, von denen wiederum diejenigen am geringsten angesehen waren, die in den Online-Kommentarspalten von Zeitungen posteten. Etwas höher rangierten diejenigen, die Kommentare in den sozialen Medien einstellten. Darüber standen die Redakteure, die den Kommentatoren sagten, welche russischen Oppositionellen sie als CIA-Lakaien, Verräter und Lockvogel verunglimpfen sollten. Da es manchen der Kommentatoren an Bildung fehlte und ihr Russisch zu wünschen übrig ließ, hatte man einen Russischlehrer eingestellt, der ihnen Grammatiknachhilfe gab.[25]

Das Heer der (Falsch-)Informanten funktioniert wie eine militärische Organisation, und es ist gar nicht nötig, eine dieser Farmen zu besuchen, um sich selbst davon zu überzeugen. Es genügt zu beobachten, was in sozialen Netzwerken passiert. Ben Nimmo, ein Forscher aus Oxford, zeigte 2019, wie der Twitter-Verkehr manipuliert werden kann.[26] Die Steuerung des Inhaltsflusses in sozialen Netzwerken ist leicht zu bewerkstelligen. Dabei geht es weniger um die Qualität als um die Quantität: Eine kleine Gruppe von Nutzern soll den Anschein einer großen Bewegung erwecken und scheinbar echte, spontan entstehende Trends schaffen. Nimmo analysierte den Fall der Anhänger der französischen rechtsextremen Politikerin Marine Le Pen, der Vorsitzenden des Front National, denen es gelang, ihre Hashtags während der Kampagnen des Jahres 2017 zum »Trending Topic« werden zu lassen. Dies nur ein Beispiel unter unzähligen anderen.

All diese neuen Instrumente und Strategien haben lediglich verstärkt, was, wie wir gesehen haben, bereits seit nicht nur Hunderten, sondern Tausenden von Jahren praktiziert wird: der Einsatz von Strategien der Desinformation in der politischen Propagandakriegsführung. Der Ursprung des Begriffs »Desinformation« ist nicht eindeutig belegt. Er stammt aber sehr wahrscheinlich aus der Zeit des Ersten Weltkriegs. Der sowjetische Spion Walter Kriwitzki berichtete, dass der deutsche Generalstab eine Abteilung hatte, die als Desinformationsdienst bekannt war.[27] Diese Einrichtung widmete sich der Ausarbeitung falscher, aber plausibel wirkender Geheimpläne und -befehle des Militärs, die man als authentische Dokumente in die Hände des Feindes gelangen ließ. Später, unter Stalin, übernahm der sowjetische Geheimdienst (in dessen Diensten Kriwitzki stand) diese Bezeichnung und weitgehend auch die damit verbundenen Methoden.

Pomerantsev schildert, wie die heutigen Desinformationsstrategien in Russland erstmals Ende der neunziger Jahre zum Einsatz kamen, und zwar (nicht zufällig) zeitgleich mit dem Wahlkampf, der Wladimir Putin die Präsidentschaft bescherte, die er bis heute innehat. Der Architekt dieser Strategien war Gleb Pawlowski, ein politischer Berater, der 1996 die Kampagne des damaligen Präsidenten Boris Jelzin geleitet hatte. Pawlowski gilt als Schöpfer der öffentlichen Figur Putin und der Grundsätze des politischen Systems in Putins Russland.

Als Pawlowski in den neunziger Jahren recherchierte, wie er seine Wahlkampfstrategien ausrichten sollte, entdeckte er, dass die Russen Traditionen schätzten, die nicht in die traditionellen Kategorien »links« oder »rechts« passten. Die meisten glaubten an einen starken Staat, solange er sich nicht in ihr Privatleben einmischte. Also experimentierte er mit einem neuartigen Ansatz: Er konzentrierte sich nicht auf die ideologische Argumentation, sondern darauf, verschiedene, oft gegensätzliche soziale Gruppen zusammenzubringen, die durch ein zentrales Gefühl vereint waren, ein Gefühl, das stark genug war, um sie zu verbinden, aber vage genug, um für jeden etwas anderes zu bedeuten. Ein schönes Märchen.

Bei den Präsidentschaftswahlen 2000 bestand das Märchen darin, all jenen, die in den Jelzin-Jahren deklassiert worden waren, vorzugaukeln, dies sei ihre letzte Chance, zu Gewinnern zu werden. Es handelte sich um ganz unterschiedliche Teile der Gesellschaft, die unter dem Konzept »Putins Mehrheit« zusammengefasst wurden.

Vielleicht kommt Ihnen diese Geschichte bekannt vor. Es ist die gleiche, die der spätere US-Präsident Donald Trump sechzehn Jahre danach seinen Wählern erzählte, die gleiche, auf die die Wähler zugunsten des Brexits im Vereinigten Königreich hereingefallen sind. Es ist der Populismus einer postideologischen Ära, in der die alten sozialen Kategorien ihre Gültigkeit verloren haben, die Frucht der neuen Weltanschauung, die nach dem Ende des Kalten Kriegs an die Stelle der alten Ideologie trat.[28] In ihr existiert weder Geschichtsbewusstsein noch eine Vorstellung von der Zukunft. Es geht nicht um einen Kampf der Werte, beispielsweise den der Demokratie gegen den Autoritarismus, sondern um einen Krieg der Informationen.

Wenn die alten Kategorien hinsichtlich Ideologie oder sozialer Klasse sich auflösen, orientiert sich die neue politische Strategie an der Identitätskultur. Ziel ist dabei, unterschiedliche Gruppen ausfindig zu machen und das gewünschte Abstimmungsverhalten mit dem zu verknüpfen, was zum jeweiligen Zeitpunkt am wichtigsten scheint. In Anbetracht der gesellschaftlichen Zersplitterung muss die Identitätsgruppe, unter der die Wähler zusammengeführt werden sollen, breit genug angelegt sein, damit sich eine große Mehrheit in ihr wiederfinden kann. Allgemeine Begriffe wie »das Volk«, »die Menschen« oder »normale Bürger wie du und ich« werden einem abstrakten gemeinsamen Feind gegenübergestellt: »die Eliten«, »das System« oder »die Macht«.

Es geht darum, einen Schritt weiter zu gehen als das »Consent Engineering« zu Zeiten von Edward Bernays. Dieses richtete sich an klar definierte Gruppen, was heute nicht mehr ausreicht, da die eindeutigen sozialen Kategorien nicht mehr existieren. Man muss mit den Menschen auf der Grundlage der Anliegen, die sie bewegen, in Kontakt treten, ob es sich nun um Umwelt, Tierrechte, Eigentumsrechte, das Recht auf Abtreibung (bzw. deren Verbot) oder die gleichgeschlechtliche Ehe handelt. Alles mit dem Versprechen einer besseren Welt, in der die Abgehängten wieder zu Gewinnern werden können, um (erneut oder zum ersten Mal) die Kontrolle zu übernehmen.

Postfaktische Wahrheit, Ignoranz, Verschwörungswahn

In der Logik der Gefühle werden Fakten zweitrangig. Es geht nicht mehr darum, eine ideologische Debatte mit Argumenten zu gewinnen. In einer Welt, die von einem Szenario des (Des-)Informationskriegs beherrscht wird, in der Unparteilichkeit unmöglich ist, sind Tatsachen nicht mehr der höchste Wert. Der Weg in die Zukunft führt also nicht mehr über eine evidenzbasierte Vision. Stattdessen wird die Zukunft durch das Prisma der Vergangenheit betrachtet, gemessen am falschen Versprechen dessen, was die Künstlerin und Autorin Svetlana Boym als »restaurative Nostalgie« bezeichnete: das Bestreben, eine ersehnte und idealisierte Vergangenheit wieder aufleben zu lassen, die in dieser Form jedoch nie existiert hat.

KAPITEL 5

Wir befinden uns weiterhin in der Ära der postfaktischen Wahrheit, in der objektive Tatsachen weniger Einfluss auf die öffentliche Meinungsbildung haben als alles, was an die Gefühle und die persönlichen Überzeugungen appelliert.[29] Ein Kontext, in dem die wahrgenommene Welt und die reale Welt immer weiter auseinanderklaffen, in dem der Glaube und nicht die Daten darüber entscheiden, ob etwas wahr oder falsch ist. Und ein Glaube ist sehr schwer zu ändern, denn er ist eine Frage der persönlichen Einstellung.

Diese Überzeugungen werden durch die Online-Dynamik noch weiter verstärkt. Seit einigen Jahren spricht man diesbezüglich von einer »Filterblase«. Laut Eli Pariser, dem Schöpfer des Begriffs »Filter Bubble«, ist dies »das eigene, persönliche und einzigartige Informationsuniversum, das man online erlebt«.[30] Was sich in diesem persönlichen Online-Universum befindet, hängt davon ab, wer man ist und was man tut, aber man entscheidet nicht selbst, was hineinkommt, und man weiß auch nicht, was ausgespart wird. Es handelt sich um Filter, die unsere Google-Suche personalisieren oder die auswählen, was auf unserer Facebook-Pinnwand zu sehen ist. Gemäß Pariser versuchen diese Filter, es uns stets recht zu machen, was zur »Segregation« in einer bestimmten Meinungsgruppe führt.

Die Menschen neigen dazu, sich durch soziale Kontakte Sicherheiten zu verschaffen, und dieses Online-Verhalten kann ihre Netzwerke in Echokammern verwandeln. Auf diese Weise erhalten sie Bestätigung und schützen sich vor abweichenden Meinungen. Diese Tendenz verstärkt sich in Zeiten zunehmender Ungewissheit, in denen man gegenüber dem Unbekannten als potenzielle Bedrohung nach Sicherheit, Stabilität und Vertrautheit sucht.

Obwohl diese Überlegungen zweifellos viel Zutreffendes enthalten, ist die Funktionsweise der »Filter Bubbles« unklar. Tatsächlich deuten mehrere Studien darauf hin, dass sie ihre Wirkung anders entfalten als von Pariser behauptet. Offenbar ist es durchaus nicht so, dass die Online-Filter weniger unterschiedliche Inhalte anbieten und wir deshalb in unseren eigenen Überzeugungen bestärkt werden, sondern umgekehrt: Dadurch, dass wir einer größeren Vielfalt von Inhalten ausgesetzt sind, die unserer eigenen Meinung eher widersprechen, werden unsere Ansichten in ihrer Ausrichtung verfestigt.[31]

Der potenzierende Effekt von Online-Umgebungen wird auch zur Verbreitung extremistischer Ideen und zur Erzeugung von Unwissenheit benutzt. Das Zusammenwirken von Online-Desinformation und verzerrenden Empfehlungssystemen hat zu einer Ära der »Agnotologie der Massen« geführt, in der durch die Pervertierung der Instrumente der Wissensproduktion gezielt Unwissen herbeigeführt wird.[32]

Hier greift ein ganzes Räderwerk ineinander. Eine seiner Taktiken besteht darin, absichtlich neue Begriffe zu schaffen. So prägte beispielsweise die Republikanische Partei in den USA bereits in den neunziger Jahren Begriffe wie »Todessteuer« (anstelle von Erbschaftssteuer), um dieser Steuer einen negativen Beigeschmack zu verleihen. Um die Bezeichnung zu verbreiten, wurde zunächst eine Welt von Inhalten geschaffen, die zum richtigen Zeitpunkt in den Medien auftauchten, sodass jemand, der nach dem Begriff suchte, ein bestimmtes Ergebnis erhielt. Etwas Ähnliches geschah mit dem »Klimawandel«: Der Begriff existierte bereits, aber die Republikaner erzwangen seine Verwendung anstelle von »globaler Erwärmung«.

Wie die Wissenschaftlerin Danah Boyd erklärt, nutzt diese Art von Manipulationstechnik den Mangel an Informationen aus und trägt zur Fragmentierung des Wissens und zur Schaffung von Zweifeln bei.[33] Genau das ist das Ziel: eine erkenntnismäßige Zersplitterung zu erreichen. Dies betrifft die Form, wie wir bestimmte Dinge wissen, sowie den Weg zu diesem Wissen.

Das sogenannte Gaslighting ist eine weitere gängige Taktik. Dabei handelt es sich um eine Art der Manipulation, die versucht, eine andere Person (oder eine Gruppe von Personen) dazu zu bringen, ihre eigene Wirklichkeit, ihre Erinnerung oder ihre Wahrnehmungen infrage zu stellen. Oft besteht die Täuschung in dem Versuch, jemanden von der Existenz einer falschen Tatsache und der Nichtexistenz eines realen Ereignisses zu überzeugen. Obwohl dieses Verfahren seit jeher sehr beliebt ist bei Diktatoren, Narzissten, Sektenführern und Personen, die andere missbrauchen, erfuhr es erst in der Online-Welt eine Ausbreitung unter einer Vielzahl von Akteuren.

Diese Art von Strategie ist weder neu noch spezifisch für das Internet, aber dieser Massenvertriebskanal erleichtert ihre Verbreitung und verstärkt ihre Wirkung. Der Aufwand ist denkbar gering: Man muss nur Zweifel säen. Außerdem muss man alles daran setzen, dass zweifelhafte und verschwörerische Inhalte eher gefunden werden als wissenschaftliche. Der nächste Schritt besteht darin, die verfügbaren wissenschaftlichen Informationen zu untergraben, sodass sie für die Nutzer, wenn sie dann doch bis zu ihnen vordringen sollten, bereits einen Teil ihrer Glaubwürdigkeit verloren haben.

Eine Methode, dies zu erreichen, besteht darin, bestehende Datenlücken zu nutzen, das heißt Bereiche innerhalb eines Suchsystems, in denen keine relevanten Daten vorhanden sind. Eine andere Möglichkeit besteht darin, einen nicht mehr gebräuchlichen oder abgenutzten Begriff zu übernehmen und ihm eine neue Bedeutung zu verleihen. Wenn wir zum Beispiel auf YouTube nach »social justice« suchen, so erscheint auf einem der ersten Plätze ein Video, das eine ziemlich verquere Sicht des Themas präsentiert, um es vorsichtig auszudrücken.[34] Als Produzent des Videos firmiert ein Unternehmen namens »PragerU«, kurz für »Prager University«. Die Firma nennt sich »Universität«, doch tatsächlich handelt es sich nicht um eine akademische Einrichtung, sondern um ein audiovisuelles Unternehmen, das seine Mission darin sieht, den seiner Ansicht nach an den Universitäten gelehrten linken Ideen entgegenzuwirken, die »alles ruinieren, womit sie in Berührung kommen«.[35]

Der Videoclip ist perfekt produziert, er erfüllt alle Kriterien der Medienkompetenz und er wirft schwierige Fragen auf, um glaubwürdig zu wirken. In Wirklichkeit jedoch bietet er eine einseitige, zu Verschwörungstheorien neigende Sicht auf das, was unter sozialer Gerechtigkeit zu verstehen ist. Das wahre Ziel besteht darin, diesen Begriff zu verunglimpfen.

Wenn wir uns weitere Videos ansehen, wird irgendwann der Aktivismus der (von den Rechten abwertend so genannten) »Social Justice Warriors« auftauchen, aber auch der von Antifeministen und Homophoben. Dasselbe passiert, wenn man nach Videos zum Thema »Gesundheit« sucht: Sogar wenn man die Website einer seriösen und wissenschaftlich fundierten Einrichtung aufruft, erscheint in den Empfehlungen fast immer ein vom Verschwörungswahn geprägtes Video, sei es ein Video von Impfgegnern oder ein Video, das irgendeine Pseudowissenschaft anpreist. Warum? Weil die Menschen, die diese Videos verbreiten möchten, wissen, wie man für derartige Empfehlungen sorgt.

Die Verbindung, die von »sicheren« Inhalten zu Desinformation oder falschen Inhalten führt, kann auch auf andere Weise entstehen, manchmal sogar unbeabsichtigt. Sie wird häufig von den Medien gefördert, wenn diese versuchen, zwei gegensätzlichen Ansichten – zum Beispiel von Impfbefürwortern und Impfgegnern – Raum zu geben, aus einem irrtümlichen Bestreben heraus, eine Debatte auf der Grundlage einer nicht vorhandenen Gleichwertigkeit zu führen. Indem man Menschen, die Falschinformationen verbreiten und extreme Positionen vertreten, die Möglichkeit zur Selbstdarstellung gibt, signalisiert man YouTube, dass solche Inhalte relevant sind, sodass bei der Suche nach Informationen – in diesem Fall über Impfstoffe – ein Link zum Beispiel zu fundamentalistischen Impfgegnern angeboten wird. Eine Person, die YouTube aufruft, um wissenschaftlich fundierte Informationen zu erhalten, sieht sich also mit grenzwertigen, extremistischen oder konspirativen Inhalten konfrontiert. Deren Produzenten behaupten, eine alternative Informationsquelle zu bieten. Die Forscherin Rebecca Lewis nennt dies »alternative Einflussnahme«.

So kann eine Verschwörungstheorie, die als Social-Media-Post beginnt, die Massen erreichen. QAnon ist ein Beispiel dafür, wie aus einer Randerscheinung eine viele Menschen mobilisierende Bewegung werden kann. Es handelt sich um eine in den USA entstandene Verschwörungstheorie, laut der die Welt von einer Bande pädophiler Satansanbeter aus Mitgliedern der US-amerikanischen Demokratischen Partei regiert wird, die gegen Ex-Präsident Donald Trump intrigieren und gleichzeitig ein globales Netzwerk zur sexuellen Ausbeutung von Kindern betreiben.[36] Nach Ansicht von QAnon ist Trump der Messias, der dazu bestimmt ist, diese kriminelle Verschwörung zu zerschlagen und ihre Mitglieder vor Gericht zu bringen. Der ehemalige US-Präsident, der offensichtlich von dieser Theorie profitierte, hat sich nicht nur geweigert, sich von ihr zu distanzieren, sondern hat ihre Berechtigung anerkannt und ihren angeblichen (und falschen) Kampf gegen die Pädophilie gelobt.[37]

Die Millionen von QAnon-Followern auf Facebook haben mit ihren Hassreden die Grenzen des Legalen längst überschritten. In ihrem Namen wurden Straftaten und Verbrechen begangen. Die Theorie von QAnon samt ihren Anhängern wurde in den Vereinigten Staaten als potenzielle terroristische Bedrohung eingestuft. Mit der ehemaligen Kongressabgeordneten Marjorie Taylor Greene gelangten die QAnon-Anhänger sogar in die Politik. Der Verschwörungswahn reichte bis nach Japan, Brasilien und in die rechtsradikale Szene Deutschlands. Das nächste Etappenziel von QAnon dürfte darin bestehen, ein noch breiteres Publikum zu erreichen: Impfgegner, Alien-Gläubige und normale Bürger, die die Bedrohung durch die Pandemie leugnen.

Auf diese Weise wird die ideologische Verharmlosung, das Fehlen von Empathie, die Radikalisierung und die politische Mikrosegmentierung im Internet gefördert. Es gibt keine Debatte oder Konfrontation von Ideen oder Werten, die über das bloße

Aufeinanderprallen von Parteimeinungen hinausgehen würden. Trump selbst war während seiner Präsidentschaft ein Katalysator für Hassreden – mit blutigen Folgen. Man denke an die Stürmung des Kapitols am 6. Januar 2021, nachdem sich der damalige Präsident geweigert hatte, zu akzeptieren, dass Joe Biden bei den Wahlen im November 2020 gewonnen hatte – ein Ereignis ohnegleichen in der US-amerikanischen Geschichte. Fünf Menschen wurden dabei getötet, mindestens 81 Mitglieder der Sicherheitskräfte des Capitol Hill und 65 Polizeibeamte wurden verletzt. Zwei Beamte begingen später Selbstmord.[38] 440 Angeklagte wurden festgenommen (die Zahl der Inhaftierten stieg im April 2021 noch weiter an).[39]

Auch im Internet kam es zu beispiellosen Konsequenzen: Twitter und Facebook verbannten Trump von ihren Plattformen. Parallel dazu sperrten Apple und Google die Social-Media-App Parler, die von den Anhängern des ehemaligen US-Präsidenten rege verwendet worden war. Aufgrund des starken Anstiegs gewaltverherrlichender Inhalte beendete auch Amazon das Hosting der Inhalte von Parler auf seinen Servern. In Deutschland hat die Regierung erwogen, den Telegram-Dienst zu verbieten, nachdem er wiederholt als Kanal für die Verbreitung von Verschwörungstheorien der Impfgegner und sogar für Morddrohungen genutzt worden war.

Unterminierung der Demokratie

Unter diesen Bedingungen haben die Desinformation, der Hass und die polarisierende Rhetorik – die ein Mediensystem durchdringen, in dem jeder alles Mögliche glauben kann – bereits begonnen, die Demokratie zu untergraben. Informationen sind ein wesentliches Element der öffentlichen Meinungsbildung. Wenn statt Information die Desinformation vorherrscht oder ein Überangebot an Inhalten, das die Leute dazu bringt, sich schlecht zu informieren, wenn die Schwachstellen in der Architektur der wichtigsten Online-Plattformen und sozialen Netzwerke es antidemokratischen Kräften ermöglichen, das öffentliche Wissen auf tiefgreifende Weise zu manipulieren, dann sind wir verloren.

Die Existenz des Internets und der verschiedenen Plattformen für die Veröffentlichung von Inhalten – einschließlich Blogs und sozialer Netzwerke – hat die Kommunikation von der Notwendigkeit vermittelnder Instanzen befreit, den Nutzern eine Stimme gegeben und ihnen direkten Zugang zu den Quellen verschafft. Das Internet hat die Menschen nicht nur in die Lage versetzt, Inhalte zu finden, sondern auch persönliche Berichte, Kommentare oder Nachrichten außerhalb der traditionellen Informationskanäle zu verbreiten und weiterzugeben. Es eröffnete überdies einen zusätzlichen Raum für die öffentliche Sphäre. Es verwandelte diese Plattformen in den neuen »Dorfplatz«. Die Plattformen wurden zur zentralen Infrastruktur für den gesellschaftlichen und politischen Diskurs.[40]

Aber auf diesem neuen Dorfplatz gibt es keine Regeln. Es werden Texte sowie Audio- und Videoclips gepostet, die einen informativen Anschein erwecken (Struktur mit Überschrift, Untertitel und Haupttext, Personen, die auftreten wie Moderatoren in einem Fernsehstudio usw.), die in Wirklichkeit aber falsch sind. Die Inhalte werden auf diese Weise legitimiert, und da sie die persönlichen Netzwerke der Nutzer auch erreichen, ist die Legitimation gewissermaßen eine doppelte. Sie beruht indes allein auf Popularität.

Dies beeinträchtigt das Verständnis der Realität vonseiten der Bürgerinnen und Bürger und untergräbt das Vertrauen, den informierten Dialog, eine gemeinsame Wirklichkeitsauffassung, die gegenseitige Zustimmung und die Beteiligung.[41] Es erschwert auch die Hinterfragung der Äußerungen von Politikern, Wirtschaftsführern, Regierungen und weiteren Einrichtungen, die sich der Kontrolle entziehen, indem sie sich direkt über das Internet an die Menschen wenden. Als Konsequenz daraus wäre erforderlich, dass Online-Plattformen die Rolle von Torwächtern übernehmen, wie dies bereits Journalisten und traditionelle Medien tun, mit den standardmäßigen Kontrollen und einer entsprechenden Sorgfaltspflicht. Es ist jedoch eine Rolle, die sie nicht übernehmen wollen oder dies – wie wir noch sehen werden – nur sehr zögerlich tun.

Traditionelle journalistische Medien haben Pflichten, was den Umgang mit Informationen angeht. Sie müssen für ihre Arbeit Rechenschaft ablegen, was bei Google, Facebook, YouTube oder anderen sozialen Netzwerken nicht der Fall ist. Zumindest bisher nicht. Im Unterschied zu anderen Medien tragen sie keine rechtliche Verantwortung für die Inhalte, die bei ihnen veröffentlicht werden. Außerdem haben die Plattformen einen klaren Vorteil, wenn es darum geht, dem Wunsch der Nutzer nach Unmittelbarkeit gerecht zu werden: Inhalte werden in Echtzeit geteilt, während traditionelle Nachrichten Zeit benötigen für die Aufbereitung und für die Überprüfung der Fakten.

Während die Plattformen von der Online-Werbung profitieren, schrumpfen die Einnahmen der Traditionsmedien, die Arbeitsbedingungen der Journalisten werden ständig prekärer, der Berufsstand verliert an Vertrauen und Ansehen. Paradoxerweise geschieht dies in einer Zeit, in der die Dienstleistung des Journalismus für die Öffentlichkeit nötiger ist denn je, um angesichts der Lawine von Desinformation das Recht der Bevölkerung auf überprüfte und ausgewogene Informationen zu gewährleisten.

Hinzu kommt die geringe Kompetenz der Bevölkerung bei der Fähigkeit zur Verifizierung, weshalb sie schlecht darauf vorbereitet ist, die Authentizität einer Nachricht zu kontrollieren.[42] Auf diese Weise werden Inhalte, die darauf abzielen, das Vertrauen in die demokratischen Institutionen – vom Wahlsystem bis hin zum Journalismus – zu erschüttern und zu untergraben, ungestört verbreitet. Es handelt sich um Falschmitteilungen, die als Tatsachen getarnt sind und von denjenigen leicht für bare

Münze genommen werden können, die nicht über die Mittel verfügen, um das eine vom anderen zu unterscheiden.

Das Risiko ist wie immer am größten für die einkommensschwachen Schichten, die am wenigsten Ressourcen besitzen. Was passiert, wenn die einzige Informationsquelle einer Person Facebook oder WhatsApp ist? Wie bereits erwähnt, ist in Ländern wie Myanmar Facebook gleichbedeutend mit dem Internet. Für zwei von fünf birmanischen Nutzern ist es die wichtigste Nachrichtenquelle.[43] Der Ausdruck *line paw tat tal* in der dortigen Umgangssprache bedeutet nicht nur »sich mit dem Internet verbinden«, sondern auch »auf Facebook aktiv sein«.[44] Die Online-Desinformation ist kostenlos (solange nicht von oben beschlossen wird, das Internet abzuschalten), aber nicht jeder hat Zugang zu Qualitätsjournalismus oder unabhängigen Medien beziehungsweise ist überhaupt dazu in der Lage, eine seriöse Quelle als solche zu identifizieren.

All dies geschieht in einem Augenblick, in dem wir verwundbarer sind denn je. Das außerordentliche Wirtschaftswachstum der letzten Jahrzehnte und die damit verbundenen Wohlstandsverbesserungen haben es nicht geschafft, die tiefen Gräben zwischen den Ländern und innerhalb dieser zu schließen.[45] Zwar leben viele besser, aber die Ungleichheit zwischen den verschiedenen Bevölkerungsgruppen nimmt zu. Die Welt ist heute reicher, aber auch ungleicher als je zuvor.[46]

Dies führt zweifellos zu Spannungen. Die soziale Fragmentierung und die Ungleichheit zwischen den Menschen werden von Propaganda- und Desinformationsstrategen ausgenutzt, um die Wahrheit zu schwächen. Die Mikro-Segmentierung zeigt Wirkung und trägt ihrerseits zur Verstärkung der sozialen Fragmentierung bei. Der fehlende Konsens bezüglich dessen, was wahr ist, sogar innerhalb der Grenzen des eigenen Landes, wird zur Manipulation missbraucht, was wiederum die Ausbreitung der postfaktischen Wahrheit verstärkt in einer Form der negativen Rückkopplung.

FINSTERNIS

Wir haben in diesem Kapitel viele Beispiele für die Unausgewogenheit im Internet gesehen. Im nächsten Kapitel werden wir uns mit den Technologien befassen, die diese Ungleichheiten und die damit verbundenen Denkstrukturen verstärken, die farbige Menschen kriminalisieren, die Frauen diskriminieren, die Arbeit automatisieren und prekär machen, die Chancen von Menschen mit andersartigen Fähigkeiten verringern,* die sozial Schwache von der Alters- und Gesundheitsvorsorge ausschließen, die Extremismus und Hass zu einem System erheben ... Technologien also, die das Schlimmste im Menschen verstärken.**

---

* Mein Freund Javier Romañach, ein führender Kopf im Kampf für die Rechte von Menschen mit Behinderungen, pflegte zu sagen, dass wir alle eine Form von Behinderung haben. Deshalb fordert diese Gruppe, einfach von »Menschen mit andersartigen Fähigkeiten« zu sprechen

** Wem das alles zu entmutigend klingt, der kann sich dem dritten Teil dieses Buches zuwenden, in dem ich Möglichkeiten aufzeige, mit diesen Problemen umzugehen, und von Fällen berichte, die Sie mit dem Homo sapiens versöhnen werden.

6
Diskriminierung

Die auf mathematischen Verfahren beruhenden Anwendungen, die die Datenwirtschaft antreiben, basieren auf Entscheidungen, die von fehlbaren Menschen getroffen wurden ... oft genug [fließen] menschliche Vorurteile, Missverständnisse und Voreingenommenheiten in dieses Softwaresystem ein, die in immer höherem Maße unseren Alltag bestimmen. Solche mathematischen Modelle sind undurchschaubar wie Götter, und ihre Funktionsweise ist nicht zu erkennen, außer für ihre Hohepriester: die Mathematiker und Computerspezialisten. Deren Ratschlüsse, so falsch oder schändlich sie manchmal auch sein mögen, sind erhaben über jegliche Diskussion oder Einwände. Und sie tendieren dazu, die Armen und Unterdrückten unserer Gesellschaft noch stärker zu benachteiligen und die Reichen noch reicher machen.

Cathy O'Neil, *Angriff der Algorithmen*

Wie soll man reagieren, wenn man von einem Algorithmus »Gook« genannt wird? Diese Frage ging der Journalistin Julia Carrie Wong im Kopf herum. Nur zum Spaß hatte sie ihr Foto in eine scheinbar harmlose App eingefügt, die sehr populär geworden war, weil sie Beschreibungen von Menschen auf der Grundlage der Bilder ihrer Gesichter anbot. Natürlich hatte sie nicht damit gerechnet, eine solch beleidigende Antwort zu erhalten.[1] »Gook« ist eine abfällige Bezeichnung, die beim US-Militär während des Korea- und Vietnamkriegs für Menschen asiatischer Abstammung gebräuchlich war.* Und jetzt hatte die verdammte Maschine sie so genannt.

Ihrem Journalistenkollegen Stephen Bush erging es nicht besser. Die App nannte ihn »Blackamoor«, ein Wort, mit dem früher schwarze Sklaven oder Diener bezeichnet wurden. Außerdem war er für die App auch »negroid« sowie ein »Übeltäter, Verbrecher, Sträfling«.[2] Wenn man weiß, dass die von der App verwendete Bildbibliothek eine der größten in der Geschichte der künstlichen Intelligenz ist und von den Universitäten Stanford und Princeton in den USA entwickelt wurde, gibt das zu denken.[3] Unter anderem deshalb, weil auf derselben Grundlage zahlreiche weitere Algorithmen zur Bildidentifizierung arbeiten.

Die Anekdote veranschaulicht, was inzwischen allgemeine Realität ist: Wir leben in einer Online-Welt, in der Computeralgorithmen mit tief verwurzelten Problemen der Klassifizierung sowie Vorurteilen den Zugang zu Informationen und Chancen regeln, willkürlich urteilen und Entscheidungen treffen.

Algorithmen sind mathematische Codes, die die Funktionsweise von Google, Facebook, Amazon, YouTube und allen anderen Plattformen und Anwendungen steuern. Es handelt sich um Abfolgen von Arbeitsschritten, die nicht von einem Menschen, sondern von einer Maschine ausgeführt werden. Sie sind das Herzstück von Computerprogrammen und künstlicher Intelligenz. Wie wir in den vorhergehenden Kapiteln gesehen haben, handelt es sich bei KI um fortgeschrittene Programme, die versuchen, wie das menschliche Gehirn zu funktionieren, um Informationen auf komplexe Weise zu verarbeiten, zu lernen, Muster zu erkennen, Empfehlungen auszusprechen und bei der Entscheidungsfindung zu helfen. Dank des Internets, der sogenannten Big Data und der Entwicklung schnellerer Computer ist es jetzt möglich, solche Techniken zu verwenden, die früher zwar verfügbar, aber nicht so weit entwickelt waren, wie sie es heute sind.

---

* Ein vergleichbarer Ausdruck im Deutschen wäre »Schlitzauge«. [A. d. Ü.]

KAPITEL 6

Die Entstehung des Internets führte zu einer massiven Datengenerierung und zur Verallgemeinerung der Systeme zur Speicherung und Verwaltung von Informationen. Das Volumen der vorhandenen Daten ist heute so groß, dass es den Umfang einer Galaxie übersteigen würde, wenn es einen physischen Raum einnehmen würde. Dies hatte die sogenannte »Data Intelligence« zur Folge (den wertschöpfungsorientierten Umgang mit diesen Daten) und damit einhergehend die Entwicklung der künstlichen Intelligenz.

KI ist heute allgegenwärtig, besonders im World Wide Web. Sie wählt die Musik aus, die wir online hören, schlägt uns vor, welche Serien wir bei einem der zahlreichen Unterhaltungsdienste auf Abruf ansehen sollten, beeinflusst, was wir lesen, wenn wir im Internet oder in mobilen Apps surfen, oder leitet unsere Bewegungen durch GPS-Hinweise. Sie reagiert auf jede Internetsuche, auf unsere Befehle an die virtuellen Assistenten, die die vernetzten Geräte begleiten. Sie befindet sich mittlerweile in unseren Taschen, Wohnungen und Fahrzeugen. Sie kann sehen, lesen, hören und antworten. Sie reinigt den Fußboden, schreibt Nachrichten, übersetzt Texte, empfiehlt Geschäftsstrategien oder eine gute Ernährung, analysiert unsere Gesundheit oder hilft beim Autofahren sowie bei vielen weiteren Tätigkeiten.

Diese Systeme lernen von uns, um sich selbst zu verbessern. Aber nicht nur deshalb, sondern um denjenigen besser dienen zu können, die sie kontrollieren: den Tech-Giganten und weiteren Interessengruppen, die unsere persönlichen Daten nutzen, um damit auf unzähligen Wegen Geld zu verdienen. Zum Beispiel durch die Entwicklung von Computerprogrammen auf der Grundlage dieser Daten, die die Personalauswahl, die Gewährung von Krediten oder die Höhe von Versicherungsprämien, die Zuweisung von Finanzmitteln und so weiter automatisieren.

Diese Systeme sind bei weitem nicht perfekt, da sie die menschlichen Haltungen und Vorurteile übernehmen, die in der Sprache enthalten sind, von der sie lernen.[4] Sie automatisieren

Ungleichheiten und perpetuieren die Diskriminierung aufgrund von Hautfarbe, Geschlecht, Religion, Einkommen, Fähigkeiten oder sexueller Orientierung. Sie schaffen Rückkopplungsschleifen, die die Ungerechtigkeit permanent aufrechterhalten. Und weil sie in vielen Bereichen für wichtige Entscheidungen herangezogen werden, haben sie immer mehr Macht über das menschliche Handeln, stehen sogar über diesem: Aufgrund der vermeintlichen Unparteilichkeit von Zahlen gelten sie als neutral und als Verkünder absoluter Wahrheiten.

Hinter diesem Anschein verbirgt sich die Realität von Systemen, die bei weitem nicht unvoreingenommen arbeiten, sondern von Menschen entworfen und entwickelt werden, die ihre Ansichten und Ideologie in sie einbringen. Sie sind, so die Mathematikerin Cathy O'Neil, undurchsichtige und fehlerhafte »Mathe-Vernichtungswaffen«.[5] Trotz ihres Versprechens von Effizienz und Fairness verschlechtern sie die Lage und bestrafen die Armen.

Es handelt sich um algorithmische Systeme der Entscheidungsfindung (»Algorithmic Decision Making«, ADM), die seit vielen Jahren in unserem Leben präsent sind. Bereits in den achtziger Jahren gab es Hinweise auf Diskriminierung durch Algorithmen.[6] Deren modernisierte Version sind digitale Werkzeuge, die auf Big Data und KI basieren, aber einige ältere, einfachere und weiterhin genauso schädliche Programme dieser Art sind immer noch im Einsatz. Ihre jüngste Verfeinerung führte zu einem Boom im Jahr 2010, als sie wirklich überall zu finden waren. Man begann, sie in allen erdenklichen Bereichen zu verwenden, sodass sie Entscheidungen über Bewerbungen um einen Arbeits- oder Studienplatz, über Bankkredite, Zuschüsse oder den Zugang zu Gesundheitsdiensten fällen konnten.

Es ist durch Hunderte von Fällen belegt, wie diese Systeme diskriminieren: in den Bereichen Bildung, Arbeit, Wohnen, Gesundheit, Sozialdienste, Justiz oder Information; auf der Grundlage von Hautfarbe, Geschlecht, Religion, sexueller Ausrichtung,

Einkommen oder Fähigkeiten; durch die Verweigerung von Ressourcen oder Chancen, durch Unsichtbarmachung oder Versklavung. In ihrem Buch *Angriff der Algorithmen* belegt O'Neil dies anhand einer Vielzahl von realen Vorfällen. Ähnliche Nachweise liefert Virginia Eubanks in *Automating Inequality: How High-tech Tools Profile, Police, and Punish the Poor*. Viele weitere Beispiele sind uns durch journalistische Recherchen bekannt geworden.

Systembedingte Ungerechtigkeit

Ein Fall, der viel Aufsehen erregte, war der von COMPAS, einem KI-basierten Tool zur Analyse des Kriminalitätsrisikos, das aus allen früheren Gerichtsurteilen lernt. Es dient dazu, die Wahrscheinlichkeit zu beurteilen, dass ein angeklagter Delinquent erneut straffällig wird. Eine Analyse von *ProPublica* zeigte 2016, dass schwarze Angeklagte viel häufiger mit einem hohen Rückfallrisiko eingestuft wurden, während weiße Angeklagte zu Unrecht häufiger mit einem niedrigen Rückfallrisiko eingestuft wurden.[7] Mit anderen Worten: Das System diskriminierte Menschen mit dunkler Hautfarbe. Weder funktioniert das System, noch löst es Probleme, sondern es schafft sie, da die rassistische Voreingenommenheit in dem System mathematisch angelegt ist.[8]

Eine andere journalistische Untersuchung führte zu dem Ergebnis, dass von farbigen Minderheiten bewohnte Viertel höhere Prämien für die Kfz-Versicherung zahlen als weiße Viertel mit demselben Risiko: bis zu 30 Prozent mehr als in anderen Gebieten mit ähnlichen Unfallkosten.[9]

Es geschieht aber auch das Gegenteil. *ProPublica* hat nachgewiesen, wie die Online-Personalisierung Nutzerprofile mit höheren Einkommen benachteiligt, für die höhere Preise festgelegt werden.[10] Wenn verschiedene Personen auf dieselbe Website zugreifen, erhalten sie unterschiedliche Ergebnisse: So zeigte die Reisesuchmaschine Orbitz Mac-Besitzern teurere Hotels an, während der Büromöbellieferant Staples seine Produkte je nach Postleitzahl des Nutzers zu unterschiedlichen Preisen anbot. Es handelt sich um echte Segregation nach der geographischen Herkunft und dem Einkommen.

Im Jahr 2016 wurden Fälle von Diskriminierung in der Facebook-Werbung aufgedeckt: Stellenanzeigen, die Frauen und ältere Menschen im arbeitsfähigen Alter ausschlossen, oder Wohnungsanzeigen, die Schwarze und Latinos ausschlossen.[11] Trotz der Versprechen des sozialen Netzwerks, das Problem zu beheben, wählte der zuständige Algorithmus auch 2019 noch das Publikum auf der Grundlage des Inhalts der Anzeige aus.[12] Sogar wenn die Werbetreibenden versuchten, ein breiter gefächertes Publikum zu erreichen, gelang ihnen dies nicht immer.[13]

Der Fall von Facebook ist mehr als eine Anekdote. Die »Talentauswahl« ist einer der Bereiche, in denen die Unzulänglichkeiten von Programmen, die den Ablauf automatisieren oder effizienter gestalten sollen, besonders deutlich werden. Es handelt sich um Programme, die Millionen von Stellenanzeigen-Websites durchsuchen und die sozialen Daten jeder Person analysieren, um die besten Bewerber vorzuschlagen, mit einer oft verzerrten Sichtweise, die die Tatsache außer Acht lässt, dass sich das Offline-Leben der Menschen nicht vollständig im Internet widerspiegelt.

Außerdem orientieren sich diese Programme bei der Definition des idealen Bewerbers häufig an den Personen, die in der Vergangenheit diese Art von Position innehatten, was nachweislich zu einer deutlichen Voreingenommenheit gegenüber Frauen (denen jahrhundertelang der Zugang zu Machtpositionen und einer Vielzahl von Arbeitsplätzen verwehrt wurde) und gegenüber bestimmten Minderheiten führt.

Es gibt viele reale Fälle von Frauen, die aufgrund von Vorurteilen bei der algorithmischen Stellensuche benachteiligt worden sind. Eine von ihnen ist Esther Sánchez, paradoxerweise eine Spezialistin für das Personalwesen:

KAPITEL 6

Während des ersten Monats meiner Stellensuche stand in meinem LinkedIn-Profil, dass ich »Personalmanagerin/HR-Managerin« sei. In einem Gespräch mit einem Headhunter erfuhr ich, dass die Suchmaschine Frauen nicht verlinkt, wenn sie ihre Berufsbezeichnung in weiblicher Form angeben, sodass kein Talentscout diese Frauen findet. Noch während unserer Unterhaltung haben wir dies getestet, und ich war verblüfft vom Ergebnis. Kurz nachdem ich meinen Eintrag geändert hatte und stattdessen »HR Director« geschrieben hatte, war ich für ihn zu sehen und damit auch für potenzielle neue Arbeitgeber.

Außerdem weiß man bei keiner Online-Bewerbung, was die Filter der dahinterstehenden ADM-Systeme sind und dass diese jemanden bloß wegen des Datums seiner akademischen Abschlüsse aussortieren können. Bei einigen Stellenangeboten muss man nicht nur die Postleitzahl des eigenen Wohnorts, sondern auch die vollständige Adresse angeben. Es handelt sich um eine Art von Black Box, die jeder Art von Voreingenommenheit, ausgrenzendem Denken oder reinen Spekulationen Raum gibt, was letztlich zu Ausschlüssen bestimmter Personen führt.

Dieser Mangel an Informationen wird durch automatisierte Ablehnungs-E-Mails verstärkt, die in der Regel nicht von realen Personen unterzeichnet sind und nie eine Erklärung enthalten, warum man vom Bewerbungsverfahren ausgeschlossen wurde. Eine Begründung wäre aber nützlich, um über objektive Angaben zu verfügen, mit denen jeder Verdacht auf Diskriminierung ausgeschlossen werden könnte, und um ein brauchbares Feedback zu erhalten, das einem bei späteren Stellenangeboten helfen würde.[14]

Die Expertin weist auch auf die zusätzlichen Schwierigkeiten für Menschen hin, die nicht gut mit digitalen Medien umgehen können, da die zahlreichen Anforderungen, die bei automatisierten Auswahlverfahren erfüllt werden müssen, »ermüdend und entmutigend sind«.

Es gibt noch weitere Wege, auf denen diese Verfahren Menschen mit von der Norm abweichenden Fähigkeiten diskriminieren. Automatisierte Tools zur Echtzeit-Befragung über Videokonferenz wie HireVue können für sie zum Albtraum werden. Dies war der Fall bei Jessica Clements, einer Bewerberin, deren Sehbehinderung sie beim Umgang mit dem System benachteiligte: Sie konnte die Fragen nicht richtig lesen und wurde vom Licht der Kamera geblendet.[15]

Der Wohnungssektor ist ein weiteres deutliches Beispiel für Diskriminierung, und zwar nicht nur aufgrund der nach Kleingruppen segmentierten Anzeigen in den sozialen Medien. Hier geht es um etwas viel Ernsteres: elektronische Bewertungssysteme. Diese verwenden Daten aus dem Online-Browsing und dem dortigen Kaufverhalten sowie den Standort des Nutzers für verschiedene Zwecke. Beispielsweise um die Eignung einer Person als Absatzziel für eine Kreditkarte oder einen schnellen Kredit zu beurteilen, den sie vielleicht benötigt, für den sie aber aufgrund ihrer prekären Situation einen hohen Zinssatz zahlen muss.[16]

Derartige Systeme werden auch eingesetzt, um das Kreditrisiko bei Mietverträgen, Krankenversicherungen oder Hypotheken zu bewerten. Der ehemalige Vizepräsident von Google, Douglas Merrill, erkannte das geschäftliche Potenzial dieser Idee und gründete 2009 »Zest AI«, ein KI-System für Banken und Kreditgenossenschaften, das das Internet nach Daten von möglichen Kreditnehmern durchforstet. Er behauptet, damit »die statistischen und datentechnischen Beschränkungen herkömmlicher Kreditwürdigkeitsprüfungen überflüssig zu machen«. Was er nicht erwähnt, ist die Tatsache, dass diese traditionellen Recherchen staatlich reguliert sind, die seines Systems aber nicht.

Auch Facebook hat einen Vorstoß in diesen Markt unternommen, und zwar mit einem Kreditbewertungssystem, das auf der durchschnittlichen Einstufung der Freunde des Antragstellers in dem sozialen Netzwerk beruht. Das Patent für diese Erfindung spricht von einer möglichen Nutzung durch Kreditgeber. Es heißt dort:

> Wenn eine Person einen Kredit beantragt, prüft der Kreditgeber die Kreditwürdigkeit der Mitglieder des sozialen Netzwerks, die mit dieser Person über autorisierte Knotenpunkte verbunden sind. Wenn die durchschnittliche Kreditwürdigkeit dieser Mitglieder eine Mindestbonität aufweist, bearbeitet der Kreditgeber den Kreditantrag weiter. Andernfalls wird der Antrag abgelehnt.[17]

Das bedeutet, dass eine Bank oder ein Vermieter einen Kredit- oder Mietantrag ablehnen könnte, wenn die Personen, mit denen der Antragsteller auf Facebook verbunden ist, eine schlechte Bonitätsgeschichte haben. Ob die betreffende Person hinreichend kreditwürdig ist, spielt dabei keine Rolle. Und das soll gerecht sein? Das ist den Leuten egal.

Ein weiterer umstrittener Anwendungsbereich dieser Algorithmen ist die Ressourcenzuteilung im Gesundheitswesen. Im Jahr 2016 nutzte der US-Bundesstaat Arkansas das ADM zur Verwaltung von Gesundheitsleistungen im Rahmen der staatlichen Förderung von Menschen mit Behinderung. Das Programm entschied darüber, ob und für wie viele Stunden die Antragsteller eine persönliche Betreuungsperson bei ihnen zu Hause erhalten konnten. Was früher von einer Krankenschwester nach einem Besuch bei jedem einzelnen Patienten erledigt worden war, wurde nun von diesem neuen Tool auf der Grundlage einer Umfrage unter den potenziellen Hilfeempfängern durchgeführt. Infolgedessen wurden vielen dieser Menschen die ihnen zugewiesenen Betreuungsstunden drastisch gekürzt, aber zur allgemeinen Überraschung stellte sich heraus, dass dies auf einen Maschinenfehler zurückzuführen war.[18] Angesichts der begrenzten Möglichkeiten der Betroffenen, die Entscheidungen des Algorithmus anzufechten, beschlossen sie, das System zu verklagen – und gewannen.

Seitdem sind viele weitere derartige Fälle ans Licht gekommen. In vielen Fällen werden Menschen aufgrund ihrer Hautfarbe diskriminiert. Im Jahr 2019 entdeckte eine Gruppe von Forschern, dass ein Algorithmus, der in den Vereinigten Staaten im Gesundheitswesen häufig verwendet wurde, mehr als die Hälfte der schwarzen Patienten, die zusätzliche medizinische Versorgung benötigen, nicht berücksichtigte.[19] Das lag daran, dass der Algorithmus die Gesundheitskosten in der Vergangenheit als Maßstab für den aktuellen Gesundheitsbedarf heranzog. Dabei bedachte er aber nicht, dass wegen Diskriminierung oder Armut früher weniger Geld für farbige Patienten als für Weiße mit demselben Bedarf ausgegeben wurde.

Ein noch nicht lange zurückliegender Fall, der zu Kontroversen geführt hat, war die Verwendung des ADM in den Vereinigten Staaten, um zu entscheiden, wer das Recht auf eine Impfung gegen Covid-19 hat. Es handelt sich um ein automatisiertes System, das von Anfang an wegen mangelnder Transparenz der Priorisierungsformeln kritisiert wurde, weil diese nicht einheitlich waren und die Ungleichheiten beim Zugang zu Impfstoffen verschärften.[20] Außerdem führte es nach Ansicht von Gesundheitsexperten zu chaotischen Verhältnissen und bürokratischen Komplikationen.

Die Liste der misslungenen Algorithmen zur Entscheidungsfindung kann durch Beispiele aus dem Vereinigten Königreich ergänzt werden. Die dortige Regierung sah sich gezwungen, ein polizeiliches System zur Verbrechensvorhersage zurückzuziehen, das Fehlerquoten zwischen 49 Prozent (im besten Fall) und 82 Prozent aufwies. Das System, in das die Regierung 10 Millionen Pfund (etwas mehr als 11 Millionen Euro) investiert hatte, war potenziell diskriminierend.[21] Außerdem hat sie ein seit Jahren verwendetes Programm zur Unterstützung bei der Visumvergabe wegen Vorwürfen des unterschwelligen Rassismus zurückgezogen.[22]

Das System, dessen Abschaffung im Vereinigten Königreich vermutlich am meisten Aufsehen erregte, war jedoch der Algorithmus, den die Regierung als Ersatz für die Abiturprüfung im Jahr 2020 verwendete. Aufgrund der Covid-19-Pandemie konnten diese Prüfungen nicht in Präsenz durchgeführt werden. Als Ersatz kam ein Programm zum Einsatz, das die Noten von 40 Prozent der Schülerinnen und Schüler herabsetzte. Diese Verschlechterung betraf vor allem junge Menschen, die aus den ärmsten Gegenden des Landes stammten. Ihre Träume von einem Studium an einer Hochschule wurden zunichte gemacht. Unter ihnen befand sich eine junge Frau, die einen nach George Orwell benannten Literaturpreis gewonnen hatte, und zwar ausgerechnet mit einer prophetisch anmutenden Erzählung über einen Algorithmus, der die Schulnoten nach der sozialen Schicht der Schüler bestimmt![23]

Die aggressive Nutzung derartiger Algorithmen im Vereinigten Königreich zeigt die Fehler auf, die entstehen, wenn man versucht, die Verwaltung mit Systemen zu automatisieren, die nicht ausreichend getestet wurden und deren Wirksamkeit – und Diskriminierungsfreiheit – nicht für alle Bevölkerungsgruppen nachgewiesen wurde, Systeme zumal, deren Notwendigkeit nicht vorab infrage gestellt wurde. Dennoch werden andere Länder, die sich in ähnlichen Modernisierungsprozessen befinden, in die gleiche Falle tappen – wenn sie es nicht schon sind. Einige Nationen, darunter China, gehen noch eine Stufe weiter, wie wir im nächsten Kapitel sehen werden.

Auch Deutschland ist von diesem Problem betroffen. Das führende Kreditrating-Unternehmen, die Schufa Holding AG, hat mit einem Marktanteil von etwa 90 Prozent eine immense Macht. Das Verfahren zur Punktbewertung der einzelnen Personen ist jedoch keineswegs transparent. Eine Untersuchung der deutschen Non-Profit-Organisationen »AlgorithmWatch« und »Open Knowledge Foundation« kam zu dem Ergebnis, dass das Schufa-Verfahren zur Ermittlung der Kreditwürdigkeit von 67 Millionen Deutschen diskriminierend und fehlerhaft ist und überdies gegen die Datenschutzgrundverordnung verstößt.[24]

Die Analyse enthüllte beunruhigende Anomalien. Es gab Personen, die negativ bewertet wurden, obwohl der Schufa überhaupt keine negativen Informationen über sie vorlagen (beispielsweise über Zahlungsausfälle). Darüber hinaus gab es zwischen den Versionen 2 und 3 des Systems Bewertungsabweichungen von bis zu 10 Prozent. Das heißt, je nachdem, welche Version für eine bestimmte Person verwendet wurde, konnte diese eine um 10 Prozent höhere oder niedrigere Punktzahl erhalten.

Systeme wie die Schufa und andere ADM-Verfahren sind häufig mit dem Internet verbunden und sammeln Online-Daten, da im World Wide Web eine große Zahl personenbezogener Daten abgefangen werden kann. Außerdem stellen derartige Programme eine bequeme Alternative zu anderen Systemen dar, die streng reguliert sind, was zum Beispiel für das Bankwesen gilt.

Welche Auswirkungen hat dies für den Durchschnittsbürger? O'Neil erklärt es sehr deutlich:

> Mit der unaufhaltsamen Zunahme elektronischer Bewertungen werden wir anhand geheimer Formeln, die zum Teil auf fehlerhaften Dossiers beruhen, in Klassen und Kategorien eingeteilt. Wir werden nicht als Individuen gesehen, sondern als Mitglieder von Gruppen, und wenn wir einmal klassifiziert sind, gibt es keine Möglichkeit, dieses Etikett wieder loszuwerden.

Peinliche Situationen

Ein viel banalerer Fall als die vorherigen, aber viel bekannter, ist der der Gorillas von Google. Das Gesichtserkennungssystem von Google Fotos identifizierte die Programmiererin Jackie Alcine und einen Freund von ihr (beide Afroamerikaner) fälschlicherweise als Gorillas. Dies geschah im Jahr 2015. Seitdem haben sich derartige Vorfälle gehäuft.

Die Erkenntnisse über den Rassismus im Bildausschnittsystem von Twitter, das automatisch weiße Gesichter gegenüber schwarzen hervorhebt, wurden in der Öffentlichkeit viel kommentiert. Das soziale Netzwerk war immerhin dazu bereit, den Fehler in dem Algorithmus, der diese Aufgabe automatisierte, einzuräumen.

Wünschen Sie weitere Beispiele? Im Mai 2020 enthüllte der britische *Guardian*, dass Microsoft dabei war, Journalisten und Redakteure zu entlassen und sie durch ein algorithmisches System zu ersetzen.[25] Dieses war entwickelt worden, um die Auswahl von Nachrichten, die auf den Portalen MSN und Microsoft News erscheinen, zu automatisieren. Doch das Programm, das auf der KI-Technik des maschinellen Lernens basierte, blamierte sich nach Strich und Faden. Als Illustration zu einem Artikel über Rassismus, der Äußerungen der Sängerin Jade Thirlwall enthielt, die mestizischer Abstammung ist, wählte das System ein Foto ihrer Bandkollegin Leigh-Anne Pinnock, ebenfalls eine Mestizin.[26] Paradoxerweise zeugte diese Auswahl von der rassistischen Voreingenommenheit des Systems, das nicht in der Lage war, zwei nicht weiße Personen voneinander zu unterscheiden.

Doch damit nicht genug: Microsoft sah voraus, dass seine Software kritische Artikel über den genannten Vorfall auswählen und sie automatisch auf MSN und anderen Portalen veröffentlichen würde. Da man nicht in der Lage war, dies zu verhindern, befahl man den Systemverantwortlichen (den Journalisten und Redakteuren, die noch nicht entlassen worden waren), derartige Nachrichten zu entfernen. Dies ist ein ebenso erhellendes wie erschreckendes Beispiel für den widersinnigen Einsatz von Technologien, die nicht funktionieren – und von denen selbst ihre Erfinder nicht wissen, wie sie arbeiten, noch wie man sie stoppen kann –, um alles zu automatisieren und dabei die althergebrachten Vorurteile und die damit einhergehenden Diskriminierungen zu verfestigen.

Die Übersetzer-App von Google – Google Translate – verwendet nachweislich sexistische Formulierungen in ihren Übersetzungen, obwohl man bestrebt ist, dies zu ändern. Ein einfaches Experiment von AlgorithmWatch hat gezeigt, dass Google das Geschlecht einiger Wörter »in einer äußerst stereotypen Weise« zu ändern pflegte.[27] Wenn man die deutschen Wörter »die Präsidentin« und »der Krankenpfleger« eingab, wurden daraus im Italienischen »der Präsident« *(il presidente)* und im Französischen »die Krankenschwester« *(l'infirmière)*. Im Jahr 2021 scherzte die Mathematikerin Clara Grima auf Twitter über die Tatsache, dass ihr Name in der Suchmaschine mit der Berufsbezeichnung »Mathematiker« in der männlichen Form erschien.

Dieses Problem betrifft auch die virtuellen Assistenten auf Smartphones und Geräten aller Art. »Ich würde rot werden, wenn ich könnte« lautete die Antwort von Siri, wenn sie als »Schlampe« bezeichnet wurde. (Jetzt reagiert sie mit: »Auf so etwas antworte ich nicht.«) Sogar die UNESCO hat dies als sexistisch bezeichnet. Eine von dieser Organisation durchgeführte Untersuchung hat gezeigt, dass die meisten dienstleistungsorientierten Programme (Licht einschalten, Musik abspielen usw.) eine Frauenstimme verwenden.[28] Wenn es hingegen um Führung oder Anweisungen geht, werden männliche Stimmen verwendet. »Das wird nicht aufgrund der Präferenzen der Nutzer festgelegt, sondern spiegelt ein bestimmtes Weltbild: Frauen gelten eher als fürsorglich und Männer als Entscheidungsträger«, sagte mir die Direktorin der UNESCO-Abteilung für Gendergerechtigkeit, Saniye Gülser Corat.[29]

In vier Sprachen hat Siri standardmäßig eine männliche Stimme: britisches Englisch, Niederländisch, Französisch und Arabisch. Die UNESCO führt dies auf die Tatsache zurück, dass es in diesen Ländern in der Vergangenheit in höheren sozialen Kreisen häufig männliche Diener gab, unter anderem in Gestalt eines Butlers.

Auch Spam-Filter, die unerwünschte Mitteilungen aussondern sollen, sind von Vorurteilen geprägt. Ein Experiment hat gezeigt, dass Microsoft Outlook die E-Mails auf der Grundlage eines einzigen Wortes wie »Nigeria« oder »Sex« als Spam markiert.[30] Dadurch werden seriöse Botschaften auf diskriminierende Weise blockiert, zum Beispiel die Bewerbung eines nigerianischen Studenten um ein Universitätsstipendium oder Informationen über ein Sexualerziehungsprogramm. Dies ist ein weiteres Beispiel für den Rassismus und die Voreingenommenheit, die tief in der Software verankert sind.

Die Liste ist lang, und man könnte mit solchen Fällen ganze Bücher füllen.[31] Die sozialen, staatsbürgerlichen und rechtlichen Auswirkungen diskriminierender ADM-Entscheidungen sind gigantisch und stellen eine erhebliche Bedrohung für unsere Gesellschaft dar. Niemand ist davon nicht betroffen, niemand ist vor ihnen sicher. Zwar werden dadurch tendenziell vor allem die schwächsten Bevölkerungsgruppen benachteiligt, aber auch die Reichen können negative Folgen zu spüren bekommen.

Auf gefährliche Weise dumm

Warum passiert das alles? Hier spielen mehrere Faktoren eine Rolle. Zunächst einmal ist die KI nicht so intelligent wie man glaubt, und ihr reales Wesen ist trivialer als es den Anschein haben mag. Aus diesem Grund wird die derzeitige KI technisch gesehen als »begrenzt« oder »schwach« eingestuft. Sie ist in der Lage, eine einzelne Aufgabe sehr gut zu lösen, wenn der Rahmen klar abgesteckt ist. Jedoch kann sie nicht wie die Menschen mehrere Lernprozesse miteinander kombinieren. Dasselbe KI-System kann in der Lage sein, sehr gut Schach zu spielen, aber unfähig sein, einen Tumor in einem Bild zu finden. Und wenn es lernt, Tumore zu erkennen, wird es vergessen, wie man Schach spielt. Dies wird als »katastrophales Verlernen« bezeichnet.

KI ist sehr effizient bei der Verarbeitung großer Datenmengen und der Extraktion von Mustern aus diesen Daten. Jedoch kann sie nicht beurteilen, ob diese Daten unvollständig sind oder ob sie von guter oder schlechter Qualität sind, und sie ist auch unfähig, darüber nachzudenken. Nicht nur versteht sie Informationen nicht auf dieselbe Weise wie ein Mensch dies tun würde, sondern sie kann diese auch weder einordnen noch ursächliche Zusammenhänge herstellen. Zwar kann sie erkennen, dass bestimmte Ereignisse mit anderen Ereignissen in Verbindung stehen, aber sie kann nicht erklären, wieso bestimmte Dinge passieren.

Das Verständnis von Ursache und Wirkung ist ein wichtiger Aspekt dessen, was wir als »gesunden Menschenverstand« bezeichnen, und genau einen solchen hat die KI nicht. Sehr fortschrittliche Systeme sind in der Lage, so etwas wie gesunden Menschenverstand zu simulieren, aber sie ahmen diesen nur nach, indem sie besser als andere Systeme erraten, wie sie auf eine bestimmte Handlung oder Anfrage reagieren sollen. Dennett nennt dies »Kompetenz ohne Verstehen«:[32] Auf einer funktionalen Ebene kann ein System ein Leistungsniveau (d.h., eine Kompetenz) erreichen, das in menschlichen Kontexten dem Verstehen (d.h., der Intelligenz) zugeschrieben würde, aber dieses Verständnis fehlt ihm.

Zwar sind Maschinen in der Lage, Dinge zu tun, die wir für schwierig halten, aber sie sind nicht imstande, psychomotorische oder perzeptive Fähigkeiten zu erlernen, die ein Mensch bereits als Baby besitzt. Dies ist als »Moravec'sches Paradox« bekannt.

Während ich diese Zeilen schreibe, lese ich in der Presse die Schlagzeilen »KI ruiniert Fußballspiel, indem sie den Spielball mit der Glatze des Schiedsrichters verwechselt«. Das klingt fast wie ein Witz, ist aber tatsächlich passiert: Ein klares Beispiel für die Dummheit dieser Systeme. Genauso wie sie Bälle mit Glatzen verwechseln, können sie kleine Chihuahua-Hunde für Biskuit-Muffins halten oder zwei Menschen mestizischer Abstammung untereinander vertauschen.

Manchmal haben solche Missverständnisse tödliche Folgen. Im Jahr 2018 wurde eine Frau im US-Bundesstaat Arizona von einem autonom gesteuerten Uber-Pkw überfahren. Was war die

Ursache? Das vom Auto verwendete KI-System war nicht in der Lage, ein Objekt als Fußgänger zu klassifizieren, wenn es sich nicht in der Nähe eines Fußgängerüberwegs befand.[33] Mit anderen Worten: Das Auto hat nicht erkannt, dass es sich bei dem Hindernis vor ihm um eine Person handelte, die auf riskante Weise die Straße überquerte. Die Frau saß auf einem Fahrrad, und das Auto stufte sie abwechselnd als Fahrzeug, Fahrrad oder unbekannten Gegenstand ein. Eine Kollision wurde für keine dieser Varianten prognostiziert: Falls es ein Fahrzeug oder ein Fahrrad war, würde es in dieselbe Richtung wie das Uber-Auto fahren, aber auf der benachbarten Spur, und wenn es ein unbekanntes Objekt war, würde es sich nicht von der Stelle bewegen. Jedes Mal, wenn das System die Einordnung erneut berechnete, behandelte es die Wahrnehmung als neues Phänomen, sodass es nicht in der Lage war, deren Bewegungsroute zu verfolgen und die wahrscheinliche Kollision vorherzusehen.

Derartige Fehler – wenngleich glücklicherweise nicht immer mit tödlichem Ausgang – sind angesichts der Begrenztheit der KI völlig normal. Daher braucht die KI menschliche Hilfe, um zu lernen: Datenwissenschaftler, die die Parameter verfeinern – und weniger hochqualifizierte Helfer, die Klassifizierungen korrigieren, Chihuahuas und Biskuit-Muffins voneinander trennen und die richtigen Etiketten für jede Art von Objekt oder Kategorie vergeben.

Was für eine Enttäuschung! KI basiert nicht nur auf Mathematik, sondern sie hat auch keine magischen Fähigkeiten. Sie funktioniert dank einer großen Zahl von Arbeitskräften, die über Plattformen wie Amazon Mechanical Turk als externe Helfer angestellt werden. Diese Menschen arbeiten oft unter prekären Bedingungen, werden schlecht bezahlt und erledigen entfremdende Aufgaben.* Manche von ihnen machen stundenlang nichts anderes, als »Captchas« zu lösen, diese lästigen kleinen Tests, die als

---

* Damit werden wir uns ausführlicher im nächsten Kapitel beschäftigen.

letzter Schritt bei vielen Online-Transaktionen auftauchen. Man muss dabei beispielsweise die Zahlen und Buchstaben erkennen und in die Tastatur eingeben, die verzerrt auf dem Bildschirm erscheinen, eine leicht zu errechnende Summe bilden oder Kästchen auswählen, die ein bestimmtes Objekt enthalten (etwa eine Ampel oder eine Palme). Es handelt sich um automatisierte Tests, die Menschen leicht bestehen können, Algorithmen aber nicht. Und sie werden nicht nur von Menschen gegen Bezahlung durchgeführt, sondern von Millionen von Nutzern bei ihren täglichen Verrichtungen im Internet.

Ein Spiegel der Gesellschaft

Dies bringt uns zu einem weiteren der Faktoren, die für die Vorurteile der Algorithmen verantwortlich sind. Welche Art von Voreingenommenheit ist damit gemeint?

Es handelt sich um einen systematischen Fehler, der in Computerprogrammen (einschließlich solcher, die auf künstlicher Intelligenz beruhen) auftreten kann, wenn neue Annahmen auf vorgefassten Meinungen beruhen. Wenn diese Haltungen nicht korrigiert werden, wird ihre Anwendung auf reale Fälle zu falschen, ungerechten und im negativen Sinne diskriminierenden Ergebnissen führen, wie wir bereits gesehen haben.

In den meisten Fällen handelt es sich nicht um absichtliche Diskriminierung, sondern um Probleme der Voreingenommenheit in den Datenbanken, die die algorithmischen Systeme speisen und denen es an Repräsentativität fehlt. Wir Menschen haben uns in Bezug auf Diskriminierung stark verbessert, aber die verwendeten Daten sind gewissermaßen »historisch« und unterscheiden nicht zwischen unseren früheren und aktuellen Ansichten. Die Tatsache, dass es uns heute besser geht, bedeutet nicht, dass wir frei von Vorurteilen sind: Wir funktionieren immer noch als diskriminierende Gesellschaften.

KAPITEL 6

Ein weiteres großes Hindernis ist die mangelnde Vielfalt unter den Technologieentwicklern, die überwiegend aus weißen Männern der mittleren oder oberen Mittelschicht bestehen, mit Ausnahme der ausgelagerten Arbeitskräfte in anderen Ländern. Auch die Einbeziehung von Profilen aus anderen Disziplinen ist unzureichend. Wie die Expertin Gemma Galdon betont: »Ingenieure können keine Welt codieren, die sie nicht verstehen.«[34]

Das größte Problem ist jedoch sozialer Natur: Solange Diskriminierung in unserer Kultur präsent ist, wird sie sich auch in der Technologie widerspiegeln, reproduzieren und verstärken. Wie die Soziologin und Anthropologin Ruha Benjamin feststellt, ist die Diskriminierung durch Computer kein Fehler im System, sondern ein Teil von dessen zentraler Struktur.[35] Wenn man es für eine Fehlfunktion hält, wird man versuchen, diese mit mehr und vermeintlich besseren Daten zu beheben, anstatt einen Schritt zurückzutreten und darüber nachzudenken, ob es überhaupt möglich ist, in einer ungerechten Gesellschaft gerechte Algorithmen zu entwickeln. Algorithmen sind ein Spiegel, in den wir nicht sehen wollen.

Technologien, die oft als objektiv dargestellt werden, verstärken in Wirklichkeit den Rassismus und andere Formen der Ungleichheit. Auch wenn die offizielle Segregation seit langem abgeschafft ist, ermöglichen diese Systeme, die Daten in einem noch nie da gewesenen Ausmaß sammeln, neue Formen der Segregation, die heimtückischer, weil weniger sichtbar sind.[36] Den Schöpfern dieser Programme ist nicht bewusst, auf welche Weise die Diskriminierung Teil des Codes einer Technologie ist, die eine bessere Welt zu schaffen verspricht.

Ebenso wenig wahrgenommen wird diese Realität häufig von Menschen aus privilegierten Teilen der Gesellschaft, die davon nicht negativ betroffen sind. Aufgrund ihres Sozialstatus werden sie vielleicht zur Zielscheibe von teurerer Werbung, aber sie geraten nicht in gefährliche Rückkopplungsschleifen. Dies wird von Eubanks gut erläutert:

> Randgruppen sind in höherem Maße der Gegenstand von Datenerhebungen, wenn sie öffentliche Leistungen beantragen, durch stark kontrollierte Stadtteile gehen, das Gesundheitssystem in Anspruch nehmen oder Landesgrenzen überqueren. Durch diese Daten wird ihre Marginalität verfestigt, wenn sie zu Verdachtsprüfungen und weiteren Kontrollen verwendet werden. Diejenigen Gruppen, die als tadelswürdig erachtet werden, werden zur Zielscheibe von Strafmaßnahmen und verstärkter Überwachung, und der Kreislauf beginnt von neuem. Es ist eine Art kollektives Warnsignal, das auf ein Perpetuum mobile der Ungerechtigkeit verweist.[37]

Eubanks behauptet, dass George Orwell sich in einem Detail seines Romans *1984* geirrt hat: Big Brother beobachtet keine Einzelpersonen, sondern uns alle. Die meisten Menschen stehen unter digitaler Aufsicht als Mitglieder sozialer Gruppen, nicht als Individuen. Menschen bestimmter Hautfarben, Migranten, Verdacht erregende Religionsgemeinschaften, sexuelle Minderheiten, Arme und andere unterdrückte und ausgebeutete Bevölkerungsgruppen sind weitaus stärker von Überwachung und Kontrolle betroffen als privilegierte Teile der Gesellschaft.

Dennoch entgeht im Zeitalter des »digitalen Feudalismus« niemand dem Auge, das alles sieht. Wie wir beobachtet und durchleuchtet werden, was sich in den Abgründen des Online-Autoritarismus verbirgt und wie Macht im Zeitalter des »Überwachungskapitalismus« (Shoshana Zuboff) funktioniert und ausgeübt wird, wird im nächsten Kapitel behandelt.

7
Digitale Tyrannei

*Ein wirklich leistungsfähiger totalitärer Staat wäre
ein Staat, in dem die allmächtige Exekutive politischer
Machthaber und ihre Armee von Managern eine
Bevölkerung von Zwangsarbeitern beherrscht, die zu
gar nichts gezwungen zu werden brauchen, weil sie
ihre Sklaverei lieben.*

Aldous Huxley, *Schöne neue Welt*, Vorwort

*Wir werden darauf konditioniert, zu gehorchen.
Genauer gesagt: Wir werden darauf konditioniert,
gehorchen zu wollen.*

Brett Frischmann und Evan Selinger, *Reengineering Humanity*

Panoptikum. Eine noch nie da gewesene Idee zur Gedankenkontrolle. Ein Konzept, das Ende des 18. Jahrhunderts zur Verwaltung eines Gefängnisses im Vereinigten Königreich entstand und das nun die Welt des 21. Jahrhunderts beherrscht. Ein beunruhigender Vorschlag, angeregt durch das zaristische Russland des Fürsten Grigori Potjomkin.

Samuel Bentham stand im Dienste Potjomkins. Von ihm übernahm er das »Prinzip der zentralen Kontrolle«, um die Arbeiter zu überwachen. Als er seinem Bruder – dem englischen Philosophen und Ökonomen Jeremy Bentham, Begründer des Utilitarismus – davon erzählte, war der fasziniert. Ausgehend von dieser Idee entwarf Jeremy sein Panoptikum: ein kreisförmiges Zuchthaus, in dem die Zellen der Gefangenen entlang der Außenmauer angeordnet waren und der Mittelpunkt von einem

Wachturm überragt wurde. Vom Turm aus konnte der Wächter jederzeit in jede der Zellen schauen, aber die Gefangenen konnten nicht ihn sehen.

Jeremy Bentham glaubte, dass die Gefangenen aufgrund des Gefühls, ständig überwacht zu werden, ihr Verhalten ändern und sich bei der Arbeit anstrengen würden, um eine Bestrafung zu vermeiden. Er war davon überzeugt, dass dieses Modell in verschiedenen Einrichtungen wirkungsvoll zum Einsatz kommen werde. Voller Enthusiasmus schrieb er:

> Die Reform der Moral, die Erhaltung der Gesundheit, die Stärkung der Industrie, die Breitenwirkung der Erziehung, die Verringerung der öffentlichen Ausgaben, die gleichsam auf einem Felsen ruhende Wirtschaft, der gordische Knoten der Armengesetze, der nicht durchschlagen, sondern gelöst wird – all dies dank einer einfachen architektonischen Idee![1]

Eine einfache Idee, die nicht nur das System des Strafvollzugs radikal neu denkt. Der französische Philosoph Michel Foucault hat sich mit Benthams Panoptikum intensiv auseinandergesetzt. Für ihn illustriert es die allgemeine Tendenz des Staates zur Disziplinierung seiner Bürger. Eine Realität, die bereits George Orwell in seinem Roman *1984* beschrieben hat, in dem das Leben unter ständiger Beobachtung durch Big Brother steht.

Heutzutage ist das Auge, das alles sieht, das Internet. In ihm gibt es Wächter, die nicht nur unsere Online-, sondern auch unsere Offline-Aktivitäten beobachten. Es herrschen in ihm mehrere »Big Brothers«. Jede Ecke des Cyberspace erfasst unsere Bewegungen, unsere intimsten Daten, die für wirtschaftliche und politische Zwecke genutzt werden. Der krude Kapitalismus der Epoche der industriellen Revolution, in der die Brüder Bentham lebten, wurde gewissermaßen veredelt und perfektioniert. Heute ist es der Kapitalismus der Technologiegiganten, die die Spielregeln festlegen, die filtern, was wir zu sehen und zu lesen bekommen, und die überzeugt davon sind, uns besser zu kennen als wir uns selbst.

In ihrem wegweisenden Buch zum Thema *Das Zeitalter des Überwachungskapitalismus* von 2018 nennt die Wirtschaftswissenschaftlerin und emeritierte Harvard-Professorin Shoshana Zuboff dieses System »Überwachungskapitalismus«. Es ist immer noch eine Form von Kapitalismus, der aber einer neuen wirtschaftlichen Logik unterliegt, die durch den digitalen Apparat gesteuert wird. Ein Modell, das sich von der demokratischen Marktwirtschaft entfernt und die moralischen und politischen Rahmenbedingungen der Gesellschaft des 21. Jahrhunderts prägt, und damit auch die Werte unserer Zivilisation, ein Modell, das, ohne offen gewalttätig zu sein, eine subtile Gewalt ausübt: Es dringt in unsere Privatsphäre ein, verletzt sie und eignet sie sich an.

Zuboff führt die Anfänge dieses Modells auf die Entstehung von Google (2001) zurück, insbesondere auf dessen Methode zur Erzeugung von Werbeeinnahmen durch den exklusiven Zugang zu den Browsing-Datensätzen der Nutzer. Die Suche nach Mustern zur Vorhersage der Vorlieben dieser Personen, um die Anzeigen darauf abstimmen zu können, wurde immer aggressiver, bis schließlich neue Daten erschlossen wurden: solche, die die Nutzer eigentlich hatten für sich behalten wollen. Aus diesen Angaben ließen sich umfangreiche persönliche Informationen ableiten, die die betroffenen Personen nie freiwillig mitgeteilt hatten.

Private menschliche Erfahrungen wurden so durch die Umwandlung in Verhaltensdaten zu Rohstoff für den Markt. Die heimlichen Datensammler wissen nicht nur, wie wir im Internet surfen, wonach wir suchen oder wie wir uns in sozialen Netzwerken verhalten. Das alles sehende, alles hörende und alles mitlesende Panoptikum erfasst jedes Geräusch, jeden Text und jedes Bild, jede Bewegung, jedes Gespräch und jeden Gesichtsausdruck.

Dies wurde ermöglicht durch die Allgegenwart des Internets. Vernetzte Geräte, die uns ständig begleiten, sowie Sensoren, Überwachungskameras und Gesichtserkennungssysteme, die überall zu finden sind, bilden zusammen den digitalen Apparat zur Datenerfassung, der uns beobachtet, kontrolliert und beherrscht. Ein System, das pausenlos Angaben zu unserem Verhalten sucht, aufspürt, extrahiert, speichert und verarbeitet. Und diese Daten verwandelt es dann in Vorhersagen darüber, wie wir uns in der unmittelbaren Zukunft verhalten werden. Das sind Benthams Panoptikum und Orwells Big Brother auf einer maximalen Stufe der Potenzierung.

Dieser Wandel war ein historischer Einschnitt: der Traum von einer Einnahmequelle zum Nulltarif. Ein höchst attraktives Modell, das bald von Facebook nachgeahmt wurde und zum Standardsystem in jeder App aus dem Technologie-Mekka Silicon Valley wurde – eine wahre Gelddruckmaschine. Das Modell ist inzwischen globalisiert. Es hat sich auf alle Wirtschaftsbereiche ausgedehnt und wird heute bereits als »Datenkolonialismus« bezeichnet.

Seine Reichweite und Verästelung sorgen dafür, dass selbst dann, wenn einige der führenden Vertreter des Überwachungskapitalismus vom Markt verschwinden sollten, sofort andere kommen werden, um die Lücke zu füllen. Dieses Modell ist zur Essenz des Kapitalismus geworden. Und das hat es geschafft, indem es uns überlistet hat und sich für unsere vernetzten Leben unentbehrlich gemacht hat, weil es uns Bequemlichkeit, Wissen und andere Belohnungen bietet.

Die Abhängigkeit hat längst ungeahnte Formen angenommen. So stellen etwa Kinder entsetzt fest, sobald sie etwas älter sind, dass ihre Eltern jahrelang intime Informationen und Geschichten über sie im Internet veröffentlicht haben. Manche Minderjährige haben deswegen sogar Anzeige gegen ihre Erziehungsberechtigten erstattet.[2] Wir verschenken nicht nur unser eigenes Leben an den Überwachungskapitalismus, sondern auch das Leben unserer Kinder.

Das Panoptikum des 21. Jahrhunderts strebt die Kontrolle der gesamten Bevölkerung an, woraus eine Form digitaler Tyrannei und Überwachung entsteht, getarnt unter Vorwänden wie der Personalisierung von Produkten oder Dienstleistungen, der Benutzerfreundlichkeit, einer höheren Markteffizienz und gesteigerten Produktivität, dem Schutz der Persönlichkeitsrechte, dem Kampf gegen Hassreden, dem Schutz der öffentlichen Gesundheit oder der nationalen Sicherheit. Wie sieht das alles konkret aus? Damit werden wir uns im Folgenden nun im Detail beschäftigen.

Kontrolle der Online-Spur

DIE PERSONALISIERUNGSFALLE

Einige der Online-Daten, mit denen die Unternehmen Geschäfte machen, wurden erstmals gesammelt, um angeblich digitale Produkte und Dienstleistungen zu verbessern, das heißt, um sie zu personalisieren und sie dem einzelnen Nutzer anzupassen. Es war und ist immer noch der perfekte Vorwand, um unsere intimsten Daten abzugreifen. Welche Daten genau? Was jeder von uns sieht, betrachtet oder hört. Vor allem unsere Suchhistorie (die selbst dann rekonstruiert werden kann, wenn wir sie löschen). Alles, was wir aus irgendeinem Grund jemals gesucht haben. Egal, wie heikel oder intim diese Suchanfragen gewesen sein mögen, sie werden fortan mit unserer Person verbunden, unter Kategorien wie »Inzest«, »Drogenmissbrauch«, »Unfruchtbarkeit« oder »psychische Gesundheit«. Auch unsere politische Orientierung (eher rechts oder links) wird vermerkt.[3] Unsere numerische Kennung (ID) verbirgt zwar unsere Identität in pseudonymisierter Form, ermöglicht es aber dennoch, uns bei späteren Besuchen anhand dieser Nummer wiederzuerkennen.

Auch die ID, die mit dem Profil eines jeden von uns verknüpft ist, das im Besitz der Anzeigenkäufer ist, wird extrahiert. Unser Standort. Eine Beschreibung unseres Gerätes. Und in einigen Fällen sogar unsere IP-Adresse, eine eindeutige Kennung, die zu dem Gerät gehört, von dem aus sich der jeweilige Nutzer mit dem Internet verbindet, und die daher mit dessen Vor- und Nachnamen verknüpft werden kann.[4]

Wohin gelangen diese Daten? In die Hände von Tausenden von Dritten. Wenn eine Person eine Website besucht, werden die Daten ihres Online-Profils an einen Anzeigenserver gesendet. Anschließend werden sie an ein System weitergeleitet, das Werbeflächen und Seitenaufrufe anbietet. Danach gelangen sie in ein System zum Austausch von Anzeigen, das die Nachfragedaten der Werbetreibenden mit den Daten der Werbeflächen verbindet. Schließlich wird einer dieser segmentierten Werbeaufträge ausgewählt und der Person, die die Suche durchführt, gezeigt. Das System wird auf diese Weise neue Daten von dieser Person erhalten, um die Informationen zu vervollständigen, die es bereits über sie hat (und das betrifft uns alle, die Gesamtheit der Nutzer). So geht es endlos weiter.

Eine Datenpreisgabe gibt es nicht nur bei Google. Auch bei Apple, dem selbsternannten Vorreiter in Sachen Datenschutz, gibt es undichte Stellen. Es heißt zwar, dass »was auf Ihrem iPhone passiert, auf Ihrem iPhone bleibt«, aber in Wirklichkeit können auch hier Tausende von Dritten auf die Daten der Smartphone-Besitzer zugreifen. Eine Studie des Technologie-Kolumnisten Geoffrey A. Fowler *(The Washington Post)* in Zusammenarbeit mit dem Datenschutzunternehmen Disconnect ergab, dass 5400 Unternehmen wöchentlich sein iPhone durchsuchten und in nur einem Monat 1,5 Millionen Gigabyte Daten an Dritte weitergaben.[5] Unter diesen Angaben waren seine Telefonnummer, seine E-Mail-Adresse, sein genauer Standort und sein Fingerabdruck. Zu den Apps, die seine Daten weitergaben, gehörten Spotify, Nike, Microsoft OneDrive, der Weather Channel und sogar die *Washington Post*.

Diese Apps laufen im Hintergrund, ohne dass der Nutzer es merkt.[6] Sie können sogar von Zeit zu Zeit Screenshots machen

KAPITEL 7

und diese an einen externen Server senden. Wie nachgewiesen wurde, gibt es Apps von Fluggesellschaften, Hotels, Reisebüros oder Banken, die den Bildschirm des iPhones heimlich aufzeichnen und sogar versehentlich vertrauliche Daten an die Öffentlichkeit gelangen lassen.[7]

Einer App Zugriff auf die Kamera zu gewähren, bedeutet, ihr die Kontrolle über die Aufnahme von Fotos oder Videos ohne ausdrückliche Genehmigung zu geben. In der Theorie ist dies nicht der Fall, wenn man einem solchen Zugriff nur zustimmt, während man die App aktiv nutzt, aber in der Praxis sieht es anders aus. Entweder absichtlich oder aus Versehen kann alles Mögliche geschehen, wie es bei einem Fehler in der Videokonferenz-App FaceTime der Fall war, durch den man die Videoteilnehmer belauschen konnte, bevor sie den Videoanruf abnahmen.

Was Apple betrifft, so wird die Datenverfolgung durch seine IDFA-Kennung für Werbetreibende gewährleistet. Es handelt sich um einen Tracking-Code, der es dem Unternehmen mit dem Apfel-Symbol und allen auf dem iPhone laufenden Apps ermöglicht, einen Nutzer zu überwachen und Informationen über sein Online- und Handyverhalten zu sammeln.[8] Nach EU-Recht wäre dafür die Zustimmung der Nutzer erforderlich. Apple hat diese Erlaubnis aber bis vor kurzem nicht eingeholt und wurde deshalb verklagt.[9]

Tausende von Dritten kaufen die über uns verfügbaren Informationen. Je mehr diese Dritten davon haben, desto vollständiger wird ihr Profil jedes Nutzers sein, und sie werden diese Informationen als Ausgangspunkt für Vorhersagen verwenden, um uns in ihrem Eigeninteresse zu manipulieren. Wozu genau? Nicht, um uns bessere Erlebnisse zu bieten oder ansprechendere Produkte, denn das ist für sie sekundär und nur ein Mittel zum Zweck: Es geht einzig und allein darum, uns dazu zu bringen, mehr zu kaufen oder länger auf ihren Plattformen zu bleiben. Wenn wir uns beispielsweise online eine Serie bei HBO oder Netflix ansehen, dann werden uns andere Serien vorgeschlagen, die uns gefallen könnten, weil sie in irgendeiner Weise dem ähneln, was wir zuvor gesehen haben. Auf diese Weise bringt man uns dazu, weitere Serien zu sehen und ständig online zu bleiben, um weiter zu konsumieren.

Amazon hat eine eigene Vorgehensweise. Neben den Käufen und Aktivitäten jeder Person auf dieser Website oder an anderen Orten werden auch die Lesegewohnheiten aufgezeichnet: wie weit die Nutzer in den einzelnen Büchern vorankommen, welche Teile eines Werks sie hervorheben, welche Auszüge sie kopieren, wie oft sie Wortdefinitionen im Kindle-Wörterbuch nachschlagen und welche anderen Aktionen sie auf ihren Lesegeräten durchführen.[10] Aus diesen Daten lassen sich Rückschlüsse auf den Gesundheitszustand, den Beruf, die persönlichen Eigenschaften oder Hobbys der einzelnen Leser oder Leserinnen ziehen, Informationen, die – so heißt es – nur dazu dienen, den Lektüregenuss der Menschen zu verbessern und ihnen andere Bücher vorzuschlagen, die ihnen gefallen könnten.

Das ist die Personalisierungsfalle, der perfekte Trick, um uns bei der Stange zu halten und das Konsumrad weiterzudrehen. Die Algorithmen greifen unseren Wünschen nicht voraus, sondern dominieren sie. Sie hemmen die Kreativität, indem sie immer wieder dieselben Muster vorschlagen, die bereits in der Vergangenheit vorgekommen sind, und nicht etwas Neues (das ebenfalls passend, interessant, gut oder nach unserem Geschmack sein könnte).

Die oben genannten Beispiele mögen harmlos erscheinen, aber im Fall von Unterhaltungsplattformen wie Netflix handelt es sich um eine Vorgehensweise, die zur Sucht führen kann. Die verschleiernd so genannte »Personalisierung« kommt uns nicht nur nicht zugute, sie schadet uns sogar. Amazon sagt, dass es die Lesedaten seiner Nutzer nicht an Dritte weitergibt, aber das bedeutet nicht, dass es dies nicht tun könnte.

Noch eklatanter ist der Fall des Google-Betriebssystems Android. Eine Untersuchung von mehr als 82 000 Apps, die auf über

1700 Android-Telefonen von mehr als 200 Herstellern vorinstalliert waren, ergab, dass dieses Betriebssystem potenziell schädliches Verhalten und den versteckten Zugang zu sensiblen Daten und Diensten ohne die Zustimmung oder das Wissen der Nutzer ermöglicht hat.[11]

Eine weitere Analyse von 1000 Apps für Android-Telefone ergab, dass 61 Prozent von ihnen Informationen sofort mit Meta (ehemals Facebook) teilen, sobald ein Nutzer die App öffnet, und zwar ohne Aufforderung und unabhängig davon, ob der Nutzer ein Konto bei Facebook hat oder nicht.[12] Weitere Beispiele? Schreiben Sie in einer Ihrer WhatsApp-Gruppen »Wir machen Urlaub in Neuseeland« und warten Sie ab, wie lange es dauert, bis Facebook Ihnen Anzeigen für Reisen zu den Antipoden zeigt.

Meta überwacht die Nutzer auch dann, wenn sie die App nicht geöffnet haben. Es weiß, welche Seiten jede Person besucht hat und wie lange sie sich dort aufgehalten hat. Wie macht das Unternehmen das? Durch die »Gefällt mir«-Buttons, die auf jeder von uns besuchten Internetseite auftauchen und die an Meta einen Bericht über diesen Besuch senden, unabhängig davon, ob wir sie anklicken oder nicht.

Um seine Algorithmen und seine KI mit Material zu versorgen, sammelt Meta Daten, wo immer es kann, um immer mehr Nutzer anzulocken und sie länger an sich zu binden – Daten, die es in diesem Fall tatsächlich an Dritte weitergibt. Ein reumütiger Investor und ehemaliger Berater des Unternehmens gab zu, dass Facebook bereits kurz nach seiner Gründung »jeden ausspioniert hat, auch Personen, die Facebook nicht benutzten«.[13]

Man steckt mit drin, auch ohne es zu wollen. »Kein Konto im sozialen Netzwerk zu haben, schafft das Problem nicht aus der Welt, denn auf dem Weg über registrierte Personen erhält das Tool auch Daten von nicht registrierten Personen«, erzählte mir in einem Interview der österreichische Anwalt Max Schrems,[14] der 2013, als er noch nicht einmal sein Studium abgeschlossen hatte, eine Klage gegen Facebook wegen dessen Tracking-Aktivitäten einreiche. Ein Verfahren, das er gewann, denn in seinem Urteil erklärte der Europäische Gerichtshof das Safe-Harbor-Abkommen zur Übermittlung personenbezogener Daten zwischen der Europäischen Union und den Vereinigten Staaten für ungültig.

Bewegungskontrolle und Überwachung für die nationale Sicherheit, die öffentliche Gesundheit und den häuslichen Komfort

DER NEID DER GEHEIMDIENSTLER

Max Schrems reichte nach den Enthüllungen von Edward Snowden über die Zusammenarbeit von Facebook mit US-Sicherheitsbehörden wie der CIA und der NSA mehrere Klagen gegen Facebook ein. Sie erinnern sich? Snowden – das ist der junge Amerikaner, der die systematische Massenüberwachung durch die US-Regierung aufgedeckt hat.[15] Die Bestürzung angesichts der Entdeckung, dass »die Regierung der Feind war«, machte aus einem Spion einen Whistleblower.[16] Er selbst war als ehemaliger CIA- und NSA-Mitarbeiter Teil des Systems gewesen, das heimlich jeden Anruf, jede Textnachricht und jede E-Mail der Bürger aufzeichnet. Eine noch nie da gewesene Spionagearchitektur mit der Fähigkeit, in das Privatleben jedes Menschen auf der Erde einzudringen.[17]

Es ist ein System, das nicht nur selbstverständlich geworden ist, sondern auch seine Reichweite nicht verbirgt, da durch demokratische Regierungen die Registrierung von Telefongesprächen und Internet-Metadaten legalisiert wurde (Letztere sind Informationen, die andere Informationen beschreiben, um sie besser verstehen oder nutzen zu können). Ein Beispiel für Metadaten sind die Tags, mit denen Digitalkameras die Bilder versehen: Titel, Beschreibung, Kategorien ... Bei einer E-Mail sind die Metadaten die Betreffzeile, der Absender, das Datum und die Uhrzeit des Versands, die Servernamen und die IP-Adresse (Internet Protocol) und so weiter.

Eine IP-Adresse, die mit Basisinformationen über einen Telekommunikationsteilnehmer verknüpft ist, reicht aus, um die Interessen einer Person, ihre Neigungen, ihren Umgang mit anderen oder ihre Reiseziele zu ermitteln. Metadaten sind für die Privatsphäre genauso gefährlich wie der Inhalt der Nachrichten selbst. Diese Art von Daten wird über größere Zeiträume erfasst und angehäuft, um daraus dann relevante Informationen zu gewinnen. Angesichts der heutigen Möglichkeiten, große Datenmengen zu speichern und zu verarbeiten, kann man viele dieser Metadaten untereinander abgleichen.

Auf diese Weise lassen sich nicht nur private Informationen gewinnen, sondern auch Muster erkennen sowie Beziehungen abbilden oder intime Rückschlüsse ziehen. So ist es beispielsweise möglich, eine graphische Darstellung des menschlichen Netzwerks um eine bestimmte Person herum zu erstellen, in der alle Menschen identifiziert werden, die eine oder zwei Stufen vom im Mittelpunkt stehenden Individuum entfernt sind. Dies wird als »sozialer Graph« einer Person bezeichnet.

Die Kombination von Informationen über unsere Beziehungen in sozialen Medien, unseren Standortdaten, die sich in Relation zu den Mobilfunkmasten ermitteln lassen, den Metadaten aus unseren E-Mails oder den Spuren der Produkte, die wir online kaufen, kann ein sehr detailliertes Bild unseres Lebens zeichnen.[18] Fast jede Online-Aktivität hinterlässt irgendeine Art von persönlicher Fährte, die in einem riesigen Universum von Metadaten landet, die nicht schwer zu korrelieren sind.

Diese Informationen stellen in aggregierter Form eine Positionsmarkierung der Absichten der gesamten Menschheit dar: eine riesige Datenbank mit Wünschen, Bedürfnissen und Vorlieben, die entdeckt, zitiert, archiviert, nachverfolgt und für alle möglichen Zwecke genutzt werden können.[19] Sogar zum Töten. »Wir töten Menschen auf der Grundlage von Metadaten«, sagte der ehemalige NSA- und CIA-Direktor Michael Hayden während einer Debatte im Jahr 2014.[20]

Wie wir gesehen haben, können auch die Begriffe, die wir in Suchmaschinen eingeben, dazu dienen, uns zu identifizieren, und jede Menge vertrauliche Informationen über uns preisgeben. So ist es beispielsweise möglich, anhand der Kontaktstruktur einer Person auf Facebook die Identität des Ehepartners der Person zu ermitteln (ohne dafür den Inhalt des Profils dieser Person kennen zu müssen).[21] Man kann auch die demographischen Angaben der Nutzer (Geschlecht, Berufsfeld, Familienstand, Alter und Anzahl der Familienmitglieder) anhand von Handydaten erstellen, die standardmäßig von allen Arten von Apps gesammelt werden:[22] Transport, Essenslieferungen nach Hause, Supermärkte, Unterhaltungs- und Livemusik-Dienste, Bekleidungsmarken, Fluggesellschaften und so weiter, wobei die wichtigste Rolle hierbei die sozialen Netzwerke spielen.

Aus Metadaten lassen sich auch sensiblere Informationen über unsere Gesundheit ableiten. So ist es beispielsweise möglich, zu erkennen, dass eine Person an Multipler Sklerose erkrankt ist, wenn die Metadaten berichten, dass sie mit einer Apotheke für chronisch Kranke, einem Dienst für Patienten mit schweren Erkrankungen, mehreren lokalen neurologischen Diensten und einer pharmazeutischen Hotline für ein verschreibungspflichtiges Medikament kommuniziert, das nur zur Behandlung der Symptome im Lauf dieser Krankheit eingesetzt wird.[23]

Die Erstellung von Online-Profilen der Nutzer nimmt durch das Aufkommen neuer vernetzter Technologien immer neue Dimensionen an. Die sogenannten Wearables, kleine tragbare Geräte in Form von Armbändern, Smartwatches und so weiter, messen Körper- und Aktivitätsparameter. Sie speichern intime Informationen über unsere Gesundheit und kennen jederzeit unseren Standort. Diese Daten werden über Bluetooth direkt mit Smartphones und anderen Geräten ausgetauscht. Die Informationen werden in einem persönlichen Konto in der Online-Cloud gespeichert. Je nachdem, wer sie verwaltet, können sie verkauft, weitergegeben oder strategisch mit Dritten ausgetauscht werden, um – im harmlosesten Fall – dazu verwendet zu werden, dem Nutzer Werbung zu schicken. Natürlich besteht immer die Gefahr, dass diese Systeme, die oftmals nicht hinreichend geschützt sind, gehackt werden.

Im Jahr 2019 kam verschärfend hinzu, dass Google die App »Fitbit« erwarb, einen der beliebtesten Aktivitätstracker. Abgesehen davon, dass hier die Gefahr der Schaffung eines Monopols besteht:[24] Die Kombination der Gesundheitsdaten von Fitbit mit denen von Google bietet einzigartige Möglichkeiten für die Diskriminierung im Gesundheitswesen, bei Krankenversicherungen und in anderen sensiblen Bereichen. Selbst wenn Google sein Versprechen hält, die Gesundheits- und Aktivitätsdaten von Fitbit nicht zur Personalisierung von Werbung zu verwenden, können andere Angaben (der Standort der Nutzer etwa) erhebliche Datenschutzprobleme verursachen.

Ähnliche Sorgen verursachen auch andere vernetzte Geräte im Haushalt, vom Staubsauger bis zur Kaffeemaschine. Intelligente Lautsprecher (Smart Speaker) gehen noch einen Schritt weiter. Sie geben nicht nur Tipps bei der Wiedergabe von Musik oder Videos, sie helfen auch bei der Suche nach Restaurants oder Flügen, der Beantwortung von Fragen zum aktuellen Zeitgeschehen, dem Wetter oder allem, was sich im Internet nachschlagen lässt.

Selbstverständlich vertreibt auch Google seine eigenen Smart Speaker: »Google Home«. Amazons Smart Speaker heißen »Echo« und »Alexa«. Diese »Assistenten« für den Hausgebrauch erweitern die Überwachung des Privatlebens der Verbraucher in mehrfacher Hinsicht.[25] Sie können aus den Stimmen, die sie in ihrer Umgebung wahrnehmen, auf Gefühle und Verhaltensweisen schließen. Sie können nicht für sie bestimmte Gespräche mithören, sondern beispielsweise auch Telefongespräche, und Inhalte erfassen, an denen sich Werbung orientieren kann (wenn etwa jemand sagt »Ich gehe gern schwimmen«).

Die Geräte können während einer Unterhaltung verschiedene Gesprächspartner identifizieren und für jeden ein Interessenprofil erstellen.[26] Mit dem Versprechen, ihre Dienste auf die sprechende Person abzustimmen, können sie Stimmprofile erstellen, um Verhaltensweisen (beispielsweise Schlaf-, Ess- oder Duschgewohnheiten, Vorlieben beim Kochen) bestimmten Personen im Haushalt zuzuordnen (was wiederum der zielgerichteten Werbung dient).

Sie können Daten mit Dritten teilen, auf der Grundlage der von einer Kamera beobachteten Einrichtung Produkte empfehlen, wobei auch die Merkmale der Nutzer klassifiziert werden (Geschlecht, Alter, Modegeschmack, Stil, Stimmung, Sprachen, bevorzugte Aktivitäten usw.), die Anwesenheit von Kindern erkannt wird und Situationen, in denen gescherzt wird, was ebenfalls für die Werbung verwendet werden kann.[27]

Theoretisch sollen Smart Speaker nur jene Tonaufnahmen speichern und analysieren, die der Nutzer weitergeben will.[28] Es hat sich jedoch gezeigt, dass sie das nicht tun, zumindest nicht immer. Als im Jahr 2018 mehrere Echo-Besitzer berichteten, dass Alexa manchmal unpassend lachte, gingen bei vielen die Alarmglocken an. Der Vorfall ging um die Welt, ebenso wie die Geschichte eines Ehepaars, dessen privates Gespräch Alexa aufgezeichnet und ungebeten an einen Kontakt geschickt hatte.[29]

Amazons diesbezügliche Erklärung wies lediglich auf eine Fehlfunktion und Ungenauigkeit des Geräts hin. Obwohl das Unternehmen versuchte, den Eindruck zu erwecken, es handele sich um einen einmaligen Fehler, fand die Journalistin Rachel Metz heraus, dass die Aufzeichnung von Gesprächen ohne Genehmigung systematisch erfolgte.[30] Im April 2019 enthüllten mehrere Mitarbeiter des Unternehmens, dass ein Team von Tausenden von Amazon-Mitarbeitern stichprobenartig mithört, was Kunden zu Alexa sagen.[31] Sie überprüfen nicht nur die Audioclips, sondern transkribieren und analysieren auch Teile von Gesprächen. Sie tun dies angeblich, um die Leistung des Assistenten zu verbessern. Es wird wie immer behauptet, es geschehe zu unserem Wohl.

Der Aufruhr und die Empörung, die durch die Enthüllungen ausgelöst wurden, veranlassten Amazon, in den Geräten eine Funktion zum Löschen einzubauen, mit der Möglichkeit, alles zu entfernen, was in einem bestimmten Zeitraum gesagt wurde.

Diese Sprachaufzeichnungssysteme, einschließlich virtueller Assistenten, die in Haushaltsgeräte, Smartphones und Fahrzeuge integriert sind, haben sich als echte Spionageagenten erwiesen. Etwas Ähnliches passiert bei der App »Clubhouse«, dem Flaggschiff der FOMO-Apps, das die Gespräche der Nutzer aufzeichnet und speichert. Sie und ich können nicht auf diese Audiodateien zugreifen, aber Clubhouse schon. Außerdem werden Informationen über jedes Profil gesammelt, zum Beispiel, wie oft und wie lange jeder Nutzer aktiv ist, zu welchen Tageszeiten er sich einloggt und mit welchen Personen und Gruppen er kommuniziert. Wozu geschieht dies? Von Transparenz kann keine Rede sein.

Können Sie sich vorstellen, was passiert, wenn all diese Werkzeuge in die falschen Hände geraten? Illegal auf diese Werkzeuge zuzugreifen ist nicht schwer, da diese Systeme Schwachstellen beim Datenschutz aufweisen, die von Hackern zu böswilligen Zwecken ausgenutzt werden können. Aber auch ohne böswillige Absicht geschieht dies. So hatte ein Nutzer seine Chats auf Clubhouse einfach umgeleitet, um sie bequem auf seiner eigenen Website zu streamen, wodurch die vermeintlich privaten Gespräche plötzlich öffentlich wurden.[32] Die Universität Stanford hat bereits vor Sicherheitslücken in dieser App gewarnt.[33] Außerdem wies sie darauf hin, dass Clubhouse seinen kometenhaften Aufstieg der Firma Agora aus Schanghai verdankt, die die technische Infrastruktur bereitstellt.

Besondere Erwähnung verdienen die Technologien der Biometrie und der Gesichtserkennung. Biometrische Verfahren werden eingesetzt, um die Identität von Menschen anhand eines oder mehrerer physischer (Gesicht, Fingerabdrücke, Iris) oder verhaltensbezogener (z.B. Unterschrift) Merkmale zu überprüfen. Diese Authentifizierungsapps, die jahrelang dem Bereich der nationalen Sicherheit und der Strafverfolgung vorbehalten waren, sind längst in unserem Alltag angekommen. Insbesondere durch die Gesichtserkennung und -analyse wurde ein noch nie da gewesenes Ausmaß an Überwachung erreicht.

Die Hälfte der Weltbevölkerung kommt bereits regelmäßig mit dieser Technologie in Berührung. Sie wird in mindestens 98 Ländern verwendet. In drei Ländern ist sie verboten.[34] Bei den weltweiten privaten Investitionen in künstliche Intelligenz nimmt sie den dritten Platz ein. Im Jahr 2019 wurden 6 Prozent der Gesamtinvestitionen in diesem Bereich getätigt, fast so viel wie für die Anwendung der KI in den Bereichen Arzneimittel, Krebsforschung und Therapiemethoden ausgegeben wurde.[35]

Wozu werden Gesichtserkennungssysteme eingesetzt? Meistens zu Überprüfungs- oder Identifizierungszwecken, die von polizeilichen Aufgaben (Erkennung von Straftätern oder Unterstützung bei der Suche nach vermissten Personen) bis hin zu scheinbar trivialeren Funktionen wie der Entsperrung des Smartphones reichen. Diese Systeme sind zu einem selbstverständlichen Teil unseres Lebens geworden. Sogar der spanische Mercadona-Konzern verwendet sie in seinen Supermärkten, was allerdings nicht unumstritten ist.[36]

Aufgrund der Brisanz der von ihnen verarbeiteten Inhalte wird der Einsatz von Gesichtserkennungssystemen stark kritisiert und infrage gestellt. Aus diesem Grund werden sie oft im Verborgenen verwendet. So wurde bekannt, dass die Polizei in den USA Social-Media-Fotos von Angeklagten in eine Gesichtserkennungssoftware eingibt, um sie zu identifizieren. Tatsächlich haben mehrere journalistische Untersuchungen enthüllt, dass das Start-up-Unternehmen »Clearview AI« Milliarden von Bildern aus sozialen Netzwerken und Websites gesammelt hat, um eine Suchmaschine für Gesichter zu entwickeln, und deren Nutzung dann an mehr als 600 US-Strafverfolgungsbehörden lizenziert hat.[37] Die Erlaubnis zur Verwendung haben auch Privatpersonen, Banken, Schulen und Einzelhändler erhalten.[38]

Der kleine Start-up tat etwas, was die großen Technologieunternehmen, die in der Lage waren, ein solches Tool auf den Markt zu bringen, nicht gewagt hatten. Nicht, weil es nicht verlockend gewesen wäre, sondern, so heuchlerisch es auch erscheinen mag, wegen der offensichtlichen Verletzung der Privatsphäre und der Möglichkeiten des Missbrauchs.

Wie funktionieren diese Technologien? Zur Überprüfung vergleichen sie die Gesichtszüge einer Person mit verfügbaren Bildern, um zu verifizieren, ob ein Foto mit einem anderen Foto auf einem Ausweis oder einem Porträt derselben Person in einem Fotoarchiv übereinstimmt. Zur Feststellung der Identität wird dann ermittelt, ob sich zu der Person auf dem Foto Angaben in einer Datenbank finden lassen.

Wie wir im vorangegangenen Kapitel gesehen haben, sind Tools zur Gesichtsanalyse alles andere als perfekt und versagen häufiger als eine Jahrmarktsflinte. Fehler in diesen Systemen haben schwerwiegende Folgen: unrechtmäßige Verhaftungen,[39] Programme zur Identifizierung von Verdächtigen, die in 80 Prozent der Fälle falsch liegen,[40] polizeiliche Überprüfungsinstrumente, die in 96 Prozent aller Situationen versagen,[41] Technologien zur Erkennung von Pässen, die dunkelhäutige Menschen nicht berücksichtigen,[42] oder systematische Diskriminierung dunkelhäutiger Personen in sozialen Medien.[43]

Ethnisch bedingte Erkennungsfehler sind bei biometrischen Systemen keine Seltenheit. Die Forscherin Joy Buolamwini erlebte sie am eigenen Leib, als sie am Media Lab des Massachusetts Institute of Technology (MIT) an einem Postgraduiertenprogramm teilnahm. Dort arbeitete sie im Rahmen verschiedener Projekte mit Gesichtserkennungsapps, aber diese erkannten ihr

Aussehen nicht richtig, sodass sie die Tools nicht verwenden konnte. Joy schaffte es, das Problem auf analoge Weise zu lösen, indem sie sich einfach eine weiße Maske aufsetzte. Dies veranlasste sie, bei ihren Untersuchungen ganz neu anzusetzen. Sie entdeckte, dass die Schwierigkeiten am größten waren, wenn die Variablen »Hautfarbe« und »Geschlecht« kombiniert wurden: Bei schwarzen Frauen war die Fehlerquote besonders hoch.[44]

Von der Hautfarbe einmal abgesehen, gibt es viele weitere Gründe, warum biometrische Systeme versagen können. Sowohl ihre Effizienz als auch ihre Genauigkeit können durch verschiedene demographische Variablen wie Geschlecht, Alter, Tragen einer Brille oder Körpergröße erheblich beeinflusst werden, wie auch durch die Beleuchtung, die Haltung oder den Gesichtsausdruck.[45]

Daher ist es sehr wahrscheinlich, dass Gesichtserkennungssysteme nicht angemessen oder optimal funktionieren. Nach zwei Jahrzehnten kontinuierlicher Forschung sowie viel Geld und Mühe, die in sie investiert wurden, sind sie immer noch nicht genau und leistungsfähig genug.[46]

Diese oftmals unwirksamen Technologien werden mit Steuergeldern bezahlt, denn die Staaten gehören zu den wichtigsten Käufern von Überwachungsinstrumenten. Am beliebtesten ist die Gesichtserkennung, aber es gibt auch andere Sicherheitsplattformen für intelligent kontrollierte Städte und für Polizeisysteme.[47]

Einer der weltweit führenden Akteure im Bereich der auf künstlicher Intelligenz basierenden Überwachung ist China. Chinesische Unternehmen wie Huawei, Hikvision, Dahua oder ZTE liefern entsprechende Geräte in 73 Länder.[48] Dazu gehören nicht nur autoritäre Regime. Tatsächlich sind westliche Demokratien die Hauptabnehmer dieser Technologien. 51 Prozent der fortschrittlichen Demokratien setzen intelligente Kontrollsysteme ein, gegenüber weniger als 41 Prozent der autokratisch regierten Staaten.[49] Letztere neigen jedoch eher dazu, die Überwachungsinstrumente zu missbrauchen, häufig zu repressiven Zwecken oder um bestimmte politische Ziele zu erreichen. China, Russland, Saudi-Arabien und andere Nationen mit schlechter Menschenrechtsbilanz sind Beispiele für den massiven Einsatz von repressiv verwendeten Überwachungssystemen.[50]

Ein weiterer wichtiger Produzent und Exporteur von Überwachungs- und Spionagetechnologien sind die Vereinigten Staaten. Cisco, IBM, Herta und Palantir sind einige der führenden Unternehmen in diesem Sektor. Deutschland ist Kunde von Cisco, Huawei und Palantir.[51] Palantir ist eine umstrittene Datenanalyse- (und Überwachungs-)Firma. Den Einsatz einer Analysesoftware des Unternehmens durch die Polizei von Nordrhein-Westfalen (probehalber seit Oktober 2020) hält die Datenschutzbeauftragte des Bundeslandes für »potenziell rechtswidrig«.[52] Im Dezember 2021 gründete der deutsche Merck-Konzern eine gemeinsame Plattform mit Palantir, um Probleme bei der Chipversorgung schneller lösen zu können.

Palantir ist eines von vielen Unternehmen, die die Krise genutzt haben, um ihre Präsenz in Europa auszubauen. Das Vereinigte Königreich beauftragte Palantir damit, seinen Nationalen Gesundheitsdienst (NHS) mit interaktiven Dashboards auszurüsten, die Auskunft geben zur jeweils aktuellen Ressourcenverfügbarkeit (wie der Krankenstand des Personals ist, wie die Anzahl der verfügbaren Betten, welche Beatmungsgeräte wo eingesetzt werden usw.). Aus internen Projektunterlagen ging jedoch hervor, dass das Unternehmen in der Lage war, auch auf sensible Informationen und große Mengen unter Datenschutz stehender klinischer Angaben zuzugreifen.[53] Dies ist besorgniserregend, wenn man bedenkt, dass Palantir zuvor nicht auf dem Gebiet der Verwaltung von Gesundheitsdaten tätig war, sondern im Bereich der Datenanalyse für Spionagezwecke (Entwicklung von Produkten für Geheimdienste und Verteidigungsbehörden der USA). Der Name der Firma spielt im Übrigen auf die Palantíri aus dem Romanzyklus *Herr der Ringe* an, eine Art Kristallkugeln, mit denen man seine Feinde im Auge behalten kann.

Palantir ist nicht das einzige Unternehmen, das Covid-19 genutzt hat, um seinen Einfluss zu vergrößern und Geld zu verdienen. Wie der Hammer, der überall nur Nägel sieht, haben viele Firmen geglaubt, sie hätten die ultimative Lösung für die Herausforderungen der Pandemie. In vielen Fällen wurden bereits vorhandene Technologien lediglich ein wenig entstaubt und als neu verkauft. In anderen Fällen haben Firmen die Chance ergriffen, um finanzielle Förderung für die Entwicklung neuartiger Produkte in ihrem Geschäftsbereich zu erhalten. In vielen Bereichen wurde die Überwachung ausgeweitet, was nicht per se negativ sein muss. In Geschäften, Unternehmen und Schulen wurden Wärmebildkameras installiert, die nicht genau genug sind, wenn sie nicht richtig kalibriert sind, und die Personen zu Unrecht diskriminieren können (da jemand aus vielen Gründen, die nichts mit dem Coronavirus zu tun haben, eine hohe Temperatur haben kann). Auch der Einsatz von weiteren in die Privatsphäre eingreifenden Technologien und Arbeitsüberwachungssystemen wurde als gerechtfertigt dargestellt.

Außerdem wurden öffentliche Gelder für die Entwicklung von Kontaktverfolgungssystemen ausgegeben, die anschließend von der Polizei missbraucht wurden. Eine SWR-Recherche hat ergeben, dass die Mainzer Polizei unrechtmäßig auf Daten der Luca-App zugegriffen hat, um Zeugen für einen Unfalltod zu finden.[54] Dies sind Beispiele für den technologischen Lösungsansatz Deutschlands in Bezug auf die Pandemie, der als Vorwand für eine oft ungerechtfertigte, unnötige und unrechtmäßige Ausweitung der technologischen Überwachung diente.

Doch dies ist alles nichts im Vergleich zu Ländern wie China. Die chinesische Regierung nutzte die Notlage, um heimlich personenbezogene Daten mit Privatunternehmen auszutauschen.[55] Außerdem wurde ein digitales Kontrollsystem für die Gesellschaft entwickelt, um zu entscheiden, wer in einen Zug einsteigen oder ein Gebäude betreten darf, je nachdem, welche Farbe der jeweiligen Person von einer App zugeordnet wurde.

KAPITEL 7

Covid-19 hat die Massenüberwachung auf ein völlig neues Niveau gehoben. Angesichts dessen bezeichnete Albert Fox Cahn, Direktor der US-amerikanischen Non-Profit-Organisation »Surveillance Technology Oversight Project« (STOP), die Gegenwart als »die gefährlichste Zeit für die Bürgerrechte seit dem 11. September 2001«.[56] Vor die Entscheidung gestellt, ob Schulen geöffnet bleiben sollen oder nicht, ob den Kindern die Bildung vorenthalten oder ihre Gesundheit gefährdet werden soll, lässt man sich nur allzu leicht von der Verlockung vermeintlich einfacher Lösungen und von Start-ups verführen, die behaupten, man könne durch die Installierung ihres Geräts oder die Benutzung ihrer App dem Dilemma entgehen.

Arbeitskontrolle

PREKÄR BESCHÄFTIGT AUF ANFRAGE

Von der sozialen Kontrolle zur Kontrolle der Arbeit. Im Zuge der Pandemie wurden an den Arbeitsplätzen nicht nur die bereits erwähnten Wärmebildkameras mit Gesichtserkennung installiert, sondern auch tragbare Geräte, die die Bewegungen der Mitarbeiter verfolgen und Verstöße gegen den aus virologischen Gründen nötigen Mindestabstand melden. Ein weiteres Hilfsmittel sind Systeme zur Überwachung von Mitarbeitern im Home Office. Es gibt etwa die Möglichkeit der Aufzeichnung der Tastatureingaben und der Bildschirme. Mitunter werden die Mitarbeiter sogar dazu gezwungen, die Kamera immer eingeschaltet zu lassen.[57]

Andere Technologien überwachen Arbeitnehmer auf weniger offensichtliche, aber ebenso bedenkliche Weise. Diese Kontrolle ist ein weiteres Element der digitalen Tyrannei, die charakteristisch für die sogenannte Gig Economy ist, die auf Minijobs basiert.

Die ständige Verbindung mit dem Internet hat zusammen mit der Verbreitung von Smartphones und dem Erfolg der Apps ein neues Konsummodell hervorgebracht: die On-Demand-Wirtschaft. Deren Funktionsweise ist ganz einfach: Sobald ich etwas benötige, frage ich das Netz danach, bekomme umgehend eine Antwort und erhalte es sofort. Die Arbeit wird von demjenigen erledigt, der gerade zur Verfügung steht.

Diese Wirtschaftsform umfasst Live-Unterhaltungsdienste wie Spotify oder Netflix sowie Plattformen für das Angebot von, den Zugang zu und den Austausch von allen möglichen Dingen: Immobilien und Produkten wie Airbnb oder Amazon, Dienstleistungen wie Cabify oder Glovo, Arbeitskräften wie TaskRabbit oder Amazon Web Services, Kontakten, Freundschaften oder Inhalten wie Facebook, Twitter oder Tinder, um nur einige Beispiele zu nennen.

Einige dieser Plattformen haben ihren Ursprung in der sogenannten »Sharing Economy« zwischen Gleichgesinnten, die nicht unbedingt eine Gegenleistung erforderte und mit einer Reihe von Werten wie Anti-Konsumismus sowie effizienter und nachhaltiger Nutzung brachliegender Güter und Ressourcen verbunden war. Dieses Modell, aus dem Airbnb, Uber oder Glovo hervorgingen, entwickelte sich bald hin zu kommerzielleren und sehr lukrativen Varianten.

Wie Google erkannten diese Unternehmen das regulatorische Vakuum im »Wilden Westen« der durch Plattformen und Apps vermittelten Online-Arbeit auf Abruf. Auf dieser Grundlage entwarfen sie ein neues, für sie nahezu kostenfreies Geschäftsmodell, dessen Rentabilität nicht wie bei Google auf einer Fülle an Daten, sondern auf Einsparungen beruhte: bei den Produktions-, Vertriebs- und Vermittlungskosten sowie bei den Arbeitskosten, verglichen mit herkömmlichen Beschäftigungsformen.

Das alles fasste im Jahr 2015 der Geschäftsführer von Havas Media, Tom Goodwin, wie folgt zusammen: »Uber ist das größte Taxiunternehmen der Welt und hat keine eigenen Fahrzeuge. Facebook ist der beliebteste Medienbetreiber der Welt und erstellt keine eigenen Inhalte. Alibaba ist der umsatzstärkste Einzelhändler und hat keine Lagerbestände. Und Airbnb, der weltweit größte Anbieter von Unterkünften, besitzt keine Immobilien.«[58]

Obwohl ohne formalen Besitz, hatten diese Unternehmen doch alles, was sie brauchten. Der Trick dabei war, dass sie von den Waren und Dienstleistungen anderer profitierten, und zwar in den meisten Fällen von vorgeblich selbstständigen Mitarbeitern ohne festes Beschäftigungsverhältnis, für die sie keine Verantwortung trugen. Da diese Plattformen häufig auf einer Low-Cost-Philosophie mit sehr geringen Gewinnspannen beruhen, erlaubt ihr Modell keine hohe Vergütung pro Aufgabe oder gemäß der Arbeitszeit. Dies hat zusammen mit dem Fehlen von Sozialleistungen wie Urlaub oder Krankenversicherung zu einem häufig prekären Arbeitsmodell im Rahmen der Plattformwirtschaft geführt.

Es handelt sich um Arbeitnehmer, zu deren Prekarität auch die digital vermittelten Formen der Kontrolle beitragen, denen sie unterworfen sind. Sie werden von der eigenen Plattform oder App ständig begleitet und überwacht. Diese weist ihnen die Arbeit zu, legt fest, wie lange sie dafür brauchen dürfen, und bestraft sie, wenn sie nicht online erreichbar sind oder wenn sie schlechte Bewertungen erhalten. »In Wirklichkeit kann man sich nicht frei entscheiden: Wenn man nicht eingeloggt ist, sinkt der Punktestand, und wenn man nicht etwas mehr als vier Punkte hat, bekommt man keine Aufträge. Es ist sehr tyrannisch, man ist nicht wirklich unabhängig«, sagte in einem Interview mit *El País* Isaac Cuende, einer der ersten Mitarbeiter der Glovo-Zustell-App – und der erste, der in Spanien eine Klage gegen das Unternehmen vor dem Obersten Gerichtshof gewann (wobei klargestellt wurde, dass es sich bei dem Arbeitsverhältnis der Zusteller eindeutig um Scheinselbstständigkeit handelt).[59]

Die Vorgesetzten der zahlreichen Beschäftigten bei Plattformen wie Cuende sind keine Menschen: Es sind Algorithmen, die bestimmen, was zu tun ist, wann es zu tun ist und wie es zu tun ist, und sie können die Mitarbeiter sogar entlassen. Algorithmen haben keine eigenen Absichten und treffen keine eigenen Entscheidungen, sondern führen ganz einfach die Befehle aus, die ihre Entwickler programmiert haben. Und diese Anweisungen sind oft absurd und menschenfeindlich: Sie sind das Ergebnis einer mathematischen Optimierungsformel, die einzig und allein darauf abzielt, die Effizienz und den Gewinn des Unternehmens zu steigern.

Was dem Umsatz dient, muss nicht zum Vorteil der Mitarbeiter sein, aber der Code, mit dem diese Plattformen und Apps funktionieren, nimmt keine Rücksicht auf das Wohlergehen der Beschäftigten. Es besteht eine Asymmetrie der Macht und auch der Informationen zwischen den Arbeitskräften und der App. Algorithmen sind wie Black Boxes: Von außen sieht man nicht, was sich in ihrem Inneren abspielt. Dies macht es für die Mitarbeiter schwer, Entscheidungen infrage zu stellen oder das eigene Verhalten zu ändern, um sich im Sinne der Firma zu verbessern. Außerdem verbergen die Algorithmen mögliche Vorurteile. Inwieweit ist es zulässig, einem qualifizierten Beschäftigten den Zugang zu bestimmten Aufgaben zu verwehren, indem die Plattform sie ihm nicht anzeigt?[60]

Das ist keine rein hypothetische Frage, sondern ein häufig auftretendes Problem. Algorithmische Diskriminierung gibt es bei On-Demand-Apps, deren Algorithmen auch die Zuverlässigkeit der Mitarbeiter bestimmen. Sie tun dies anhand eines Reputationsrankings, das – unter anderem – berücksichtigt, wie schnell die Mitarbeiter Auftragsstornierungen bearbeiten. Nicht berücksichtigt wird bei dieser Beurteilung, warum ein Mitarbeiter eventuell das gewünschte Zeitlimit überschritten hat, ob er vielleicht krank war oder sich irgendein Notfall ereignet hat. Wer weniger gute Zuverlässigkeitsbewertungen besitzt, bekommt weniger Arbeitsangebote zugeteilt, was sich unmittelbar auf seine Einkommensmöglichkeiten auswirkt. Aus diesem Grund befand ein italienisches Gericht, das Geschäftsgebaren von Deliveroo sei auf gesetzeswidrige Weise diskriminierend. Es wies das Unternehmen an, diese Praktiken und alle anderen Praktiken, die die Ausübung der Rechte der Zusteller beeinträchtigen, abzustellen und die klagenden Gewerkschaftsorganisationen finanziell zu entschädigen.[61]

Die auf Apps beruhende Unternehmensführung verstärkt die Unsicherheit und Instabilität einer ohnehin schon prekären Tätigkeit. Das Fehlen von Informationen und von Feedback-Mechanismen sowie die datengesteuerte Leistungskontrolle sind die drei zentralen Elemente der »digitalen Prekarität«.[62] Hinzu kommt eine Taktik, die darauf abzielt, die Mitarbeiter für ihren Lebensunterhalt von der Plattform abhängig zu machen. Sie werden mit dem Versprechen eines anständigen Einkommens und flexibler Arbeitsbedingungen geködert, um dann, wenn sie ihre ganzen Lebensumstände auf die Arbeit für die Plattform ausgerichtet haben, drastische Lohnkürzungen hinnehmen zu müssen.[63]

Ein weiterer Aspekt dieser Art von Arbeit ist die »algorithmische Decke«.[64] So wie die »gläserne Decke« Frauen daran hindert, in der Unternehmenshierarchie aufzusteigen, verhindert die »algorithmische Decke« den beruflichen Aufstieg von Menschen, die ihren Lebensunterhalt mit der Arbeit für On-Demand-Plattformen verdienen und die nur selten mit Personen in Kontakt kommen, die eine ihnen übergeordnete Position in der Firma einnehmen.

Sehr ähnliche Rahmenbedingungen herrschen bei einem anderen, im Entstehen begriffenen Typ von Internetarbeit: der sogenannten »Human Computation«. Diese »humanbasierte Informationsverarbeitung« kommt zum Tragen bei Prozessen, die online beginnen und enden und mit denen jede Art von Aufgabe erledigt wird, die über das Internet verwaltet, bearbeitet, ausgeführt und bezahlt werden kann.[65] Die meisten dieser Tätigkeiten haben mit künstlicher Intelligenz zu tun, entweder um deren Entwicklung zu erleichtern, zu überwachen oder zu vervollständigen oder um Aufgaben zu erfüllen, zu denen KI nicht in der Lage ist. Wo Maschinen an ihre Grenzen kommen, springt der

Mensch ein. Zum Beispiel – wie im vorherigen Kapitel erwähnt – um die sogenannten Captchas zu lösen.

Es wird geschätzt, dass allein KI-bezogene »Etikettierungsaufgaben« bis Ende 2024 einen globalen Markt von mehr als 4 Milliarden Dollar repräsentieren werden.[66] Digitalisierung und Robotisierung pflegen zwar Arbeitsplätze zu vernichten oder Menschen bei bestimmten Aufgaben zu ersetzen, aber sie schaffen auch neue Arbeitsbereiche. Die Anthropologin Mary L. Gray nennt dies »das Paradox der letzten Meile der Automatisierung«: Das Bestreben, menschliche Arbeit zu eliminieren, schafft immer neue Aufgaben für die Menschen.

Mit der Etikettierung, Klassifizierung und Identifizierung von Inhalten – von Hassreden zum Beispiel – werden die auf KI basierenden Systeme, Websites und Apps, die wir alle verwenden und für selbstverständlich halten, verbessert und gestärkt. TripAdvisor, Match.com, Google, Twitter, Meta oder auch Microsoft selbst sind nur einige der Unternehmen, die sich auf Online-Arbeitskräfte stützen, die über Plattformen wie »Amazon Mechanical Turk« eingestellt werden – eine Art von »Geisterarbeit«, die die Tätigkeit von Hunderten von Millionen Menschen unsichtbar macht.[67]

Zu diesen Personen gehören auch diejenigen, die die Inhalte der sozialen Netzwerke moderieren. Sie sind es, die entscheiden, ob ein Foto von Goyas Gemälde *La maja desnuda* den Filter der Anti-Porno-Zensur von Facebook passiert oder ob ein Video, das Gewalt gegen Migranten an EU-Grenzen zeigt, auf YouTube als »nur für Erwachsene geeignet« eingestuft oder wegen seiner Gewalttätigkeit sofort gelöscht wird.

»An meinem ersten Arbeitstag musste ich mir ansehen, wie jemand mit einem mit Nägeln gespickten Holzbrett zu Tode geprügelt und dabei wiederholt niedergestochen wurde«, berichtete Sean Burke, einer von Tausenden von Facebook-Moderatoren, dem Magazin *Vice*.[68] Eine zermürbende, schlecht bezahlte Tätigkeit, die Burke nur durch Einnahme von Antidepressiva bewältigen konnte. 2018 beschlossen er und weitere betroffene Mitarbeiter das soziale Netzwerk zu verklagen, weil es sie nicht vor einem möglichen psychischen Trauma geschützt habe.

Die Moderatoren beschweren sich, sie seien mit Tausenden von Videos, Bildern und Live-Streams von sexuellem Kindesmissbrauch, Vergewaltigung, Folter, Sodomie, Enthauptungen, Selbstmord und Mord konfrontiert worden. Im Jahr 2020 erklärte sich Facebook bereit, 52 Millionen Dollar an insgesamt 11 250 Personen zu zahlen, die zu jenem Zeitpunkt diese Tätigkeit ausübten oder dies zuvor getan hatten.

Die Situation dieser Mitarbeiter ist ein Beleg dafür, dass die Technologie auf eine Weise eingesetzt wurde und wird, die zur Prekarisierung und Polarisierung der Beschäftigung beiträgt. Sie hat hochqualifizierten Fachkräften überproportional geholfen, aber die Chancen vieler anderer Berufstätiger verringert. Die Ungleichheit wächst, das heißt die Kluft zwischen denjenigen, die besser auf die Anforderungen der Arbeitswelt vorbereitet sind, und denjenigen, die verdrängt wurden und prekäre Beschäftigungen annehmen müssen, um zu überleben, und deren Verhandlungsgewicht abnimmt. Diese Tendenzen lassen keineswegs nach, sondern drohen sich mit dem Vormarsch neuer Technologien sogar noch zu verschärfen.

Kontrolle von Informationen, Gedanken und Äußerungen

ZENSUR UND SELBSTZENSUR

Digitale Tyrannei bedeutet Überwachung, aber auch Zensur. Während die Moderatoren von Online-Plattformen und sozialen Netzwerken ihre geistige Gesundheit riskieren, um Inhalte herauszufiltern, die gegen die Richtlinien der Unternehmen, für die sie arbeiten, verstoßen, wird diesen Medien vorgeworfen, Videos, Bilder oder Texte unrechtmäßig zu entfernen.

In den sozialen Netzwerken gibt es unzählige Fälle, in denen Inhalte aus fragwürdigen Gründen unterdrückt wurden. Dies gilt vor allem für YouTube, wo bereits 2007 das Konto eines prominenten ägyptischen Anti-Folter-Aktivisten gesperrt wurde, der Aufnahmen von Polizeibrutalität veröffentlicht hatte.

Die jüngsten Kontroversen stehen im Zusammenhang mit der Coronavirus-Pandemie. YouTube zensierte unter anderem ein Video des spanischen Comedy-Duos Pantomima Full, das die Covid-19-Leugner parodierte. Angeblich geschah dies aufgrund einer Panne in den Algorithmen der Plattform, die nach Clips suchen, die den Angaben der Gesundheitsbehörden widersprechen. Offenbar war ihnen nicht klar, dass es sich um eine humoristische Darstellung handelte. Wie die spanische Faktencheck-Plattform *Maldita* bemängelt, werden jedoch andere, nicht satirisch gemeinte Videos, die von der Verwendung von Atemschutzmasken abraten oder Verschwörungstheorien verbreiten, nicht entfernt, sondern sogar in anderen Netzwerken wie Facebook weiter verbreitet.[69]

Bei Twitter und Instagram sieht es nicht besser aus. Twitter war häufig Gegenstand von Beschwerden, weil Konten ungerechtfertigt gesperrt und Tweets zu Unrecht gelöscht wurden. Instagram hingegen wird oft für seine Willkür kritisiert, wenn es um die Entfernung von Nacktaufnahmen geht. So wurden zum Beispiel Bilder der australischen Schauspielerin Celeste Barber aus dem Verkehr gezogen, die dafür bekannt ist, extreme Posen weiblicher Werbemodels durch Fotos zu karikieren, auf denen sie diese nachahmt. Die sehr ähnlichen Originale hingegen blieben auf Instagram.[70] Dieses Problem mit der Nacktheit ist keine Randerscheinung, sondern kommt häufig vor. So werden immer wieder in großer Zahl auch Kunstwerke zensiert. Gegen diese Situation wurde die internationale Kampagne »Don't delete art« (»Löscht nicht die Kunst«) ins Leben gerufen: eine Online-Galerie mit Werken von all denjenigen, die in sozialen Netzwerken zensiert wurden, wobei den Künstlern und Künstlerinnen zusätz-

KAPITEL 7

lich angeboten wird, ihre Erfahrungen in einer »Zensurdatenbank« zu teilen.[71] Die Initiatoren prangern an, dass die Werke und Konten der Künstler oft versehentlich und ohne die Möglichkeit eines Einspruchs gelöscht werden, was zu einer Selbstzensur führen kann.

Die chinesische App TikTok bildet hierbei keine Ausnahme. Laut internen Dokumenten der chinesischen Polizei, die dem US-amerikanischen Online-Magazin *The Intercept* zur Kenntnis gelangt sind, wurden die Moderatoren dieser Videoclip-Plattform angewiesen, Aufnahmen von hässlichen und armen Menschen zu löschen, um TikTok attraktiver für neue Kunden zu machen.[72] Sie erhielten auch den Auftrag, Live-Streams zu blockieren, die sich kritisch über China äußern.[73]

Auf einer höheren Ebene sind es die Regierungen, die bei der Online-Zensur die Zügel in die Hand nehmen. Im ersten Kapitel haben wir Beispiele für die vorübergehende oder dauerhafte Abschaltung des Internets oder einiger großer Inhalts- und Social-Media-Plattformen in verschiedenen Ländern gesehen (u. a. China, Nordkorea, Indien, Pakistan, Türkei, Ägypten und Kuba). In Europa gab es zwar nicht derart massive Eingriffe, aber es wurden umstrittene Vorschriften erlassen, die als Eingriff in die Grundrechte empfunden wurden. Ein Beispiel dafür ist die Urheberrechtsrichtlinie des Europäischen Parlaments und des Rates. Diese Norm, die vorgibt, Autoren und Urheber von Inhalten schützen zu wollen, hat sich als Instrument der Überwachung und Zensur erwiesen.

In der Praxis bedeutet die Richtlinie, dass jeder, der Inhalte im Internet erstellt und hochlädt, die möglicherweise urheberrechtlich geschütztes Material enthalten, Gefahr läuft, gesperrt zu werden, was auch Inhalte betrifft, die von Nutzern ohne kommerzielle Interessen geschaffenen wurden. Die neuen Regeln stellen überdies ein unüberwindbares Hindernis für kleine Plattformen dar, die sich die damit verbundenen Kosten nicht leisten können.

Die Plattformen werden für die von den Nutzern hochgeladenen Inhalte unmittelbar verantwortlich, was zur willkürlichen Entfernung von Inhalten gemäß den Geschäftsbedingungen dieser Plattformen führt. Dadurch wird die Online-Sperrung der Werke vieler Autoren legitimiert, wie am Beispiel des spanischen Comedy-Duos oder der australischen Schauspielerin gezeigt wurde. Diese haben nun weniger Möglichkeiten, ihre künstlerischen Erzeugnisse mit dem Publikum zu teilen. Die Richtlinie wurde kritisiert, weil sie auf Monopole für geistige Eigentumsrechte zugeschnitten ist, aber nicht das Recht der Autoren auf eine angemessene Vergütung für ihre Arbeit garantiert.[74] Außerdem werden durch sie Verpflichtungen und Einschränkungen festgelegt, die das Recht auf freie Meinungsäußerung und das Recht der Nutzer auf Zugang zu Informationen bedrohen.

In Deutschland ist seit 2017 das Netzwerkdurchsetzungsgesetz (NetzDG) gegen Desinformation und Hass in Kraft.[75] Unter anderem werden die Anbieter sozialer Netzwerke verpflichtet, »eindeutig kriminelle Inhalte zu entfernen«. Das als »Facebook-Gesetz« bezeichnete Gesetz wurde von Technologieunternehmen, Journalisten und Menschenrechtsorganisationen wegen der Gefahr der Zensur heftig kritisiert. Laut Human Rights Watch kann das Gesetz »zu einer weitreichenden Zensur führen ... und es stellt einen gefährlichen Präzedenzfall für andere Regierungen dar, die versuchen, die Meinungsfreiheit im Internet einzuschränken, indem sie Unternehmen zwingen, im Namen der Regierung zu zensieren«.[76]

Deutschland ist kein Einzelfall. Immer mehr demokratische Länder öffnen der Online-Zensur mit ähnlichen Vorschriften die Tür. Dazu gehören Frankreich, Spanien, Australien und Neuseeland. Wie im Falle der Urheberrechtsrichtlinie wird die Anti-Desinformations-Verordnung denjenigen schaden, die über weniger Ressourcen verfügen, und die Macht der großen Medienunternehmen stärken – auch derjenigen, die Desinformation verbreiten –, die in der Lage sein werden, die Kosten der verhängten

Geldbußen zu verkraften. In den Ländern, in denen es solche Vorschriften gibt, könnte dies sogar die Menschen von der Gründung neuer Informationsinitiativen abhalten, um die damit verbundenen Risiken zu vermeiden.

Wie bei der Urheberrechtsrichtlinie wird der Erlass gegen Desinformation denjenigen schaden, die über weniger Mittel verfügen, und die Macht der großen Medienunternehmen stärken – auch derjenigen, die Desinformation verbreiten –, die in der Lage sein werden, die Kosten der verhängten Geldbußen zu tragen. Es könnte in Ländern mit derartigen Bestimmungen sogar Menschen davon abhalten, neue Informationskampagnen zu starten, um die damit verbundenen Risiken zu vermeiden.

Von der Zensur ist es nur ein kleiner Schritt zur Selbstzensur. Die Überwachung des Internets wird als persönlicher Zwang empfunden. In den Online-Kommunikationskanälen wimmelt es nicht nur von Trollen und Hassreden, sondern man findet dort auch Angeberei und Egozentrik, ebenso wie diplomatisches Auftreten und selbstauferlegte Zurückhaltung. Das Bedürfnis nach sozialer Akzeptanz bestimmt, was im gemeinschaftlichen Raum des Cyberspace veröffentlicht wird. Dabei kann das Bedürfnis nach politischer Korrektheit eine Rolle spielen, die Angst, etwas könne falsch dargestellt oder gegen die eigene Person verwendet werden, der Wunsch, den Erwartungen der anderen zu entsprechen, oder das Bestreben, ein bestimmtes Bild von sich zu zeigen. Dies ist ein weiteres Beispiel dafür, welche Wirkung auf die Menschen die Erwartung sozialer Belohnungen ausübt (wovon in Kapitel 4 bereits die Rede war).

Die Tatsache, dass es äußerst schwierig ist, unseren Online-Fußabdruck zu verwischen, ist nicht gerade förderlich für die Ausübung der Meinungsfreiheit. Allgemein bekannt wurde der Fall des Spaniers Mario Costeja, der von Google verlangte, die Links zu zwei in der Tageszeitung *La Vanguardia* veröffentlichten Anzeigen aus seiner Suchmaschine zu entfernen. Es handelte sich um Anzeigen für eine Versteigerung von Immobilien aufgrund einer Pfändung von Schulden bei der Sozialversicherung, die Costeja zehn Jahre zuvor gemacht hatte und die mittlerweile beglichen waren. Der Fall wurde von der spanischen Datenschutzbehörde (AEPD) behandelt sowie vom Nationalen Gerichtshof und gelangte 2014 zum Europäischen Gerichtshof. Dieser erkannte am Ende in seinem Urteil an, dass die von Suchmaschinen durchgeführte Datenverarbeitung den EU-Datenschutzvorschriften unterliegt[77] und dass Einzelpersonen unter bestimmten Bedingungen das Recht haben, zu verlangen, dass Links zu ihren personenbezogenen Daten nicht in den Ergebnissen einer unter ihrem Namen durchgeführten Internetsuche erscheinen.[78]

Dies wird als »Recht auf Löschung« oder »Recht auf Vergessen« bezeichnet. In Deutschland wurde der Präzedenzfall durch einen Mann geschaffen, der 1982 wegen Mordes verurteilt worden war und dessen Name in den vom *Spiegel* veröffentlichten Berichten über den Fall aufgetaucht war. Dieser Mann wurde 2002 aus dem Gefängnis entlassen und stellte fest, dass jeder diese Informationen mit einer einfachen Google-Suche finden konnte. Mit dem Ziel, dass sein Name nicht mehr mit dem Verbrechen in Verbindung gebracht werden sollte, zog er vor Gericht, um die Dokumente entfernen oder zumindest online unauffindbar machen zu lassen. Der Fall wurde 2012 zunächst von einem Bundesgericht abgewiesen, das befand, dass das Recht des Einzelnen auf Schutz seiner Privatsphäre nicht das öffentliche Interesse und die Pressefreiheit überwiege. Das Bundesverfassungsgericht entschied jedoch anschließend zu seinen Gunsten.

Im Jahr 2020 errang Google jedoch einen doppelten Erfolg vor dem Bundesgerichtshof.[79] Dieser lehnte die Anträge auf Löschung von zwei Suchergebnissen ab, die mehrere Manager betrafen, die negative Informationen über ihre berufliche Leistung entfernen lassen wollten. In beiden Fällen befand das Gericht, dass das Recht der Öffentlichkeit auf Information das Recht der Firmenchefs auf Vergessen überwog.

Die Komplexität der Fälle und die Tatsache, dass sie bis vor den Europäischen Gerichtshof gelangen, zeigt, dass die Durchsetzung des Rechts, vergessen zu werden, kein Zuckerschlecken ist. Es in Anspruch zu nehmen, ist relativ einfach, aber das bedeutet nicht, dass es tatsächlich eingeräumt wird. Deutschland ist nach Frankreich das EU-Land, in dem seit dem Urteil des Europäischen Gerichtshofs von 2014 die meisten Löschanträge an Google gestellt wurden. Insgesamt gab es mehr als 700 000 diesbezügliche Anfragen, wobei die Suchmaschine in etwas mehr als der Hälfte der Fälle anschließend Löschungen vorgenommen hat.[80] Da die Nutzer aber keine Möglichkeit haben, eine derartige Löschung angemessen zu überprüfen, und angesichts der Geschwindigkeit der Verbreitung und des Kopierens von Online-Inhalten ist es sehr gut möglich, dass gelöschte Daten an anderen Stellen des Internets erhalten bleiben.[81]

Das Recht, vergessen zu werden, ist jedoch nicht absolut und kann mit anderen Rechten kollidieren. Daher gibt es Ausnahmen. Es gilt nicht, wenn es die Ausübung des Rechts auf freie Meinungsäußerung und Information, die Erfüllung einer gesetzlichen Verpflichtung sowie einer im öffentlichen Interesse liegenden Aufgabe oder die Geltendmachung von Ansprüchen verhindert.[82] Es kann auch aus Gründen der öffentlichen Gesundheit oder zu statistischen Zwecken, wegen der Archivierung im Interesse der Allgemeinheit oder zugunsten der wissenschaftlichen oder historischen Forschung aufgehoben werden.

Das Recht auf Löschung kann für den guten Ruf einer Person entscheidend sein, sowohl offline als auch online. Vor allem dann, wenn das persönliche Image die Beziehungen im Cyberspace prägt. Diese Tatsache ist auch totalitären Staaten nicht entgangen. Was wäre, wenn es ein System gäbe, das unser Prestige, unser positives wie auch negatives Ansehen, auf der Grundlage aller unserer täglichen Aktivitäten (inner- und außerhalb des Internets) bestimmen und aufzeichnen würde? Ein System, das dadurch in der Lage wäre, unser Verhalten so zu konditionieren, dass wir uns benehmen, wie es von uns erwartet wird? Dies ist die Idee hinter Chinas undurchsichtigem Social Credit System (SCS), das sich noch in der Entwicklung befindet.

Das umstrittene SCS stellt – zurückhaltend ausgedrückt – den Versuch der chinesischen Regierung dar, ihre Ordnungspolitik durch Daten und Technologie zu modernisieren.[83] Mit anderen Worten: Es handelt sich um eine Vorgehensweise, bei der alle bereits digitalisierten und online verfügbaren Informationen über die Bürger genutzt werden, um die Menschen zu zwingen, sich so zu verhalten, wie die Regierung es sich wünscht.

Anders als oft behauptet wird, ist dies jedoch kein System zur Bewertung der Moral der Bürger (so wie man dies vielleicht aus einigen Episoden der Serie *Black Mirror* kennt).[84] Es geht um Experimente zur Nutzung öffentlicher Daten, um auf dieser Grundlage die Landesführung nach den eigenen Maßstäben (wie fragwürdig diese auch sein mögen) zu verbessern, damit die Menschen sich sozial, pflichtbewusst und parteikonform verhalten. Zu diesem Zweck umfasst das System Sanktionen und Belohnungen sowie schwarze und rote Listen zur Bewertung der Bürger.

Die Datenerhebung für das SCS stützt sich hauptsächlich auf die Kreditinformationen der Einwohner, aber auch auf Hunderte von staatlichen Portalen, die öffentlich Sanktionen, Verwaltungslizenzen, Grundbesitz, Versteigerungen, Bonität, Unternehmensdarlehen, Auslandsgeschäfte und so weiter verzeichnen.[85] Auf diesen öffentlich zugänglichen Internetplattformen können staatliche Stellen, der Privatsektor und die Bürger Informationen abrufen und andere Dienstleistungen im Zusammenhang mit Krediten in Anspruch nehmen. Um die Suche zu erleichtern, wird jedem Unternehmen ein Code und jeder Person eine Identitätsnummer zugewiesen, die beide mit einem dauerhaften Register verknüpft sind.

Die Kombination von Kreditinformationen auf diesen Plattformen bildet die entscheidende Datenschicht des SCS. Ausgehend davon werden die schwarzen und roten Listen sowie die Ordnung von parallelen Sanktionen und Belohnungen (bisher die wichtigste Initiative des SCS) erstellt.[86] Was enthalten diese Listen? Schwarze Listen enthalten Informationen über Personen oder Einrichtungen, die gegen Gesetze, Vorschriften oder rechtsverbindliche Entscheidungen verstoßen. Ihre Namen sind von jedermann einsehbar und werden manchmal an öffentlichen Orten angezeigt, um die Betroffenen vor der Bevölkerung zu beschämen. Wer in dieser Liste steht, wird bestraft, zum Beispiel indem er keine Bankkredite oder staatlichen Subventionen erhält oder keine Flugtickets und keine Fahrkarten für Hochgeschwindigkeitszüge kaufen kann.[87] Damit sollen Einzelpersonen oder Unternehmen gezwungen werden, ihren gesetzlichen Verpflichtungen nachzukommen. Rote Listen hingegen enthalten die Namen der vorbildlichen Bürger im jeweiligen Verwaltungsgebiet.

Einige Stadtverwaltungen in China experimentieren mit Systemen, bei denen die Bürgerinnen und Bürger danach bewertet werden, inwieweit sie sich im Alltag an die Regeln halten und ihre Pflichten erfüllen.[88] Die Teilnahme an diesen Programmen ist vorerst freiwillig. Zugriff darauf hat man über eine Smartphone-App, die einen über den persönlichen Punktestand informiert. Dieser wird auf der Grundlage von Modellen berechnet, die den bestehenden Methoden zur Bewertung der Kreditwürdigkeit (wie zum Beispiel FICO Score) ähneln, die aber mit zusätzlichen Variablen versehen sind.

Die Punktesysteme konzentrieren sich bisher darauf, Belohnungen und Anreize für die Personen mit hohen Punkteständen zu schaffen.[89] Dadurch werden Verhaltensweisen gefördert, die die chinesische Regierung für wünschenswert hält, Aktivitäten wie Freiwilligenarbeit, Blutspenden, Benutzung öffentlicher Verkehrsmittel, Mülltrennung oder Arbeit in Bereichen von öffentlichem Interesse. Als Gegenleistung erhalten Personen mit mehr Punkten Rabatte oder bevorzugten Zugang zu Dienstleistungen. Diejenigen, die nur eine niedrige Punktzahl erreichen, werden nicht direkt bestraft, aber es wird ihnen der Zugang zu den Vorteilen verwehrt, die den Bürgern mit mehr Punkten zustehen.

In China beschränkt sich die Überwachung bekanntlich nicht auf das System von Sozialkrediten. Abgesehen vom SCS liegt das Problem in den Gesetzen, die dieses Programm durchzusetzen versucht. Es wirft auch ernsthafte Bedenken hinsichtlich des Datenschutzes auf. Durch die Herstellung eines Zugangs zu den vorhandenen Daten und die Verknüpfung öffentlicher Daten, die von verschiedenen staatlichen Stellen und dem Unternehmenssektor gesammelt wurden, erhöhen derartige Systeme das Risiko der Verletzung der Privatsphäre.

Visuelle und private Kontrolle, Delegierung von Macht und Zusammenwirken aller Formen von Überwachung

VON *1984* ZUR *SCHÖNEN NEUEN WELT*

Das SCS ist nur ein kleiner Teil des chinesischen Überwachungsmosaiks. Es handelt sich um ein Land, das so weit digitalisiert ist, dass das mit Abstand am häufigsten genutzte Zahlungssystem Smartphone-Apps wie WeChat Pay oder Alipay sind (83 Prozent aller Verwendungen),[90] ein Land mit Hunderten von Millionen von Überwachungskameras, die mit Gesichtserkennungsprogrammen ausgestattet sind. In naher Zukunft könnte jede Person, die einen öffentlichen Raum betritt, durch diese Systeme sofort identifiziert werden.[91]

Die Videoüberwachung wird oft als ein Instrument der Regierung zur Gewährleistung der Sicherheit der Bürger betrachtet, nicht als ein System zur Überwachung der Bürger. Hinzu kommen auf künstlicher Intelligenz basierende Technologien wie die intelligente Geräuscherkennung. Unternehmen wie iFlytek arbeiten mit den chinesischen Behörden zusammen, um Systeme zur automatischen Stimmerkennung von Personen bei Telefongesprächen einzuführen.

Unter dem Vorwand, für den Schutz seiner Bürger zu sorgen,

übt China eine immer stärkere politische Kontrolle über die Millionen von Einwohnern des Landes aus. Der asiatische Riese ist natürlich nicht die einzige Nation, die eine derartige Strategie verfolgt. In den Vereinigten Staaten gibt es pro Kopf der Bevölkerung mehr Überwachungskameras (CCTV) als in China.[92] Die britische Hauptstadt London gehört zu den zehn Städten der Welt mit den meisten installierten Überwachungskameras (die übrigen Städte befinden sich mit Ausnahme von Neu-Delhi alle in China).

In Deutschland hat die baden-württembergische Stadt Mannheim 2018 ein Projekt zur »intelligenten Videoüberwachung« gestartet, um die Menschen auf den Plätzen und Straßen des Stadtzentrums zu beobachten und in ihrem Verhalten bestimmte Muster zu erkennen, die auf Straftaten hinweisen könnten.[93] Kritiker warnen davor, dass der Einsatz solcher Verhaltensscanner »einen starken Druck im Sinne sozialkonformen Auftretens ausübt und gleichzeitig viele Fehlalarme erzeugt«. Außerdem beanstanden sie die mangelnde Transparenz der Funktionsweise dieser Systeme.[94]

Videokameras sind das Symbol der Überwachung schlechthin, während andere, eher harmlos aussehende Geräte unbemerkt bleiben. Im Zeitalter der Konnektivität und der künstlichen Intelligenz ist jedes »intelligente« Gerät eine Überwachungswaffe, die dem Staat eine noch nie da gewesene Kontrolle ermöglicht. Die Geheimdienste müssen gar nicht mehr spionieren: Es genügt, die Technologiekonzerne um die Informationen zu bitten, die sie erhalten wollen.[95] Dies erfolgt durch sogenannte Backdoor-Programme, also »Hintertüren«, die einen ungehinderten Zugang zu einem Computersystem oder zu verschlüsselten Daten ermöglichen.

Edward Snowden, der diese Art von Regierungsstrategie sehr genau kennt, hat bei zahlreichen Gelegenheiten die Versuche der US-Regierung angeprangert, die Sicherheit und Verschlüsselung der für die Überwachungstechnik zuständigen Firmen zu verringern, um auf deren Daten so einfach wie möglich zugreifen zu können, ohne auf den Rechtsweg angewiesen zu sein. Das FBI hat bekanntlich Druck auf Apple ausgeübt, seine Pläne aufzugeben, iPhone-Nutzern die vollständige Verschlüsselung ihrer Geräte-Backups zu ermöglichen.[96] Die US-Regierung verlangte sowohl von Apple als auch von Facebook, legale »Hintertüren« für verschlüsselte Daten in deren Besitz zu schaffen, und drohte angesichts des Widerstands beider Unternehmen, diese Forderung mit Gewalt durchzusetzen.[97]

Auch Europa verhält sich in dieser Hinsicht nicht besser. Der Rat der Innenminister der Europäischen Union hat Ende 2020 beschlossen, die Anbieter von Online-Diensten zu verpflichten, die Entschlüsselung von elektronischen Kommunikationsdaten technisch zu ermöglichen.[98] Mit anderen Worten: Unternehmen wie Google, Meta, Signal oder Apple werden »Hintertüren« in ihre Systeme einbauen müssen.

In einer videoüberwachten Welt, in der sowohl Unternehmen als auch Regierungen auf unsere intimsten Daten zugreifen können, hat man ständig das Gefühl, beobachtet zu werden. Das digitale Panoptikum erzwingt auf diese Weise Konformität, Fügsamkeit und permanente Selbstzensur. Und was wäre, wenn diese Kontrolle auch auf den wirtschaftlichen und finanziellen Bereich ausgedehnt würde? Dies könnte schon bald der Fall sein, und zwar in Form der sogenannten Govcoins, der staatlichen Kryptowährungen. Sie werden offiziell als »Central Bank Digital Currency« (CBDC) bezeichnet und sind in dem Land, in dem sie ausgegeben werden, ein rechtsgültiges Zahlungsmittel.

Im April 2020 testete China mit der Einführung des digitalen Yuan als erste große Volkswirtschaft eine elektronische Währung. 61 weitere Länder erwägen dies derzeit ebenfalls.[99] Deutschland ist im Rahmen des europäischen Projekts »Digitaler Euro« eines dieser Länder. Sowohl Europa als auch die Vereinigten Staaten sind dabei, ihre Pläne zur Aktivierung von Kryptowährungen zu beschleunigen, um mit China zu konkurrieren.

CBDCs sollen Geldwäsche und Terrorismusfinanzierung bekämpfen, aber sie zentralisieren auch die Machtverteilung innerhalb des Staates und verändern die Art und Weise, wie Kapital zugänglich gemacht wird. Sie können als Überwachungs- und Kontrollinstrument eingesetzt werden: von der Nachverfolgung der Transaktionen der Bürger bis hin zur automatischen Verhängung von Bußgeldern ohne Recht auf Einspruch.

Aber es ist gar nicht nötig, darauf zu warten, dass dies eintritt, denn die heutige Wirklichkeit befindet sich bereits auf halbem Weg zwischen George Orwells *1984* und Aldous Huxleys *Schöner neuer Welt*. Eine Welt, die sich bereitwillig der Beobachtung durch den Big Brother unterwirft, weil sie als Gegenleistung Produkte und Dienstleistungen erhält, die Komfort und soziale Annehmlichkeiten bieten. Deswegen wird die Existenz der Überwachung nicht infrage gestellt, sondern unterstützt. Es handelt sich um ein System, das sich die Menschen nicht mit Gewalt, sondern durch Domestizierung gefügig macht, das »ein effektives Leben« bietet, und auf dem »allmählichen Ausmerzen von Chaos, Ungewissheit, Anomalien und Konflikt zugunsten von Vorhersehbarkeit, automatisierter Regelmäßigkeit, Transparenz, Konfluenz, Überredung und Befriedung« fußt, wie Shoshana Zuboff schreibt.[100] Dahinter verbirgt sich eine Zukunft schäbiger und steriler Tyrannei, eine dritte Moderne, die unsere vordergründigen Probleme auf Kosten unserer menschlichen Zukunft löst.

Das ist die schöne neue Welt des Überwachungskapitalismus und des Datenkolonialismus. Eine Welt der Unterwerfung und Kapitulation oder, schlimmer noch, der Delegierung von Macht an diejenigen, die im Namen der Effizienz Algorithmen und Maschinen programmieren. Eine Welt, in der die Demokratie als ineffizientes Mittel zum Treffen von (überdies häufig falschen) Entscheidungen angesehen werden könnte.[101] Eine Welt der Nullen und Einsen, in der der Benutzung von Computern als überlegene und rationale Form der Entscheidungsfindung der Vorzug gegeben wird – weil Zahlen nicht lügen –, in der sich der falsche

Eindruck verbreitet, dass die heutigen Computersysteme die menschlichen Fähigkeiten übertroffen haben, bis hin zu der Überzeugung, dass Maschinen unser Leben besser steuern können.

Der französische Rechtswissenschaftler Alain Supiot nennt dies die »Herrschaft der Zahlen«: eine Art, das Denken einzuschränken, indem man die Rechenschritte vervielfacht. Ein System, das uns dazu verdammen wird, die Kompetenz des freien Denkens zu verlieren: Indem wir alles den Maschinen anvertrauen, werden wir unsere Kritikfähigkeit einbüßen, die sich nur durch den ständigen Einsatz der Vernunft, der Beweisführung und der moralischen Bewertung verbessern lässt, die es erforderlich macht, wachsam und aufmerksam zu bleiben, sich einer Vielzahl von herausfordernden Ideen zu stellen und sorgfältig über deren mögliche Folgen nachzudenken.[102]

Es handelt sich um ein tyrannisches System, das jede Gelegenheit nutzt, um seine Dominanz und Kontrolle über die Gesellschaft, seinen Grad an Autoritarismus zu erhöhen. Das haben wir bei der Covid-19-Pandemie deutlich gesehen, die es den Technologiekonzernen leichter gemacht hat, ihre Produkte zu lancieren und ihre Einnahmen und ihre Macht zu vergrößern, und den Regierungen die Möglichkeit geboten hat, repressive Maßnahmen gegen die individuellen Freiheiten durchzusetzen – Maßnahmen, die – als »Ausnahmezustand« deklariert – zu einem Dauerzustand zu werden drohen. Letzteres ist ein sehr konkretes Risiko, das bereits in Ländern wie Singapur Realität geworden ist, wo die Menschen dazu aufgefordert wurden, sich für das nationale Programm der digitalen Kontaktverfolgung anzumelden, mit der Versicherung, dass die Daten nur für die Virusüberwachung verwendet würden. Mittlerweile muss man sich bereits registrieren lassen, um öffentliche Plätze betreten zu dürfen, und die Polizei kann für strafrechtliche Ermittlungen auf diese Daten zugreifen.[103]

Während von einigen Seiten die Nutzung bestimmter Apps vorgeschrieben wird, wird es in anderen Fällen dem Nutzer sehr schwer gemacht, auf gewisse Apps zu verzichten. Wer ein Amazon-Prime-Konto hat, kann dies leicht feststellen. Eine in Europa und den USA vom norwegischen Verbraucherrat durchgeführte Untersuchung führte zum Vorwurf, das Unternehmen verwende undurchsichtige Mittel, um Verbraucher davon abzuhalten, den Prime-Dienst zu verlassen. Dabei gehe es insbesondere um »manipulative Designmerkmale«, die »die Fähigkeit der Verbraucher, freie und informierte Entscheidungen zu treffen, beeinträchtigen, indem sie uns dazu bringen, gegen unsere eigenen Interessen zu handeln«.[104]

Im Anschluss an den norwegischen Bericht forderten mehrere US-Organisationen die amerikanische Federal Trade Commission (FTC) auf, zu prüfen, ob die Praktiken von Amazon gegen US-Recht verstoßen. »Das Abonnementsmodell von Amazon Prime ist wie eine Falle für Kakerlaken: Hineinzugelangen, erfordert keinen Aufwand, aber wieder herauszukommen, ist eine Tortur«, heißt es in dem Schreiben der Organisationen an die FTC.[105] Das ist keine Übertreibung. Ich habe es selbst ausprobiert und kann es bezeugen.

Die Macht der digitalen Tyrannei widerspricht der Sehnsucht nach dem Internet als einer dezentralisierenden Kraft. Das World Wide Web ist durch den Einfluss einiger weniger großer Unternehmen zentralisiert worden. Würde man sie nach der Zahl der Nutzer mit den bevölkerungsreichsten Ländern der Welt vergleichen, wären viele von ihnen unter den Top 5. Dann müssten Meta, WhatsApp, China, Indien und Instagram als die größten »Länder« gelten. Und dabei ist bemerkenswert, dass drei von ihnen zu ein und demselben Unternehmen gehören – Meta –, das von einer nicht demokratisch gewählten Person geführt wird (genauso wenig, wie dies bei Xi Jinping, dem Präsidenten Chinas, der Fall ist).[106]

Diese Firmen können eine ungeheuer große Zahl von Menschen erreichen und beeinflussen, ohne dass sie dafür Rechenschaft ablegen müssten. Sie können Monopole aufbauen und ihre

Konkurrenten vernichten, die Verwaltung privatisieren und die Funktionsweise des Internets und dessen Regeln nach ihrem Gutdünken gestalten.

Wie einige wenige Konzerne es geschafft haben, weltweit zu herrschen (und welche Versprechen sie dabei gebrochen haben), und wie sich die utopische Welt des freien Internets in ein Online-System des extraktiven Autoritarismus und der digitalen Tyrannei verwandelt hat (sodass einige seiner Gründerväter sich mittlerweile vom World Wide Web distanzieren), das wird im nächsten Kapitel erörtert.

8
Gebrochene Versprechen

> »Versteht ihr denn nicht, dass wir es sind, die
> sterben, und dass allein die MASCHINE wahr-
> haftig lebt? Wir haben sie erschaffen, uns zu
> dienen, aber sie dient uns nicht mehr.«
>
> E. M. Forster, *Die Maschine steht still*

Der Weg, der uns hierher geführt hat, ist mit gebrochenen Versprechen gepflastert. Versprechen, die zur Macht derjenigen beigetragen haben, die bereits unrechtmäßig über sie verfügten, und denjenigen noch mehr Profit verschafften, die bereits volle Taschen hatten. Für einen kurzen Moment, als das Internet noch in den Kinderschuhen steckte, ließen diese Versprechen die Vision einer besseren Welt aufblitzen, wurden dann aber zu einer gänzlich anderen Realität. »Es ist dysfunktional und verfügt über perverse Anreize«,[1] so Tim Berners-Lee, der 1989 das World Wide Web begründete und die HTML-Sprache erfand, die einen entscheidenden Beitrag zum Massenphänomen Internet beitrug. Berners-Lee brachte das Internet und den Hypertext zusammen, sodass jeder mit einem Computer unabhängig von seinem Aufenthaltsort ganz einfach auf die miteinander verknüpften Inhalte Zugriff hatte. Seine Erfindung sollte frei, kostenlos und offen sein, »eine Leinwand, auf die man wunderbare Dinge malen kann«.[2] Der Pionier träumte von einem Internet, das präzise Lösungen für die dringlichsten Probleme der Zeit liefern würde, das neue, bessere und effizientere Formen der Demokratie und der Argumentation ermöglichen würde, sowie mehr Transparenz und bessere Rechenschaftslegung.[3] Um dies sicherzustellen, gründete er

2008 die Stiftung W3F. 2019, dreißig Jahre nachdem er das Web begründet hatte, veröffentlichte ein zutiefst enttäuschter Berners-Lee ein Manifest,[4] in dem er zu dessen Rettung aufrief:

> Das Web ist zu einem öffentlichen Platz geworden, ist Bibliothek, Arztpraxis, Laden, Schule, Design-Studio, Büro, Kino, Bank und so vieles mehr. Dabei wird mit jeder neuen Funktion, mit jeder Website der Graben zwischen denen, die Zugang haben, und denen ohne Zugang, größer. Somit ist es noch dringlicher, dass das Web für alle verfügbar wird. Zwar hat das Web Möglichkeiten eröffnet, marginalisierten Gruppen eine Stimme verliehen und unseren Alltag erleichtert, aber auch Tür und Tor für Betrüger geöffnet, für Hassrede und jegliche Art von Verbrechen ... Verständlicherweise haben viele Menschen Angst und sind sich nicht sicher, ob das Internet wirklich eine positive Kraft ist.

In Berners-Lees Worten wird deutlich, wie gegen die grundlegenden Werte des Internets und des Webs verstoßen wird, wie ihre Versprechen immer wieder auf Neue gebrochen werden. »Das Internet wird euch frei machen«, »Das Internet wird global, offen, neutral, horizontal, meritokratisch, transparent und demokratisch sein.« Diese Sirenengesänge entwerfen ein Bild davon, was hätte sein können, aber nicht sein sollte; die Sehnsucht nach etwas, was womöglich nie sein wird.

Ungleichheit und extreme Rechteverletzung

Das Internet ist kein Luxus, es ist eine Notwendigkeit.
Barack Obama, 44. Präsident der USA

Tagtäglich wird online gegen die Menschenrechte verstoßen.[5] Das beinhaltet Netz-Technologien, die Menschen diskriminieren, sie wegen ihrer Hautfarbe benachteiligen oder ihnen nur aufgrund körperlicher Merkmale Chancen verwehren, sowie Systeme, die die Menschenwürde antasten: Jeder, der nicht ins Schema des Algorithmus passt, kann potenziell von diesen Systemen falsch eingeordnet oder übergangen werden und somit gezwungen sein, seine Nichtnormalität und Informationen preiszugeben, die seine Menschenwürde betreffen. Es beinhaltet auch Vorgehensweisen, die systematisch gegen das Prinzip der Unschuldsvermutung verstoßen, indem standardmäßig alle möglichen Daten auf Verdächtiges überprüft werden (gegen jede Rechtsstaatlichkeit stehen wir alle unter Generalverdacht). Das führt uns zu einem grundlegenden Recht, nämlich dem auf Privatsphäre. Datenschutz ist nicht nur an sich von Bedeutung, sondern auch deshalb, weil es andere Rechte bedingt. Es eröffnet die Möglichkeit, Rechte wie das auf Selbstbestimmung, Menschenwürde, Nichtdiskriminierung, Teilhabe, die Versammlungs- und Vereinigungsfreiheit sowie die Freizügigkeit wahrzunehmen. Ein Verstoß dagegen kann nicht nur Dynamiken nach sich ziehen, bei denen Daten zur Überwachung und Kontrolle der ärmeren Bevölkerung genutzt werden, sondern es führt auch zur Zementierung von Privilegien: Bereits bestehende Machtverhältnisse werden gestärkt. Das macht den Datenschutz zu einem so wichtigen Thema. Hinzu kommen undurchsichtige Technologien (deren Funktionsweise verhindert, dass man versteht, wie sie zu einem bestimmten Ergebnis gelangen) und fehlende Transparenz und Informationen für die Nutzer in der Frage, wann diese Mechanismen greifen. Das machte es für die Betroffenen unmöglich, dagegen vorzugehen. Dabei haben meist diejenigen am schlimmsten unter der Ungleichheit zu leiden, die am schutzbedürftigsten sind. Es existierte eine ganz klare digitale Kluft in der Gesellschaft. Das Internet wird gern als Gleichmacher dargestellt, der das Potenzial hat, geographische, wirtschaftliche, ethnische, religiöse, geschlechterbezogene Grenzen einzureißen. Doch Potenzial bedeutet nicht, dass dies in der Realität auch geschieht.

Das hat sich während der Coronapandemie mehr als deutlich

gezeigt, die uns nicht nur abhängiger denn je vom Netz gemacht, sondern auch die Ungleichheit verschärft hat, was einen brauchbaren Internetzugang, ein internetfähiges Gerät und die Kenntnisse angeht, die man benötigt, um die Online-Ressourcen zu nutzen. »Seit ich das Web erfunden habe, hat es jedes Jahr einen größeren Stellenwert im Leben der Menschen eingenommen. Gleichzeitig gab es immer mehr Einschränkungen für diejenigen, die keinen Zugang haben. Die Coronapandemie hat diesen Prozess noch befeuert. Das Web ist in Krisenzeiten ein Lebensretter, aber auch einer, der Milliarden von Menschen die Hilfe verwehrt – gerade dann, wenn sie sie am nötigsten haben«, so Berners-Lee. Wenn das Internet zum hauptsächlichen, beziehungsweise einzigen Zugang zu Bildung, Arbeit, Information und Unterhaltung wird, multiplizieren sich diese Verdrängungseffekte, die digitale Kluft vergrößert sich. Während der Coronakrise haben wir ihnen ein Gesicht gegeben, den Kindern, die keinen Zugang zum Online-Unterricht hatten. Diese jungen Menschen, denen die Chance verwehrt blieb, wie ihre Altersgenossen weiter zu lernen, sind besonders von der digitalen Kluft betroffen. Wir schreiben das 21. Jahrhundert, und dennoch ist fast die Hälfte der Weltbevölkerung ohne Internetzugang.[6] Nur 19 Prozent der Bevölkerung in Entwicklungsländern haben Zugang zum Internet, in Industrieländern sind es 87 Prozent.[7] Doch auch in Letzteren besteht die digitale Kluft zweifelsohne fort. 2020 hatten in Deutschland 96 Prozent der Haushalte einen Internetzugang, 5 Prozent mehr als im EU-Durchschnitt.[8] Dieser ist jedoch nicht immer von guter Qualität, und es besteht weiterhin eine großer Unterschied zwischen städtischen und ländlichen Gebieten. Aber Zugang allein reicht nicht. Denn viele, die über eine gute Internetverbindung verfügen, haben trotzdem ein grundlegendes Problem: Sie haben nicht gelernt, mit diesen gar nicht mehr so modernen Technologien umzugehen. Über 40 Prozent der Deutschen verfügen nicht über grundlegende digitale Fähigkeiten, wenngleich diese eine Voraussetzung für die meisten Jobs sind.[9] Die digitale Ungleichheit ist auch abhängig vom Geschlecht (zum Nachteil von Frauen), Alter (zum Nachteil der Älteren), der Region (zum Nachteil der kleineren Orte), Einkommenshöhe (zu Lasten der Ärmsten) und dem Bildungsniveau (zu Lasten derjenigen mit dem geringsten Ausbildungsstand).[10] Auch unterschiedliche Fähigkeiten spielen eine Rolle, gewisse Einschränkungen verschärfen die digitale Ungleichheit. Das Extrembeispiel für die digitale Kluft wäre eine ältere Frau ohne Beschäftigung mit niedrigem Einkommen und geringem Bildungsniveau, die in einem ländlichen Gebiet lebt.[11] Nicht nur ein Beispiel dafür, was es bedeutet, digital abgehängt zu sein, sondern auch für die allgemeine soziale Ausgrenzung.[12] Unterschiede beim Zugang, bei der Verbindungsqualität und der Vorbereitung auf den Umgang mit dem Internet verstärken die bestehenden Ungleichheitsstrukturen. Mehr noch, sie gefährden den Fortschritt weltweit – vor allem in Kombination mit einer weiteren Bedrohung: einer Pandemie, wie sie 2019 durch SARS-CoV-2 ausgelöst wurde. Diese hat nicht zu mehr Gleichheit geführt, sondern die bestehenden Ungleichheiten vergrößert. Demgegenüber steht der Zugang zum Internet, den viele Aktivistengruppen für die digitalen Rechten (darunter »Xnet«, angeführt von der italienischen Dramatikerin Simona Levi), aber auch Pioniere wie Tim Berners-Lee als ein Menschenrecht einfordern.

Diskriminierung und »Brogrammer«

Der fehlende Zugang zum Internet erklärt größtenteils die zwischen den Geschlechtern ungleich verteilten digitalen und technologischen Fähigkeiten. Zwei der Hauptgründe für die digitale Geschlechter-Kluft sind die Erschwinglichkeit der Technologie und nicht vorhandene grundlegende Fähigkeiten im Umgang mit digitalen Hilfsmitteln.[13] 2018 gab es 250 Millionen weniger Internet-Nutzerinnen als Nutzer.[14] 2019 beliefen sich die geschlechterspezifischen Unterschiede bei der Online-Präsenz auf 17 Prozent,[15] und 2020 waren noch immer 21 Prozent mehr Männer als Frauen online.[16] Des Weiteren besitzen 200 Millionen weniger Frauen ein Mobiltelefon.[17] Ein weiterer wichtiger Aspekt, der geschlechterspezifische digitale und technologische Ungleichheit begünstigt, ist soziokulturell und von Stereotypen bedingt: In manchen Kontexten waren Frauen noch nie willkommen. Diese feindselige Kultur entstand unter männlichen Technologiefachleuten in einem aggressiven Umfeld mit hohem Wettbewerbsdruck und Vetternwirtschaft. Das spiegelt auch der abwertende Begriff »Brogrammer« wider, zusammengesetzt aus dem englischen *Bro* (für *brothers*) und Programmierer. Hieran wird deutlich, dass in den IT-Kollektiven noch immer die Beziehungen zwischen den männlichen »Brüdern« und ihren Kumpels etwas gelten. Diese Kultur des Machismos drängt durch verdeckte Formen des Sexismus – die fälschlicherweise »Mikromachismos« genannt (und oft angeprangert) werden – weiterhin Frauen aus dem Technologiesektor.[18] Was bereits vor dem Internetzeitalter Realität war, wurde nun ins Netz der Netze übertragen. Die ehemalige Vorsitzende des Kuratoriums der Widimedia Foundation, María Sefidari, sieht das Missverhältnis zwischen Frauen und Männern im Internet als Problem, das seit den Anfängen besteht.[19] »Es war das Internet der Männer. Auch Wikipedia war am Anfang von Männern dominiert. Wir erkannten das Potenzial des Netzwerks, aber auch, welche Hürden es für Frauen bot. Eine nie da gewesene Schikane, um uns zum Schweigen zu bringen und hinauszudrängen. Das utopische Ideal des Internets war für die Hälfte der Bevölkerung genau dies nicht«, so Sefidari.[20] Die Expertin spricht von »Misogynie im Netz«, eine Art frauenfeindlichem Online-Aktivismus, bei dem via Internet versucht wird, die Frauen abzudrängen. Durch implizite und explizite Mobbing-Strategien über verschiedene Online-Kanäle entsteht und verbreitet sich etwas, das die Professorin Adrienne Massanari »Toxische Technokultur« nennt.[21] In einer ihrer Studien zeigt sie, dass das soziale Netzwerk Reddit sich zu einer Hochburg für derlei Taktiken gewandelt hat. Massanari schreibt, dass das Netzwerk mit seinem Algorithmus, seiner Funktionsweise und seinen Richtlinien so angelegt ist, dass es implizit diese Kultur fördert und ihr einen fruchtbaren Boden bietet. Als Beispiel führt sie zwei Fälle der jüngsten Zeit an, die als »Celebgate« und »Gamergate« bekannt wurden.[22] Bei Ersterem wurden im August 2014 Hunderte Intim- und Nacktfotos von Stars auf der Website 4Chan veröffentlicht. Über Reddit und andere Plattformen wie Tumblr verbreiteten sie sich wie ein Lauffeuer. Im selben Monat begannen sie auch beim sogenannten Gamergate, ebenfalls auf 4Chan und Reddit. Wie der Videospielforscher Víctor Navarro ausführt, handelte es sich dabei um eine Bewegung, die sich vermeintlich gegen die korrupten Medien in der Videospielbranche richtete, in Wirklichkeit aber darauf abzielte, den Einzug progressiver und feministischer Ideen in die Videospielwelt zu verhindern.[23] Das sind nur einige Beispiele dafür, wie sich frauenfeindliche Gruppierungen über Online-Plattformen organisieren. Zwar hat das Web 2.0 allen – Männern wie Frauen – noch nie da gewesene Möglichkeiten verschafft, in Kontakt zu treten, zu kommunizieren, Informationen aufzurufen, zu generieren und zu verbreiten, es bietet Unterhaltung, kreative Inhalte und Möglichkeiten, zusammenzuarbeiten. Doch zugleich herrscht ein hohes Maß an Belästigung vor, das eindeutig auf das Geschlechtersystem zurückzuführen ist. Die Soziologin Laura Favaro legt dies nach einer umfassenden geschlechtsspezifischen Analyse der wissenschaftlichen Literatur im Bereich der »Internetstudien« dar. Sie schreibt, dass sich die Frauenfeindlichkeit im Netz immer stärker gegen alle Nutzerinnen richtet und »die feministische Nutzung des Internets mit einem starken, misogynen Widerstand koexistiert, wobei das Web hochgradig kommerzialisiert und vollkommen darauf ausgerichtet ist, Frauen gleichermaßen als Subjekte als auch als Konsumobjekte zu platzieren«.[24]

Neutralität vs. Online-Klassismus

Ein Internet der Klassen, mit zwei Geschwindigkeiten: In den USA, wo das Prinzip der Netzneutralität aufgehoben ist, ist das möglich. Weder die Anträge von fast zwanzig Staatsanwälten auf Verschiebung der Abstimmung, Dutzende Briefe von Senatoren, Gegenstimmen aus Umfragen, Demonstrationen von Nichtregierungsorganisationen und Aktivisten, noch die Bitten der Pioniere des Internets und großer Tech-Konzerne, konnten etwas ausrichten. Im Dezember 2017 hob die Bundeskommunikationskommission (Federal Communications Commission, FCC) die Regelungen zur Netzneutralität von 2015 auf. Was ist daran so schlimm? Was bedeutet dieses Prinzip überhaupt? Im Grunde besagt es, dass der gesamte Datenverkehr im Internet gleichbehandelt werden muss. Das heißt, dass die Betreiber der Internetzugänge keine unterschiedlichen Tarife festlegen dürfen, oder den Datenfluss derjenigen unterschiedlich behandeln, die Dienste und/oder Inhalte über ihre Netze anbieten (sei es ein Blog, eine Website für den Online-Handel, eine Plattform für Musik oder Filmstreaming und so weiter). Dahinter steht die Auffassung des Internets als Universalrecht, als Allgemeingut, nicht als Geschäft. Dass die USA dieses Prinzip nun ausgesetzt haben, könnte für die Internetanbieter und für Nutzer, die auf die Plattformen, Apps oder Websites zugreifen wollen, zu Restriktionen beim Zugang, der Qualität oder Geschwindigkeit führen. Bis jetzt war dies nicht der Fall. Im Juni 2018 wurde die Aufhebung der Regulierungen wirksam – nach monatelangen Rechtsstreitigkeiten und Klagen. Tatsächlich haben sich einige Länder entschieden, ihre eigenen Regulierungen zur Netzneutralität aufzustellen, und einige große Anbieter haben sich dazu verpflichtet, den Datenverkehr weder zu blockieren noch zu benachteiligen. Das bedeutet jedoch nicht, dass dies in Zukunft nicht möglich ist, denn die Gesetzeslage gibt es her. Es deuten sich bereits Veränderungen an, die eher zunehmen werden, sich nach und nach über die Jahre hinweg einstellen, bis wir plötzlich ein Internet für die Reichen und eins für die Armen haben, eine Einteilung in digitale Gewinner und Verlierer. Die Unternehmen könnten Überholspuren einrichten und den Anbietern Zusatzgebühren abverlangen, sozusagen eine Maut wie auf der Autobahn. Nach dem gleichen Prinzip ließen sich auch langsamere, billigere Zugänge einführen. So könnte jeder entscheiden, wofür er zahlt. Klingt in der Theorie gut, aber wenn der Preis für die Kriechspur nicht sinkt, aber dafür der für die Überholspur steigt, müssen die Konsumenten am Ende mehr für den gleichen Service bezahlen. »Man hört immer von den Möglichkeiten, davon, dass immer mehr Menschen in Verbindung treten. Aber wozu, wenn sie doch lediglich die Filme sehen können, die die Anbieter für sie auswählen?«, so Berners-Lee[25] in seiner Stellungnahme zur Aufhebung des Grundsatzes der Netzneutralität in den USA. Als er das Web erfand, musste er niemanden um Erlaubnis bitten, und so soll es auch bleiben. Besonders in einer Welt, in der Unternehmen vollkommen auf das Internet angewiesen sind, dessen Zugang einige wenige Anbieter kontrollieren. Das Ende der Netzneutralität bedeutet Einschränkungen der Kreativität, Innovation und die freie Meinungsäußerung im Netz. Es ist ein direkter Angriff auf einen der Grundsätze des Internets. Als Reaktion auf die Aufhebung dieses Grundsatzes in den USA haben zweihundert Internetpioniere einen Brief[26] an die US-Regierung geschickt, in dem sie sich für die Wiederherstellung der Internetfreiheit aussprechen und der Regierung ein fehlerhaftes und faktisch ungenaues Verständnis der Netztechnologie vorwerfen.

Ein weiterer Bereich, der unter der Schwächung der Netzneutralität leidet, ist die Wissenschaft. Die Zeitschrift *Nature*[27] warnt davor, dass ein Verlust der Netzneutralität einen negativen Einfluss auf die Forschung haben dürfte, und dass ein Internet mit unterschiedlichen Geschwindigkeiten auch die Wissenschaft ausbremsen kann. Auf der Kriechspur könnten große Datenmengen, die von Lateinamerika nach Europa fließen, auf der Strecke bleiben – beispielsweise die Teleskopdaten aus Chile, denn diese laufen über die USA. Universitäten und Studierenden, besonders aus ärmeren Ländern, könnten unzumutbare Zugangs- und Downloadgebühren drohen. Auch die Verbreitung wissenschaftlicher Publikationen ist gefährdet. Nicht zuletzt könnte es die Entwicklung hin zu einer offenen Wissenschaft, die möglich wurde durch das Internet (das nichts anderes ist als ein wissenschaftliches Instrument), ein für allemal zum Erliegen bringen.

Wie wird sich all dies auf Europa und Deutschland auswirken? Wir leben in einer globalisierten Welt, die empfänglich für den expansiven Einfluss der USA ist. Wenn ein Land, das sich eines offenen Internets rühmt, schon derlei Maßnahmen trifft, werden sich andere dann nicht legitimiert fühlen, Ähnliches zu tun? In Europa gilt seit 2015 die vom Europäischen Parlament und der Europäischen Kommission verabschiedete Verordnung zur Netzneutralität. Doch es gibt Schlupflöcher. In Ländern wie Portugal sichern sich einige Betreiber einen Vorteil gegenüber der Konkurrenz, indem sie keine Datengebühren für die Nutzung bestimmter Apps oder Dienste wie WhatsApp, Instagram oder Spotify verlangen (was außerdem die Macht dieser Plattformen und Apps stärkt). In Schweden setzt das Telekommunikationsunternehmen »Telia Company« ebenfalls auf diese »Zero-Rating«-Praxis. Seit Inkrafttreten der europäischen Verordnung zur Netzneutralität wurden in 25 der 27 EU-Länder derlei Praktiken beobachtet[28] (überall außer in Belgien und Finnland). In einigen Fällen hat sich der Kostenunterschied zwischen Anwendungen mit Sonderpreisen und dem Rest des Internets versiebzigfacht.[29] Die Netzneutralität in Deutschland gilt als schlecht. Als einzelner Kunde hat man hier nur begrenzten Spielraum, wohingegen immer mehr Unternehmen sich geschlossene Online-Plattformen aufbauen, sogenannte »Walled Gardens«, zu denen man ohne Anmeldung keinen Zutritt hat. Gleichzeitig erlebt Europas digitaler Binnenmarkt durch die neuen, von den Telekommunikationsanbietern geschaffenen Hürden für einen Marktzugang eine Fragmentierung. Obwohl die Leitlinien ein Mindestmaß an Transparenz zur Internetgeschwindigkeit für diese Unternehmen vorgeben, veröffentlichen die Anbieter diese Informationen nicht, und die Regulierungsbehörden drücken ein Auge zu. Verstöße gegen die europäische Verordnung zur Netzneutralität bleiben oft ungeahndet, wobei die Geldstrafen in einigen Ländern ohnehin höchstens vierstellig sind. Andere Länder verlangen Strafzahlungen mit acht Nullen, während in Deutschland das höchste Bußgeld 500 000 Euro beträgt. In zwei Ländern gibt es überhaupt keine Bußgelder: Portugal und Irland. Wobei Letzteres 2019 den Vorsitz des »Gremiums Europäischer Regulierungsstellen für elektronische Kommunikation« (GEREK) innehatte, das für die Reform der Netzneutralität verantwortlich ist, und auch 2020 war Irland dort mit einem der Vizevorsitzenden vertreten. Lässt man zu, dass Anbieter dominanter Inhalte für einen besseren Zugang zu den Verbrauchern mehr bezahlen, schränkt das zudem den Wettbewerb und die Wahlmöglichkeiten auf der ganzen Welt ein – nicht nur in den USA. Die Internetgiganten – auch die Unterhaltungsplattformen – benötigen eine bestimmte Menge an Zuschauern, um finanziell rentabel zu sein. Je größer diese Menge wird, umso schwieriger wird es für die Konkurrenz, aufzuholen. Lediglich drei der zwanzig wichtigsten Anwendungen, die auf das Zero-Rating zurückgreifen, stammen aus Europa. Der europäische digitale Binnenmarkt leidet also unter den Verstößen gegen die Netzneutralität.

Zentralisierung und die Erbsünde des Internets

*Wenn es nach der Geschäftswelt ginge,
gäbe es das Internet nicht.*

Andreu Veà, Internetpionier

Tatsächlich wirkt sich die Vorherrschaft einiger weniger Akteure auf dem Markt so stark aus, dass andere von der Wettbewerbsteilnahme abgehalten werden. Diese Akteure werden auch »GAFAM« genannt, also Google, Amazon, Facebook, Apple und Microsoft, die größten Internetfirmen der Welt. Zusammen sind die Big Five über 4 Billionen Dollar schwer,[30] und ihre jeweilige Nutzer-Basis umfasst Milliarden Kunden. Ihre chinesischen Äquivalente sind »BAT« oder »MAT«: Baidu (das Pendant zu Google) und Meituan (Lieferservice) wechseln sich auf dem dritten Platz des Trios ab, das von Alibaba und Tencent angeführt wird. Zusammen kommen sie auf über eine Billion Dollar. Auch die Pandemie hat dem Wachstum keinen Abbruch getan, wenn man die politisch bedingten Abschwungphasen bei Alibaba außer Acht lässt. Wie die chinesischen Anbieter verzeichneten die GAFAM in Coronazeiten keinen Rückgang, sondern einen Anstieg: Alle dieser Unternehmen fuhren 2020 höhere Einnahmen ein.[31] Bei Amazon gingen sie um 38 Prozent nach oben, bei Meta (dem Mutterkonzern von Facebook) um 22, Microsoft konnte 18 Prozent Anstieg verbuchen, Google 13 und Apple 10. Rekordwerte für Amazon,[32] Google[33] und Apple.[34] Der gesamte Börsenwert der zehn größten Internetunternehmen weltweit ist um 3,9 Milliarden Dollar gestiegen, was den Wert des gesamten britischen Aktienmarktes übersteigt.[35] Diese Unternehmen sind nun also noch mächtiger geworden. Durch die Pandemie wird sich alles verändern, doch eine Sache ist gleich geblieben: Tech-Unternehmen drucken weiterhin Geld in unvorstellbaren Mengen. Es ist kein Zufall, dass ihre Gründer zu den zehn reichsten Menschen der Welt gehören: Jeff Bezos (Amazon) führt die Liste an.[36] Platz drei belegt Bill

Gates (Microsoft). Mark Zuckerberg (Meta) landet auf dem fünften und Larry Page (Google) auf dem achten Platz. Zu den 25 Reichsten zählen auch die Gründer von Tencent (Pony Ma) und Alibaba (Jack Ma). Die im Vergleich zu diesen Giganten etwas kleineren Firmen haben aber ebenfalls keinen Grund, sich zu beschweren, zum Beispiel Netflix. Der kostenpflichtige Streaming-Dienst übertraf 2020 seine eigenen Erwartungen mit einem Anstieg um 31 Prozent im Vergleich zum Vorjahr. Das Unternehmen verzeichnete einen Zulauf von ganzen 37 Millionen neuen Mitgliedschaften.[37] Allein im ersten Quartal 2020 verdoppelte Netflix seine Gewinne und millionenstarke Nutzerzahl.[38] Kein Wunder, wo die Coronapandemie zu dieser Zeit doch die Welt in die eigenen vier Wände zwang, und Unterhaltung, Einkäufe, Arbeit, Bildung – quasi alles außer dem Gang zum Bäcker oder Gassi gehen mit dem Hund – ins Internet verlegt wurden. Nicht, dass der Erfolg den Unternehmen einfach in den Schoß gefallen wäre. Erfolg haben sie, weil sie ein disruptives Geschäftsmodell vertreten. Diese Firmen haben eine Marktlücke erkannt, eine nicht gedeckte Nachfrage, ein ungelöstes Problem oder die Gelegenheit, ein Geschäft zu machen, und das auf unvergleichliche Weise zu nutzen gewusst. Deswegen sind sie heute dort, wo sie sind. Und die »Exponentialität« und »Skalierbarkeit« des Internets haben ihren Teil dazu beigetragen. Diesen Unternehmen kommt der bekannte »Netzwerkeffekt« zugute: Je mehr Nutzer ein Produkt, eine Dienstleistung, eine Plattform oder App hat, umso höher ihr Wert für andere oder alle Nutzer. Beispielsweise funktioniert Facebook um so besser, je mehr Freunde wir in dem Netzwerk haben. Tweets haben potenziell eine größere Reichweite, je mehr Nutzer Twitter zählt, und Uber ist effizienter, wenn es über mehr Fahrer verfügt. Das wiederum führt dazu, dass mehr Menschen es nutzen und die Nachfrage nach Fahrern steigt. Nach und nach entsteht ein Kreislauf der Vorteile. Netzwerkeffekte können direkt und indirekt sein. Bei Ersteren führt eine vermehrte Nutzung oder steigende Nutzerzahl direkt zu einer Wertsteigerung für andere Nutzer, wie es bei Facebook der Fall ist. Ein indirekter Effekt zeigt sich dann, wenn ein komplementärer Dienst verstärkt genutzt wird und so der Wert für die Nutzer auf der einen Seite oder einer der Seiten der Plattform steigt, was den Wert der Plattform an sich steigert. Wenn mehr Menschen beispielsweise ein Gerät oder Betriebssystem von Apple oder Microsoft nutzen, konzipieren immer mehr Entwickler weitere Produkte für sie, was wiederum mehr Nutzer anlockt. Neben einseitigen gibt es mehrseitige Plattformen. Google ist hierbei ein wahrer Meister und bietet mehrere komplementäre Leistungen an – eine Suchmaschine, Werbeanzeigen in den Suchergebnissen, einen E-Mail-Dienst, Cloud-Speicher und so weiter. Das unterstützt den Trägheitseffekt der Nutzer. Die Erfahrung zeigt, dass Kunden und Werbetreibende, die einmal die Google-Dienste nutzen, seltener die gleichen Dienste anderer Firmen verwenden. Eine Person, die seit einem Jahr Gmail hat, wird wahrscheinlich nicht auf einen anderen Anbieter umsteigen. Außerdem entsteht um den Marktführer eine ganze Industrie, was die Netzwerkeffekte noch verstärkt. Apples und Microsofts Taktik basiert darauf, Mauern hochzuziehen, Google und Amazon setzen auf die komplementären Dienste. Sie kommen nicht über Zwang zu mehr Nutzern, sondern über Aneignung oder Konzentration. Für ihre Nutzer oder On-Demand-Plattformen wie Uber wäre es ein Leichtes, Alternativen zu verwenden: Sie sind nur einen Klick oder höchstens eine einfache Registrierung davon entfernt. Die Kosten für den Wechsel wären minimal oder nicht vorhanden, und die Konkurrenz hat ähnlich niedrige Preise. Um der Gefahr vorzubeugen, dass Nutzer verschiedene Anbieter oder Plattformen gleichzeitig verwenden, konzipieren sie zusätzliche Dienste und kaufen oder schlucken ihre Konkurrenz. Sie kaufen Start-ups auf, die ihnen die Kunden abspenstig machen könnten, oder mit deren Produkten oder Dienstleistungen sie diese zu halten hoffen.

Ganz anders verhält es sich mit sozialen Netzwerken wie

Facebook. Die Alternativen dazu kosten zwar kein Geld, einen Preis zahlt man trotzdem: Man ist nicht mehr Teil der »Community«, weiß nicht, wo Freunde und Bekannte unterwegs sind. Und was nützt es, bei einem sozialen Netzwerk zu sein, das kaum bis überhaupt nicht sozial ist? Mehr noch, wenn Facebook oder Twitter wirklich die neuen Versammlungsorte unserer Zeit sind, zahlt man bei einem Wechsel damit, dass man dort nicht mehr hineingelassen und gehört wird. In jedem Fall landen wir immer bei einem ähnlichen Ergebnis: Es dreht sich alles um riesige Unternehmen, die praktisch wie Monopole schalten und walten. Sie haben nicht nur eine klare Dominanzposition inne, sondern ihre Netzwerkeffekte, die sich anfänglich wirtschaftlich positiv auswirken, schaffen Zugangsbeschränkungen. Wenn viele Konsumenten und Händler auf einem Markt zugegen sind, wird es für die Konkurrenten immer schwieriger, sie abzuwerben. Und je größer sie sind, desto mehr wirtschaftliche Kapazität und Möglichkeiten zum Netzausbau und so weiter haben sie, was bedeutet, dass sie die kleineren Wettbewerber ausbooten. Das offene, auf Zusammenarbeit ausgerichtete, dezentralisierte, horizontale und meritokratische Internet, das damals, in seinen Anfängen, kurz aufblitzte, hat sich verändert. »Wenn es nach der Geschäftswelt ginge, gäbe es das Internet nicht«, so der Internetpionier Andreu Veà.[39] Tatsächlich war das Internet in seiner Urform nicht zu unternehmerischen Zwecken gedacht. Und das ist paradoxerweise seine Erbsünde: Es beinhaltet kein Bezahlsystem für die Nutzer, keine Möglichkeit, Profit oder Geschäfte zu machen, Geld auszugeben. So sieht es Marc Andreessen, der den ersten kommerziellen Webbrowser, Netscape, gründete. Daher stützt sich das Geschäftsmodell der Onlinewelt jetzt überwiegend auf Werbung. Es ist ein Modell der Ausbeutung durch die Player, die das Netz dominieren und versuchen, aus allen kommerzialisierbaren menschlichen Aktivitäten Profit zu schlagen. Und zugleich ist es ein Extraktionsmodell, Ursache für das, was uns im Internet am meisten Bauchschmerzen bereitet: die Überwachung, das permanente Tracking, das Eindringen in die Privatsphäre, der Verlust des Privaten, das Sammeln und der Verkauf von Nutzerdaten an Dritte, die Asymmetrie von Information und Macht, die falschen Anreize und die Sucht. Die ersten Jahre des Peer-to-Peer-Internets sind passé. Heutzutage sind sowohl die Funktionsweise als auch die traditionelle Architektur des Internets von Konzentration und Konsolidierung bestimmt: durch seine Zentralisierung. Fusionen und Ankäufe bedeuteten das Aus für die Konkurrenten unter den Betreibern, Anbietern von Diensten, Domain- und Infrastruktur, sowie Entwicklern von Webanwendungen und -plattformen (die auf dem öffentlichen Web aufbauen, aber meist auf einigen wenigen proprietären Systemen beruhen). Es gibt immer weniger, immer größere Betreiber für die Datenfernübertragung. Das wirkt sich auf Dienste aus, die früher von unterschiedlichen Anbietern übernommen wurden, wie E-Mail-Übertragung oder das DNS. Die Mehrheit kommerziell wichtiger Internet-Domains gehört daher mittlerweile einer Handvoll großer Anbieter.

Das Imperium schlägt zurück: Machtkämpfe, Uneinigkeit und »Splinternet«

Diese Konsolidierung ist ganz natürlich: Alle Unternehmen wollen größere Marktanteile. Jedoch sollte die Konkurrenz nicht auf illegalem Weg ausgebootet werden. Aus diesem Grund verklagte die Regierung der Vereinigten Staaten Facebook. Der Vorwurf lautet, das soziale Netzwerk kaufe Rivalen wie Instagram oder WhatsApp auf und nutze dabei »seine Marktführerschaft und Monopolmacht aus, um kleinere Wettbewerber zu zerstören, und zwar auf Kosten der Nutzer«, so die New Yorker Generalstaatsanwältin Letitia James.[40] Die Anklage scheiterte im Juni 2021 aufgrund fehlender Beweise. Natürlich bleibt auch Google nicht verschont. Die Klage der US-Regierung gegen den Suchmaschinenbetreiber wiegt ähnlich schwer und prangert die ille-

KAPITEL 8

gale Monopolisierung der Suchanfragen und der darin enthaltenen Werbung an und dass die Konkurrenz strategisch vom Markt gedrängt wird, indem beispielsweise Zahlungen fließen, damit die Google-Suchmaschine auf Smartphones die Nummer eins bleibt. Andererseits weiß man darüber seit Jahren Bescheid. Die Europäische Kommission hat 2018 wegen genau solcher Praktiken, die die Vormachtstellung von Androidgeräten sichern sollten, sogar eine Strafzahlung von über 4 Milliarden Euro[41] von Google verlangt. Auch Amazon wurde vorgeworfen, aus dem Interesse an Konkurrenzprodukten Kapital zu schlagen, seinen stärkeren Wettbewerbern aber die Chance zu verwehren, es ihnen gleichzutun (Geräte wie Smart Speaker, ähnlich dem Amazon Echo, konnten dort nicht beworben werden). Und sowohl gegen Apple als auch Google laufen Klagen und Ermittlungen wegen wettbewerbswidrigen Verhaltens hinsichtlich ihrer Vorschriften für App-Entwickler, damit diese ihre Produkte in den Stores von iOS- und Androidgeräten anbieten dürfen. Die Geschäftsbedingungen schreiben unter anderem vor, gewisse Daten mit Apple und Google zu teilen und ihnen einen bestimmten Prozentsatz an den Verkäufen in diesen Shops zu überlassen. Unternehmen wie Epic Games sind bereits vor Gericht gezogen und werfen den Unternehmen vor, ihre Machtposition auszunutzen.[42] Die chinesische Regierung ermittelt, ob der Handelsgigant Alibaba auf monopolistische Praktiken setzt und seine Macht ausnutzt, um beispielsweise Händler darin einzuschränken, auf anderen Plattformen ihre Produkte zu verkaufen. Das kommt mehr als überraschend, haben doch die chinesischen Behörden lange die Augen davor verschlossen, wie dieser Riese und andere Tech-Giganten immer weiter wuchsen. Vielleicht ist es kein Zufall, dass die Ermittlungen erst eingeleitet wurden, als der Alibaba-Gründer Jack Ma öffentlich das Finanzsystem und die Banken im Reich der Mitte kritisierte.

Durch den wachsenden Marktanteil immer größerer Unternehmen steigt die Anfälligkeit für potenzielle Cyberangriffe um ein Vielfaches. Auch hinsichtlich physischer Angriffe, wie im ersten Kapitel beschrieben. »Konzentration« bedeutet größere Verwundbarkeit auf der einen und größere Abhängigkeit auf der anderen Seite. Europa – besonders Spanien – verfügt zwar über eine gute Telekommunikationsstruktur und Glasfaserverbindung[43], hat aber keine wettbewerbsfähige Struktur für die Datenspeicherung. Daten, die in Europa generiert werden, wandern also auf Server in anderen Kontinenten. Die Mehrheit davon (ca. 92 Prozent) befinden sich in den USA.[44] Wenn man bedenkt, dass Daten in der vernetzten Wirtschaft das wichtigste Gut sind, scheint eine Aufrechterhaltung dieser Abhängigkeiten wenig ratsam. Der Preis für die Unabhängigkeit wäre freilich kein geringer. Schätzungen zufolge würde die digitale Souveränität Europas 530 Milliarden Euro kosten.[45] Dass der europäische Markt dermaßen zersplittert ist, stärkt seine Position zudem nicht gerade gegenüber den USA oder China. Als Marktvorreiter verfügen diese außerdem über einen entscheidenden Vorteil, haben sie doch bereits seit Langem hohe Summen in ihre Servernetze und Rechenzentren investiert. Das Idealbild vom Internet mit seinem freien Fluss der Daten wird zur Illusion in einer Zeit, in der Daten als das »neue Erdöl« gesehen werden und Regierungen Grenzen hochziehen, um ihren Austausch zu verhindern. Dieser Online-Protektionismus ist geprägt von einem gleichsam nationalen Souveränitätsgedanken und stellte einen weiteren Schritt in Richtung Balkanisierung des Internets dar. Die Aufteilung des Netzes der Netze, auch »Splinternet« genannt, demontiert den Gründungsmythos des Internets als globales Netzwerk, das für alle gleich ist, egal wo sie sich befinden. Die Utopie begann zu bröckeln, als einige Länder entschieden, ihre Nutzer von anderen Teilen der Welt zu trennen. Angefangen hat es in China, das 1997 im Rahmen des »Projekts Goldener Schild« begann, einen Online-Schutzwall zu errichten, scherzhaft auch die »Große digitale Mauer« (»Great Firewall«) genannt. Länder wie Kambodscha folgen diesem Beispiel. Die kambodschanische Regierung hat 2022 eine Verordnung erlassen, wonach der gesamten Online-Verkehr (auch aus dem Ausland) über ein staatliches Portal geleitet wird.[46]

Die Utopie rückt in immer weitere Ferne, während der Handelskrieg zwischen den USA und China sich verschärft und gegenseitige Spionagevorwürfe und Handelsembargos (die die USA auch von Europa verlangen und die Indien mit seinem Verbot Dutzender chinesischer Apps bereits praktiziert) den Diskurs dominieren. Es werden immer mehr und mehr Mauern hochgezogen – auch im Westen, nicht zuletzt aufgrund der vielen unterschiedlichen Datenschutzgesetze auf beiden Seiten des großen Teichs. Darunter fallen Regulierungen wie beispielsweise die europäische Datenschutz-Grundverordnung (DSGVO), die einige US-amerikanische Unternehmen dazu veranlasst haben, europäische Kunden auszuschließen, um sie umgehen zu können. Man sieht schon, wie die Regierungen den Mythos des globalen Internets bekämpfen, weil sie den Nationalstaat wieder in den Mittelpunkt stellen. Das betrifft nicht nur die Regulierung, sondern auch die kritische Infrastruktur und gar das Militär. Es findet eine Militarisierung des Internets statt, das sich in ein Schlachtfeld des Cyberwars verwandelt im sogenannten »neuen Kalten Krieg«. Vor diesem Hintergrund bereitet sich Russland auf eine freiwillige oder (durch eine Cyberattacke) erzwungene Abkoppelung vom Internet vor. Im Dezember 2019 führte man in Russland erfolgreich einen ersten Test durch und kapselte sich vom globalen Netz ab – zumindest laut dem russischen Ministerium für Telekommunikation. Bei dem Testlauf wollte man das russische Intranet (»RuNet«) einer Probe unterziehen und den Onlineverkehr intern umleiten. Sollte dies gelingen, wäre es das bisher größte interne Netzwerk überhaupt: ein Internet-Alternativsystem, dessen Grenzen und Kontrolle der Regierung oblägen und auch die Entscheidung, welche ihrer Bürger Zugang haben und welche nicht. Das russische Parlament hat dafür eigens ein Gesetz verabschiedet, das den Internetverkehr reguliert, inklusive neuer Routing- und Filtertechnologien, die eine zentrale Verwaltung ermöglicht und die Behörden ermächtigt, Inhalte, die sie für anstößig erachten, direkt zu überwachen und zu zensieren. Des Weiteren plant man ein eigenes Domain-System. Sollte alles wie geplant funktionieren, müsste der Datenverkehr nicht mehr die Grenzen Russlands passieren. Ein solches abgeschlossenes Internet (das man dann nicht mehr »inter« nennen könnte) würde Russlands großen Technologieunternehmen zugutekommen. Zum Beispiel der Suchmaschine Yandex, die nach Google über den zweitgrößten Marktanteil in Russland verfügt,[47] oder dem E-Mail-Anbieter »Mail.ru«. Russland plant bereits, ausländische Beteiligungen an seinen Internetunternehmen zu begrenzen, um sich die Kontrolle zu sichern. Das Parlament hat außerdem ein Gesetz verabschiedet, das den Verkauf von Smartphones verbietet, auf denen keine russische Software vorinstalliert ist. Sogar die Einrichtung einer eigenen Wikipedia wurde angekündigt.

Die neue Weltordnung

Russland, das sich einst beim globalen Wettlauf ins All mit den USA ein Kopf-an-Kopf-Rennen lieferte, wird nun von China im Wettlauf um die künstliche Intelligenz (KI) überholt. KI und das Internet sind zwei Paar Schuhe, aber ohne das Netz würden wir wohl heute kaum über den Aufstieg der künstlichen Intelligenz sprechen, ohne den Zugang zu den Daten, die die Technologieunternehmen sammeln und mit denen sie die Funktionsweise ihrer ausführenden Organe verbessern: die Algorithmen. KI bringt das Internet einen entscheidenden Schritt weiter, wenn es darum geht, die Reibungsflächen zwischen der Online- und der Offlinewelt zu reduzieren. Früher wurde die Verbindung immer über einen Bildschirm hergestellt. Heute sind die Wahrnehmungsfähigkeiten der KI (wie beispielsweise das maschinelle Sehen oder die Stimmerkennung) so weit fortgeschritten, dass man darauf verzichten kann und es ausreicht, nur unsere Stimme zu hören oder unser Gesicht zu beobachten. Kai-Fu Lee nennt diese gemischten Umgebungen, wo Online und Offline verschmelzen, »OMO« (*online-merge-offline*).[48]

Europa ist ohne eigene KI und damit abhängig von Dritten. Dass Europa bei der Digitalisierung insgesamt ins Hintertreffen gerät, schürt die Ängste, dass der alte Kontinent in der neuen digitalen Weltordnung keinen Platz findet. Eine Ordnung, in der das Europa des einundzwanzigsten Jahrhunderts Gefahr läuft, zum China des neunzehnten zu werden – von der größten Wirtschaftsmacht der Welt zu einem Entwicklungsland. Das geographische Ungleichgewicht der digitalen Wirtschaft wird die Ungleichheit zwischen den Ländern weiter verstärken. Einige Stimmen meinen, dass Europa zu einer digitalen Kolonie wird, wenn man nicht bald handelt. Gibt es eine Alternative? Was bringt die Zukunft? Können wir die polarisierenden, diskriminierenden, tyrannischen, autoritären, kriminellen und süchtig machenden Tendenzen des Internets und der neuen Technologien noch ändern? Oder werden sie ihren unaufhaltsamen Lauf nehmen? Den Antworten darauf, die nicht einfach sind, widmen wir uns voller Hoffnung und Zuversicht im dritten und letzten Teil dieses Buches.

DRITTER TEIL
EIN NEUER TAG BRICHT AN

9
Ungewisse Zukunft

*Wir fordern streng definierte Bereiche
des Zweifels und der Unsicherheit!*

Douglas Adams, *Per Anhalter durch die Galaxis*

Was könnte besser sein? Als Google 2015 umstrukturiert und zur Tochter des börsennotierten Unternehmens Alphabet Inc. wurde, veröffentlichte sein Mitbegründer, der Milliardär Larry Page, einen offenen Brief im Internet, in dem er euphorisch seine Vision für die Zukunft und seine Absichten für das Unternehmen verkündete.[1]

Nachdem er zahlreiche Vorzüge aufgezählt hatte, die seiner Überzeugung nach noch zu erwarten seien, beendete er seinen Text mit einer rhetorischen Frage: »Was könnte besser sein?« Für Page lag die Antwort auf der Hand: Nichts könnte besser sein! Aus seiner begrenzten »googlezentrischen« Sicht waren die Aussichten unschlagbar.

Jenseits der Nabelschau von Google, außerhalb der Parallelwelt, in der Page und andere Vorreiter der monopolistischen und zentralisierenden Tendenz des Internets leben, klang diese Behauptung bereits damals fragwürdig. Heute ist sie längst nicht mehr zu halten. Wir stehen zu Beginn des 21. Jahrhunderts vor einer Ansammlung gebrochener Versprechen. Das Internet ist nicht der erhoffte Ort der Gleichheit und Toleranz geworden, sondern einer der Ungleichheit und Diskriminierung, der Tyrannei, der Sucht, der Radikalisierung und der Kriminalität. Die Auswirkungen all dessen bedrohen die Regierbarkeit der Gesellschaft, untergraben nicht nur die Demokratie, sondern auch den sozialen Zusammenhalt und beschleunigen die ökologische Katastrophe.

Privatisierung der Verwaltung

Würde jemand freiwillig Steuern zahlen? Vielleicht gibt es sogar einige Personen, auf die das zutrifft. Für die meisten Menschen gilt dies aber nicht. Genauso ist die Lage bei der Selbstregulierung der großen Technologieunternehmen: Sie funktioniert nicht.[2]

Einige der größten Tech-Firmen haben sich 2016 in dem Konsortium »Partnership on AI« zusammengeschlossen, dessen Aufgabe – zumindest in der Theorie – darin besteht, die besten Vorgehensweisen im Bereich der Technologien für künstliche Intelligenz zu erforschen und festzulegen. Der Initiative wurde jedoch vorgeworfen, in der Praxis als Lobby für Standards – oder des Verzichts auf diese – zu fungieren, die ihren eigenen Interessen dienen, eine Form der Selbstregulierung, ohne sich der Kontrolle und der demokratischen Abstimmung der Bevölkerung zu unterwerfen. Die Firmen erwecken den Eindruck, das moralisch Richtige zu tun, obwohl ihr Verhalten in Wirklichkeit nicht über die Öffentlichkeitsarbeit hinausgeht. Es ist das »Ethik-Theater« der Tech-Industrie: ein Versuch der Schönfärberei durch die Berufung auf ethische Prinzipien.

Google hat sich mit diesem Thema schon einige Male blamiert. Zum Beispiel bei der umstrittenen Auflösung seines beratenden Ethikausschusses eine Woche nach dessen Einsetzung, nachdem die Identität einiger problematischer Mitglieder bekannt geworden war. Sundar Pichai, der Vorstandsvorsitzende von Google, brüstet sich derweil, bei der Entwicklung und Nutzung seiner Technologien die Grundsätze des Datenschutzes zu beachten. Ein Respekt für den Datenschutz, der es seinem Unternehmen erlaubt hat, Nutzerdaten aus Hunderten von Android-Anwendungen ohne Erlaubnis mit Facebook zu teilen. Dieselben

Prinzipien, die es Google ermöglicht haben, die intimsten Suchanfragen seiner Nutzer an Dritte zu verkaufen.

Wie können wir diesen Unternehmen vertrauen, nur weil sie behaupten, ethisch oder verantwortungsbewusst zu handeln, während sie wegschauen und das Gegenteil tun? Entscheidend sind die Fakten, nicht das Gerede. Und die Fakten zeigen, dass sich die Herrscher des Internets oft wie digitale Gangster verhalten, die glauben, sie stünden über dem Gesetz.[3]

Auch hier gibt es Parallelen zur Finanzkrise von 2008, als eine unregulierte Industrie, die ihre Exzesse nicht unter Kontrolle hatte, die Weltwirtschaft in den Ruin treiben konnte. Die Risiken sind in diesem Fall aber nicht nur wirtschaftlicher Natur. Die Internetgiganten haben die Macht, die Regeln des Online-Spiels zu bestimmen, Entscheidungen zu diktieren, die unser Leben verändern, und uns ihre Gesetze aufzuzwingen.

An dem von Emmanuel Macron im November 2018 verkündeten und von fünfzig Ländern unterstützten Pariser Appell für Vertrauen und Sicherheit im Cyberspace, mit dem das digitale Umfeld reguliert werden soll, sind Unternehmen wie Microsoft, Google und Samsung beteiligt. Diese Unternehmen haben das Recht – und die Pflicht –, sich an Diskussionen darüber zu beteiligen, wie Innovationen gefördert und Hassreden, Manipulationen oder Hackerangriffe bekämpft werden können. Aber die Grenze zwischen Mitspracherecht und faktischem Gesetzesdiktat ist immer schwerer zu ziehen. Es ist schön und gut, wenn Unternehmen verantwortungsbewusst handeln, aber es ist etwas anderes, wenn sie grenzüberschreitende Verwaltungsaufgaben und die Verantwortung für die Schaffung globaler Regeln übernehmen, die die Rechtsstaatlichkeit untergraben.

Immer mehr Stimmen warnen vor der Gefahr, dass der private Sektor das Gemeinwohl an sich reißt und dass Vorschriften ohne Transparenz, Rechenschaftspflicht und ein kollektives Mandat erlassen werden. Das wäre die Privatisierung des Regierens und die Bankrotterklärung einer demokratischen Regierungsführung, bei der die Entwicklung von Regeln alle betroffenen Bevölkerungsteile einbezieht. Die »GAFAM«s und »BAT«s dieser Welt missbrauchen ihre Macht nicht nur, um die Menschenrechte zu verletzen und in die Privatsphäre der Individuen einzudringen, sondern auch, um Steuern zu hinterziehen und sich vor Regulierungen zu schützen.[4] Statt in der Welt des freien und offenen Internets befinden wir uns nun in der Welt der großen, unregulierten Unternehmen, die den digitalen Sektor kontrollieren, von dem heutzutage praktisch alles abhängt. Das ist Privatisierung in ihrer extremsten Form.

Nahezu alle Aspekte unseres Alltagslebens, die heutzutage online stattfinden, sind privatisiert. Diese digitale Infrastruktur durchdringt die zentrale und lokale Verwaltung, öffentliche Dienste, Verkehr, Telekommunikation und Energie, Arbeitsplätze, Straßen und Wohnungen. Die Liste wird ständig länger, da immer mehr Bereiche digitalisiert werden und damit auch die Abhängigkeit von den Unternehmen zunimmt, die die Technologien und Systeme beherrschen, die diese Digitalisierung überhaupt erst möglich machen. Ihre globale Reichweite ermöglicht es ihnen, ihre Firmenidentitäten, ihre Standorte und ihre Geschäftstätigkeit so zu organisieren, dass sie bestehende Gesetze, Beschränkungen und Steuerpflichten umgehen können, was ihnen ihre Regierungen durch internationale Freihandelsabkommen und Ad-hoc-Regelungen, die oftmals unter der Hand vereinbart werden, ermöglichen. Und wenn die Dinge nicht so laufen, wie die Firmen sich das wünschen, dann setzen sich ihre Regierungen für sie ein. Man sehe sich nur an, wie die französische Drei-Prozent-Steuer auf digitale Dienstleistungen, besser bekannt als »Google-Steuer«, von der US-Regierung bekämpft wurde. Der damalige amtierende Präsident Trump drohte damit, zusätzliche Zölle auf bestimmte französische Produkte zu erheben.

Als Joe Biden in den USA an die Macht kam, änderten sich die Dinge. Dank eines Vorschlags des heutigen Bundeskanzlers Olaf Scholz (damals Finanzminister) wurde 2021 eine historische Einigung zwischen 136 Ländern erzielt, die eine Mindeststeuer von 15 Prozent für große multinationale Unternehmen vorsieht.

Trotz einiger zaghafter gesetzgeberischer Maßnahmen wie dieser fahren die Regierungen damit fort, die Digitalisierung an die Tech-Giganten zu delegieren und begeben sich so in immer neue Abhängigkeiten. Die Coronapandemie hat diesen Trend noch beschleunigt und verschärft, da es nötig war, möglichst rasch den Übergang von der Offline- zur Online-Welt zu meistern.

In Ermangelung eigener Technologien griff man auf die einfachste Lösung zurück: die üblichen Firmen. Die Bildungseinrichtungen sind ein gutes Beispiel dafür. Die Technologien für den Unterricht von zu Hause mit Zusammenarbeit in Echtzeit per Videokonferenz wurden von Google und Microsoft in den Schulen installiert, ohne dass dies diskutiert oder nach möglichen Alternativen gesucht wurde. Wie viele Beamte, die an diesen Entscheidungen beteiligt waren, verstanden wirklich die Details dessen, was sie vereinbart haben? Gab es überhaupt eine öffentliche Kontrolle dieses Verfahrens?

Auch die Justiz ist auf dem Weg zur Privatisierung. In Spanien und vielen anderen Ländern werden immer mehr leibhaftige Polizisten durch Überwachungskameras und Computerprogramme ersetzt, die Verkehrsverstöße erkennen und Bußgelder verhängen. Programme zur großumfänglichen Datenauswertung werden auch zur Aufdeckung von Steuerbetrug eingesetzt, wobei sie für die fälschliche Identifizierung von Steuersündern kritisiert wurden. Überdies ist geplant, ihre Anwendung auf den Arbeitssektor auszuweiten, um Unternehmen wegen arbeitsrechtlicher Betrügereien zu Geldbußen zu verurteilen. All dies ohne genaue Rahmenvorgaben für den Einsatz dieser Technologien in der öffentlichen Verwaltung oder Kriterien für den Datenschutz, die Transparenz oder die Rechenschaftspflicht.

Noch einen Schritt weiter gehen Länder wie Estland mit der Entwicklung von »Robo-Richtern«, automatisierten Systemen zur Beilegung von Streitigkeiten im Zusammenhang mit geringfügigen Forderungen (bis zu 7000 Euro). Damit würde zum ersten Mal ein Algorithmus die Entscheidung in erster Instanz treffen (wenngleich seine Entscheidung vor einem menschlichen Gericht angefochten werden kann). In China werden bereits Millionen von Fällen vor sogenannten Internetgerichten entschieden. Dabei handelt es sich um vollständig digitalisierte Verfahren, bei denen auch die Richter automatisierte Systeme sind, die auf künstlicher Intelligenz basieren.

Mit alledem soll angeblich die Justiz effizienter werden, sodass die Richter aus Fleisch und Blut sich auf anspruchsvollere Fälle konzentrieren können. Eine Idee, die in der Theorie gut klingt. Das Problem ist nur, dass viele damit verbundene Schwierigkeiten und Risiken übersehen werden. Einige sind technischer Natur: Systeme, die auf hochentwickelten Algorithmen der künstlichen Intelligenz basieren, sind in ihrer Funktionsweise undurchsichtig, sodass es nicht möglich ist, nachzuvollziehen, nach welchen Kriterien sie die einzelnen Entscheidungen getroffen haben.

Wie die Rechtsphilosophin Lorena Jaume-Palasí erläutert, können diese Systeme die komplexen moralischen Überlegungen, deduktiven Schlussfolgerungen und Abwägungen von Gründen, die ein menschlicher Richter anstellt, weder »begreifen« noch »nachahmen«. Das Recht besteht nun einmal nicht aus deterministischen Regeln und Ergebnissen, sondern ist eine gesellschaftliche Institution, die politischen, wirtschaftlichen und soziokulturellen Faktoren unterworfen ist, die die vorherrschenden Auffassungen darüber, was gerecht oder ungerecht ist, beeinflussen. Rechtskonzepte sind immer sozial konstruiert, sie haben keine einfachen »Bedeutungen«, die sich auf einen binären Code aus Nullen und Einsen reduzieren lassen.

Der Einsatz von Algorithmen in der Rechtsprechung würde auch dem zuwiderlaufen, was Alain Supiot die »anthropologische Funktion des Rechts« nennt: den Einzelnen und die Gesellschaft vor den potenziell entmenschlichenden Auswirkungen von Wissenschaft und Technik zu schützen. Wenn die Technik an die Stelle der menschlichen Richter treten würde, müsste sie uns vor sich selbst in Schutz nehmen. Die Rechtsprechung würde ihre Menschlichkeit verlieren.

All diese Digitalisierungsprozesse (die nicht per se negativ zu bewerten sein müssen) erfolgen aus einer techno-deterministischen Perspektive, die der Verwendung des Computers als einer vermeintlich überlegenen und rationalen Form der Entscheidungsfindung Vorrang einräumt, weil Zahlen angeblich nicht lügen.

Yuval Noah Harari hat diesem allgegenwärtigen Trend, den Supiot als »Herrschaft der Zahlen« bezeichnete,[5] einen Namen gegeben: »Dataismus«. Er beschreibt diesen als eine Art neue Religion, die »davon ausgeht, dass das Universum aus Datenströmen besteht und dass der Wert eines jeden Phänomens oder einer jeden Wesenheit durch deren Beitrag zur Datenverarbeitung bestimmt wird«. Es handelt sich um eine weitverbreitete Auffassung, der zufolge alles im Universum durch mathematische Gesetze erklärt und auf Algorithmen reduziert werden kann, auf Datenströme, die sämtlich mit ein- und denselben Konzepten und Werkzeugen analysiert werden können. Angesichts der enormen und ständig wachsenden Datenmengen, die bereits existieren und derzeit erzeugt werden, glauben die Dataisten, dass die Menschen von der Aufgabe, Informationen aus »Big Data« zu gewinnen, überfordert sind. Diese Aufgabe könne nur von der künstlichen Intelligenz (der Gottheit des Dataismus) aufgrund der ihr zugeschriebenen Überlegenheit übernommen werden.

Die Überzeugung, riesige Datensätze seien Speicher, die zuverlässige und objektive Wahrheiten liefern, wurde auch als »Datenfundamentalismus« bezeichnet. Dieser dataistische Extremismus vernachlässigt die komplexen Faktoren, die beeinflussen, welche Daten gesammelt und wie sie manipuliert werden, um ein bestimmtes Ergebnis zu erzielen. Der spanische Philosophieprofessor Daniel Innerarity drückt es folgendermaßen aus: »Der

Glaube, dass Quantifizierung Wahrheit erzeugt, privilegiert eine falsche Vorstellung von Objektivität und schafft eine irreführende Gewissheit, die ein genaues Verständnis der Realität verhindert.«[6]

Die Datenfundamentalisten übersehen auch, dass Algorithmen, wenn man sie nicht kontrolliert, soziale Voreingenommenheit und Vorurteile kodieren, die Verbreitung von Desinformation beschleunigen und dazu beitragen können, die Nutzer ans Netz zu binden und diese süchtig zu machen. Trotz allem bewegen wir uns in Richtung der Konsolidierung eines Systems, in dem es auf das Quantifizierbare, die Zahlen ankommt, auf die Daten, die die Technologiefirmen in der allseitig vernetzten Welt sammeln und verarbeiten. Gleichzeitig werden an diese Firmen wichtige Entscheidungsrechte delegiert, in zentralen Fragen wie der Festlegung technischer Standards für die digitale Infrastruktur, für die Straßen und Brücken des Internets und des digitalen Alltags.

Die Tatsache, dass diese Straßen, die öffentliche digitale Infrastruktur, in privater Hand entstanden sind, birgt wiederum Risiken, wie zum Beispiel die fehlende Kontrolle über die Bereitstellung wesentlicher Dienste im Krisenfall (beispielsweise bei einer Pandemie, einem großangelegten Cyberangriff oder einem Strom- und/oder Internetausfall). Ganz zu schweigen von der Menge an sensiblen Daten, die eine digitalisierte öffentliche Infrastruktur transportiert und zu denen die privaten Unternehmen, die sie verwalten, Zugang haben.

All dies verstärkt die Bindungen an und die Abhängigkeiten von Technologiegiganten sowie deren Macht. Gleichzeitig sind diese jedoch anderen, ebenso oder noch stärker autoritären Kräften ausgesetzt: repressiven Regierungen oder kriminellen oder terroristischen Gruppen, deren Druck sie nicht immer standhalten können. Amnesty International beklagt, dass Plattformen wie Facebook und YouTube in Vietnam etwa zu einem Jagdrevier für die Zensoren der Regierung geworden sind und auch für deren

Trolle gegen kritische Äußerungen.[7] Dadurch, so Amnesty weiter, werden sie zu Komplizen bei der systematischen Unterdrückung friedlicher, als obrigkeitskritisch geltender Inhalte durch umfassende »Geoblocking«-Maßnahmen (also die Sperrung von Inhalten aufgrund der geographischen Herkunft der Inhalte).

Keines der Unternehmen macht einen Hehl daraus. Facebook gibt unumwunden zu, dass es den Zugang zu Inhalten, die gegen die Kommunistische Partei und die vietnamesische Regierung gerichtet sind, beschränkt.[8] YouTube streitet nicht ab, was ohnehin offensichtlich ist, und führt zu seiner Rechtfertigung an, dass es sich in jedem Land an die lokalen Gesetze hält.[9] Die vietnamesische Regierung behauptete im Oktober 2020, dass nach Aufforderungen zur Zensur von »Fehlinformation und Propaganda gegen die Partei und den Staat« die Befolgungsrate durch Facebook und Google (wozu YouTube gehört) 95 beziehungsweise 90 Prozent erreicht habe, ihren bisherigen Höchststand.[10]

Auch andere Unternehmen wie Netflix geben nach. Die Plattform wurde kritisiert, weil sie auf Betreiben von Saudi-Arabien eine Folge der satirischen Talkshow *Patriot Act with Hasan Minhaj* in diesem Land nicht zugänglich machte. Der Grund dafür war die satirische Darstellung des saudischen Kronprinzen Mohammed bin Salman, was die dortige Regierung als Verstoß gegen ihre Regeln zur Cyberkriminalität ansah. Netflix rechtfertigte die Selbstzensur mit der Pflicht, die lokalen Gesetze einzuhalten.

Es ist nicht so, dass sich Technologieunternehmen gern den Wünschen und Vorgaben von Regierungen unterwerfen. Sie beugen sich aber bisweilen dem Druck, der auf sie ausgeübt wird, wenn dies negative Auswirkungen auf ihr Geschäft haben könnte. Die Zensur von Veröffentlichungen ist für sie in Ordnung, solange noch damit verbundene Werbung möglich ist, aber Versuche, ihre Steuern zu regulieren oder ihr auf Publikumswirksamkeit basierendes Geschäftsmodell einzuschränken, stoßen auf starken Widerstand.

Gesellschaftlicher Bruch

»Technologen sind die Stadtplaner des sozialen Gefüges. Sie organisieren die Verdrahtungsströme der menschlichen Aufmerksamkeit, die Bedingungen und Grundlagen der Beziehungen zwischen den Menschen«, sagt der reumütige Ex-Google-Mitarbeiter Tristan Harris. Das klingt wie eine Übertreibung, und das ist es wahrscheinlich auch, aber Harris liegt gar nicht so weit daneben.

Die »Aufmerksamkeitswirtschaft« basiert auf der Kenntnis der bestehenden sozialen Fragmentierung und bietet ein Gegenmittel gegen die Vereinzelung und Vereinsamung. Sie erschafft eine durch ein Gerät verlaufende Nabelschnur, die die digitale Infrastruktur mit unseren Körpern verbindet und uns das geradezu körperliche Gefühl vermittelt, ständig mit der Welt verbunden zu sein.[11]

Die Einsamkeit ist eines der großen Übel der modernen Welt. Wie kommt es, dass wir uns heutzutage, wo Tausende von Menschen mit einem Mausklick erreichbar sind, wo wir mit so vielen Menschen in Verbindung stehen, trotzdem so einsam fühlen? Wir sind soziale Wesen und als solche verwenden wir diese Werkzeuge: um mit anderen in Kontakt zu treten, um zu beobachten und beobachtet zu werden. Die psychologischen Belohnungen, die wir durch die sozialen Netzwerke erhalten und die uns so süchtig machen, stärken unser Zugehörigkeitsgefühl, das sich vor Tausenden von Jahren herausgebildet hat, als jede Gruppe gemeinsam auf Nahrungssuche ging und sich gegenseitig vor den Gefahren der Außenwelt schützte.

Wir sind eine durch und durch soziale Spezies, und das Gefühl, dass wir wichtige Teile unseres Lebens mit anderen Menschen teilen, die uns willkommen heißen und bei sich aufnehmen, ist für unser persönliches Wachstum und unsere psychische und sogar physische Gesundheit von entscheidender Bedeutung.[12] Das Bewusstsein, integriert zu sein, hilft uns, alle Arten von Leid und Verlusten zu bewältigen.

Warum haben wir dann aber eine derart individualistische Gesellschaft aufgebaut? Warum haben wir ein Modell geschaffen, das nicht berücksichtigt, dass wir notwendig gesellige Wesen sind, dass wir die Gruppenerfahrung benötigen? Noch vor hundert Jahren lebten wir in viel kleineren Ortschaften, dafür in größeren Familien, in einer stärker kooperativen Sozialstruktur, in der dauerhafte Bindungen entstanden und die eigene Familiengruppe und die Nachbarschaft als Stütze fungierten.[13] Im Unterschied dazu spielt sich das Leben heute eher in kleinen Wohnungen in Großstädten ab, wo der Bezug zur Nachbarschaft verloren geht und die Familieneinheiten immer kleiner werden. Wir fühlen uns einsamer denn je, obwohl wir von Millionen von Menschen umgeben sind, physisch und virtuell.

Um etwas gegen die Einsamkeit in der Stadt und auch auf dem Land zu tun, holen wir uns Hilfe bei einer Technologie, die uns mit der Welt verbindet: dem Internet. Zuerst wurden dafür die Chats verwendet (der »Internet Relay Chat«, IRC). Jetzt sind es soziale Netzwerke. Die Zahlen sprechen für sich. Der Anteil der Erwachsenen in den USA, die soziale Netzwerke nutzen, ist von 5 Prozent im Jahr 2005 auf 79 Prozent im Jahr 2019 gestiegen.[14] Auf internationaler Ebene hat sich die Reichweite von Facebook von rund 1,5 Prozent der Weltbevölkerung im Jahr 2008 auf rund 30 Prozent im Jahr 2018 erhöht.[15] Es ist ein außergewöhnliches Beispiel dafür, wie schnell und radikal sich gesellschaftliche Verhaltensweisen ändern können: Was heute zum Alltag eines Drittels der Weltbevölkerung gehört, war vor weniger als einer Generation noch undenkbar.

Ein soziales Netzwerk *kann* ein nützliches Hilfsmittel sein gegen die Vereinsamung. Es kann bestimmten Personen ein gewisses Zugehörigkeitsgefühl vermitteln, wenn sie mit Menschen kommunizieren, die Tausende von Kilometern weit entfernt leben. Soziale Medien werden jedoch oftmals nur als Vorwand benutzt, um eine wirkliche Kommunikation und tiefergehende Beziehungen zu vermeiden.

Das Gefühl der Einsamkeit inmitten der Menschenmassen der Großstadt gibt es auch im Internet. Soziale Netzwerke können eine gute Ergänzung zu menschlichen Kontakten sein, aber kein Ersatz. Wenn sie als solcher verwendet werden, dann wird echte Zugehörigkeit mit Popularität verwechselt, die sich in »Likes« oder flüchtigen Kommentaren messen lässt. Soziale Netzwerke »hypersozialisieren«.[16] Sie füllen unsere Bildschirme mit ständigen Status-Updates, mit Strömen von Nachrichten, Anekdoten, Tweets, Kommentaren, Verweisen, Ankündigungen, Benachrichtigungen ... Allerdings folgt auf die sofortige Befriedigung des Kontaktbedürfnisses durch die Hypersozialisation langfristig nur Leere und Unbehagen. Die tiefsitzende Sehnsucht nach Geselligkeit wird dadurch nicht gestillt, sondern das Gefühl der Einsamkeit nur verstärkt. Je mehr Zeit die Menschen in sozialen Netzwerken verbringen, desto größer ist ihre Unzufriedenheit und desto deutlicher fühlen sie sich allein.[17]

Soziale Netzwerke bilden »Ersatz-Gemeinschaften«, aber keine wirklichen Gemeinschaften, wie der britisch-polnische Soziologe Zygmunt Bauman feststellte. Für ihre Betreiber stellen sie allerdings eine Goldmine dar. Sie profitieren von der Angst der Menschen vor dem Verlassensein.[18] »Die Menschen fühlen sich ein bisschen besser, denn Einsamkeit ist die große Bedrohung in diesen Zeiten der Individualisierung. Aber in Netzwerken ist es derart einfach, Freunde hinzuzufügen oder zu löschen, dass man keine sozialen Fähigkeiten dafür braucht. Diese entwickelt man nur, wenn man auf der Straße oder am Arbeitsplatz Menschen begegnet, mit denen man eine vernünftige Interaktion gestalten muss. Dabei muss man sich den Schwierigkeiten stellen und einen Dialog führen«, sagte Bauman 2016 in einem Interview.[19]

Netzwerke sind ein Produkt der »flüchtigen Moderne«, die der Soziologe vor mehr als zwanzig Jahren, beim Aufkommen des Internets, beschrieben hat. Die »flüchtige Welt« markiert einen Epochenwechsel, von einer Welt der Hardware zu einer der Software, der sich parallel zur Globalisierung vollzog. Die neue

Epoche ist charakterisiert durch ihre Unstrukturiertheit und ihren rasanten, fortwährenden Wandel. Die sozialen Beziehungen sind durch Unmittelbarkeit einerseits und die Distanzierung vom Gegenüber andererseits geprägt. Die Individuen werden reduziert auf bloße Konsumenten, denn die Identität wird konditioniert durch das Diktat der Konsumgesellschaft. Das neue Sozialisationsmodell basiert auf dem Individualismus und ist in Wirklichkeit ein Prozess der Entsozialisierung. Letzterer wird verschärft durch ein neues Instrument mit unbegrenztem Vervielfältigungspotenzial: dem Internet.

Das World Wide Web ist zum neuen Hauptstrukturierungselement der Sozialisierung geworden, zum großen Katalysator des vernetzten Individualismus, der die Online-Beziehungen kennzeichnet. Das Internet bietet ein Gefühl des Dazugehörens, das das echte Gemeinschaftsgefühl durch eine virtuelle soziale Summierung ersetzt, ein trügerisches Gefühl der Zusammenfügung von isolierten Elementen (bestenfalls zu »Gruppen«) mit instabilen Bindungen. Das Resultat ist eine fragmentierte Gesellschaft, die sich in einem Prozess der Desozialisierung und Zersetzung befindet.

Im Gegensatz zu den Erfahrungen in einer Gesellschaft der physischen Nähe, in der unsere Egoismen im Zaum gehalten wurden, tauchen wir nun ein in eine Online-Gesellschaft mit Milliarden von Internetnutzern, in der es immer irgendeine »Gruppe« gibt, die Zustimmung zu einem spezifischen Geschmack oder einer speziellen Idee signalisiert, wie extravagant oder absurd diese auch sein mögen. Die ausschließlich durch Bildschirme vermittelte Welt bietet zwar Platz für jede Minderheit, fordert aber kaum Verhandlungs- und Kompromissfähigkeit. Wenn es nicht notwendig ist, seine eigene Weltanschauung aufzugeben, um sich der Gruppe zugehörig zu fühlen, ist es leicht, den Prozess der Reifung und Selbsthinterfragung zu vermeiden.[20] Schlimmer noch: Die Online-Verhaltensweisen werden in die Offline-Welt übertragen und verändern das Sozialverhalten und die Beziehungsfähigkeit auch in der physischen Welt. Sie konditionieren und definieren die Interaktion, eliminieren die Reibungspunkte, führen zur Vermeidung unbequemer Diskussionen und fördern oberflächliche, flüchtige Beziehungen.

Außerdem wird die öffentliche Sphäre neu konfiguriert, das heißt der gesellschaftliche Raum, in dem Dialog und Kommunikation stattfinden, in dem die Beteiligung der Bürger in einem offenen Gespräch über Fragen des Gemeinwohls zum Ausdruck kommt und kollektive Lösungen entwickelt werden. Was früher der Dorfplatz war, ist heute die Online-Arena. Sie bietet den Ausgegrenzten einen neuen Zugang zur Gemeinschaft. Sie verleiht dabei – zumindest theoretisch – allen Stimmen das gleiche Gewicht. Anfangs wurden die sozialen Netzwerke als befreiender und demokratisierender Raum begrüßt, in dem alle Missstände und Ungerechtigkeiten aufgedeckt würden und schlimme Verhaltensweisen an die Öffentlichkeit gebracht und verurteilt würden. Ein mächtiges Werkzeug zur Selbstorganisation, um sich gegen die Mächtigen aufzulehnen.

Es ist unbestreitbar, dass die sozialen Netzwerke in dieser Hinsicht einen positiven Beitrag geleistet haben. Die demokratischen Revolutionen des »Arabischen Frühlings« zum Beispiel, durch die zwischen 2010 und 2012 mehrere Regierungen gestürzt wurden, verdanken ihre Erfolg nicht zuletzt Twitter, Facebook und anderen Plattformen. Die Demonstranten nutzten diese sozialen Netzwerke, um das Bewusstsein zu schärfen, Informationen ohne Zensur auszutauschen und sich zu organisieren. Bewegungen wie 15-M in Spanien (2011), Occupy Wall Street in den USA (ebenfalls 2011) oder die Regenschirm-Bewegung in Hongkong (2014), auch bekannt als »Asiatischer Frühling«, taten dasselbe.

Heute ist das Bild, das diese Plattformen bieten, ein ganz anderes. Sie haben aus dem Ideal der partizipativen Demokratie eine Gelddruckmaschine gemacht. Ihre Algorithmen kontrollieren die soziale Teilhabe, und ihre Bosse haben die Macht zu entscheiden, wer an der Konversation teilnehmen darf und wer zum

Schweigen gebracht werden soll. Es ist die Kommerzialisierung und Privatisierung der Online-Öffentlichkeit, eine antidemokratische Wendung, bei der Unternehmen und nicht Gesetze die Grenzen des Zulässigen festlegen. Eine kolossale Machtausübung, ganz nach eigenem Belieben. Donald Trump und einige Präsidenten oder Staatsoberhäupter autoritärer Regime werden zwar zum Schweigen gebracht, sehr viele andere jedoch nicht. Dies geschieht völlig willkürlich, ohne Transparenz und ohne Rechenschaft darüber abzulegen.

Der öffentliche Raum ist nicht mehr öffentlich, wenn der Informations- und Meinungsfluss nicht frei ist, sondern gefiltert wird. Algorithmen entscheiden, was angezeigt wird und für wen. Sie bestimmen die Trends und was mehr oder weniger sichtbar ist. Der gleichberechtigte Zugang zum öffentlichen Raum geht durch die ungleiche Sichtbarkeit und das unterschiedliche Echo, das die einzelnen Stimmen erhalten, verloren.

Das Internet ist nicht die Ursache für die gesellschaftliche Fragmentierung, aber wie in so vielen anderen Bereichen reproduziert oder verstärkt es die Offline-Wirklichkeit. Die Technologie hat das Potenzial, das soziale Gefüge des öffentlichen Lebens systematisch zu zerstören. Ihre Funktionsweise basiert auf Abstraktion, Verallgemeinerung, Umfang und Wachstum. Sie weiß, wie man universelle Bezüge herstellt, aber nicht, wie man an die Wurzeln der lokalen Gemeinschaften gelangt. Je mehr alles abstrahiert und pauschalisiert wird, desto stärker wird die Gesellschaft gespalten. Die im Internet ausgetragenen Kulturfehden verstärken die »epistemologische« Zersplitterung – das heißt die Auffassungen darüber, was wir wissen, wie wir wissen und wie wir auf dieses Wissen zugreifen –, was wiederum das soziale Gefüge brüchig macht. Eine Gesellschaft kann schwerlich mit Menschen funktionieren, die völlig verschiedene Auffassungen von der sie umgebenden Welt haben.

Informationen können ein verbindendes Element von Gemeinschaften sein. Das Problem beim Zugriff auf Informationen über soziale Netzwerke besteht darin, dass Letztere auf der Annahme beruhen, dass das Wissen in den Daten steckt. Sie gehen davon aus, dass die Nutzer auf den Inhalt klicken und nicht nur auf die Überschriften, wie es aber in den meisten Fällen geschieht.[21] Die Inhalte werden nicht nur nicht gelesen, sie werden sogar massenhaft geteilt, ohne zuvor gelesen worden zu sein. Bereits 2016 ergab eine Studie, dass 59 Prozent der auf Twitter geteilten Links nie angeklickt werden. Andere Experimente und Erfahrungsberichte gehen in dieselbe Richtung. Eine Journalistin von *Upworthy* berichtet, dass eine Schlagzeile, die irrtümlich ohne Link zum entsprechenden Artikel in den sozialen Medien gepostet wurde, geteilt wurde und mehr als zweitausend Kommentare von Menschen erhielt, die aus offensichtlichen Gründen weder in der Lage waren, darauf zu klicken noch den Text zu lesen.[22]

Trotz alledem ist das soziale Gefüge bisher noch nicht zusammengebrochen. Auch wenn es online eine Tendenz zur Zersplitterung und zur Isolierung in der eigenen Blase sowie ein größeres Misstrauen gegenüber anderen Menschen geben mag, ist das Nettoergebnis von Internetbeziehungen oft positiv. Mehrere Studien haben ergeben, dass bestimmte Nutzungsformen des World Wide Webs das Sozialkapital erhöhen können.[23] Letzteres misst den Umfang und die Art unserer Beziehungen zu anderen, den Grad der Partnerschaft und Zusammenarbeit, des Vertrauens und des gesellschaftlichen Engagements, die kollektiven Einstellungen und Verhaltensweisen sowie die Ergreifung der Chancen, die sich aus diesen Kontakten ergeben.

Da Online-Gemeinschaften nicht mit der realen Nachbarschaft verbunden sind, mobilisieren die Menschen soziales Kapital durch eine Vielzahl von spezialisierten Quellen, anstatt sich auf eine einzige enge Gruppe von Nachbarn und Verwandten zu verlassen. Das Internet ermöglicht es den Nutzern, virtuell neue Bekannte, Familienmitglieder und Freunde zu gewinnen. Der Nachteil dabei ist, dass gleichzeitig die Verbindung zur lokalen

Gemeinschaft, die persönlichen Kontakte und die Beziehungen in der Nähe abzunehmen pflegen. Die Folge: weniger Kommunikation von Angesicht zu Angesicht, geringere Teilnahme an sozialen und familiären Aktivitäten, die persönliche Anwesenheit erfordern, stärkerer Rückzug junger Menschen aus gemeinschaftlichen Aktivitäten vor Ort und physische Isolation der Individuen.

Die sozialen Kontakte in den Stadtvierteln werden nach und nach abgebaut. Die Menschen kennen ihre Nachbarn immer weniger, und die Tendenz zur Absonderung nimmt zu.[24] Empfehlungs-Apps, die je nach Einkommensniveau andere Vorschläge für Unterhaltungsangebote oder Restaurants machen, tragen ebenfalls dazu bei, soziale Vermischung zu verhindern. Das ist nur eines von vielen Beispielen für etwas, das immer offensichtlicher wird: Das Internet ist nicht der Schauplatz einer parallelen, vom realen Leben abgetrennten Existenz. Online-Aktivitäten sind in die Strukturen der Gesellschaft eingewoben und untrennbar mit dem individuellen und sozialen Leben verbunden. Die alte Realität wird durch virtuelle Angebote verdrängt, die eine technologiegesteuerte Erfahrung der Welt bieten.[25]

Die digitale Infrastruktur existiert nicht nur physisch oder materiell, sondern auch immateriell, wie die Rechtsphilosophin Lorena Jaume-Palasí treffend feststellt.[26] Diese Infrastruktur besteht nicht nur aus den Servern und den Leitungen, die als Straßen und Brücken für den Online-Verkehr dienen, sondern auch aus allen Algorithmen. Jeder neue Online-Dienst und jede neue App fügt der immateriellen Digital-Infrastruktur einen weiteren Baustein hinzu, ein unsichtbares Tor, das die Cyber-Interaktionen passieren müssen. Durch diese Filter werden die standardmäßigen Online-Prozesse in Form von computergestützten und häufig automatisierten Abläufen gestaltet.

Wenn wir die Apps benutzen, akzeptieren wir ihre Regeln. Jede verfolgt ihre eigenen Werte und Ziele. Ihre Strukturen und die Art von sozialen Beziehungen, die sie ermöglichen, führen zu bestimmten Sichtweisen. Die Form, in der die Menschen miteinander und mit der Welt um sie herum interagieren, wird von den Systemen bestimmt, die sie verwenden, einschließlich aller Apps und sozialen Netzwerke. Diese Systeme bilden die Architektur der Kommunikation, statten sie mit Normen aus und moderieren die sozialen Beziehungen. Kaum wahrnehmbar und ohne Debatten entsteht so eine algorithmische Strukturierung der Gesellschaft und des menschlichen Verhaltens.[27]

Diese Architektur orientiert sich an ihren eigenen Zielen – den Zielen der Unternehmen, die sie geschaffen haben –, die sich, von wenigen Ausnahmen abgesehen, von denen der Nutzer ihrer Dienste kategorial unterscheiden. Wenn Google um die Privatsphäre der Nutzer besorgt wäre, müsste es sein hyperpersonalisiertes Werbemodell aufgeben. Wenn Facebook um das Wohlbefinden der Menschen besorgt wäre, müsste es sein System der Werbeeinnahmen, das auf der Maximierung der auf dieser Plattform verbrachten Zeit beruht, zerstören. Das Wohl der Nutzer gehört nicht zu den Zielen dieser Unternehmen. Ihr Bestreben ist es, ihren Börsenwert zu steigern, und darauf sind ihr Verhalten und ihre Maßstäbe ausgerichtet. Dies ist das angestrebte Ziel, für das ihre Algorithmen entwickelt wurden.

Die Form, in der digitale Systeme Infrastrukturen schaffen, basiert auf einer fiktiven Personalisierung, die lediglich auf statistischer Ebene erfolgt und die Hypersegmentierung von Werbung ermöglicht. Diese Individualisierung geht nicht auf die konkreten Menschen ein: Sie weiß nichts von Einzelpersonen, sondern kennt nur Durchschnittswerte und Muster. Sie bietet jedem das, was eine durchschnittliche Person mit diesen Eigenschaften benötigen oder sich wünschen würde, was sich aber von den tatsächlichen Bedürfnissen oder Vorlieben dieser einen Person stark unterscheiden kann. Dies erklärt einen Großteil der Spannungen in der digitalen Welt. Außerdem, und das ist noch schwerwiegender, wird dadurch die Diskriminierung strukturell verfestigt, weil individuelle Unterschiede nicht berücksichtigt werden und man sich auf den Durchschnitt der Mehrheit stützt, wodurch Minderheiten ausgeschlossen werden. Selbstverständlich spielten bei der Konzeption dieser Systeme weder die Auswirkungen auf das Gemeinschaftsleben noch auf den sozialen Zusammenhalt eine Rolle. Der Wald wird von ihnen nicht als Ganzes betrachtet, sondern als die ungefähre Summe seiner Bäume.[28]

Die umweltverschmutzende Wolke

Die Menschheit steht an einem Scheideweg, wenn es um das Erbe geht, das sie den künftigen Generationen hinterlässt.

David Cooper, Stellvertretender Exekutivsekretär der UN-Konvention über biologische Vielfalt

Am Ende des Jahres 2020 wurde die Informatikerin und Google-Managerin Timnit Gebru entlassen, weil sie einen wissenschaftlichen Artikel über die ethischen Probleme der jüngsten Fortschritte im Bereich der künstlichen Intelligenz verfasst hatte und veröffentlichen wollte.[29] Darin befasste sie sich mit den Auswirkungen auf die Umwelt und der systematischen Verzerrung dieser Art von Technologie. In dem Text wurde eine Studie über die Umweltkosten des Trainings einer hochentwickelten Form von KI-Algorithmen vorgestellt, die sich auf 284 000 Kilogramm Kohlendioxid beliefen.[30] Das entspricht den Emissionen von fünf Autos während ihrer gesamten Lebensdauer, einschließlich ihrer Herstellung.

Dies sind Mindestwerte, da die Entwicklung dieser KI-Modelle nicht nur einen, sondern mehrere Trainingsprozesse erfordert. Diese Systeme werden umso besser, je mehr Daten sie verarbeiten, und je mehr Daten sie verarbeiten, desto mehr Energie verbrauchen sie. Da das Internet eine unerschöpfliche und ständig wachsende Quelle dieses Treibstoffs für Algorithmen ist, der in Rechenzentren mit hohem Energiebedarf gespeichert wird, ist mit einem weiteren Anstieg der damit verbundenen CO_2-Emissionen zu rechnen.

Allein auf Rechenzentren entfällt etwa 1 Prozent des weltweiten Stromverbrauchs, hinzu kommt ein weiteres Prozent für Datenübertragungsnetze, insgesamt also 2 Prozent des globalen Verbrauchs.[31] Wenn wir dies auf das gesamte Spektrum der Informations- und Kommunikationstechnologien (IKT) ausdehnen, steigt die Zahl auf 7 bis 11 Prozent[32] und wird bis 2030 voraussichtlich 21 Prozent erreichen – oder sogar 51 Prozent, nach dem Worst-Case-Szenario.[33]

Der weltweite Internetverkehr hat zwischen Februar und Mitte April 2020, während des Höhepunkts von Covid-19, um fast 40 Prozent zugenommen.[34] Im letzten Jahrzehnt – zwischen 2010 und 2020 – hat sich diese Zahl verzwölffacht, und die Zahl der Internetnutzer weltweit hat sich verdoppelt: Sie macht bereits 51 Prozent der Weltbevölkerung aus und wird bis 2023 voraussichtlich auf 66 Prozent ansteigen.[35] Ebensfalls bis 2023 wird sich die Zahl der mit dem Internet verbundenen Geräte vermutlich auf mehr als das Dreifache der Weltbevölkerung erhöhen. Das ist ein Wachstum von fast 40 Prozent in fünf Jahren.[36]

Die Daten lassen nichts Gutes erahnen. Die IKT emittieren bereits schätzungsweise 4 Prozent des gesamten weltweiten CO_2-Ausstoßes (eine Menge vergleichbar den Emissionen aus der Treibstoffverbrennung in der Luftfahrtindustrie), der sich bis 2025 verdoppeln könnte.[37] Wenn man abstrakt über diese Technologien spricht, mag das den Eindruck vermitteln, dass man als Nutzer selbst nicht viel damit zu tun habe, aber die Schadstoffemissionen hängen mit so alltäglichen Dingen wie der Suche im Internet, dem Versenden von E-Mails, dem Anhören von Podcasts oder dem Anschauen von Videos und audiovisuellen Inhalten zusammen, live oder on demand. Letzteres (die Wiedergabe von Videos) macht fast 60 Prozent des weltweiten Datenverkehrs aus,[38] das sind mehr als 300 Millionen Tonnen.[39] Zur Veranschaulichung der Größenordnung: Das ist mehr als die Hälfte der Netto-CO_2-Emissionen von ganz Deutschland im Jahr 2020.[40]

Ein weiteres mit dem Internet in Verbindung stehendes Verfahren, das ebenso wegen seines Energieverbrauchs und seiner Emissionen umstritten ist, hängt mit dem digitalen Zahlungsmittel Bitcoin und anderen Kryptowährungen zusammen. Umweltbedenken hinsichtlich der Verwendung von Bitcoin ergeben sich aus dem großen Kohlenstoff-Fußabdruck des Blockchain-Mining-Prozesses, der diesem digitalen Geldtransfersystem zugrunde liegt. Konservative Schätzungen gehen davon aus, dass der Stromverbrauch für diese Prozesse im Jahr 2018 mehr als 45 Terawattstunden (TWh) betragen hat.[41] Umgerechnet in CO_2 waren das in jenem Jahr zwischen 22 und 30 Millionen Tonnen CO_2.

Verschiedenen Analysen zufolge könnten sich die Zahlen im Jahr 2019 verdoppelt haben.[42,43] Das würde den Energieaufwand für diese Kryptowährung auf mehr als 87 TWh Strom pro Jahr erhöhen, was der Größenordnung eines Landes wie Belgien entspricht. Gegenwärtig liegt dieser Verbrauch zwischen 77 und 121,36 TWh (mehr als ein Land wie Argentinien benötigt).[44,45] Umgerechnet in Emissionen handelt es sich – bestenfalls – um einen Jahresdurchschnitt von fast 37 Millionen Tonnen CO_2.[46] Das ist mehr als der Kohlenstoff-Fußabdruck Neuseelands.[47] Andere Schätzungen gehen davon aus, dass der jährliche Verbrauch von Bitcoin fast 0,7 Prozent des weltweiten Gesamtenergieverbrauchs ausmacht.[48] Dabei werden die Umweltauswirkungen anderer Kryptowährungen noch gar nicht berücksichtigt. Bitcoin erzeugt mehr als zehnmal so viel CO_2 wie eine herkömmliche Banknote.[49]

In Anbetracht der oben genannten Zahlen und des rasanten Wachstums von Bitcoin und anderen digitalen Währungen wie »Ether« könnten diese Zahlungsmittel in weniger als hundert Jahren den Gesamtbetrag der bargeldlosen Transaktionen weltweit erreichen.[50] Diese Annahme setzt voraus, dass der durchschnittliche Wachstumstrend anhält, der bei der Einführung anderer neuartiger Technologien beobachtet wurde. Das Wachstum könnte sogar noch stärker sein, wenn man den Boom der »Non-Fungible Tokens« (NFT) betrachtet, eine Art digitales Echtheits- und Eigentumszertifikat für ein Kunstwerk, das nur in elektronischer Form existiert und durch Blockchain oder eine ähnliche Technologie validiert wird. Wenn dies so weitergeht, könnten die daraus resultierenden kumulativen Emissionen den Planeten innerhalb von 11 bis 22 Jahren um etwa 2 °C erwärmen, je nachdem, wie schnell diese Technologie angenommen wird.[51] Dies gilt unter der Voraussetzung, dass die Anteile der zur Stromerzeugung verwendeten Brennstoffe (der Energiemix) auf dem derzeitigen Niveau bleiben.

Wie alle Aktivitäten im Internet führt auch das Online-Shopping zu Emissionen. Während des Höhepunkts des Covid-19-Lockdowns im Jahr 2020 kauften fast 19 Millionen Menschen Produkte online, was einem Anstieg von 7 Prozent gegenüber dem Vorjahr entspricht.[52] 51 Prozent dieser Menschen haben die Häufigkeit ihrer Online-Einkäufe erhöht – ein Trend, der sich fortsetzen wird.[53]

Die Frage, die sich in diesem Zusammenhang stellt, lautet: Erzeugt der Einkauf in physischen Geschäften mehr CO_2 als der Einkauf im Internet? Eine britische Studie kam zu dem Schluss, dass das Kaufen im Internet fast doppelt so viele (Treibhausgas-)Emissionen verursacht wie das herkömmliche Einkaufen, allerdings nur, wenn die Website, auf der man einkauft, nicht über ein dazugehöriges Ladengeschäft verfügt.[54] Demgegenüber ist das gemischte Online-Shopping (über Websites oder Apps physischer Geschäfte, die einen Lieferdienst nach Hause anbieten) die energieeffizienteste Methode. Diese Option hat im Durchschnitt auch geringere Umweltauswirkungen als der traditionelle Handel, obwohl dies von den Gewohnheiten und Entscheidungen der Verbraucher an den einzelnen Standorten abhängt (ob sie mit dem Auto einkaufen oder ob sie zu Fuß gehen, mit dem Fahrrad fahren oder öffentliche Verkehrsmittel benutzen).

KAPITEL 9

Ein weiteres großes Umweltproblem ist der Elektro- und Elektronikschrott, der unter anderem von Smartphones, Tablets, Computern und weiteren mit dem Internet verbundenen Geräten stammt. Die Zunahme des Kaufs technologischer Produkte hat das Aufkommen dieser Art von Abfällen, die bekanntlich sehr umweltschädliche Bestandteile enthalten, exponentiell erhöht. Es handelt sich dabei um die weltweit am schnellsten wachsende Art von Müll:[55] insgesamt mehr als 53 Millionen Tonnen im Jahr 2019, mit einem Anteil von mehr als sieben Kilogramm pro Person. Dies ist das größte bisher verzeichnete Abfallvolumen.

Asien ist weltweit der größte Erzeuger von Elektroschrott, von dem weniger als 12 Prozent gesammelt und ordnungsgemäß recycelt werden.[56] In Deutschland wurden im Jahr 2019 nicht weniger als 1 307 000 Tonnen dieser Art von Abfällen erzeugt, was für den Einzelnen einen weit überdurchschnittlichen Wert bedeutet: zwanzig Kilogramm pro Person! Ein riesiger Kartoffelsack voll mit Elektronikschrott, den wir alle zwölf Monate erneut füllen. Das ist das Ergebnis der raschen Abfolge von Kaufen-Wegwerfen-Kaufen, der Jagd nach Trends und dem Ewigneuen – sowie auch der »geplanten Obsoleszenz«, also dem »eingebauten Verschleiß«, zu dem sich viele Technologieunternehmen bekennen, darunter auch Apple, das bereits in Italien und den Vereinigten Staaten wegen der Begrenzung der Nutzungsdauer einiger Geräte verurteilt wurde.[57,58]

Inmitten der vielen Zahlen macht sich die Realität bemerkbar: eine starke Zunahme der Waldbrände, die bis ins Silicon Valley reichen, eine beschleunigte Schneeschmelze, noch nie dagewesene Schneefälle, Hitzewellen mit Höchstwerten, Artensterben, (unnatürliche) Naturkatastrophen – ein katastrophaler Zusammenbruch der biologischen Vielfalt (die in einem zuvor noch nie beobachteten Tempo abnimmt) und eine Zerstörung der Ökosysteme, die die so wertvolle genetische Diversität bedroht und die Nahrungsmittelversorgung, die Gesundheit, die Sicherheit und das Überleben der Menschen gefährdet.[59]

Die Luftverschmutzung durch die Verbrennung fossiler Energieträger ist allein bereits für jeden fünften Todesfall weltweit verantwortlich.[60] Das sind insgesamt neun Millionen Menschen. Sie repräsentieren ein Zehntel aller Todesfälle in Europa und den Vereinigten Staaten und fast ein Drittel der Todesopfer in Ostasien. Dabei sind andere tödliche Folgen des Klimawandels noch gar nicht mitgerechnet. Und wie David Cooper, stellvertretender Exekutivsekretär der UN-Konvention über biologische Vielfalt, es formuliert, »wird es nur noch schlimmer werden, wenn wir unseren Kurs nicht ändern«.[61]

Was wäre, wenn ... ?

Die Dinge werden nur noch schlimmer, wenn wir unseren Kurs nicht ändern. Coopers Aussage ist auch auf die Abdrift des Internets anwendbar. Es ist nicht allzu schwer, sich vorzustellen, was die Zukunft bringt, wenn die Dinge so weitergehen wie bisher: die immer gleichen Katastrophen, nur noch häufiger und in vielen Fällen extremer. Das ist die einzige Quasi-Sicherheit inmitten der Beunruhigung, wenn die früheren Gewissheiten verschwunden sind. Dies sind, wie Douglas Adams es in seinem Buch *Per Anhalter durch die Galaxis* ironisch formulierte, die »streng definierten Bereiche des Zweifels und der Unsicherheit«.

Der Ausfall des Internets könnte ein Drama sein. Für manche von uns hat der Gedanke vielleicht eher etwas Tröstliches. Aber ein freiwilliger Verzicht auf das Internet ist nicht das gleiche wie ein Blackout aufgrund eines vorsätzlichen Angriffs. Es ist auch nicht das Gleiche, selbst zu entscheiden, ein Wochenende oder eine Woche lang zu Hause zu bleiben, oder durch einen Lockdown im Rahmen einer Pandemie dazu gezwungen zu werden. Und was wäre, wenn wir gemeinsam beschließen würden, Verzicht zu üben und uns vom World Wide Web zu verabschieden? Für die einen wäre das eine Befreiung, für die anderen eine Tragödie, für alle würde es das Scheitern der wahrscheinlich bedeutendsten Erfindung seit der Elektrizität bedeuten. Bleiben würde uns dann die Erinnerung an die verpassten Chancen. Vielleicht eine Art von Rückkehr in die Steinzeit. Oder der Augenblick, in dem wir wieder zu uns selbst finden.

Ein derartiges Scheitern kann jedoch vermieden werden. Die Zukunft ist noch ungeschrieben, das heißt, wir können sie noch gestalten. Es ist nicht nötig, so drastische Entscheidungen zu treffen wie die Abschaltung des Internets. Fest steht, dass auf allen Ebenen schwierige Weichenstellungen vorgenommen werden müssen. Zunächst muss man sich fragen, ob die Dinge wirklich so sein müssen wie das jetzt der Fall ist. In den üblichen Diskussionen werden die Informations- und Kommunikationstechnologien (IKT) häufig als eine Art externer Macht betrachtet, die sich unaufhaltsam und unausweichlich weiterentwickeln und auf die wir Menschen keinen Einfluss haben. Man hat uns eine Sichtweise des technischen Fortschritts und der Innovation als unveräußerliche soziale Güter eingeredet, die um jeden Preis gefördert werden müssen. Dies dient als Vorwand, um die Kontrolle und Überwachung menschlicher Verhaltensweisen zu verstärken; um die schlimmsten Formen neoliberaler Politik voranzutreiben, zu beschönigen und zu objektivieren und den Status quo aufrechtzuerhalten; um weiterhin die Verwaltung und die Machtausübung zu privatisieren. Dabei spielt es keine Rolle, ob dies die Zerstörung des sozialen Zusammenhalts oder des Planeten bedeutet.

Diese Sichtweise versucht, dem normalen Bürger, Ihnen und mir, die Rolle eines bloßen Zuschauers zuzuweisen, der nichts zu sagen hat. Die offensichtlichen Asymmetrien der Macht tragen dazu bei, dass der Durchschnittsmensch als unbedeutender Faktor gegenüber der großen Gelddruckmaschine gesehen wird. Deren Betreiber bilden das von José María Lassalle beschriebene »technologische Patriziat«, eine Macht, die kein Narrativ hat und sich nicht legitimieren muss.[62] Diese Macht wurde nicht durch demokratische Wahlen erteilt, wir, die Verbraucher und Nutzer, haben sie den Betreibern einfach gegeben. »Wir sind einer übernatürlichen, unentrinnbaren Macht erlegen, die uns im digitalen Rausch blendet«, sagt Lassalle.

Der bereits erwähnte offene Brief von Larry Page ist ein Beleg für genau diesen Rausch. »Was könnte besser sein?«, lautete seine rhetorische Frage. Es ist die blindgläubige Annahme, dass jeder zustimmen würde, dass nichts besser sein könnte als das totalitäre Monopol, von dem er und seine Kollegen aus dem Silicon Valley hoffen, dass es weiterhin die Welt beherrschen und die Struktur des Internets und unsere kollektive Zukunft bestimmen wird. Sein Ideal des unausweichlichen Fortschritts verdunkelt die Zukunft in einer Welt, die das Streben nach einer besseren Zukunft aufgegeben zu haben scheint. Uns droht damit ein Morgen, in dem wir zu trägen Objekten geworden sind, statt unsere Leben als Subjekte selbst zu gestalten.

Das Gefühl der Unvermeidlichkeit ist, wie Shoshana Zuboff es ausdrückt, ein »existenzielles Narkotikum«.[63] Es führt zu Untätigkeit und Lähmung. Die dystopischen Fiktionen, die in allen Unterhaltungsmedien so präsent sind, reagieren darauf und verstärken dieses Gefühl. Wir leben in einem goldenen Zeitalter dystopischer Vorstellungen, das geprägt ist von einem neuen Literatur- und Filmschaffen des radikalen Pessimismus und des Ressentiments.[64] Wir begnügen uns mit der »Fiktion der Unterwerfung«, statt eine »Fiktion des Widerstands« einzufordern, wie sie George Orwell und Aldous Huxley geschaffen haben.

In den heutigen Dystopien verhallt der Aufruf zum Widerstand ungehört. Als einzige Botschaft verkünden sie eine noch größere Verzweiflung. Sie fördern einen konservativen Pessimismus und eine Kultur des Jammerns, sie verstärken das Lamentieren und begünstigen Untätigkeit. Es fehlt ihnen an Mut und Willensstärke. Sie schüren die Furcht, die lähmende Angst, ohne Alternativen anzubieten. Sie stellen sich keine bessere Zukunft vor und fordern niemanden auf, die Mühe auf sich zu nehmen, für eine solche aktiv zu werden.

KAPITEL 9

Im Mittelpunkt der heutigen Dystopien steht die Technik, die als die große Schuldige präsentiert wird. Diese Dystopien entstehen als Reaktion auf ein System, in dem Emanzipation nicht bedeutet, dass wir klüger werden, sondern dass wir reicher werden; in dem man uns glauben macht, dass Prosperität und Fortschritt gleichbedeutend mit materiellem Wohlstand sind; in dem wir nur ein kleines Rädchen im Getriebe der rasenden technologischen Entwicklung sind, die niemand kontrolliert.

Die Technik muss als Sündenbock herhalten. Aber die Technik ist leblos, sie hat keine eigenen Absichten. Sie ist nicht wertneutral, aber ihr Mangel an Neutralität ist weder freiwillig noch von ihr selbst verursacht, sondern herbeigeführt und fremdbestimmt. Dafür verantwortlich sind ihre Entwickler, die wiederum die Anweisungen der Erfinder befolgen, die ihrerseits abhängig sind von den Geldgebern, die diese Erfindungen in Auftrag geben und dafür bezahlen. Sie verankern in der Struktur der Technik eine bestimmte Sichtweise der Welt und bestimmte Werte. Sie tun dies im Rahmen eines Systems, das technologische Entwicklungen mit verwerflichen Verwendungszwecken akzeptiert und fördert, ohne sich dieser Problematik bewusst zu sein, eines Systems, das die Auswirkungen dieser »Fortschritte« auf die Gesellschaft nicht im mindesten durchschaut.

Das Internet, die große Wissensplattform, eine der großartigsten Kreationen der Menschheit, ist zu einem Tummelplatz der Abhängigkeit, der Sucht, der Überwachung, der Desinformation, der Manipulation und der Zensur geworden, der sich selbst zu zerstören droht. Was als Instrument geschaffen wurde, um die Menschen zu verbinden und die Zusammenarbeit zu fördern, hat sich als eine weitere Form der Kontrolle und der Optimierung des Status quo erwiesen, die unsere Meinungsverschiedenheiten, Ängste und Gräben vertieft. Das Internet an sich ist nicht das Problem, ebenso wenig sind es »Big Data«, künstliche Intelligenz oder soziale Medien.

Die Frage ist, worauf diese Infrastrukturen beruhen, welche

Regeln sie besitzen oder welche ihnen fehlen, wie sie funktionieren, welchen Zielen sie dienen, wie und zu welchem Zweck sie eingesetzt werden, was sie bestrafen und was sie belohnen. Das beweisen all die positiven Funktionen, die diese Instrumente erfüllen können und auch tatsächlich erfüllen. All diese Technologien und Plattformen, die angeblich die Quelle aller gegenwärtigen und zukünftigen Übel sind, haben das Leben der Menschen seit Jahrzehnten erheblich verbessert. Und darauf sollen wir verzichten? Nein, das muss nicht sein. Die Dinge müssen ja nicht so weiterlaufen wie bisher. Es gibt durchaus noch Hoffnung im Angesicht des Abgrunds.

Das Gefühl, am Lauf des unaufhaltsamen technologischen »Fortschritts« nichts ändern zu können, ist verständlich, aber wenn wir zurückblicken und uns anschauen, warum sich das Internet auf diese Weise entwickelt hat, dann sehen wir, dass es das Ergebnis von Entscheidungen ist, die von Menschen getroffen wurden. Daher ist es auch vernünftig zu glauben, dass die Menschen – dass wir – Entscheidungen treffen können, die die zukünftige Rolle des Internets verändern. Wie Henry Ford sagte: »Ob du glaubst, du kannst es, oder ob du glaubst, du kannst es nicht – in beiden Fällen hast du recht.«

Die britische Zeitschrift *The Economist* veröffentlicht jedes Jahr eine Sonderausgabe mit dem Titel »The world if«. Es handelt sich um ein Spiel der Vorstellungskraft, bei dem man sich eine nahe oder weniger nahe Zukunft oder alternative Gegenwarten ausmalt, die Wirklichkeit sein könnte, wenn die Voraussetzungen in der Vergangenheit anders gewesen wären: »Die Welt im Jahr 2022, wenn Covid-19 die Luftfahrt zerstört hätte«, »Die Welt ab 2050, wenn die kohlendioxidfreie Industrie die Erdölindustrie ersetzt«, »Die Welt von heute, wenn die Kernenergie in den 1970er Jahren stärker ausgebaut worden wäre« und so weiter.

Genauso können wir uns fragen: Was wäre, wenn wir den Kampf um die Verwaltung der Gesellschaft endgültig verlieren? Was wäre, wenn wir die Spaltung unseres sozialen Gefüges auf die Spitze treiben? Was wäre, wenn wir es zulassen, dass die Umwelt völlig zerstört wird?

Aber wir können im Gegenteil denken: Und wenn das alles nur ein böser Traum gewesen wäre? Was wäre, wenn wir aus unserer Lethargie erwachen würden und ein neues dezentralisiertes, offenes, monopolfreies und kooperatives Internet aufbauen würden, in dem Datentechnologie und künstliche Intelligenz dem Gemeinwohl dienen, mit einer wiederhergestellten Sozialstruktur und einem neuen Gesellschaftsvertrag?

Was wäre, wenn wir wieder darauf vertrauen könnten, dass eine bessere Welt möglich ist?

Das ist tatsächlich der Fall, und es gibt viele konkrete Beispiele dafür. Im nächsten Kapitel werden wir sie kennenlernen.

10
Erneutes Vertrauen

»Vertraue der Macht, Luke.«
Star Wars: Episode IV - Eine neue Hoffnung

Niemand an der Wall Street hatte damit gerechnet. Welche Wirkung würde eine Handvoll junger Leute erzielen können, wenn diese wie in einem Spiel versuchen würden, den Finanzmarkt zu destabilisieren? In der Epoche vor dem Gebrauch des Internets hätten sie gewiss gar nichts erreicht. Aber heutzutage, im Web, ist alles möglich. Im Januar 2021 gelang es einer Gruppe von Börsenfans, den Wert der Aktien der Einzelhandelskette GameStop, die neun Monate zuvor einen historischen Tiefstand erreicht hatten, um mehr als 1700 Prozent zu steigern. Dieses Kunststück, das weltweit Aufsehen erregte, brachte ihnen einige Millionen ein und bescherte den an der New Yorker Börse dominierenden Hedgefonds Verluste, die ein Vielfaches davon betrugen.

Die Urheber dieser »Großtat« waren eine Schar von Kleinanlegern, meist in ihren Zwanzigern, die die Finanzkrise von 2008 als Teenager miterlebt hatten. Ihr Treffpunkt war – und ist – ein Forum auf der Online-Plattform Reddit, das sich »wallstreetbets« nennt (»Wetten auf die Wall Street«). Ihr Modus Operandi ist der Guerillakrieg. Über die Plattform treffen sie Vereinbarungen, um (kurzfristig) die Preise der sie interessierenden Aktien in die Höhe zu treiben, um auf diese Weise schnelles Geld zu verdienen.

Die »Guerilleros« von wallstreetbets nutzen Schwachstellen im System aus, um die Preise zu manipulieren. Das tun sie schon seit Jahren, aber noch nie zuvor hatten sie es mit einer so lange anhaltenden Aktion und mit derartigen Auswirkungen getan. Der

Aufruhr im Zusammenhang mit GameStop war so gewaltig, dass er nur durch das Verbot oder die Beschränkung des Kaufs von Aktien dieses Unternehmens eingedämmt werden konnte, was ein erzwungenes »*game over*« für die Investoren bedeutete. Das Muster wiederholte sich bei anderen Firmen wie Blackberry oder Nokia, und der Trend erreichte auch Spanien, wo sich Tausende von Kleinanlegern über Telegram zusammenfanden, um ein »iberisches wallstreetbets« zu gründen.

Das Ereignis erschütterte die interventionsfeindliche Wall Street so sehr, dass die US-Finanzbehörden Maßnahmen zur Aufrechterhaltung der Integrität der Märkte in Betracht ziehen mussten. Gleichzeitig machte es deutlich, dass vom Finanzsystem sonst eher große Akteure als einzelne Anleger profitieren. Unabhängig von der moralischen Bewertung zeugt diese Geschichte von der Macht des Internets und seiner Fähigkeit, die Wirkung kollektiven Handelns zu vervielfachen. Oder, anders gesagt, von der Macht von Online-Gemeinschaften, von ganz normalen Leuten, die sich zusammenschließen können, um alles auf den Kopf zu stellen.

Mit den Absichten von wallstreetbets muss man nicht unbedingt einverstanden sein, aber dieser Fall ist ein Beispiel dafür, was sich im World Wide Web zusammenbrauen kann und welche Auswirkungen dies haben kann, im Guten wie im Schlechten. Andere bekannte Beispiele sind der Arabische Frühling, die spanische Bewegung 15-M, Occupy Wall Street, die Regenschirm-Bewegung in Hongkong, #*MeToo*, oder #*DeleteUber* und #*DeleteFacebook*. Erinnern Sie sich an die letztgenannte Bewegung, die zum Löschen von Facebook aufforderte? Sie entstand in den sozialen Netzwerken als Folge des Skandals um das Unternehmen Cambridge Analytica im Jahr 2018, als sich herausstellte, dass Facebook die Daten von Millionen von Nutzern der App ohne deren Zustimmung gesammelt und an Cambridge Analytica weitergegeben hatte, das sie zur Unterstützung von Trumps Präsidentschaftswahlkampf von 2016 verwendete.

KAPITEL 10

Der öffentliche Druck führte dazu, dass Mark Zuckerberg wegen des Missbrauchs von Nutzerdaten vor dem US-Kongress aussagen musste. Die Bewegung schärfte das Bewusstsein von Regierungen und Nutzern für die Bedeutung des Schutzes der Privatsphäre und die Notwendigkeit, die Erfassung und Verwendung umfangreicher personenbezogener Daten durch Technologieunternehmen einzuschränken. Facebook hat deswegen beileibe nicht alle seine Nutzer verloren, aber doch immerhin einen beträchtlichen Teil von ihnen. In den Vereinigten Staaten nahmen sich 42 Prozent eine Auszeit von dem Netzwerk, während 25 Prozent es ganz löschten.[1] Von denjenigen, die ihm treu geblieben sind, hat die Hälfte ihre Datenschutzeinstellungen angepasst.

Die Facebook-Aktien stürzten daraufhin ab (ein Minus von mehr als 24 Prozent innerhalb einer Woche).[2] Zwei Monate später verabschiedete die Europäische Union die europäische Datenschutz-Grundverordnung (DSGVO). Ein Jahr später verhängte die US-amerikanische Federal Trade Commission (FTC) eine Geldstrafe von 5 Milliarden Dollar gegen das Unternehmen.[3] Gesetzliche Änderungen und neue Vorschriften wurden auf den Weg gebracht und führten zum »California Consumer Privacy Act«, der den kalifornischen Verbrauchern mehr Kontrolle über die persönlichen Daten gibt, die Unternehmen über sie sammeln.[4] Dies zwang mehrere Firmen, ihre gesamte Dateninfrastruktur zu überprüfen. Einige davon (wie Twitter, Slack oder Instagram) hatten bereits im Jahr 2018 bestimmte Änderungen vorgenommen, auch im Zuge der *#DeleteFacebook*-Bewegung.

Dies ist nicht die einzige Kampagne gegen das soziale Netzwerk oder die Macht der Technologieunternehmen. Es gab mehr davon, sowohl nach *#DeleteFacebook* als auch davor. Der direkte Vorläufer war *#DeleteUber*, eine Bewegung, die auf Twitter als Bestrafung für eine Vorgehensweise des Unternehmens entstand, die bei bei Kunden große Empörung hervorgerufen hatte. Im Januar 2017 hatte Donald Trump einen Regierungserlass angekündigt, der Flüchtlingen und Einwanderern aus bestimmten Ländern die Einreise in die Vereinigten Staaten untersagte. Als Reaktion auf das Verbot gab es mehrere Proteste, darunter einen Taxifahrerstreik am New Yorker Flughafen. Zur gleichen Zeit bot Uber nicht nur weiterhin seinen privaten Flughafen-Shuttle-Service an, sondern gab auf Twitter bekannt, dass es seine automatische Preiserhöhung in Perioden hoher Nachfrage deaktiviert hatte. Dieses Verhalten wurde als opportunistischer Schachzug des Unternehmens angesehen, und ein Twitter-Nutzer startete daraufhin die Kampagne *#DeleteUber*. In der Folge löschten mehr als 200 000 Menschen ihre Uber-Konten.[5] Der Geschäftsführer von Uber sah sich nach dieser Kritik sogar dazu gezwungen, den Wirtschaftsbeirat von Trump zu verlassen, dem er bis dahin angehört hatte.

Alle gemeinsam

Auch die wissenschaftliche Community organisiert sich online. Die Covid-19-Pandemie hat sie eindeutig als den großen Bösewicht erscheinen lassen. Am Tag, an dem China den ersten offiziellen Todesfall durch die Infektion bekannt gab, veröffentlichte der Biologe Eddie Holmes die genetische Sequenz des Virus auf der Website virological.org.[6] Dieser simple Akt, die Weitergabe der DNA von SARS-CoV-2, war für Forscher in aller Welt von entscheidender Bedeutung. Es war »Ground Zero für den Kampf der Wissenschaftler gegen diese Krankheit«, wie Holmes es nannte. Es war der Beginn einer beispiellosen globalen Anstrengung. Etwas, das normalerweise zehn Jahre Arbeit erfordert hätte, wurde auf wenige Monate komprimiert. Ein Meilenstein der Forschung, der ermöglicht wurde durch die Konnektivität.

Den Wissenschaftlern schlossen sich viele andere Gemeinschaften aus der ganzen Welt an. Es entstand eine weltweite Bewegung, um den Mangel an persönlichen Schutzausrüstungen und Atemschutzgeräten zu beheben, die benötigt werden, um die

KAPITEL 10

Patienten, die mechanisch beatmet werden müssen, betreuen zu können. Die Krankenhäuser waren auf einen derartigen Ansturm nicht vorbereitet, und es war nicht leicht, die Produktion zu beschleunigen. Da es sich um lebenserhaltende Geräte handelt, müssen sie absolut zuverlässig sein, aber die Herstellung solcher Systeme erfordert eine Vielzahl von Tests, die bis zu zwei Jahre dauern können. Patienten, die bereits auf der Intensivstation lagen, hatten diese Zeit nicht.

Ganz spontan wurden die »Maker«-Bewegung (ein Subkultur-Ableger der Do-it-yourself- oder Heimwerker-Szene) und die Freie-Software-Bewegung aktiv. Menschen auf der ganzen Welt nutzten ihre Online-Netzwerke, um gemeinsam Beatmungsgeräte zu entwerfen, sie herzustellen, zu testen und sie den Gesundheitseinrichtungen zur Verfügung zu stellen. Gleichzeitig engagierten sich auch Forschungszentren und Institutionen wie die NASA. Regierungen und Gesundheitsbehörden baten Industrie und Universitäten, an der Herstellung von Beatmungsgeräten mitzuwirken, was sie auch taten. Sogar Formel-1-Teams beteiligten sich.

In Spanien entstanden zahlreiche Initiativen, wie das Forum »CoronavirusMakers« und dessen Untergruppen wie »Reesistencia« oder »Freesterra« sowie andere wie »The Open Ventilator« oder »Aire19«. Diese widmeten sich der Konzeption und Entwicklung kostengünstiger, nachbaubarer Beatmungsgeräte, von denen mehrere von den Gesundheitsbehörden offiziell zugelassen wurden. Die daraus resultierenden Lösungen haben nicht nur in Spanien Leben gerettet, sondern kamen auch in mehreren lateinamerikanischen Ländern zum Einsatz. Gleichzeitig bildeten sich weitere Bewegungen mit unterschiedlichen Projekten, darunter die »COVIDWarriors«, die sich darum bemühten, die Mitglieder der Online-Community »IP« (Interesting People) zur Mitwirkung am Kampf gegen die Krankheit zu bewegen.

Innerhalb weniger Wochen gelang es den COVIDWarriors, Roboter zu entwerfen, zu kaufen und nach Spanien zu transportieren, um die Geschwindigkeit bei der Auswertung von PCR-Tests zu vervielfachen, die insbesondere zu Beginn der Pandemie viel zu langsam vonstatten ging. Sie setzten Himmel und Erde in Bewegung, um die ersten vier Anlagen (44 Roboter in vier großen Krankenhäusern) zu importieren und aufzubauen, gefolgt von 14 weiteren Krankenhäusern in 14 Provinzen. Insgesamt 198 Roboter, die eine Million PCR-Tests pro Monat verarbeiten können. Sie begnügten sich jedoch nicht damit, sondern schufen zusätzlich noch einen autonomen Roboter – ASSUM –, der in der Lage ist, Bakterien und Viren wie SARS-CoV-2 in wenigen Minuten zu beseitigen, und der dazu bestimmt ist, Krankenhausanlagen oder andere Einrichtungen zu sterilisieren. All dies wurde über das Internet zustande gebracht, mit Hilfe von Hunderten von Freiwilligen und Spendern, privaten Helfern, die uneigennützig für die Logistik sorgten, Unternehmen und Klinikzentren.

Dies ist nur ein Beispiel für das, was die Gruppe COVIDWarriors, die bereits mehrere Auszeichnungen erhalten hat, alles erreicht hat. Darüber hinaus sind zahlreiche Projekte im Gang, die den Angehörigen der Gesundheitsberufe, den Patienten und der breiten Öffentlichkeit helfen sollen. Initiativen zur Verbesserung der Belüftung von Räumen, zur Verringerung der digitalen Kluft, zur psychischen Unterstützung oder zur Bewältigung des Verlusts von geliebten Menschen. »IP«, die Online-Community, aus der diese Bewegung von »Kriegern« gegen Covid-19 hervorging, wurde 2008 vom spanischen Internet-Pionier Andreu Veà gegründet, um ganz unterschiedliche Arten von interessanten Menschen zusammenzubringen, die bereit sein würden, ihr Talent und ihre jeweilige Begabung in den Dienst anderer zu stellen, ohne eine Gegenleistung dafür zu erwarten. Heute sind es (oder sind wir, da ich dazugehöre) fast 2000 Menschen in 98 Städten auf fünf Kontinenten, die eine Vielzahl von Initiativen und Projekten ins Leben gerufen haben.

All dies sind nur wenige Beispiele aus der Vielzahl der autonomen Online-Bewegungen im Kampf gegen die Pandemie. Die

Welt der Internet-Gruppen ist wirklich ein riesiges Universum. Einige der Communities sind Generalisten, andere sind stärker spezialisiert oder sogar extrem spezialisiert. Wie bei den Initiativen zur Bekämpfung des Coronavirus geht aus ihnen eine Vielzahl von Projekten und Unterprojekten hervor, die eine Quelle für die Generierung von Wissen und von digitalen (oder auch materiellen) Lösungen sind, die in den digitalen Gemeinschaftsbesitz übergehen. Dies gilt zum Beispiel für die Entwicklung von Open-Source-Ventilatoren, für Schutzmaterial für Angehörige der Gesundheitsberufe und auch für die breite Öffentlichkeit sowie andere Innovationen.

Diese Lösungen wurden gemeinschaftlich entwickelt, und jeder Mensch, der irgendwo auf der Welt mit dem Internet verbunden ist, kann ihre Form übernehmen oder verbessern. Das Gleiche gilt für Millionen anderer offener und online verfügbarer Erfindungen, von Software-Tools oder Materialien jeglicher Art und für jeden erdenklichen Zweck (darunter das Gesundheitsmanagement) bis hin zu Informationsmitteln. Die einzigen Grenzen sind die der menschlichen Bedürfnisse und Bestrebungen, etwas zu erschaffen und zu erfinden, so weit wie die Vorstellungskraft reicht.

Kollektives Erbe

Dieser gemeinschaftliche Online-Besitz, diese »digitalen Gemeingüter« werden im Internet geschaffen und/oder gepflegt. Sie haben die Form von Daten und Codes, von Technologie und Information sowie von Wissen und Kultur im weitesten Sinne. Diese Güter werden geteilt, sind für jeden zugänglich und können von jedem weiterentwickelt werden. Wikipedia ist ein Paradebeispiel dafür: eine freie, kollektiv erstellte, mehrsprachige und kostenlose Enzyklopädie, die von einer Gemeinschaft freiwilliger Redakteure gegründet wurde und betreut wird. Sie entstand im Jahr

2001 und ist mit mehr als 55 Millionen Artikeln eine der meistbesuchten Websites im Internet.[7]

Bereits vor Wikipedia wurde das »Internet Archive« angelegt, die große Webbibliothek, eine weitere legendäre Initiative. Sie begann 1996 mit der Archivierung von im Internet erzeugten Inhalten und verfügt heute über mehr als 20 Jahre Webgeschichte, auf die jeder zugreifen kann. Das Internet Archive bemüht sich ebenfalls um die Digitalisierung von Büchern, Bildern, Videos und sogar Fernsehsendungen. Heute sind dort 475 Milliarden Websites und zig Millionen Bücher, Texte, Audio-, Video- und Bilddateien sowie fast 600 000 Softwareprogramme gespeichert.[8]

Das Internet Archive und Wikipedia sind emblematische Teile und Symbole des riesigen Schatzes im digitalen Gemeinbesitz, der von Bewegungen gespeist und geprägt wurde, die in den Anfangsjahren des Internets entstanden, noch bevor Tim Berners-Lee das World Wide Web schuf. Der Ursprung dieser Initiativen war mit dem Bereich der Softwareentwicklung verbunden, genauer gesagt mit der sogenannten Freie-Software-Bewegung, die von dem umstrittenen Programmierer Richard Stallman gegründet wurde, um der Verbreitung von im Privatbesitz befindlicher Software entgegenzuwirken.[9]

Stallman war der Meinung, dass es jedem freistehen sollte, ein solches System für jeden beliebigen Zweck zu betreiben, es nach Lust und Laune zu verändern und Kopien davon sowie die vorgenommenen Änderungen zu verbreiten. Ein großer Teil des Rückgrats des heutigen Internets basiert auf dieser Einstellung. Die Philosophie hinter dem, was zu einer Massenbewegung werden sollte, gesteht den Nutzern Freiheit zu. Oder in den Worten Stallmans:

> Bei freier Software haben die Benutzer die Kontrolle über das Programm, sowohl individuell als auch kollektiv. Auf diese Weise kontrollieren sie, was der Computer tut …
>
> Bei urheberrechtlich geschützter Software kontrolliert das

Programm die Benutzer, und eine andere Instanz (der Entwickler oder »Eigentümer«) kontrolliert das Programm. Das bedeutet, dass das im Privatbesitz befindliche Programm dem Entwickler Macht über die Benutzer verleiht, was eine inhärente Ungerechtigkeit ist.[10]

Die Äußerungen des Programmierers sind immer noch aktuell und erklären einen Großteil der heutigen Probleme mit der Technologie des Internets. Daher wendet man sich an freie und quelloffene Software als einem alternativen Paradigma, das das Potenzial hat, unser Leben zu verbessern, indem es uns den Zugang zu den Ressourcen öffnet und neue Bereiche der kollektiven Selbstverwaltung und Steuerung schafft. Es erzeugt auch Wohlstand: Der Wert von Open-Source-Software beläuft sich allein in der Europäischen Union auf 63 Milliarden Euro pro Jahr, was 0,4 Prozent des Bruttoinlandsprodukts entspricht.[11] Jeder Vollzeitbeschäftigte, der Open-Source-Programme entwickelt, erzeugt die vierfache Wertschöpfung.

Dieses Potenzial wurde durch weitere Instrumente wie die »Creative Commons«-Lizenzen verstärkt, die es den Urhebern gestatten, ihre Werke mit jedem Nutzer zu teilen, ohne dass dieser den Autor um Erlaubnis fragen muss, wodurch Patente und Urheberrechte kostenlos verfügbar werden. Hinzu kommen heute die neuen Möglichkeiten der vernetzten Geräte, des Internets der Dinge, der künstlichen Intelligenz, der digitalen Fertigungssysteme und des 3D-Drucks. Die technologische Innovation demokratisiert die Produktionsmittel und erleichtert die Nutzung der kreativen Fähigkeiten. Das Internet hat es geschafft, die Vermittler auszuschalten und uns auf virtuellem Weg in globalen Kontakt zu bringen. Die Überschreitung dieser Grenze erreicht nun den Bereich des Physischen, um uns auch mit Ressourcen und Werkzeugen zu verbinden.

Die im Web entstandenen Gemeinschaften von Gleichgesinnten, die etwas miteinander teilen, sind der Kern dessen, was mit dem Internet geschaffen werden sollte: ein freier, offener und von Zusammenarbeit geprägter Raum. Derartige Räume können genutzt werden, um Wissen, Ressourcen und Güter für alle möglichen Zwecke zu schaffen. Daraus erklärt sich der Aufschwung der Maker-Kultur. Durch den gemeinsamen Zugang zu digitalen Fertigungswerkzeugen und -technologien, die bis dahin der Unternehmenssphäre vorbehalten waren, kann jeder zum Hersteller werden. Dies trägt zur Demokratisierung von Erfindungen und Innovationen bei. Die Möglichkeiten, etwas zu erschaffen, werden vervielfacht und damit auch die Bandbreite der digitalen Gemeinschaftsgüter. Dies bietet überdies die Chance, wirklich personalisierte Produkte zu kreieren, gestaltet nach den Vorstellungen des Herstellers oder von sehr speziellen Gruppen, die auf dem Markt keine Angebote für ihre ausgefallenen Bedürfnisse finden (die für Unternehmen oftmals nicht rentabel sind).

So entstehen Nischengemeinschaften. So vernetzen sich zum Beispiel Menschen mit Querschnittslähmung, die Rollstühle entwerfen, die an ihren Körper oder ihren Grad an Autonomie angepasst sind, oder Eltern von Kindern mit Diabetes, die früher keinen Zugang zu den sehr teuren Geräten zur Kontrolle des Blutzuckerspiegels ihrer Sprösslinge hatten und die durch derartige Gemeinschaften nunmehr in die Lage versetzt wurden, solche Geräte zu entwickeln oder zu erwerben.[12] Manche Leute schaffen es sogar, den Code privater Geräte zu knacken, um sie zu verbessern. So wie der Spanier Víctor Bautista, Mitbegründer der App »SocialDiabetes«, der in das Innere des Blutzuckermessgeräts »Freestyle Libre« vordrang, um es mit seiner App zu verbinden. Außerdem können Daten geteilt werden, um Aspekte zu untersuchen, die derart spezifische Profile betreffen, dass diese für die Wissenschaft als wenig relevant gelten.[13]

Die Projekte der Open-Source- und Maker-Bewegungen werden ebenfalls häufig kollektiv von Gleichgesinnten finanziert. Auch hier geschieht dies über Online-Plattformen, die Zugang zu Investoren, Mäzenen oder Spendern aus aller Welt bieten. Dies ist das sogenannte Crowdfunding, mit Mikrofinanzierungsbeträgen, die von wenigen Euro bis zu mehreren Tausend Euro reichen können. Das Geld kann auf verschiedene Weise zur Verfügung gestellt werden: als Spende, für eine Gegenleistung, als Investition oder als Darlehen.

Crowdfunding-Plattformen bieten direkten und dezentralen Zugang zu Geldmitteln, ohne die Notwendigkeit der Vermittlung durch Finanzinstitute. Sie ermöglichen es, Nutzer oder potenzielle Kunden in den Vorgang mit einzubeziehen, mit ihnen zu interagieren, zu erfahren, was am besten funktioniert … Alle Arten von Open-Source-Projekten werden auf diese Weise finanziert: Audio-Apps, Apps für den Haushalt oder das Auto, Gesundheitsgeräte und so weiter.

Manchmal werden diese Projekte zu Unternehmen. Eines von vielen Beispielen ist das beliebte »Makey Makey«, ein Erfindungsset, mit dem Kinder und Erwachsene Alltagsgegenstände in Touch-Controller verwandeln können, die mit dem Internet verbunden sind. Was als akademische Arbeit von zwei Studenten des Media Labs des Massachusetts Institute of Technology (MIT) begann, ist heute ein Geschäft mit einer Gemeinschaft von Tausenden von Mitwirkenden. Der Erfolg ihrer Crowdfunding-Kampagne machte es möglich: Sie sammelten zweiundzwanzig Mal mehr als sie erwartet hatten (fast 570 000 Dollar).

Andere Projekte sind von Anfang an gewinnorientiert (nur weil sie auf Open-Source-Programmen basieren, müssen sie nicht kostenlos sein). Ein besonders erfolgreiches Beispiel hierfür ist der Sprachassistent des US-amerikanischen Unternehmens Mycroft AI: »Mycroft Mark«, der es mit Google Home und Alexa aufnehmen will, ohne die Privatsphäre der Nutzer zu beeinträchtigen. Mit seiner zweiten Version, »Mycroft Mark II«, gelang es dem Unternehmen, auf zwei Crowdfunding-Plattformen sein Finanzierungsziel zwanzigfach zu übertreffen (insgesamt fast eine Million Dollar eingeworbene Mittel).

Die Macht der Bürger

Nach der Nuklearkatastrophe von Fukushima entwickelte und finanzierte eine Gruppe von Bürgern gemeinsam das »SafeCast«-Gerät, um offen zugängliche Daten über die Strahlungswerte in ihrer Umgebung zu sammeln und weiterzugeben.[14] Angesichts der unzureichenden oder unzuverlässigen offiziellen Strahlungsmessungen, die von der Regierung veröffentlicht wurden, beschlossen sie, aktiv zu werden. Ohne die vorhandenen Open-Source-Angebote und offenen Daten, die digitalen Fertigungswerkzeuge und die Talente von Menschen auf der ganzen Welt wären sie nicht in der Lage gewesen, dies zu tun, zumindest nicht in so kurzer Zeit und auf so innovative Weise.

In diesem Zusammenhang wurden zahlreiche Projekte ins Leben gerufen, die dazu beitragen sollten, die Situation zu bewältigen und Lösungen für einen besseren Umgang mit ihr zu finden. Dasselbe geschah während der Covid-19-Pandemie unter Mitwirkung von Gruppen von Wissenschaftlern, »Makern« und normalen Bürgern. Keine dieser Initiativen wäre ohne das Internet in dieser Form und Geschwindigkeit möglich gewesen. Dank des World Wide Webs und seiner Kombination mit anderen neuen Technologien haben sich Bewegungen und Gemeinschaften, die technologische und digitale Hilfsmittel nutzen, um zum gesellschaftlichen Leben beizutragen, stark vermehrt. Dieses Phänomen wird als »Civic Tech« bezeichnet, als »Bürgertechnologie«.

Civic Tech versucht, institutionelle Hindernisse aus dem Weg zu schaffen und Räume für die Bürgerbeteiligung zu öffnen.[15] Ziel ist, dass die Bürgerinnen und Bürger nicht nur alle vier Jahre zur Wahl gehen, sondern auch zum Funktionieren ihrer Städte beitragen und sich an den Entscheidungen beteiligen, die ihre Stadtteile betreffen. Civic-Tech-Initiativen können darauf abzielen, die Aufgabenerfüllung des Staates, die organisatorischen Kapazitäten öffentlicher Einrichtungen und die öffentlichen Entscheidungsprozesse zu verbessern, die Lebensqualität zu erhöhen (was Gesundheitsdienste, Bildung, Zugänglichkeit usw. betrifft), komplexe gesellschaftliche Herausforderungen anzugehen (wie Diskriminierung, »Gender Gap« usw.), die Umwelt durch die Schaffung von Instrumenten für nachhaltigen Verkehr und Verbrauch oder Abfallverringerung zu schützen, oder die Transparenz und Rechenschaftslegung durch Strategien offener, zugänglicher und verständlicher Daten zu fördern.[16]

Bei der Bürgertechnologie kommt es in Wirklichkeit gar nicht so sehr auf die Technologie an, auch wenn sie als charakteristisches Element dazugehört. Civic Tech kann auch einfach nur eine Website sein. Auf diese Weise entstand Change.org, eine Plattform für Bürgerpetitionen, auf der jede Person oder Gruppe aus der Zivilgesellschaft eine Beschwerde oder Forderung vorbringen und unterstützende Unterschriften sammeln kann. Die wirksamsten Kampagnen von Change.org haben die staatliche Politik beeinflusst und Leben gerettet. Letzteres war der Fall bei der sudanesischen Jugendlichen Noura Hussein, die zum Tode verurteilt worden war, weil sie ihren Ehemann (den sie mit sechzehn Jahren zu heiraten gezwungen war) erstochen hatte, nachdem er sie brutal vergewaltigt hatte. Mehr als 1,7 Millionen Menschen unterzeichneten die Petition, um den Vollzug des Todesurteils zu verhindern.[17] Die Petition wurde anschließend den sudanesischen Botschaften in sechs Ländern übergeben und vom UN-Generalsekretär unterstützt. Aufgrund des Drucks der Öffentlichkeit erklärten sich die sudanesischen Behörden bereit, das Todesurteil aufzuheben und durch eine mildere Strafe zu ersetzen.

Change.org ist heute eine weithin bekannte Plattform, die seinerzeit den Anstoß für die Gründung ähnlicher Projekte gegeben hat. Derartige Initiativen haben ihren Ursprung im »Community Computing«, das seit den 1970er Jahren Möglichkeiten erforscht, wie die Technologie zur Förderung des Sozialkapitals und zur Stärkung lokaler Gemeinschaften eingesetzt werden kann.[18] Eines der bekanntesten Beispiele ist das »Blacksburg Electronic Village«, eine Initiative des »Virginia Polytechnic Institute and State

University« (VPISU) in Zusammenarbeit mit der Stadt Blacksburg und der örtlichen Telefongesellschaft. Im Jahr 1991 machten sie sich daran, allen Bürgern der Stadt einen Internetzugang zur Verfügung zu stellen, um damit den Alltag und die Aktivitäten der Einwohner zu unterstützen und zu verbessern. Infolgedessen wurde diese Stadt zur ersten weltweit, die ein kommunales Netzwerk vollständig über das Internet aufbaute, und sie war auch ein Pionier bei der Bereitstellung von Online-Vernetzungen in Haushalten, Schulen und Geschäften. Projekte wie dieses haben die Bildung digitaler Gemeinschaften ermöglicht und soziales Kapital gefördert, haben Randgruppen eine Stimme gegeben, die Entwicklung technologischer Kompetenzen unter den Bürgern unterstützt und eine Infrastruktur entwickelt, die es den Bürgern ermöglicht, sich für Themen einzusetzen, die ihnen am Herzen liegen.[19]

Zum Internet und den vernetzten Geräten kommen weitere Technologien hinzu, wie etwa Sensoren, die von gemeinschaftsbasierten Bürgerinitiativen als Hilfsmittel genutzt werden, beispielsweise zur kollektiven Messung und Überwachung von umweltrelevanten Parametern. Dies taten die Bewohner des Viertels Gràcia von Barcelona im Jahr 2017, weil sie den bis in die frühen Morgenstunden währenden Lärm der Menschenmassen auf der Plaça del Sol nicht mehr ertragen konnten. Dies veranlasste eine Gruppe von Anwohnern, in Zusammenarbeit mit »Fablab Barcelona« und der Forscherin auf dem Gebiet der Mensch-Computer-Interaktion, Mara Balestrini, mit Hilfe von dafür angeschafften Sensoren die Lärmbelastung rund um den Platz zu untersuchen und zu erfassen.[20] Die Messungen, die direkt an eine Smartphone-App gesendet wurden, ermöglichten den Nachweis, dass die Lärmbelastung doppelt so hoch war wie die zulässigen Werte. Mit diesem Wissen und nach der Identifizierung möglicher gemeinschaftlicher Lösungen war die Stadtverwaltung von Barcelona in der Lage, auf der Grundlage der kollektiven Empfehlungen der Anwohner öffentliche Maßnahmen zu ergreifen: Sie renovierte den Platz, ließ dekorative Pflanzgefäße aufstellen und einen Kinderspielplatz errichten, um andere Nutzungsarten des städtischen Raums zu fördern.

So wie diese haben viele Civic-Tech-Initiativen ihren Ursprung in lokalen Gruppen. Andere werden von Forschern ins Leben gerufen, die Lösungen für Probleme entwickeln und sich an die Anwohner wenden, um sie gemeinsam mit ihnen umzusetzen. Einige entstehen als Sozialprojekte oder in Form von gemeinnützigen Organisationen, andere als Reaktion von Regierungen und öffentlichen Verwaltungen auf Proteste der Bevölkerung.

Es gibt Tausende mehr oder weniger informeller Initiativen, mit ganz unterschiedlicher Wirksamkeit.[21] Punktuelle Aktionen haben sich als sehr effizient und geeignet erwiesen, die angestrebten Ziele zu erreichen, darunter die Förderung von Innovationen in der gesellschaftlichen Zusammenarbeit und die Stärkung des Sozialkapitals.[22] Schwieriger ist es, die Civic-Tech-Tools in den Alltag der Bürger zu integrieren. Außerdem erreichen sie nur bestimmte Personengruppen, und es besteht die Gefahr, dass weniger digital und technologisch versierte Menschen von ihnen ausgeschlossen werden.

Civic Tech verfolgt genauso wie das Prinzip des sogenannten GovTech das Ziel, die Kluft zu überwinden zwischen Institutionen, die in ihren Funktionsweisen der Vergangenheit verhaftet sind, und einer radikal gewandelten gesellschaftlichen Realität. Es handelt sich also um einen Beitrag zur Modernisierung der Demokratie. Unter GovTech versteht man den Technologie-Einsatz bei Behörden und im öffentlichen Dienst. Diese Mittel können dazu dienen, die Interaktion zwischen Bürgern und staatlichen Verwaltungen zu verbessern, die Bürgerbeteiligung zu fördern oder die Art und Weise, wie der Staat Dienstleistungen erbringt, zu erleichtern oder zu verändern, um sie effizienter zu machen. Dabei geht es in der Regel – aber nicht ausschließlich und nicht immer – um die Digitalisierung der öffentlichen Dienste.

Teilen heißt leben

Die Geschichte der Menschheit ist eine Geschichte des Teilens und nicht des Besitzens. Seit der Altsteinzeit arbeiteten die Jäger und Sammler zusammen und teilten alles.[23] Eine Lebensweise, die während Millionen von Jahren vorherrschte, bis zum Aufkommen des Ackerbaus und der privaten Lagerung der Ernte. Nun begann sich das Konzept des »Privateigentums« zu verbreiten, und später das des »Tauschhandels« oder »Gütertauschs«. Die ersten Währungen waren Basisgüter von inhärenter Nützlichkeit, wie Salz, Gewürze oder Vieh.

Sowohl auf individueller als auch auf gesellschaftlicher Ebene war die Philosophie des Teilens, des Austauschs und der Zusammenarbeit von Anfang an präsent. Es ist dieser urmenschliche Instinkt der Kooperation, der sich auf das Internet übertragen hat. Hier nun betrifft es Musik, Spiele, Videos, Artikel, Ideen, Forschung und Entwicklung im Bereich der Computertechnik bis hin zu physischen Waren und Produkten sowie neuerdings auch den Zugang zu Waren und Dienstleistungen wie Unterkunft oder Transport.

Im Wohnzimmer des Informatikers Pierre Omidyar in Kalifornien entstand 1995 der erste Meilenstein dieses Konzepts. AuctionWeb war ein digitales Auktionsportal, das direkte Transaktionen zwischen Personen ermöglichte. Heute ist das Unternehmen unter dem Namen eBay bekannt und ist ein Geschäft mit Umsätzen in Milliardenhöhe, das in 1500 Städten vertreten ist und mehr als 185 Millionen Käufer und 19 Millionen Verkäufer hat.

Kurz nach eBay tauchte Napster auf, die erste große Plattform für den Austausch von Musik im Internet mit Peer-to-Peer-Transaktionen. Gleichzeitig entstanden weitere Online-Tauschbörsen auf nicht gewinnorientierter Basis für Dateien aller Art. Und in den 2000er Jahren machte »Zipcar« das Konzept des Carsharings populär, das Geschäft mit dem Teilen von Autos.

KAPITEL 10

Der große Moment der kollaborativen Wirtschaft sollte jedoch erst ein Jahrzehnt später kommen. Im Jahr 2011 erkor das *Time Magazine* die »Sharing Economy« zu einer der zehn großen Ideen, die die Welt verändern würden. Dies geschah auf dem Höhepunkt des Booms von Airbnb, einem der wichtigsten Vertreter dieses Konzepts. Airbnb entstand als logische Weiterentwicklung mit digitalen Mitteln der traditionellen Bed-and-Breakfast-Unterkünfte. Es erregte damals schnell Aufsehen und wuchs bis zu seinem heutigen Status: einer Plattform mit 4 Millionen Gastgebern in fast allen Ländern und Regionen der Welt. Es stellte die Hotelbranche auf den Kopf und wurde zu einem Giganten, der im Dezember 2020 an die Börse ging.

Airbnb, aber auch Plattformen wie das französische »BlaBlaCar« (für Fahrgemeinschaften), haben für die Sichtbarkeit des kollaborativen Modells gesorgt. Viele Initiativen existierten bereits zuvor und wurden nun populär, andere entstanden in den ersten beiden Jahrzehnten des 21. Jahrhunderts. Thematisch wird alles abgedeckt: »Home-Sharing« oder »Home-Swapping«, »Car-« und/oder »Ride-Sharing«, Teilen von Räumlichkeiten für die Arbeit, von Parkplätzen oder von Fähigkeiten, Tauschhandel oder Secondhand-Verkauf, Peer-to-Peer-Spenden oder Gruppeninvestitionen (Crowdfunding) und so weiter.

Diese Arten des Austauschs – außer jene im Zusammenhang mit der Unterkunft – finden hauptsächlich auf lokaler oder nachbarschaftlicher Ebene statt. Um sie zu erleichtern, wurden Plattformen mit mehreren Funktionen geschaffen, wie zum Beispiel »Nextdoor«, das sowohl ein soziales Netzwerk ist, um mit Nachbarn in Kontakt zu treten, sich gemeinsam zu organisieren und Informationen zu teilen, als auch ein Ort, an dem man Güter und Dienstleistungen tauschen, verleihen oder verschenken kann, genauso wie Besorgungen machen oder Anzeigen aufgeben.

Mit dem Konzept der Zusammenarbeit verbunden sind die Modelle der On-Demand-Leistungen, der Zugangsbereitstellung und der Gig-Economy (die alle unter dem Begriff der »Plattform-

Ökonomie« zusammengefasst werden). In der On-Demand-Wirtschaft besteht eine kommerzielle Beziehung zwischen Nutzern und man gibt etwas für eine Gegenleistung (so etwa bei »Glovo«, »Clintu« oder »TaskRabbit«).[24] Die sogenannte »Access Economy« basiert auf der Bereitstellung von Gütern zur vorübergehenden Nutzung durch ein Unternehmen, zum Beispiel Fahrzeuge aller Art (Car2go, Ubeeqo) oder gemeinsam genutzte Coworking-Spaces.[25] Die Gig-Economy bietet zeitlich befristete Arbeit für Menschen, die als selbstständige Auftragnehmer arbeiten. Zu ihr gehören Glovo und TaskRabbit sowie auch Cabify und Uber.[26]

Wie wir gesehen haben, sind viele dieser Plattformen umstritten, insbesondere im Hinblick auf die prekären Arbeitsverhältnisse, die sie fördern. Einigen von ihnen wurde auch vorgeworfen, die Werte der gemeinschaftsbasierten Sharing Economy nur deshalb zu übernehmen, um ihre eigenen wirtschaftlichen Interessen zu verfolgen. Ihre unaufrichtige Verbindung mit dem Kollaborationskonzept hat Letzterem einen schlechten Ruf eingebracht, aber die beiden Modelle sind nicht identisch. Die kollaborative Wirtschaft, die anfangs »kollaborativer Konsum« genannt wurde,[27] wird von einem ihrer Pioniere in Spanien – Albert Cañigueral – als die traditionelle Art des Teilens, Tauschens, Leihens, Vermietens und Schenkens definiert, die durch moderne Technologien und Gemeinschaften neu konzipiert wird. Sie basiert auf organisiertem Tausch, Tauschhandel, Handel, Verleih, Vermietung, Schenkung und Gegenseitigkeit. Die Vermittlung zwischen Angebot und Nachfrage erfolgt durch verschiedenartige Kontakte zwischen Einzelpersonen oder Firmen beziehungsweise zwischen Privatpersonen und geschäftlich tätigen Personen über digitale Plattformen, die nicht Eigentümer der zu teilenden oder auszutauschenden Waren sind und auch nicht damit verbundene Dienstleistungen anbieten.[28]

Dieses Modell bietet den Menschen die Vorteile des Eigentums bei geringerer Belastung und reduzierten persönlichen Kosten sowie bei weniger Umweltschäden. Aufgrund dieser Eigenschaften ermöglicht die kollaborative Wirtschaft eine effiziente und nachhaltige Verwendung bereits vorhandener und nicht ausreichend genutzter Güter und Ressourcen und erlaubt es, diese zu nutzen, zu teilen, untereinander auszutauschen oder zu investieren, mit oder ohne Gegenleistung zwischen den Nutzern.[29] Durch ihr Wachstum und Fortbestehen hat sie sich bis heute bewährt als Alternative zu den traditionellen Formen des Kaufs und des Eigentums.

Kollaborations-Plattformen sind dadurch, dass sie neuartige Interaktionen zwischen den Menschen, ihrer Gemeinschaft und ihrer jeweiligen Umgebung ermöglichen, auch Bürgertechnologien. Um sie herum entstehen Initiativen und Stadtprojekte, die neue Formen des kollektiven Eigentums an städtischen Gütern und Dienstleistungen fördern wollen. Es handelt sich um »kollaborative Städte«, die mehr sein wollen als »intelligente Städte«. Das Ideal der kollaborativen Stadt konzentriert sich auf die Verbindung der technologischen, wirtschaftlichen und menschlichen Dimensionen sowie auf die Anerkennung neuer Akteure im städtischen Governance-Modell, deren Mitwirkung verstärkt werden soll. Die lokale Verwaltung hat dabei eine Mentorenrolle zu übernehmen, um das soziale Kapital der Stadt zu identifizieren, zu pflegen und weiterzuentwickeln.

Auf diesem Weg schreiten Städte wie Seoul in Südkorea als Pioniere voran. Im Jahr 2012 entschied sich der Bürgermeister von Seoul für dieses neue Modell, da er sich mit den Grenzen des Wachstums der Stadt im traditionellen Sinne konfrontiert sah. Er verfolgte damit das Ziel einer besseren Ressourcennutzung und einer Vermeidung von Verschwendung, der Schaffung neuer wirtschaftlicher Perspektiven und der Stärkung vertrauensvoller Beziehungen. Andere sehen in diesem Modell außerdem eine Möglichkeit, Dienstleistungen zur Verfügung zu stellen, die die Regierung nicht erbringen kann, was nicht nur die Städte betrifft, sondern auch die ländlichen Gebiete.

Einige kollaborative Städte konzentrieren sich auf den Gemeinnutzen, andere auf die Inklusion oder den Unternehmergeist. Eines der auffälligsten Beispiele für Initiativen kollaborativer Städte ist die geteilte Mobilität mit Fahrzeugflotten (Fahrräder, Autos, Motorräder) für die öffentliche Nutzung, die viele Stadtverwaltungen weltweit eingeführt haben und die über eine Smartphone-App gebucht werden können. Ein weiteres Beispiel ist die Mitentscheidung über den Finanzhaushalt, bei der die Einwohner über Online-Plattformen mitbestimmen dürfen, wie ein Teil der städtischen Mittel ausgegeben werden soll.[30]

Das Netzwerk »Sharing Cities Action« umfasst 70 Städte auf der ganzen Welt (darunter auch Berlin), die ihre Absicht erklärt haben, kollaborative Strukturen einzuführen. Zu den Aktionsvorhaben gehören: die Anregung der öffentlichen Innovation, die Förderung von Maßnahmen zur Unterstützung von Plattformen mit positiven Auswirkungen auf die Stadt sowie auch die Verteidigung und Anpassung von Arbeitsrechten und digitalen Rechten.

Der Traum von den »Zielen für nachhaltige Entwicklung« (SDGs)

Bis 2030 werden wir Armut und Hunger überwunden haben, jeder wird Zugang zu hochwertiger Gesundheit und Bildung haben, der Gender Gap wird geschlossen sein, es wird Wasser für alle geben, die Länder werden weniger ungleich sein, Produktion und Konsum werden nachhaltig sein, wir werden den Klimawandel besiegt und die Ozeane, Wälder und Tiere gerettet haben, es werden Frieden und Gerechtigkeit herrschen und wir werden in Harmonie und Partnerschaft leben. Das ist der Traum der von der UNO verabschiedeten »Ziele für nachhaltige Entwicklung« (»Sustainable Development Goals«, SDGs) für die Agenda 2030.

Wir sind weniger als zehn Jahre vom Ende der Frist zur Erreichung dieser Ziele entfernt, und die Technologie kann eindeutig dazu beitragen, dies schneller zu bewerkstelligen. Genauer gesagt geht es um 169 Ziele, in die die 17 SDGs unterteilt sind. Das Internet und die Informations- und Kommunikationstechnologien (IKT) sind sowohl Teil des Problems (und können somit die Erreichung der Ziele behindern) als auch Teil der Lösung. Mit den IKT lassen sich Ergebnisse in einem Umfang, mit einer Geschwindigkeit, Qualität, Genauigkeit und zu Kosten realisieren, die noch vor einem Jahrzehnt unvorstellbar waren.

Mobiles Breitband ist eine zentrale Infrastruktur für die SDGs. Es vervielfacht die Zugänglichkeit, Skalierbarkeit und Erschwinglichkeit, die erforderlich sind, um viele Entwicklungslücken rasch zu schließen.[31] Zusammen mit dem Internet der Dinge, fortschrittlicher Robotik, digitaler Fertigung und 3D-Druck sowie künstlicher Intelligenz kann es die Verbesserungen beim Zugang zu Gesundheit, Bildung, Energie und Umweltschutz beschleunigen. Es kann die Infrastruktur stärken und dazu beitragen, soziale und wirtschaftliche Ausgrenzung zu bekämpfen.

Die IKT sind ein Katalysator für die drei Säulen der nachhaltigen Entwicklung: wirtschaftliche Dynamik, soziale Inklusion und Umweltschutz. Sie sind ein Instrument zur Erreichung aller SDGs. Für das SDG 1 – Beendigung der Armut – wurde nachgewiesen, dass die IKT durch die Förderung des gesellschaftlichen Fortschritts und der Beteiligung der Menschen an der Wirtschaft die Armut lindern können.[32] So wurde beispielsweise in den ländlichen Gebieten Indiens durch die Entwicklung von IKT-Projekten die Armut deutlich verringert, weil die Möglichkeiten der finanziell schlechtgestellten Bevölkerungsteile zur Teilnahme an der Wirtschaft und zum Zugang zu Märkten sowie Gesundheits- und Bildungseinrichtungen verbessert wurden.

Im Hinblick auf das SDG 2 – kein Hunger mehr – können die IKT die Effizienz, Produktivität und Nachhaltigkeit der Landwirtschaft durch Informationen und Kenntnisse steigern.[33] Zum Beispiel mit drahtlos vernetzten Sensorensystemen zur Fernsteuerung von Bewässerungsanlagen, die auch Energie sparen. Die Bereitstellung von sauberem Wasser und Abwasserkanälen

(SDG 6) kann durch intelligente Wassermanagementsysteme mit Hilfe von IKT erleichtert werden.

Für das SDG 3 – Gesundheit und Wohlbefinden – gibt es zahlreiche Beispiele. Die Ära des omnipräsenten Internets und der Smartphones hat zusammen mit der Covid-19-Pandemie die Entwicklung und Benutzung von Telemedizin, digitalen Therapien und personalisierten Ansätzen beschleunigt und eine Fernversorgung in jedem Winkel der Welt ermöglicht. Der Beitrag der Internet- und Mobiltechnologien zum Zugang zur Bildung – SDG 4 – wurde ebenfalls durch die Pandemie forciert. Ein mit dem Internet verbundenes Gerät öffnet die Tür zu Fernunterricht, Online-Kursen und hochwertigen Bildungsangeboten. Voraussetzung dafür ist natürlich, dass die digitale Kluft beim Zugang zu einem leistungsfähigen Internetanschluss überwunden wird.

Die Thematik der Gleichstellung der Geschlechter (SDG 5) und der noch existierende Gender Gap hängen mit dem historischen Ausschluss von Frauen aus technologischen Bereichen zusammen.[34] Obwohl heute klar ist, dass es keinen sachlichen Grund gibt, diesen Zustand aufrechtzuerhalten, besteht immer noch ein großer Mangel an Frauen in den Naturwissenschaften und der Technik, insbesondere in Führungspositionen. Das geschlechtsspezifische Lohngefälle kommt als weiteres Problem hinzu. Die IKT können den Zugang zur Ausbildung und die Chancengleichheit verbessern, aber durch falsch programmierte Algorithmen werden gleichzeitig historische Vorurteile aufrechterhalten.

Das SDG 10 zielt darauf ab, die Ungleichheit (in und zwischen Ländern) zu verringern, aber diesbezüglich haben die IKT bisher nur eine durchwachsene Bilanz vorzuweisen. Das Internet und die Mobiltechnologien haben zwar das Potenzial, zur Verringerung der Ungleichheit beizutragen, da sie einen Zugang zu Informationen, Kenntnissen und Gelegenheiten für die am stärksten benachteiligten Bevölkerungsgruppen und die Entwicklungsländer bieten, aber dies wird sich nicht umsetzen lassen, solange die digitale Kluft nicht geschlossen ist. Auch die monopolistische Bereicherung der großen Technologieunternehmen, deren Gewinne in die Taschen des einen Prozents der vermögendsten Menschen fließen, trägt nicht zur Verbesserung der Lage bei.

Hinsichtlich der Chancen auf menschenwürdige Arbeit und Wirtschaftswachstum (SDG 8) ist der Beitrag der IKT zu Letzterem unbestritten. Zweifelhafter ist ihr Beitrag zu menschenwürdiger Arbeit, denn sie haben manchen Menschen Wohlstand gebracht, anderen aber prekäre Lebensverhältnisse. Jedoch ist dies kein Problem, das nicht gelöst werden könnte. In den Bereichen Industrie, Innovation und Infrastruktur (SDG 9) fördern die IKT seit Jahrzehnten die vollständige Konvergenz (also das ineinander Aufgehen der verschiedensten Teilbereiche) und konzentrieren sich auf die Umgestaltung konventioneller Industrien und die Ankurbelung von Innovationen.[35] Heutzutage setzen sie nun auch auf die Entwicklung von nachhaltiger Industrialisierung und Innovation.

Um Nachhaltigkeit bemühen sich ebenfalls Städte und Gemeinden (SDG 11). Hierbei spielen intelligente und kollaborative Städte, die Ressourcen geschickt nutzen und Energie effizient verwalten, eine wichtige Rolle. Hierzu verwenden sie neuartige Bürger- und Verwaltungstechnologien, das Internet, Technologien für Mobilgeräte, digitale Produktionsmittel, Sensoren, das »Internet der Dinge«, Big Data und künstliche Intelligenz sowie Blockchain. Allerdings darf der CO_2-Fußabdruck dieser Technologien nicht vergessen werden. Damit sie einen positiven Beitrag zur Verwirklichung des SDG 12 (verantwortungsvolle Produktion und ebensolcher Konsum) leisten können, müssen sie mit sauberer Energie betrieben werden und den Elektroschrott reduzieren.

Der Zugang zu erschwinglicher und sauberer Energie (SDG 7) hängt mit der Fähigkeit der vernetzten Technologien zusammen, energieeffiziente Prozesse zu entwickeln und zu fördern. Dies ist auch ein Beitrag zum Klimaschutz (SDG 13), bei dem IKT für genauere Messungen des CO_2-Fußabdrucks, für die Wetter- und Klimaüberwachung und den Katastrophenschutz eingesetzt werden. Sie können auch bei der Beobachtung der Ozeane und dem Schutz der Unterwasserwelt (SDG 14) sowie der terrestrischen Ökosysteme (SDG 15) von Nutzen sein, sowohl bei der Satelliten- und Sensorverfolgung als auch bei der Analyse großer Datenmengen, um Trends aufzuzeigen und Vorhersagen zu ermöglichen.

Frieden, Gerechtigkeit und stabile Institutionen (SDG 16) werden durch Technologien unterstützt, die einerseits das Krisenmanagement und die humanitäre Hilfe erleichtern und andererseits für eine offene Verwaltung, elektronische Behördendienste und Transparenz sorgen. Da zur Erreichung all dieser Ziele (SDG 17) Partnerschaften erforderlich sind, erleichtern die IKT die globale Vernetzung.

Derzeit gibt es Tausende von Projekten, die darauf abzielen, das Internet und die IKT zu nutzen, um die Verwirklichung der SDGs zu beschleunigen. Viele von ihnen haben bereits eine positive Wirkung gezeigt.

Wirkliche Veränderungen

Technologie für gute Zwecke: »Tech4Good«. Alle oben genannten Aspekte könnten unter diesem Schlagwort zusammengefasst werden, wobei das Internet als Wegbereiter fungiert. Aber all das ist nur ein Teil des Ganzen. Das Label Tech4Good und die so bezeichneten Initiativen wollen jene Entwicklungen und Projekte hervorheben, die einen positiven Einfluss auf die Menschheit haben, weil sie die Werkzeuge der Technologie in den Dienst des Gemeinwohls stellen. Sie entstehen als Reaktion auf eine Realität, in der es zu viele gebrochene Versprechen gibt – vonseiten einer Technologie, die nicht den gemeinschaftlichen Nutzen anstrebt –, in der Tech4Good nicht die Regel, sondern die Ausnahme ist, in der das Internet, statt wie ursprünglich erhofft eine großartige Erfindung zur Verbesserung unseres Lebens und unserer Gesellschaft zu sein, zur scheinbaren (aber nur scheinbaren) Ursache all unserer Übel geworden ist.

Zur Zeit der Industriellen Revolution wurde diese Reaktion »Luddismus« genannt, heutzutage spricht man von »Techlash« (gebildet nach dem Begriff *backlash* für »Gegenreaktion«). Anders als in der Vergangenheit bedeutet »Techlash« keine grundsätzliche Ablehnung der modernen Technik (oder des Algorithmus) und befürwortet auch nicht deren Zerstörung. Man kritisiert nicht die Werkzeuge oder wünscht deren Verschwinden, sondern verweist auf die ungeheure Macht und das Monopol der großen Technologiekonzerne und deren negative Auswirkungen auf die Gesellschaft.

Das Internet ist zu einer Quelle von inneren Konflikten geworden. Wir sehen weiterhin Warteschlangen von Menschen, die das neueste iPhone kaufen wollen, die sozialen Netzwerke ziehen weiterhin Millionen von Nutzern an, und Google hat seine Monopolstellung unter den Suchmaschinen nicht verloren, auch wenn diese Phänomene zunehmend mit Schuldgefühlen und Ablehnung verbunden sind. Der Techlash ist die Folge dieser Ablehnung, benutzt jedoch die Technologie, um ihre negativen Auswirkungen zu neutralisieren.

Die kreative Reaktion des Techlash hat zur Entstehung von allerlei Arten von Apps, Filtern und Strategien geführt, um die Privatsphäre der Nutzer und ihr Verzeichnis persönlicher Kontakte zu schützen, zu Tools gegen Cyberangriffe, zu Dienstprogrammen, um zu erfahren, wie viel Zeit wir jeden Tag mit unserem Smartphone verbringen und welche spezifischen Apps wir dort benutzen, zu Überprüfungsinitiativen und automatisierten Systemen, um Desinformation und Diskriminierung zu erkennen, zu Tools, um die eigenen CO_2-Emissionen aufgrund der Nutzung digitaler Systeme zu verfolgen, zu alternativen sozialen Netzwerken ohne Manipulation der Mitglieder und ohne unkontrollierte Datensammlung, zu Strategien gegen Spam-Mail und so weiter.

Die GAFAM-Unternehmen (Google, Amazon, Facebook, Apple, Microsoft) haben diesen Trend bemerkt und versuchen, sich von ihrer liebenswürdigen Seite zu zeigen, mit Tools gegen Desinformation (während ihre Algorithmen diese belohnen), mit Bildungsinitiativen (während sie ihre Eigentümersysteme mit Überwachungsfunktionen in den Schulen installieren), mit Hilfe für die journalistischen Medien (während sie sich weigern, sie für die Indizierung ihrer Inhalte zu bezahlen), mit Nachhaltigkeitsprogrammen (während sie tonnenweise CO_2 erzeugen), mit Initiativen, um den Menschen mehr Kontrolle über ihre eigenen Daten zu geben (während sie ihnen diese heimlich wieder entziehen). Das Problem dabei ist: Diese positiven Maßnahmen bieten keinen hinreichenden Ausgleich. Sie betreffen nur ein Millionstel des Geschäftsvolumens dieser Firmen. Der Vergleich zwischen der Zahl schädlicher Aktionen und der Zahl effektiver Maßnahmen fällt negativ aus.

Ganz ähnlich ist die Lage des Internets. Die Bilanz ist seit Langem im Minus. Glücklicherweise scheint es jedoch endlich zu wirklichen Veränderungen zu kommen. Die Bewegungen des Techlash, des Tech4Good und des Internets von Gleichgesinnten zugunsten des Gemeinwohls zeigen, dass ein anderes Internet möglich ist, wenn die vier Kardinaltugenden, die die Stärke des World Wide Webs ausmachen – verbinden, zusammenarbeiten, teilen und gemeinsam erschaffen –, nicht vergessen werden. Mit ihnen kann dem Niedergang des Internets ein Ende bereitet werden. Im nächsten Kapitel erkunden wir mögliche Wege für einen Neuanfang.

11
Der Anfang vom Ende

Jedes Ende in der Geschichte enthält auch einen Neuanfang. Dieser Anfang ist die Verheißung, die einzige »Botschaft«, die ein Ende hervorbringen kann. Anzufangen, bevor es zu einem historischen Ereignis wird, ist höchste Fähigkeit des Menschen, politisch gleichzusetzen mit der menschlichen Freiheit.

Nach Hannah Arendt, *The Origins of Totalitarianism*

Wir müssen zurückerobern, was wir verloren haben: das Recht, zu wissen und zu entscheiden, wer etwas über unser Leben und unsere Zukunft weiß. Derlei Rechte waren und sind die einzige mögliche Basis für die menschliche Freiheit und eine funktionierende demokratische Gesellschaft.

Shoshana Zuboff[1]

»Das hört sich an, als hätte ein Gott die MASCHINE *erschaffen. Vergiss nicht, die Menschen haben sie erschaffen.«*

E. M. Forster, *Die Maschine steht still*

Das Web hat sich in den letzten dreißig Jahren so stark verändert, dass es schwarzseherisch und nicht sonderlich kreativ wäre, anzunehmen, das Web, wie wir es kennen, könne sich nicht in den nächsten dreißig Jahren auch zum Besseren wandeln. Wenn wir uns jetzt nicht dafür entscheiden, eine bessere Version davon zu gestalten, dann ist es nicht das Web, das scheitert, sondern wir werden es scheitern lassen.

Tim Berners-Lee[2]

Was wäre, wenn Wikipedia sich in privater Hand befände? Wenn es kostenpflichtig wäre, gewinnorientiert und voller Werbung? Dann wäre es nicht mehr Wikipedia. Es hätte vielleicht noch denselben Namen, wäre aber nicht mehr das, was Wikipedia ausmacht. Und hätten im Jahre 2002 nicht ein paar Spanier den Aufstand geprobt, wäre es fast dazu gekommen. In dem Jahr, nachdem die Enzyklopädie entstanden war, gab es in der spanischen Wikipedia nur sehr wenige Beiträger. Vier Personen reichten aus, um die Bestrebungen zu stoppen, Werbung auf der Plattform zu schalten und aus den Beiträgen ein Geschäft zu machen. Edgar Enyedy, Juan Antonio Ruiz Rivas, Gonis und Javier de la Cueva hofften, wenn sie die spanische Wikipedia auslagerten, würden sie die Verantwortlichen der globalen Wikipedia unter Druck setzen können. Und genau so kam es: die »Fantastischen Vier« schoben den spanischen Teil von Wikipedia auf einen externen Server, und als die Chefs mitbekamen, dass eine Sprache mit so vielen Nutzern verschwand, beschlossen sie, einen Rückzieher zu machen. So wurde aus der freien Internet-Enzyklopädie ein digitales Gemeingut.[3] Das Privatunternehmen »Boomis Inc.« ging in die »Wikimedia Foundation« über, eine US-amerikanische, gemeinnützige Stiftung, die sich hauptsächlich aus Spenden finanziert. Heutzutage gilt Wikipedia als Symbol für ein utopisches Internet: ein offener, gemeinschaftlicher, gemeinnütziger, freier Raum, wo Inhalte, die auf objektiven Informationen basieren, zum Wissensbeitrag geteilt werden. »Heute kann man sich das Internet ohne Wikipedia nicht mehr vorstellen. Es zeigt vor allem, dass ein auf altruistischer Zusammenarbeit basierendes Modell möglich ist«, so de la Cueva. Tatsächlich ist ein anderes Internet möglich, wie auch ein anderes digitales Geschäftsmodell möglich ist – und notwendig. Doch diesen Wandel muss man anstoßen, von allein wird er nicht kommen. Der »Techlash« ist ein klares Symptom für den Überdruss der Menschen. Mittlerweile zeigen sich Auswirkungen des Techlash, der auf dem gesamten Planeten in Gange ist. Ende 2019, während die US-Präsidentschafts-Wahlkampagne begann, beschloss Twitter ein dauerhaftes Verbot politischer Werbung auf der Plattform, um die Manipulation der politischen Debatten in dem sozialen Netzwerk zu vermeiden. Ein Jahr später, mitten im Wahlkampf, zogen Google und Facebook, die sich ursprünglich geweigert hatten, nach. Auch Messenger-Dienste haben unter dem Techlash zu leiden. Anfang 2021 wies WhatsApp seine Nutzer auf den obligatorischen Datentransfer zwischen seinem Messenger und Facebook hin. Die Reaktion kam prompt: Die Nutzer flohen in Scharen. In nur 72 Stunden wechselten 25 Millionen Menschen zu Telegram. Die Nutzerzahlen von Signal, eine andere datenschutzfreundlichere Chat-App, stiegen von etwas mehr als einer Million vor einem Jahr auf fast 30 Millionen Ende Januar. Zwar betrafen die neuen Nutzungsbedingungen von WhatsApp die EU nicht (das wäre gegen die Datenschutz-Grundverordnung, DSGVO), doch auch in Europa löschten viele ihr Konto. Für einige war es die perfekte Gelegenheit, über datenschutzfreundlichere Alternativen nachzudenken. Apple schreibt sich gern den Datenschutz seiner Nutzer auf die Fahne, hat die Menge an Nutzerdaten reduziert, die die Apps sammeln können, und zwingt die Provider hier zu mehr Transparenz. Es ist sogar möglich, die Datenerfassung, auf der das Geschäftsmodell vieler dieser Apps beruht, vollständig abzulehnen. Diese Schritte brachten Apple einen öffentlichen Streit mit Facebook ein, das es als direkten Angriff auf das Unternehmen sah (das beim Sammeln von Nutzerdaten ganz vorne mit dabei ist).

Es ist schön und gut, dass Apple sich darum bemüht, das Abschöpfen privater Informationen zu verhindern, aber doch nur ein Tropfen auf den heißen Stein, der nicht das grundlegende Problem löst. Die ständigen Eingriffe in die Privatsphäre dürfte es überhaupt nicht geben. Wir sollten keine Lösung oder Vermeidungsstrategien dafür finden müssen. Was ist das für eine Welt, in der man heimlich von Ecke zu Ecke huscht? Wir brauchen nicht mehr Technologien, um unsere Spuren zu verwischen, sondern die Freiheit, damit dies nicht notwendig ist. Und genau diese wird uns verwehrt: die Freiheit, in einem uneingeschränkten, nicht von der Technologie vorgegebenen Umfeld zu leben und uns zu entwickeln, unabhängig unser Leben zu leben und offline zu sein. Das ist die Gefahr des Technikdeterminismus, diesem Sirenengesang von angeblich intelligenten Systemen, die schnelles Glück verheißen, dieser Verheißung einer Welt allgemeiner Glückseligkeit, die darüber hinwegtäuscht, dass die Zukunft der Menschheit auf dem Spiel steht.[4] Laut Zuboff müssen wir die Empörung und das Gefühl des Verlusts über das, was uns genommen wurde, wieder aufleben lassen, die Unvermeidbarkeit nicht akzeptieren; uns weigern, die Zukunft illegitimen Herrschern zu überlassen; den Bann der Faszination brechen, der Ohnmacht und der Resignation; die Richtung vorgeben und einfordern, dass der Kapitalismus als inklusive Kraft agiert, zusammen mit dem Volk, dem er dienen soll.[5] Durch diese Kraft lässt sich der Wandel anstoßen – beziehungsweise die vielen Wandel. Es gibt keine Zauberstäbe und auch keine schnellen, einfachen Lösungen oder einen Knopf, mit dem wir uns von einem Zustand in den nächsten katapultieren können. Es braucht Maßnahmen auf mehreren Ebenen, in vielen Bereichen und in unterschiedlichen Zusammenhängen, die häufig miteinander verknüpft sind. Wo sollen wir also anfangen?

Demokratische Allianz für digitale Governance

Am Ende des Zweiten Weltkriegs erkannten die Alliierten, dass sie zur Sicherung von Wohlstand und Frieden neue Institutionen schaffen mussten. Im Juli 1944 trafen sich Vertreter von vierundvierzig Ländern im US-amerikanischen Bretton Woods, New Hampshire, um die neue Weltfinanzordnung festzulegen. Das dort geschlossene Abkommen legte den Grundstein für maßgebliche Finanzinstitutionen: den Internationalen Währungsfonds

KAPITEL 11

(IWF) und die Weltbank. Hinzu kam die Gründung einer politischen Organisation, der Vereinten Nationen (UN). Zu ihren Hauptaufgaben gehören die Friedenssicherung, der Aufbau freundschaftlicher Beziehungen zwischen den Ländern, sowie die Förderung der Zusammenarbeit und der Schutz der Menschenrechte. Waren es ursprünglich 51 Mitgliedsstaaten, so ist die Zahl mittlerweile auf 193 gestiegen. Das geopolitische Umfeld, in dem diese Institutionen entstanden, sollte sich mit dem Fall des Eisernen Vorhangs bald verändern. Die Welt wurde in die zwei gegnerischen Seiten des Kalten Krieges geteilt. Auch die neu geschaffenen Institutionen spalteten sich: Die Sowjetunion trat dem Bretton-Woods-System nicht bei und die Friedensvision der UN zerschlug sich angesichts des Konflikts der damaligen Supermächte: den USA und der UdSSR. Auch heute erleben wir eine Zeit der Krisen, der Chancen und des geopolitischen Wandels. Die Pandemie hat uns nicht nur vor Augen geführt, wie abhängig wir vom Internet sind, sondern auch, wie schnell sich die Dinge ändern können, wenn es politisch gewollt ist. Früher ging man davon aus, dass man die Vorteile des Internets nicht ohne seine Nachteile haben kann, doch mittlerweile werden Stimmen laut, die hier ein Umdenken fordern. Einige fordern eine globale Lösung, aber diese rückt leider in immer weitere Ferne. China hat mit der Entflechtung des globalen Netzes längst begonnen, und Russland tat es dem Reich der Mitte gleich. Beide Staaten verfolgen ihre eigenen antidemokratischen Zwecke. Hier muss man klare Grenzen ziehen, denn die »Reparatur« des Internets erfordert nicht nur eine Einigung in Handelsthemen, sondern auch in Fragen der Menschen- und Arbeitnehmerrechte, der Sicherheit und in vielen anderen Bereichen. Wenn man sich allein anschaut, wie oft die Bemühungen der UN scheitern, erkennt man, dass der Graben zwischen Demokratien und Autokratien zu groß ist, um gemeinsam zu handeln. (Hoffen wir, dass der Klimawandel als existenzielle Bedrohung des Planeten eine Ausnahme darstellt.) Daher droht auch beim Versuch, die Verwaltung des Internets auf globaler Ebene zu regeln, die Gefahr, dass es nur noch mehr Konferenzen und Dokumente für die Schublade gibt, wo es doch eigentlich kollektives Handeln braucht. Eine Alternative mit Potenzial könnte ein Zusammenschluss demokratischer Länder darstellen, die ausreichend stark sind, um einen echten Wandel anzustoßen. Dieses Bündnis möchte ich »Demokratische Allianz für digitale Governance« nennen und explizit auf die Geschichte verweisen: Zu den größten Herausforderungen bei der Gründung des Völkerbunds nach dem Ersten Weltkrieg gehörte, dass die USA nicht beitreten wollten. Dieses Mal müssen die USA und die EU die Initiatoren sein. Diese gemeinsame digitale und demokratische Front würde einen allgemeinen Rahmen zur Reglementierung des Internets schaffen und versuchen, angesichts der Gefahren einer undemokratischen Online-Welt die negativen Auswirkungen der digitalen Revolution zu neutralisieren. Es wäre eine Gemeinschaft der Staaten, die für eine demokratische Entwicklung der digitalen Zukunft einsteht und den Weg für gemeinsamen Wohlstand ebnet. So könnte die Allianz dem autoritären russischen und chinesischen Modell die Stirn bieten. Das Reich der Mitte zieht andere Länder in seine Umlaufbahn, indem es vorgibt, sie im Rahmen des Projekts »Digitale Seidenstraße« beim Aufbau ihrer digitalen Infrastruktur unterstützen zu wollen. Mindestens 16 Länder sind diesem Einfluss bereits unterworfen, wobei es wohl sehr viel mehr sein könnten.[6] Was würde geschehen, wenn am Ende China die digitalen Spielregeln festlegt und wenn sein System der Online-Überwachung, -Zensur und -Kontrolle die vernetzte Welt dominiert? Sollten die demokratischen Länder zu keiner Einigung kommen, könnte der Cyberspace als perfekter Ort für autokratische Systeme enden.[7] Daher ist die Gründung einer Allianz der demokratischen Nationen, die digitale Regeln festlegt, so dringlich und wichtig, die neue Institutionen schafft und etabliert, sowie Gesetze, Prozesse und Rechte. So war es bei der Industriellen Revolution und soll es auch mit der digitalen sein. Die Idee eines solchen Zusammenschlusses findet immer mehr Anhänger. Es gibt bereits zahlreiche Vorschläge.

Wen sollte man außer den USA und der EU noch miteinbeziehen? Wahrscheinlich nicht nur gefestigte Demokratien, sondern auch Entwicklungsländer, die sich, sollte man sie ausschließen, vielleicht China zuwenden. Das muss eigentlich kein Problem sein, wäre das Reich der Mitte bereit, sein Internet zu öffnen, die Zensur aufzugeben und einen demokratischen Wandel einzuleiten. Solange dies nicht der Fall ist, wird es im Internet immer Grenzen geben – weniger Grenzen jedoch, wenn den demokratischen Ländern eine Einigung gelingt. Das führt uns zu der Frage, was der Auftrag und die Aufgaben einer solchen Allianz wären. An dieser Stelle gäbe es sehr viel zu besprechen – was nicht ganz einfach sein dürfte. Dafür sind unbedingt – wenn auch nicht ausschließlich – Regulierungen notwendig, egal, ob man dafür die aktuellen Richtlinien anpasst oder neue Normen schafft. Die Allianz muss eine Richtung für die Verwaltung des Internets vorgeben, was Wirtschafts- und Marktfragen, Datenschutz und Daten, algorithmische Gerechtigkeit, Werte, Rechte und Pflichten sowie Infrastruktur und Cyberabwehr betrifft.

Orientierung an Werten und Rechten

Selbstverständlich würden die Vereinbarungen und Initiativen der Allianz demokratischer Länder die Allgemeine Erklärung der Menschenrechte respektieren und sich an dieser für eine menschenwürdige digitale Entwicklung und eine ethische Digitalisierung orientieren. All das im Rahmen einer offenen und nicht ausgrenzenden Netzumgebung. Die Regeln der digitalen Gemeinschaft müssen auf der Festlegung individueller und gesellschaftlicher Werte beruhen, die schützenswert sind und anhand derer Normen gestaltet werden.[8] Wenn man sich hierbei an den menschlichen Werten orientiert (Gerechtigkeit, Gleichberechtigung, Solidarität, Freiheit, Verantwortung, Ethik, Respekt, Toleranz, Frieden, Güte, Liebe, Freundschaft, Ehrlichkeit …), bleiben die Regeln auch angesichts neuer Entwicklungen oder der Konsolidierung moderner Technologien gültig. Denn im Gegensatz zu diesen sind Werte angeboren, dauerhaft und universell. Es gab bereits gemeinschaftliche Bestrebungen, Vorschläge in digitale Gesetze zu gießen, aber diese waren nie weitreichend genug oder hatten den falschen Fokus.

Einen davon legte die Europäische Kommission im Januar 2022 mit ihrer »Europäischen Erklärung für digitale Rechte und Grundsätze für die digitale Dekade« vor. Darin werden gemeinsame politische Ziele erläutert. Sie dient als Leitfaden und Absichtserklärung, ist jedoch in keiner Weise verbindlich. Andere Erklärungen, wie beispielsweise auch eine spanische, gehen von einer falschen Dualität aus und machen einen Unterschied zwischen real und digital. Sie beschäftigen sich oftmals mit Rechten, die in der Offline-Welt bereits anerkannt sind und auch online bereits gelten oder gelten sollten. Man benötigt jedoch vielmehr Mechanismen, die die *Einhaltung* der Vorschriften durchsetzen sowie wirksame Instrumente zur Verteidigung der Grundrechte, die jeden Tag mit technologischen Mitteln verletzt werden.[9]

Sobald man sich auf diese Prinzipien geeinigt hat, muss es politische und praktische Vorstöße geben, Normen, die Rechtssicherheit garantieren. Möglicherweise muss man in einigen Fällen Rechte, Pflichten und Schutzmaßnahmen überarbeiten, die Rechtslücken und Situationen abdecken, die nicht vorhersehbar waren zu einer Zeit, da die heutigen Technologien oder einige ihrer Anwendungsmöglichkeiten noch nicht existierten.

Digitale Handelszone[10]

Viele der Probleme im Bereich Internet-Governance ließen sich mit der Einrichtung einer »digitalen Handelszone« lösen, die die

Einhaltung demokratischer Prinzipien im Internet mit dem Zugang zu digitalen Märkten verbinden würde. Eine solche Zone würde freien Online-Handel über die Grenzen der Mitgliedsländer der Allianz hinaus ermöglichen. Die gemeinsame Implementierung und Umsetzung verpflichtender Standards und Praktiken würde damit einhergehen, ebenso Zölle auf digitale Produkte aus Drittstaaten sowie die Sanktionierung illegaler Aktivitäten. Mit derlei Standards und Praktiken könnte man unter anderem den Datenschutz und die Nichtdiskriminierung sicherstellen, Falschinformationen vorbeugen, Cybersicherheitsmaßnahmen verbessern, Infrastrukturen stärken und weniger abhängig von Drittstaaten werden. Wäre ein Zugang zur digitalen Handelszone an entsprechende Verpflichtungen geknüpft, könnten die Bündnisstaaten eine überzeugende Alternative zu den autoritären Perspektiven auf das Internet präsentieren.

Daten-Governance

Schauen wir uns zuerst einmal Daten und Datenschutz näher an. Ein Abkommen über eine digitale Handelszone sollte Prinzipien zum Schutz der Privatsphäre und der Bürgerrechte beinhalten, sowie einen Prozess zur Überprüfung, ob Anwärter auf eine Mitgliedschaft sich an diese halten. Und was wäre dafür besser geeignet als die europäische Datenschutz-Grundverordnung? Da werden jetzt einige die Hände über dem Kopf zusammenschlagen, jedoch lässt sich nicht abstreiten, dass die DSGVO sich zu einem globalen Standard gemausert hat, der eher zu einen als zu spalten vermag. Tatsächlich hat sie zahlreiche Länder (Brasilien, Indien, Japan, Südkorea und Thailand) dazu angeregt, eigene Datenschutz-Gesetze zu entwickeln. Selbst in den USA hat man sich die DSGVO zum Vorbild für Richtlinien genommen, wie beispielsweise für das kalifornische Datenschutz-Gesetz, den »California Consumer Privacy Act«. Interoperabilität der Gesetze von demokratischen Staaten auf beiden Seiten des Ozeans würde die Einhaltung von Vorschriften weniger komplex machen und die Rechtskosten verringern. So müssten die Unternehmen nicht einzelne Systeme entwerfen, um den verschiedenen Datenschutz-Anforderungen der Länder gerecht zu werden, in denen sie aktiv sind – eine Problematik, die sowohl kleine als auch große Firmen kennen. Durch eine Einigung der Allianz-Staaten auf die DSGVO als gemeinsamen Nenner könnte man solche Reibungen vermeiden und die Anforderungen vereinheitlichen. Man sollte auf Basis der europäischen Datenschutz-Grundverordnung ein starkes, multilaterales System entwickeln, das die gemeinsamen Regeln und Werte der Mitgliedsstaaten widerspiegelt: ein universelles Regelwerk der digitalen Normen und Standards zum Umgang mit Daten, das im Einklang mit der Freiheit und den Menschenrechten stünde.[11] Zusätzlich zu diesen Regeln sollte die Gruppe ein Umsetzungsverfahren etablieren, um bei etwaigen Meinungsverschiedenheiten zwischen den Parteien zu vermitteln. Keine leichte Aufgabe. Damit diese Normen tatsächlich mit Freiheit und Menschenrechten im Einklang stehen, muss man eines der größten Probleme der Digitalwirtschaft angehen, nämlich extraktive Geschäftsmodelle. Diese ausbeuterischen Systeme sind darauf ausgerichtet, Nutzerdaten dazu zu verwenden, aus jeder menschlichen Online-Aktivität Profit zu schlagen. Sie bauen darauf auf, dass sie unsere Daten abschöpfen und an Werbetreibende verkaufen, die uns damit manipulieren wollen. Das geht mit permanenter Überwachung und Bespitzelung einher, mit dem Eindringen in die Privatsphäre und deren Verlust. Diese Modelle verletzen einige der grundlegenden Menschenrechte. Sie sind antidemokratisch.

Wie kann man diesen Modellen ein Ende bereiten? Indem man ihnen ihre finanziellen Anreize nimmt und die Vermarktung persönlicher Daten verbietet.[12] Wie es Carissa Véliz in *Privacida es poder* (»Privatheit ist Macht«) formuliert: Manche Dinge dürften eigentlich nicht zum Verkauf stehen. Unsere persönlichen

KAPITEL 11

Daten – unsere Ängste, Hoffnungen, Vorlieben, Traumata, Geheimnisse, Gespräche, Gewohnheiten, Gesundheitsdaten – sollten nichts sein, was jeder einfach so kaufen, verkaufen oder gegen Geld weitergeben darf. Viele werden ein Verbot des Handels mit persönlichen Daten für Wahnsinn halten, mit dem man einen Grundpfeiler der Digitalwirtschaft zum Einsturz brächte. Dabei ist genau das das Problem: Ein legitimes Wirtschaftsmodell kann nicht auf einem Verstoß gegen die Menschenrechte basieren. In der Vergangenheit funktionierten ganzen Wirtschaften nur, weil es Sklavenhandel gab. Doch das hat nicht verhindert, dass Menschenhandel verboten und die Sklaverei abgeschafft wurde.[13] Ebenso rechtfertigt die Existenz von Organisationen, die die nötigen Schritte tun, um dieses Modell effektiv aufrechtzuerhalten, nicht solche Maßnahmen.

Ein weiteres Märchen aus der Welt der Digitalwirtschaft ist es, dass die Qualität eines Produkts, einer Dienstleistung oder Empfehlung abhängig von der Personalisierung sei. Man versucht uns weiszumachen, wenn die Unternehmen nicht unsere Daten sammeln und darin herumstochern, können sie uns keine personalisierten Lösungen anbieten und uns nur weniger gute Produkte und Services anbieten, was sich negativ auf die Konsumenten auswirke. Aber diesen Bären lassen wir uns nicht länger aufbinden, denn wir wissen, dass all die persönlichen Informationen, die man über uns sammelt, Prognosezwecken dienen und es den Unternehmen letztendlich darum geht, uns zu ihrem Vorteil zu manipulieren. Sie wollen nicht die Nutzerfreundlichkeit verbessern oder uns zu Dingen verhelfen, die wir mögen, sie wollen, dass wir öfter ihre Produkte konsumieren, mehr kaufen oder länger auf ihren Plattformen bleiben. Um es mit den Worten von Apple-Chef Tim Cook zu sagen:

> Um erfolgreich zu sein, ist Technologie nicht auf Unmengen an persönlichen Daten angewiesen, die von Dutzenden Websites und Apps zusammengepuzzelt werden. Die Werbebranche

konnte jahrzehntelang ohne sie existieren und gedeihen ... Wenn ein Geschäftsmodell darauf basiert, die Nutzer über die Verwendung ihrer Daten zu täuschen, und zwar mit Hilfe von Optionen, die diesen Namen überhaupt nicht verdienen, sollten wir sie nicht loben, sondern reformieren.¹⁴

Tatsächlich gibt es einige reformbedürftige Aspekte des extraktiven Geschäfts mit der Aufmerksamkeit. Werbung ist einer davon, man muss sie und ihre Zwecke überdenken.¹⁵ Welche Strategien zur Verhaltensmanipulation sind akzeptable Geschäftsmodelle? Welche Grundsätze sollten für kommerzielle Überzeugungsmechanismen gelten, wenn wir bedenken, dass man sie unvermeidlich auch auf politische Überzeugungsarbeit übertragen wird? Wie können wir Werbung besser für uns nutzen? Das sind die Fragen, die aus werbeethischer Sicht beantwortet werden müssen. Werbung sollte uns mit Informationen versorgen, anstatt sie uns vorzuenthalten.¹⁶ Die Tech-Unternehmen behaupten gern, dass es nur schwarz oder weiß gibt. Die einzige Alternative zum jetzigen invasiven System sei die Rückkehr zum Zustand vor dem Internet, als Unternehmen zu erraten versuchten, wie sie ihre jeweiligen Produkte, Services und so weiter am besten platzieren sollten. Selbst wenn dem so wäre, wäre das keine Katastrophe, schließlich haben wir so doch auch die letzten Jahrhunderte überlebt. Tatsächlich existiert aber auch ein effektiver Mittelweg, bei dem Nutzerprofile und Statistiken als aggregierte Daten zur Verfügung gestellt werden – ohne Vor- oder Nachnamen oder die Möglichkeit der Rückverfolgung, und ohne die Privatsphäre zu verletzen. Diesen Mittelweg sollte man einfordern. Zu allem Übel stützt sich das extraktive Werbemodell auch noch auf pure Fiktion. Die angebliche Hyperpersonalisierung der Werbung über Mikrosegmentierung – das Geschäftsmodell vieler Tech-Giganten – sowie ein riesiger Anteil der Gratis-Apps ist eine Blase. In seinem Buch *Subprime Attention Crisis* zieht der ehemalige Google-Manager Tim Hwang Parallelen zwischen dem Stellenwert, den Immobilien vor der Krise 2008 für den Finanzmarkt innehatten, und dem der Werbung für die Digitalwirtschaft.[17] Das Problem ist größtenteils durch den verworrenen und undurchsichtigen Prozess der Online-Werbung bedingt, der automatisiert und maschinengestützt abläuft. Das macht es so schwer begreifbar, wie nutzlos sie ist. Da es außerdem immer mehr Werbeblocker gibt und diese auch genutzt werden, erscheint es noch sinnloser, Geld für die Mikrosegmentierung von Online-Werbung zu verschwenden. Ganz zu schweigen von den Machenschaften der bereits erwähnten Klick-Farmen, wo Tausende Menschen auf Anzeigen klicken, um (künstliche) Erfolgsquoten zu erhöhen, oder der Media-Agenturen, die Käufe, die Konsumenten ohnehin getätigt hätten, als Werbeerfolg deklarieren. Es gilt den Teufelskreis der mikrosegmentierten Online-Werbung zu durchbrechen. Aber wie? Dieser Markt muss reguliert und transparenter werden, doch damit ist es nicht getan. Es braucht – wie es der Europäische Datenschutzbeauftragte (EDPS) fordert[18] – ein Verbot der personalisierten Werbung, ebenso wie Einschränkung der Datenkategorien, die zur Anzeigenoptimierung verarbeitet werden dürfen. Hier kommt der Mittelweg bei der Verwendung von aggregierten Daten ins Spiel. Doch Mittelwege können einen leicht in die Irre führen. Es kann für die Internetnutzer nach hinten losgehen, wenn man Online-Anzeigen anhand von Personengruppen mit ähnlichen Interessen schaltet, anstatt auf individueller Basis. Nach eigenen Angaben will Google bis 2022 diese augenscheinlich einschränkenden Maßnahmen für die Werbetreibenden in seinem Chrome-Browser einführen. Dass das größte Werbeunternehmen der Welt ankündigt, die sogenannten Third-Party-Cookies in seinem Browser zu blockieren, klingt erst einmal wie eine gute Nachricht. Sie würden dann den Nutzern nicht mehr durchs Internet folgen und könnten sie im Prinzip nicht mehr eindeutig identifizieren. Die Tools, die Google als Alternative vorschlägt, werden den Spürhunden jedoch neue Daten zur Erstellung von Nutzerprofilen liefern. Derselbe

Hund bekommt nur ein anderes Halsband. Googles neues Konzept ist in jeder Hinsicht opportunistisch. Eine Strategie, um sich zusammen mit Apple als ein um die Daten seiner Nutzer besorgtes Unternehmen zu positionieren. Ein durchaus kluger Schachzug, ein Facelift für die Marke und die Vorbereitung auf eine ganze Reihe an neuen Tools, um weiterhin mikrosegmentierte Anzeigen zu schalten und das Datenmonopol aufrechtzuerhalten. Denn Google wird auf diese Daten zugreifen können, dies aber Dritten nicht erlauben. Das heißt, am Ende profitieren der Suchmaschinenriese und andere große Unternehmen, die den Zugang zu direkten Nutzerdaten zentralisieren und diese sammeln, da ihre Macht in der Online-Werbewelt wächst. Diese Macht, der Missbrauch einer dominanten Position und andere wettbewerbsfeindliche Praktiken fordern allmählich ihren Tribut. Selbst in einem wirtschaftlich so liberalen Land wie den USA findet sich in den meisten Altersgruppen, Bildungsschichten, demographischen Gruppen und politischen Ausrichtungen mittlerweile eine breite Unterstützung für eine stärkere kartellrechtliche Regulierung großer Technologieunternehmen.[19] Das Misstrauen gegenüber diesen Unternehmen wächst, insbesondere in der Generation Z.[20] Sowohl die EU als auch die USA juckt es mittlerweile in den Fingern, das Thema »GAFAM« anzugehen. Die US-amerikanische Regierung hat bereits historische Kartellklagen gegen Facebook und Google auf den Weg gebracht, und die Europäische Kommission hat von diesen beiden und anderen Unternehmen Strafzahlungen wegen ihres monopolistischen Verhaltens eingefordert und wird dies vermutlich nach Abschluss einiger noch ausstehender Ermittlungen erneut tun. Die EU will den Einfluss dieser Online-Plattformen, die sie »Gatekeeper« nennt, sogar in ihrem Vorschlag für ein Gesetz über digitale Märkte einschränken.[21] Das Vereinigte Königreich schlägt mit seiner neuen Regulierungsbehörde, der »Digital Market Union« (DMU), in dieselbe Kerbe. Sie soll die Befugnisse der Tech-Giganten neu regeln, damit Verbraucher mehr Wahlmöglichkeiten und Kontrolle über

KAPITEL 11

ihre Daten erhalten. Warum und wie sollte dies hinsichtlich des Datenschutzes geschehen? Was hat es damit zu tun? Eine ganze Menge: Netzwerkeffekte führen dazu, dass sich alles zu Lasten der Wahlmöglichkeiten auf wenige Online-Plattformen konzentriert. Das wiederum führt zu einer Machtkonzentration. Wären diese Unternehmen nicht so mächtig, würden wir ihnen nicht erlauben, all unsere Aktivitäten im Netz zu tracken. Sie können das tun, weil sie de facto eine Monopolstellung innehaben und daher auch offensichtlich gegen die Nutzerinteressen handeln können. Man mag einwenden, dass doch genau dafür die Einverständniserklärungen gedacht sind, die beim Herunterladen einer App oder beim Aufrufen einer neuen Website erscheinen. »Diese Website verwendet Cookies, damit Sie unsere Website bestmöglich nutzen und wir besser mit Ihnen kommunizieren können. Durch die Nutzung unserer Website erklären Sie sich mit allen Cookies gemäß unserer Cookie-Richtlinie einverstanden«, heißt es da beispielsweise. Transparenz ist hier ein rares Gut. In anderen Hinweisen wird zumindest erklärt, dass diese Cookies Daten sammeln, die sie zur Personalisierung von Inhalten und Werbung sowie zur Analyse des Besucherverkehrs der Website verwenden. Bei manchen der Pop-ups kann man durch Anklicken oder Abwählen entscheiden, welche Daten über unsere Aktivitäten auf der Website gesammelt werden, wobei ein Minimum vorgeschrieben ist. Die europäische Verordnung für elektronische Kommunikation,[22] in der diese Hinweise für alle Websites verpflichtend festgelegt sind, sollte eigentlich die Privatsphäre, vertrauliche Kommunikation und den Schutz personenbezogener Daten im Internet gewährleisten. Doch bewirkt hat sie das genaue Gegenteil, da die Websites uns mittlerweile mit unserer ausdrücklichen Zustimmung tracken können. Dass diese Zustimmung oftmals nichts wert ist, lässt sich aus dem Ausmaß der Verknüpfungen und der Statistik herauslesen. Selbst wenn wir nicht in die Nutzung unserer Daten einwilligen, kann jemand die Informationen, die er über eine andere Person hat, verwenden, um statistische Hochrechnungen vorzunehmen, die uns betreffen.[23] Wir sind also auch von der Zustimmung anderer Nutzer abhängig. Es gibt unzählige und oft unvorstellbare Verbindungen – direkte und indirekte – zwischen Daten, die mit einer Person in Zusammenhang gebracht werden, Daten über diese Person und Daten, die mit Hilfe der Daten anderer Personen zu dieser Person abgeleitet werden können. Die Anfragefelder für Cookies, Geschäftsbedingungen und Datenschutzrichtlinien sind in der Regel so gemacht, dass sie eine hohe Erfolgsquote haben, wir also darauf klicken und sie akzeptieren, ohne sie uns anzusehen. Um sich zu schützen, müssten die Nutzer sich jeden Tag mit Dutzenden Dokumenten herumschlagen – was wohl niemand tun wird. Es ist also nicht so, dass man dem Eindringen in die Online-Privatsphäre freiwillig zustimmt, um dafür eine Dienstleistung zu nutzen, man hat vielmehr keine andere Wahl, wenn man Zugriff auf den Service haben möchte. So schließt sich der Kreis. Diese Realität ist das Ergebnis der Macht großer Plattformen. Diese Macht und das Verhalten der GAFAM und anderer wettbewerbswidrig handelnder Unternehmen haben Auswirkungen, die weit über den Datenschutz hinausgehen.

Ein großes Problem etwa ist der allgegenwärtige Aufkauf der Konkurrenz, die Einverleibung von Innovationen oder Preisabsprachen. Es gibt vielerlei Vorschläge, damit umzugehen: von der Zerschlagung dieser Unternehmen über die Rückgängigmachung einiger ihre Käufe oder Übernahmen (beispielsweise, Instagram oder WhatsApp von Facebook abzuspalten, oder Fitbit von Google) bis hin zum Verbot von Neuankäufen.

Was all diese Maßnahmen gemein haben, ist, dass sie sich negativ auf andere Unternehmen auswirken können und unklar bleibt, was sie zum Datenschutz beitragen. Einen Alternativvorschlag gibt es jedoch, der einerseits die Macht der GAFAM einschränken und andererseits jedem sein legitimes Recht zurückgeben würde, zu steuern und entscheiden, wie, wann, warum und wem er seine Daten weitergibt: die »Datenübertragbarkeit«.

KAPITEL 11

Diese neue Maßnahme ist Teil der Datenschutz-Grundverordnung und beschreibt das Recht eines jeden, seine Daten zu erhalten und sie eigenständig zu verwalten und weiterzuverwenden. Das heißt, es gäbe keine Hürden, um die persönlichen Daten von einem Nutzerkonto zum nächsten mitzunehmen, von einer Plattform zu einer anderen, und man würde eine Kopie in einem Format erhalten, das eine problemlose Wiederverwendung, Übermittlung oder das Empfangen der angegebenen personenbezogenen Daten ermöglicht. Das betrifft nicht ausschließlich Daten, die der Nutzer direkt angegeben hat, sondern auch solche, die durch seine Online-Aktivität generiert wurden. Beispielsweise den Suchverlauf, den Standort oder Daten aus dem Aktivitätstracking wie beispielweise die Herzfrequenz. Was die DSGVO nicht abdeckt, ist die Möglichkeit, alle Kontakte aus allen genutzten Plattformen mitzunehmen, das gesamte virtuelle soziale Beziehungsgeflecht.

Dabei ist ein interoperables soziales Geflecht mit offenen Standards, das den Nutzern die Kontrolle über ihre Daten ermöglicht, von wesentlicher Bedeutung, ebenso die Möglichkeit zur Übertragung von Inhalten, die wir auf verschiedenen Plattformen veröffentlichen, wie Tweets, Posts oder private Nachrichten in sozialen Netzwerken. Manche Dienste bieten dies bereits an. Bei WhatsApp lassen sich Chats exportieren, bei Telegram importieren. Man kann einen WhatsApp-Chat dann also auf Telegram weiterführen, ohne dass der Verlauf verloren geht.

Wäre Interoperabilität und die Übertragbarkeit von Daten, Inhalten (zumindest Privat- oder Gruppen-Chats) und sozialen Geflechten verpflichtend, könnten die Nutzer sich frei zwischen verschiedenen Anbietern bewegen. Gibt es einen besseren Weg, um den Wettbewerb und die offenen Märkte zu fördern? Mit Sicherheit würde das positive Auswirkungen auf die Plattform-Nutzer-Bindung haben. Daher sollte man Strategien entwickeln, die freies Wissen und Open Data in den Vordergrund stellen und es als Option anregen, persönliche Daten für die Forschung, Wissensgenerierung oder sozialen Mitgestaltung zur Verfügung zu stellen. Datennutzung also als Teil des digitalen Gemeinwohls.

Es gibt bereits mehrere europäische Initiativen, die als Inspiration, Referenz oder Ausgangspunkt dienen können. Zum Beispiel die Organisation DECODE, die Tools entwickeln möchte, damit die Gesellschaft wieder Herr über ihre Daten wird und selbst bestimmt, welche Informationen privat bleiben und welche zum Wohle der Allgemeinheit weitergegeben werden.

Wenn es um den Umgang mit Daten geht, kann man sich auch von der Wissenschaft inspirieren lassen. Hier gelten die sogenannten FAIR-Prinzipien:[24] Findable, Accessible, Interoperable, Reusable. Daten müssen demnach wieder auffindbar, langfristig zugänglich, interoperabel und mit anderen Datensätzen kombinierbar und wieder verwendbar sein. Die Europäische Kommission hat diese Prinzipien in ihrer Initiative »European Open Science Cloud« (EOSC) übernommen, die für die Entwicklung einer föderierten, virtuellen, zuverlässigen Infrastruktur für die Speicherung, gemeinsame Nutzung, Verarbeitung und Wiederverwendung von digitalen Forschungsobjekten (einschließlich Daten) steht. Ein weiterer europäischer Ansatz ist das Projekt TRUST (»Transparency, Responsibility, User focus, Sustainability and Technology«). Im Rahmen dieses Projekts soll eine föderierte Plattform für sicheren, zuverlässigen Datenaustausch entstehen, die mit der europäischen DSGVO konform ist. Für eine Bewertung ist es derzeit noch zu früh, aber derlei Initiativen braucht es unbedingt, wenn die Nutzer Vertrauen in den Datenaustausch Vertrauen haben sollen.

Eine weitere vertrauensbildende Maßnahme könnte eine Treuhandpflicht für diejenigen darstellen, die personenbezogene Daten erheben,[25] also die Verpflichtung der datensammelnden Unternehmen, die hier die Oberhand haben, im besten Interesse ihrer Nutzer zu handeln. In manchen Berufsgruppen gibt es bereits eine solche Pflicht, beispielsweise bei Psychologen oder Anwälten. Es wäre sinnvoll, sie auf diejenigen auszuweiten, die persönliche Daten sammeln. Natürlich muss man beim Sammeln von Daten überaus bedacht vorgehen. Standardeinstellungen in den Pop-ups wie wir sie heute haben, darf es nicht mehr geben. Der Wortlaut der Opt-in- oder Zustimmungs-Anfragen, die beim Besuch einer Website oder beim Herunterladen einer App erscheinen, muss verpflichtend geändert werden. Kein »Ich stimme der Speicherung von folgenden Daten für folgende Zwecke zu« mehr als erste Option, sondern »Ich stimme der Erhebung von folgenden Daten für folgende Zwecke nicht zu«. Diese Zwecke würde selbstverständlich die mikrosegmentierte Werbung ausschließen. Des Weiteren sollte ein Verfahren zur Löschung[26] von Nutzerdaten Pflicht werden beziehungsweise den Eigentümern die Option darauf eingeräumt werden (mit wenigen Ausnahmen, wie zum Beispiel der Geburtsurkunde). Auch das gehört zum Aufgabengebiet der Allianz, die alle Organisationen – unabhängig von Größe oder Geschäftsmodell – dazu bringen muss, jegliche unrechtmäßig erhobenen Daten zu löschen.

Zudem sollte man Sanktionen verhängen, falls die Plattformen, die auf der Aufmerksamkeitswirtschaft basieren, negative Auswirkungen auf das Wohlbefinden haben. Es mag schwierig erscheinen, Abstufungen des Wohlbefindens zu klassifizieren oder quantifizieren, wann die Aufmerksamkeit, die wir einer App widmen, nützlich und wann sie bloße Ablenkung ist (was zu unverdienten Strafen für Unterhaltung oder zu Streit darüber führen, könnte, was als gute Unterhaltung gilt). Als eindeutige Messgröße kann das Suchtpotenzial dienen, sodass Plattformen bestraft werden, wenn die geforderte Aufmerksamkeit in Abhängigkeit endet.

Junge Menschen sind besonders anfällig dafür, nach den gerade angesagten Apps und sozialen Netzwerken süchtig zu werden. Die Allianz müsste sich also auch mit dem Schutz der vulnerablen Gruppe der Minderjährigen befassen. Nachdem 2021 ein zehnjähriges Mädchen bei einer TikTok-Challenge ums Leben kam, hat Italien das soziale Netzwerk angewiesen, Profile von

Kindern unter dreizehn Jahren zu sperren. Dabei beträgt das Mindestalter für die Nutzung der beliebten App ohnehin dreizehn Jahre. Tatsächlich ist laut der Datenschutz-Grundverordnung[27] die Verarbeitung personenbezogener Daten von Kindern, die das sechzehnte Lebensjahr noch nicht vollendet haben, nur rechtmäßig, wenn Eltern oder Erziehungsberechtigte zustimmen oder der Mitgliedsstaat, in dem sie leben, eine niedrigere Altersgrenze festgelegt hat.

Andere öffentlichkeitswirksame Fälle, wie die heftig diskutierte Vergewaltigung des Avatars eines siebenjährigen Mädchens in einem Online-Videospiel 2018,[28] zeigen ebenfalls, wie wichtig es ist, auf Einhaltung der Verhaltensregeln von Online-Plattformen und ihrer Geschäftsbedingungen zu bestehen, insbesondere Plattformen für Kinder oder solche, zu denen Kinder Zugang haben könnten. Es geht hier nicht darum, das Internet zu kriminalisieren, die digitale Welt als Feindbild darzustellen oder Minderjährigen den Zugang zum Internet zu verbieten, sondern darum, bestimmte Schutzmaßnahmen für derlei Risiken zu etablieren.

Und schließlich gilt es, bei der Massenüberwachung der staatlichen Geheimdienste ein Gleichgewicht zwischen Sicherheit und Privatsphäre zu finden, das keine willkürliche Verletzung der Privatsphäre zulässt. Erst kürzlich gab es ein Urteil des Gerichtshofs der Europäischen Union,[29] das dem Vereinigten Königreich, Frankreich und Belgien die pauschale und anlasslose Vorratsdatenspeicherung oder Übermittlung von Datenverkehr und Standortdaten untersagt. In diesem Zuge wurde auch entschieden, dass die Geheimdienste nur dann auf die persönlichen Daten von Handy- und Internetnutzern zugreifen dürfen, wenn die nationale Sicherheit gefährdet sei. Die Speicherung ist auf das zeitlich unbedingt Notwendige beschränkt, muss angemessenen und wirksamen Sicherheitsvorkehrungen unterliegen sowie einer unabhängigen Aufsichtsbehörde.

KAPITEL 11

Desinformation

> *In einer Zeit der grassierenden Desinformation und der durch Algorithmen angestoßenen Verschwörungstheorien können wir nicht mehr wegschauen ... Was passiert, wenn Verschwörungstheorien und Aufrufe zur Gewalt priorisiert werden, nur um mehr Aufmerksamkeit bei den Nutzern zu erzielen? Was passiert, wenn Inhalte, die das Vertrauen der Öffentlichkeit in die lebensrettenden Impfungen untergraben, nicht nur toleriert, sondern gar belohnt werden? Was passiert, wenn Tausende von Nutzern sich extremistischen Gruppen anschließen und ein Algorithmus entsteht, der immer mehr davon empfiehlt? Es ist Zeit, dass wir aufhören, so zu tun, als hätte dies alles keinen Preis, als würde es keine Polarisierung, keinen Vertrauensverlust und keine Gewalt nach sich ziehen.*
>
> Tim Cook, Geschäftsführer von Apple[30]

Dass Desinformation, Polarisierung und Hass zu den größten Herausforderungen der Online-Governance gehören, wissen wir mittlerweile. Das gilt verstärkt während Wahlen, wie Facebooks internes Barometer zur Messung gewalttätiger und aufwieglerischer Tendenzen zeigt: Zwischen 31. Oktober und 5. November 2020 schoss es um 45 Prozent[31] in die Höhe – direkt vor, während und nach den US-Wahlen. Im Januar 2021, während des Sturms auf das Kapitol, gingen die Werte durch die Decke. Um die Spirale der Gewalt zu durchbrechen, hatten Twitter und Facebook letztendlich die Konten von Präsident Trump gesperrt, da er falsche, hetzerische Nachrichten verbreitet habe. »Am Ende haben zwei kalifornische Milliardäre das getan, was Heerscharen an Politikern, Staatsanwälten und Mächtigen über Jahre nicht vermochten: Präsident Trump den Stecker zu ziehen«, witzelt Kevin Roose, Kolumnist der *New York Times*.[32] Angela Merkel, damals noch Kanzlerin, äußerte sich besorgt über diese Entscheidung, die sie als »problematisch« empfinde.[33]

Spanischen Rechtspopulisten erging es ähnlich, als Twitter ein paar Wochen nach der Stürmung des Kapitols zeitweise – und bereits zum zweiten Mal innerhalb eines Jahres – das Konto der rechtspopulistischen Partei Vox sperrte. In beiden Fällen lautete Twitters Begründung, dass die Partei entgegen den Regeln der Plattform zu Hass angestiftet habe. Einen Monat später sperrte Facebook in Myanmar nach dem Militärputsch gegen die Regierung der Nationalen Liga für Demokratie (NLD) alle mit dem Militär zusammenhängenden Konten. Die Maßnahmen, die die Tech-Firmen ergriffen, um potenziell aufrührerische Inhalte von sozialen Medienplattformen und Netzwerken zu entfernen, verdeutlichen das Risiko, dass nicht demokratisch gewählte und öffentlich kontrollierte Unternehmensführer die Grenzen der Meinungsfreiheit festlegen. Sollten etwa sie die Regeln des öffentlichen Diskurses festlegen und entscheiden, was geht und was nicht? Diese Frage müsste man sich nicht stellen, wenn derlei Unternehmen nicht so mächtig wären und nicht weitgehend die digitale Öffentlichkeit beherrschen. Dabei ist genau das der Fall. Wer am Online-Diskurs teilhaben möchte, muss im Netz unterwegs sein, egal wie zuwider ihm die dortigen Regeln sind.

Es kann nicht sein, dass diese Plattformen steuern, wer Zugang zum digitalen Marktplatz hat, dass ihre Macht ähnlich groß ist wie die einiger Nationalstaaten und sie diese willkürlich einsetzen. Denn hinter diesen Plattformen stehen Privatunternehmen, die das Recht haben, sich ihre eigenen Regeln zu machen. Es sollte selbstverständlich sein, dass sie nicht gegen das Gesetz oder die Menschenrechte verstoßen dürfen. Wenn ihr Geschäftsmodell dafür sorgt, dass falsche Inhalte und Hassbotschaften viral gehen, während ein friedlicher Austausch und informative, objektive, nicht hetzerische Inhalte benachteiligt werden, muss man dieses Modell überdenken. Konten zu löschen oder Nutzer vorübergehend oder dauerhaft zu sperren ist nur eine Notlösung und geht am grundlegenden Problem vorbei.

Mit der Selbstregulierung ist es auch nicht weit her. Facebook,

Google, Twitter, Microsoft und TikTok haben allesamt den von der Europäischen Kommission aufgestellten Verhaltenskodex zur Bekämpfung von Desinformation[34] unterzeichnet. Demnach sind sie verpflichtet, finanzielle Anreize für Desinformationsanbieter zu unterbinden, Instrumente zur Verfügung zu stellen, um verschiedene Perspektiven zu Themen von öffentlichem Interesse zu finden, die Forschungsgemeinschaft und zivilgesellschaftliche Gruppen zu unterstützen, Umfang und Ausmaß politischer Werbung zu überwachen, kritisches Denken, Medienkompetenz und digitale Fähigkeiten zu fördern und das Netzwerk von Faktenprüfern zu unterstützen.

Vorschläge wie der von Twitter, vorher zu lesen, was man verlinkt, gehen in die richtige Richtung, aber noch immer am Problem vorbei. Außerdem genügt es nicht, die Möglichkeiten, mit der Verbreitung von Falschinformationen Profit zu machen, nur zu beschränken, sie müssen im Keim erstickt werden. Der bereits dargelegte Ansatz, personalisierte Werbung zu verbieten, die Übertragbarkeit von Daten und sozialen Geflechten zu erleichtern und den Wettbewerb zu fördern, dürfte eine geeignetere Lösung darstellen. So wären die Plattformen dazu gezwungen, guten Service zu liefern, um ihre Nutzer zu halten.

Das Ziel wäre die Schaffung »gesunder« Online-Räume, die die gesellschaftliche Interaktion fördern, mit einem menschlichen Plan zur Verwaltung von Inhalten, der besonders darauf schaut, was viral geht.[35] Dies steht im Zusammenhang mit der ewigen Diskussion, ob Plattformen für die auf ihnen veröffentlichten Inhalte verantwortlich sind. Mittlerweile scheint die Antwort offensichtlich: Da sie davon profitieren, müssen sie rechtlichen Verpflichtungen und klaren Regeln unterworfen sein. Diese Übertragungstechnologien können Masseneffekte erzielen und bringen daher eine enorme Verantwortung mit sich. Akteuren mit »bösen« Absichten nutzen sie, um systematisch die Interaktion zwischen Millionen von Informationssuchenden zu ihrem Vorteil zu beeinflussen. Anstatt also die Plattformen dazu zu zwingen, als Moderatoren aufzutreten, sollte man sie rechtlich in die Verantwortung dafür nehmen, wie ihre Produkte die Informationen und Daten der Menschen strukturieren, verbreiten und lenken.[36]

Hier könnte die Allianz auf die von der Europäischen Kommission im »Gesetz über digitale Dienste«[37] vorgeschlagenen Schritte zurückgreifen. Zum Beispiel die Verpflichtung sehr großer Online-Plattformen, mindestens einmal im Jahr zu prüfen, ob sich aus ihnen ein Systemrisiko ergibt. Zu diesen Risiken gehören die Verbreitung illegaler Inhalte, die Beeinträchtigung von Grundrechten oder die Möglichkeit zur Manipulation des Dienstes – beispielsweise durch den Missbrauch automatisierter Mittel – mit tatsächlichen oder möglichen schädlichen Auswirkungen auf die Gesundheit, den Schutz Minderjähriger, den gesellschaftlichen Diskurs, Wahlprozesse oder die öffentliche Sicherheit. Auf dieser Grundlage müssen die Plattformen laut der Europäischen Kommission entsprechende effektive Maßnahmen zur Risikoeindämmung einleiten. Hier kommen die unsichtbaren Algorithmen ins Spiel, die für die Funktionsweise der Plattformen und die Sichtbarkeit von Inhalten verantwortlich sind.

Ein weiterer Auswuchs der Hyper-Personalisierung, den es abzuschaffen gilt: Die Plattformen sollten nicht die Inhalte anzeigen, die den Neigungen einer Person entsprechen, oder bei denen sie sich am meisten Interaktion oder die längste Verweildauer erhoffen. Vielmehr sollten sie den Zugang zu objektiven Informationen gewährleisten, unterschiedlichste Ideen und Meinungen zeigen, die dem Diskurs zugutekommen, und uns ermöglichen, dass wir die Welt aus der Perspektive aller Nutzer sehen können. Nur so werden wir uns in einer gemeinsamen Welt zurechtfinden können, wie es bei Hannah Arendt heißt.[38] Arendt schreibt, dass sich unsere ganz persönlichen und subjektiven fünf Sinne und ihre Sinnesdaten an eine nicht subjektive, objektive gemeinsame Welt anpassen können, die wir mit anderen gemein haben und teilen. Daher benötigen wir alle die gleichen Voraussetzungen für den Zugang zu dieser Welt – ohne algorithmische Filter, die uns nur einen Ausschnitt zeigen (und jedem einen anderen).

Zudem müssen im digitalen Zeitalter die Prüfparameter des journalistischen Ehrenkodex aktualisiert und auf diese Plattformen übertragen werden,[39] was bereits teilweise geschieht. Beispielsweise im Rahmen der Twitter-Initiative »Birdwatch«,[40] die sich auf die Nutzer-Gemeinschaft verlässt, um irreführende Tweets herauszufiltern. Die Teilnehmenden können die Tweets mit Anmerkungen versehen und die Anmerkungen anderer qualitativ bewerten. Wenn ein breiter und vielfältiger Kreis von Mitwirkenden zustimmt, erscheinen diese Anmerkungen direkt und öffentlich bei dem Tweet.

Ein weiteres Beispiel, wie die Community zur Risikoeindämmung und zu einer besseren Führung der sozialen Netzwerke beitragen kann, ist das Experiment des »Citizens and Technology Lab« von der Universität Cornell, im US-amerikanischen Ithaka. Dabei konnte gezeigt werden, dass der Algorithmus des sozialen Netzwerks Reddit von sich aus qualitativ hochwertigere Inhalte priorisierte, nachdem die Nutzer sich zusammengetan hatten, um Nachrichten aus glaubwürdigen Quellen zu fördern.[41] Die Dynamik der Algorithmen kann sich eben auch vorteilhaft auswirken.

Um verlässliche Informationen zu garantieren, sind die Förderung des Journalismus sowie eine stabile Medienlandschaft unabdingbar. Als ein australisches Gesetz die Internetkonzerne dazu zwang, den Verlagen für deren journalistische Inhalte auf den Plattformen Geld zu zahlen, sperrte Facebook eine Zeitlang diese Funktion, sodass man keine Nachrichten sehen oder teilen konnte. Google hingegen hat für sein Projekt »News Showcase« Abkommen mit großen Medienanbietern in einem Dutzend Länder geschlossen – darunter Australien, Frankreich, Deutschland, das Vereinigte Königreich und Argentinien. »News Showcase« ist ein Programm, bei dem Google für die Inhalte der Medienunternehmen bezahlt, welche diese für »Google News« und andere Google-Dienste auswählen.

Ein Vorschlag, der noch weiter in Richtung direkter finanzieller Unterstützung des Journalismus geht, ist eine Steuer auf Plattformen oder Online-Werbung. Der Übergang zwischen verifizierten Fakten und Werbung ist oft fließend, diese drohende Verwechslungsgefahr sollte man eindämmen. Auch die Aktivitäten der sogenannten Influencer müssen reguliert werden, um Schleichwerbung zu vermeiden. Was Hassrede und Aufrufe zur Gewalt angeht, fordern einige, dass sie mit Hilfe von Erkennungsmechanismen bereits vor der Veröffentlichung herausgefiltert werden. Das dürfte sich jedoch als problematisch erweisen, da die Parameter für die Erkennung solcher Äußerungen nicht immer klar sind und die Gefahr der Beschneidung der Meinungsfreiheit groß ist.

Dass dies zu Reibungen führen kann, wurde deutlich, als 2017 das »NetzDG« verabschiedet wurde. All dies muss die Allianz in seiner Komplexität berücksichtigen.

Diskriminierung und die Ethik der Algorithmen

2020 schrieb ein niederländisches Gericht Geschichte, als es ein System zur Aufdeckung von Sozialbetrug namens »SyRi«[42] verbot. Denn SyRi verstößt gegen Artikel 8 der Europäischen Menschenrechtskonvention (EMRK): das Recht auf Achtung des Privat- und Familienlebens. Das Gericht legte dar, dass durch die Verwendung von SyRi die »faire Balance« zwischen dem gesellschaftlichen Nutzen und dem Eingriff in die Privatsphäre nicht mehr gewährleistet sei. Zudem monierte der UN-Sonderberichterstatter zu extremer Armut und Menschenrechten, dass SyRI diskriminiere und stigmatisiere. Mit dem Urteil zu SyRi schuf eine europäische Regierung einen Präzedenzfall gegen die Nutzung von prädiktiven Algorithmen. Kurz darauf erklärte das Berufungsgericht für

KAPITEL 11

England und Wales aus demselben Grund (Verstoß gegen Artikel 8 der EMRK) den Einsatz automatisierter Gesichtserkennung seitens der walisischen Polizei für illegal. Zuvor hatte der High Court die Klage abgewiesen, die Polizei jedoch, um potenziellem Missbrauch vorzubeugen, verpflichtet, sicherzustellen, dass diese Systeme nicht diskriminieren. Auf diese wegweisenden Urteile werden wohl angesichts der vielfältigen und zunehmenden Einsatzmöglichkeiten für automatisierte Entscheidungsfindungssysteme im öffentlichen und privaten Bereich viele weitere folgen.

Wie der Fall SyRi zeigt, ist es bereits jetzt gesetzlich möglich, algorithmischer Ungerechtigkeit oder Diskriminierung entgegenzutreten. Doch leider geschieht Diskriminierung auch manchmal verdeckt. Zunächst einmal sind wir uns oft nicht bewusst, dass diese Systeme an Prozessen beteiligt sind, die uns betreffen, beispielsweise bei einer Bewerbung auf eine Arbeitsstelle, der Beantragung einer Hypothek oder von Sozialleistungen, um nur einige zu nennen.

Einzelne lokale Behörden haben präventiv bereits den Einsatz fehleranfälliger Algorithmen verboten, die sich beispielsweise auf Gesichtserkennung oder Biometrie stützen. San Francisco war unter den ersten. Die Stadt untersagte bereits 2019 vollständig den Einsatz von Software zur Gesichtserkennung bei der Polizei und anderen lokalen Behörden. Das US-amerikanische Cambridge zog nach, andere Gemeinden haben Moratorien verhängt. In Bundesstaaten wie Kalifornien und Washington wurden spezifische Fälle reguliert. Auch manche Unternehmen verwenden diese Technologien in bestimmten Kontexten nicht mehr. Angesichts des Techlash und großer Protestbewegungen wie Black Lives Matter nach der Ermordung von George Floyd durch einen US-Polizisten, bot IBM keine Gesichtserkennungssoftware zur Massenüberwachung oder zum Racial Profiling mehr an. Microsoft verkündete, seine Systeme zur Gesichtserkennung nicht mehr der US-Polizei zur Verfügung zu stellen, bis es eine bundesstaatliche Regulierung dafür gebe. Auch Amazon reagierte und entzog der Polizei zeitweise den Zugang zu seiner Gesichtserkennungssoftware »Rekognition«, bei der bereits geschlechterspezifische und rassistische Verzerrungen festgestellt wurden.

Wir brauchen klare Regeln für unsere Gesellschaft und für die Technologieunternehmen. Durch die DSGVO besteht in Europa ein Verbot, biometrische Daten zum Zwecke der eindeutigen Identifizierung zu verarbeiten. Kürzlich hat die Europäische Kommission außerdem mit dem Gesetz über künstliche Intelligenz die biometrische Massenüberwachung verboten.[43] Allerdings gibt es dafür viele – oft vage – Ausnahmen, sodass die Datenschutz-Grundverordnung die Verarbeitung biometrischer Daten in vielen Fällen weiterhin zulässt.[44] Die Allianz sollte einen umfassenden Rechtsrahmen entwickeln, der die Speicherung biometrischer Angaben in Datenbanken begrenzt und klare Leitlinien für unerwünschte oder verbotene biometrische Identifizierung enthält.[45] Die Normen zur Datenerhebung müssen sehr präzise sein (nach der europäischen Rechtsprechung zum Schutz der Menschenrechte muss der Datenschutz bereits in der ersten Phase der Erhebung für die Schaffung biometrischer Systeme und Infrastrukturen beginnen).[46] Sie müssen die Verwendung der Daten durch Strafverfolgungsbehörden regeln sowie äußerst strenge Anforderungen an die Notwendigkeit und Verhältnismäßigkeit der Verwendung stellen.

Außerdem, so fordert es Javier de la Cueva, müssen wir die drei Phasen der Datenverarbeitung regulieren: Eingabe, Speicherung und Ausgabe. Wer Daten zur Verfügung stellt, weitergibt oder übermittelt, trägt nicht dieselbe Verantwortung wie jemand, der sie steuert und verbreitet. Alle drei Phasen gilt es juristisch zu bedenken. Wer ist für die Daten verantwortlich? Wer erhebt die Daten und beeinflusst sie daher interessengelenkt? Was bedeutet dieser Einfluss für die Daten? Welchen Beitrag leistet die Gesellschaft dazu? Normalerweise sind es die großen Firmen, die Zugang zu diesen Daten haben, nicht das gemeine Fußvolk. Wie können wir mit Hilfe von Systemen und Technologien, die im

Grunde kein Recht auf Teilhabe beinhalten, eine Demokratie schaffen? Die rechtliche Rationalisierung von Macht – in diesem Fall von Daten – muss überdacht werden.

Des Weiteren sind Prüfprozesse zu Genauigkeit und Nichtdiskriminierung der entscheidungstragenden Algorithmus-Systeme (natürlich auch der Gesichtserkennung) rechtlich zu verankern. Neben technischen Standards, die Verzerrung und Ungenauigkeit berücksichtigen, sind Leistungstests in einer realen Umgebung notwendig. Zudem muss man untersuchen, ob es bei der Anwendung dieser Algorithmen zukünftig zu Diskriminierung kommen könnte, denn selbst die präzisesten Systeme können sich verändern, wenn sie unverhältnismäßig auf eine Gruppe angewendet werden. Diese beiden Kontrollmechanismen sollten präventiv vor der Einführung dieser Systeme und ab da über die gesamte Nutzungsdauer angewandt werden.

Zusätzlich sollte man alle Mitgliedsstaaten der Allianz verpflichten, ein offenes Register der Algorithmen zu führen, die im öffentlichen Sektor eingesetzt werden, das die Entwicklung und Anwendung von automatisierten Systemen in der öffentlichen Verwaltung sowie deren spezifische Verwendung und ihre Funktionsweise dokumentiert. Städte wie Amsterdam und Helsinki haben dieses Konzept bereits angekündigt, und es ist auch in Spaniens »Estrategia Nacional de Inteligencia Artificial« (ENIA), dem staatlichen Programm für künstliche Intelligenz, enthalten.[47] Auch Privatunternehmen sollten Algorithmen, die einen großen Einfluss auf das Leben der Menschen haben, beispielsweise in Form von Kreditratings, veröffentlichen und leicht zugänglich machen.[48]

Es muss ein durch die Allianz geschütztes Recht werden, zu erfahren, wann ein Prozess ergebnisbeeinflussend durch eine Software gesteuert wird. Dabei ist es unerlässlich, dass das Resultat für alle Interessengruppen, Betroffenen oder diejenigen, die den Prozess nutzen werden, interpretierbar ist. Mit Interpretierbarkeit und Erklärbarkeit lässt sich das Black-Box-Problem angehen, die undurchsichtige Entscheidungsfindung der fortschrittlichen, KI-basierten Algorithmen, deren Vorgehensweisen und Gründe für bestimmte Entscheidungen für den Menschen nicht vollständig nachvollziehbar sind. Dieser Aspekt ist besonders wichtig, um die Fairness bei der Verwendung von Algorithmen zu gewährleisten und mögliche Verzerrungen der zugrunde liegenden Daten zu erkennen,[49] selbst wenn das bedeutet, dass die Genauigkeit und Einsatzmöglichkeiten der Algorithmen zurückgefahren werden müssen.

Neben der Erklärbarkeit nennt die Europäische Kommission drei weitere ethische Grundsätze, die die Zuverlässigkeit und Gerechtigkeit bei Entwicklung, Einsatz und Nutzung der KI-Systeme sicherstellen sollen: Achtung der menschlichen Autonomie, Schadensverhütung und Gerechtigkeit.[50] Die Allianz sollte diese Grundsätze berücksichtigen und ihre Regulierungen stets auf die Grundrechte stützen. Außerdem sollte sie sich die Bewahrung der maximal möglichen individuellen Privatsphäre zum Ziel setzen.

Was das Messen des Einflusses von Online-Plattformen auf Gesellschaft und Ethik angeht, wäre es ratsam, die Betroffenen in die Gestaltung der Instrumente und die Mängelbehebung miteinzubeziehen. Darüber hinaus gilt es, die technologischen Konzepte zu hinterfragen.[51] Welche Überzeugungsstrategien setzen die Plattformen, neuen Technologien und Dienste ein? Warum empfehlen sie ein bestimmtes Video, ein anderes nicht? Welche Parameter versuchen sie mit der individuellen Nutzungszeit zu maximieren? Inwieweit decken sich ihre Ziele mit denen der Nutzer, die ihnen ihre Zeit und oft auch ihre Daten überlassen? Sind sie in irgendeiner Weise nützlich oder nur ein Zeitvertreib? Wie wirken sie sich auf das Wohlbefinden der Nutzer aus? Dies sind nur einige der zu prüfenden Punkte.

KAPITEL 11

Berufsethos

Doch vor einer solchen Überprüfung könnte man über Ehrenkodizes nachdenken, wie es sie in bestimmten Berufsgruppen bereits gibt oder gab, wie zum Beispiel für Ärzte:

> Als Angehöriger des ärztlichen Berufsstandes schwöre ich feierlich, mein Leben in den Dienst der Menschheit zu stellen, über die Gesundheit und das Wohlergehen meiner Patienten zu wachen, Eigenständigkeit und Würde meiner Patienten zu respektieren, die Gesundheit und das Wohlergehen meiner Patienten in höchstem Maße zu achten, dem menschlichen Leben den größtmöglichen Respekt entgegenzubringen und dass ich nicht zulassen werde, dass Erwägungen bezüglich Alter, Krankheit oder Behinderung, Glaubensbekenntnis, ethnischer Zugehörigkeit, Geschlecht, Nationalität, politischer Einstellung, Herkunft, sexueller Orientierung, sozialer Klasse oder anderer Aspekte meine Pflichten dem Patienten gegenüber beeinflussen werden.

So lautet ein Auszug aus einer modernen Variante des hippokratischen Eides. Die »Patienten« könnte man ganz einfach durch »Nutzer« ersetzen und den Eid für Programmierer, Webdesigner und Tech-Unternehmer einführen. Diese Idee liegt verschiedenen Vorschlägen für Diensteide oder Ethik-Grundsätze für diese Branche zugrunde. Ein Bekenntnis zu einer ethischen, gerechten und menschenrechtskonformen Entwicklung und Nutzung digitaler Technologien unter Berücksichtigung ihrer möglichen unerwünschten Folgen und der negativen Auswirkungen ihrer Anwendung.

Die Finanzingenieure Emanuel Derman und Paul Wilmott verfolgen mit ihrem »The Financial Modelers' Manifesto«[52] und dem dazugehörigen Eid, der als Reaktion auf den Finanzkollaps von 2007 entstand, eine ähnliche Idee. Der Text war als eine Art ethischer Leitfaden für Akteure im Finanzmodellieren gedacht und vom Kommunistischen Manifest sowie dem hippokratischen Eid inspiriert. Was sollte demnach ein Eid der Tech-Entwickler beinhalten?

Es gibt bereits verschiedene Vorschläge, darunter »The Critical Engineering Manifesto«.[53] Darin wird Technik beschrieben als »die mit Abstand transformativste Sprache unserer Gegenwart, die unsere Art zu denken, zu kommunizieren und wie wir uns bewegen einflussreich verändert«. Und weiter: »Der ›Critical Engineer‹ erachtet jede Technologie, die Abhängigkeit und Hörigkeit vermittelt, zugleich als Herausforderung und Bedrohung«, weshalb man sie erforschen und ihre Schwächen offenlegen müsse. Außerdem legt das Manifest dar, dass »jedes technische Werk seinen Benutzer in proportional wechselseitiger Abhängigkeit manipuliert« und »dass geschriebener Code zunehmend in soziale und psychologische Bereiche vorstößt und dabei das Verhalten sowie die Interaktion von Mensch und Maschine reglementiert«. Daraus ergebe sich die Notwendigkeit, »aufgezwängtes Benutzerverhalten und soziale Prozesse mittels digitaler Archäologie nachzuvollziehen und zu rekonstruieren«.

James Williams wählt für seinen »Designers' Oath« einen anderen Ansatz.[54] Designer seien Menschen, die »das Leben der anderen gestalten« und daher geloben sollten, sich ernsthaft für ihre Nutzer einzusetzen, zu versuchen, deren Absichten, Ziele und Werte so gut wie möglich zu verstehen, Projekte und Vorgehensweisen an diesen Absichten, Zielen und Werten auszurichten, die Würde, Zeit und Freiheit der Nutzer zu respektieren und niemals deren Schwächen gegen sie auszuspielen, alle Auswirkungen von Projekten (an denen der Designer beteiligt ist) auf das Leben anderer abzuschätzen, klar, ehrlich und häufig ihre Absichten und Methoden zu kommunizieren und andere darin zu unterstützen, ihr Leben selbst in die Hand zu nehmen.

Abgesehen von ihrem Inhalt sind laut Williams diese Dokumente an sich wichtig. Ihre Existenz steht für das Bewusstsein, dass der Einfluss dieser Branche auf das Leben der anderen so groß ist, dass es einer expliziten ethischen Norm für sie bedarf.[55] Diese Notwendigkeit muss von der Allianz in irgendeiner Form aufgegriffen werden, beispielsweise in der Form von Grundsätzen, die dann in Ausbildungen für Design, Programmieren oder Unternehmensführung gelehrt werden.

In diesen Branchen wächst das Bewusstsein für mögliche gesellschaftliche Auswirkungen ihrer Programme und Projekte. In den großen Technologieunternehmen regt sich unter den Mitarbeitern zunehmend Widerstand, manche kündigen sogar aus moralischen Gründen ihren Arbeitsplatz. Andere ziehen es nicht einmal mehr in Betracht, bei Tech-Giganten zu arbeiten. Wieder andere schließen sich zusammen, um die Dinge von innen heraus zu ändern, wie Hunderte von Google-Mitarbeitern, die 2021 die Gründung der Gewerkschaft »Alphabet Workers« ankündigten. Dem waren jahrelange Proteste gegen »geheime Militär-Projekte mit künstlicher Intelligenz sowie Diskriminierung, Belästigung und Unterdrückung« vorausgegangen.[56]

Ein neuer Sozialvertrag

Das Thema Arbeitsrecht und Einfluss der Digitalisierung auf die Arbeit bringt altbekannte Probleme zum Vorschein. Während der ersten industriellen Revolution im Vereinigten Königreich des 18. Jahrhunderts ersetzten die Maschinen im großen Stile Arbeitsplätze. Doch letztendlich kamen nicht nur neue Stellen auf, sondern auch die Lebensqualität verbesserte sich. Unter Wirtschaftshistorikern ist man sich jedoch uneins, ob der Fortschritt das Leiden der arbeitenden Bevölkerung wirklich rechtfertigte. Spätere Generationen waren zweifelsohne davon überzeugt, aber für die damaligen Arbeitskräfte, die ihren Lebensunterhalt einbüßten, sah die Sache ganz anders aus.[57] Die Industrialisierung kostete vor allem Geringqualifizierte ihre Arbeitsplätze, und die Lohnunterschiede wuchsen. Mehr als ein halbes Jahrhundert zog ins Land, bis auch der Durchschnittsbürger von den Vorteilen der Industriellen Revolution profitieren konnte.

Zu ähnlichen Reibungseffekten kommt es auch heute. Im Zeitalter der Computerautomatisierung sehen sich viele gezwungen, für niedrige Löhne, teils unter schlechteren Bedingungen als zuvor zu arbeiten oder sie verlieren ihre Stelle. Es sind neue Arten von Jobs entstanden, für die aber oftmals digitale Fertigkeiten notwendig sind, über die ein großer Teil der Arbeitskräfte aktuell nicht verfügt. Wenn wir uns in einer Übergangsphase ähnlich der der Industriellen Revolution befinden, auf dem Weg in eine bessere Zukunft, müssen wir für diesen Übergang Schadensbegrenzung betreiben. Das heißt, wir müssen uns für die Menschen und Gruppen einsetzen, die am stärksten von der Digitalisierung und Automatisierung betroffen sind. Wir müssen einen möglichst gerechten Übergang gewährleisten, um den Grundstein für eine berufliche Zukunft zu legen, für die es sich lohnt.

Seit Jahren wird von der Notwendigkeit eines neuen Gesellschaftsvertrags gesprochen. Denn, wie es Internetexperte Genís Roca ausdrückt: »Ein Arbeitsplatz garantiert keine Rechte mehr.«[58] Der Sozialvertrag des 20. Jahrhunderts auf Basis von Beschäftigung funktioniert für viele nicht mehr. Albert Cañigueral schreibt dazu in seinem Buch *El trabajo ya no es lo que era* (»Die Arbeit ist nicht mehr das, was sie einmal war«),[59] dass die sozialen Sicherungssysteme, die geschaffen wurden, um den Arbeitnehmerinnen und Arbeitnehmern im Fall unvorhergesehener Ereignisse und drohenden Einkommensverlusts die Lebensgrundlage zu erhalten, noch immer notwendig sind. Jedoch stammten sie aus einer mittlerweile überholten Arbeitswelt und hätten sich nicht weiterentwickelt, wie es die sich verändernde Umgebung erfordere. In dieser neuen Arbeitsrealität[60] gibt es immer weniger Vollzeitarbeitsplätze, mit denen Arbeitnehmerrechte einhergehen. Die staatlichen Vorschriften passen nicht zu neuen, ausgelagerten Arbeitsplätzen. Einkommensvolatilität wird bald die Arbeitslosigkeit als größte Herausforderung ablösen, und die Ungleichheit bei digitalen Arbeitsplätzen wächst aufgrund mangelnder Qualifikation.

Diese Problemfelder muss die Allianz im Rahmen der digitalen Handelszone angehen und dabei berücksichtigen, wie Cañigueral schreibt, dass »jedes Sicherheitssystem nur so gut ist wie sein schwächstes Glied«. Unabhängig von ihrer Situation sollte das Bündnis allen Arbeitnehmern eine Sozialversicherung garantieren, die bei Arbeitslosigkeit und im Krankheits- und Pflegefall greift, sowie Mutter- und Vaterschaft, Arbeitsunfähigkeit, Rente und Hinterbliebene sowie Leistungen bei Arbeitsunfällen und Berufskrankheiten abdeckt.[61] Im Idealfall wären diese Leistungen nicht nur übertragbar und an den Arbeitnehmer gebunden,[62] sondern auch international beanspruchbar.

Zudem muss ein fairer Mindestlohn eingeführt werden. Für diesen ließe sich vermutlich keine allgemeingültige Übereinkunft finden, aber man könnte sich auf eine gemeinsame Berechnungsgrundlage einigen: ein »würdiger Lohn«, der für die Miete ausreicht, für die nötigsten Einkäufe und so weiter. Ergänzend wäre über etwas wie das spanische »Ingreso Mínimo Vital« nachzudenken, ein nicht an Arbeit gebundenes Grundeinkommen. Noch weiter geht das bedingungslose Grundeinkommen, eine finanzielle Zuwendung für alle, ohne eine Gegenleistung dafür erbringen zu müssen. Über diese Maßnahme sollte man weiter diskutieren, aber nicht, um sich »den sozialen Frieden zu erkaufen«,[63] nicht um die Bürger mit Almosen zum Schweigen zu bringen, damit sie nicht rebellieren, während die Reichen in Silicon Valley immer reicher werden und die Ungleichheit wächst, nicht als Rechtfertigung dafür, dass jemand auf dem Weg zum digitalen Wohlstand zurückgelassen wird.

Ein weiterer Vorschlag ist das »universelle Bildungseinkommen«[64] zur Umschulung oder Weiterbildung von Menschen, deren Arbeitsplätze im Laufe ihres Berufslebens veralten oder abgeschafft werden. Es würde die Menschen dazu anregen, sich beruflich weiterzuentwickeln oder neue Qualifikationen zu erwerben, die sie in der sich wandelnden Arbeitswelt benötigen. Ob mit Hilfe dieser Vorschläge oder anderer: Die Allianz muss sich sowohl mit der Umschulung von Arbeitnehmern befassen als auch mit der Vorbereitung von Berufsanfängern auf Aufgaben, die es bis vor kurzem noch gar nicht gab.

Das Bündnis würde dagegen vorgehen, dass Kapital angehäuft, anstatt in Arbeit investiert wird, es würde die Umverteilung des Reichtums fordern, die Besteuerung von Robotern oder Systemen künstlicher Intelligenz. Es würde das Recht der Arbeitnehmerschaft, sich gewerkschaftlich zu organisieren, gewährleisten, auch wenn sie weder am selben Arbeitsplatz noch zur selben Zeit arbeiten, und das Recht darauf, zu erfahren, wann, wie und zu welchem Zweck automatisierte Entscheidungsfindungssysteme in Arbeits- und Unternehmensprozessen zum Einsatz kommen.

Cybersicherheit[65]

Beim Datenschutz und der Einschränkung von Überwachung ist es wichtig, nicht in dieselbe Falle zu tappen wie beispielsweise das Vereinigte Königreich oder Australien, die in ihrem Bestreben, Cyberangriffe zu verhindern, die Verschlüsselung der Kommunikation landesweit geschwächt haben. Derartige Maßnahmen führen nur zu noch größeren Eingriffen in die Privatsphäre der Bürger. Das Projekt einer digitalen Handelszone sieht vor, dass keine neuen Mauern errichtet werden, um sich gegen Cyberangriffe zu schützen, sondern dass der Zugang zu digitalen Märkten für diejenigen beschränkt wird, die die vereinbarten Sicherheitsmaßnahmen nicht einhalten.

Wie könnte das konkret aussehen? Im Wesentlichen geht es um verlässliche Meldeverfahren für Cyber-Bedrohungen und die Beaufsichtigung ihrer Beseitigung. Dafür müsste man Malware-Meldesysteme etablieren und die Möglichkeit haben, die von Cyberangreifern genutzte Infrastruktur zu entfernen. Wer nicht kooperiert, muss mit Sanktionen rechnen. Selbstverständlich auch Akteure, die außerhalb der Zone Schaden anrichten. Zu den Aufgaben des Bündnisses gehört die Einrichtung eines koordinierten Systems, um den Verkehr von Unternehmen außerhalb der digitalen Handelszone zu unterbinden, die innerhalb der Zone Probleme verursachen.

Thema Spionage: Viele Länder, die wahrscheinlich dem Bündnis beiträten, sind bekannt dafür, andere Länder – die dann ihre Verbündeten wären – auszuspionieren, beispielsweise die USA, Frankreich und Israel. Dabei muss man im Hinterkopf behalten, dass der derzeitige Sicherheitsstand des Internets direkt aus den geschäftlichen Entscheidungen von Unternehmen und den militärischen oder spionagebezogenen Entscheidungen von Regierungen hervorgeht.[66] Man könnte hier ein Verbot beschließen, das die Informationsgewinnung aus anderen Ländern durch das Abhören der direkten Kommunikation oder durch elektronische Mittel (signalerfassende Aufklärung) betrifft und die Spionage auf weniger aggressive Maßnahmen auf Basis menschlicher Intelligenz beschränkt.

Die Mitgliedsstaaten des Bündnisses müssen sich darauf verlassen können, dass Angriffe auf das System nicht von einem anderen Mitgliedsstaat ausgehen. Des Weiteren muss ihnen die verdeckte Wahlbeeinflussung auf globaler Ebene, und nicht nur hinsichtlich anderer Mitgliedsstaaten, untersagt werden.

Was die Cybersicherheit angeht, bedarf es einer Einigung, welchen Zugang Strafverfolgungsbehörden zu verschlüsselten Daten erhalten sollen und bezüglich des Verkaufs von Cybersicherheit-Tools, denn diese können einerseits zum Testen von Verteidigungsstrategien verwendet werden, in den falschen Händen aber auch dazu, diese zu umgehen.

Zusätzlich müsste etwas Ähnliches wie der Grundsatz der kollektiven Selbstverteidigung, Artikel 5 des Nordatlantikvertrags der Nato, eingeführt werden, wodurch alle Mitglieder sich verpflichten würden, solidarisch füreinander einzustehen:

> Die Parteien vereinbaren, dass ein bewaffneter Angriff gegen eine oder mehrere von ihnen in Europa oder Nordamerika als ein Angriff gegen sie alle angesehen werden wird; sie vereinbaren daher, dass im Falle eines solchen bewaffneten Angriffs jede von ihnen in Ausübung des in Artikel 51 der Satzung der Vereinten Nationen anerkannten Rechts der individuellen oder kollektiven Selbstverteidigung der Partei oder den Parteien, die angegriffen werden, Beistand leistet, indem jede von ihnen unverzüglich für sich und im Zusammenwirken mit den anderen Parteien die Maßnahmen, einschließlich der Anwendung von Waffengewalt, trifft, die sie für erforderlich erachtet, um die Sicherheit des nordatlantischen Gebiets wiederherzustellen und zu erhalten.[67]

Auf die »Demokratische Allianz für digitale Governance« angewandt würde das bedeuten, dass der Cyberangriff auf eins ihrer Mitglieder als Angriff auf das gesamte Bündnis angesehen würde. Und so wie sich die Verteidigungsminister der Nato-Länder 2006 darauf verständigt haben, mindestens zwei Prozent ihres BIPs in Verteidigungsausgaben zu investieren, sollten alle Mitgliedsstaaten des Bündnisses auch einen Mindestbetrag für die Verteidigung gegen Cyberangriffe festlegen. Aber anders als bei der NATO muss es sich hierbei um eine verbindliche Richtlinie handeln, die Sanktionen für Verstöße vorsieht. Warum? Ganz einfach, weil sich sonst niemand daran hält.

Es ist allgemein bekannt, dass Anreize und Strategien fehlen, damit in die Cybersicherheit investiert wird, die viele als lästig und überflüssig ansehen. Der Schutz kritischer Infrastrukturen hat seinen Preis, und für die politischen Entscheidungsträger ist es einfach, zukünftige, hypothetische Risiken kleinzureden[68] – die ebenso »hypothetisch« sind wie eine Pandemie vor dem ersten Coronajahr 2020 einmal schien. Der Schutz der kritischen Infrastruktur geht mit Cyberabwehr und -sicherheit einher. Ebenso wie wir ein stabiles Gesundheitssystem brauchen, müssen wir auch das Strom- und Telekommunikationsnetz schützen, auf die alles andere aufbaut. Das würde einen Wandel bei der Herstellung essenzieller Elektrogeräte und im digitalen Handel bedeuten. Es würde bedeuten, Produkte, die derzeit noch in China hergestellt werden, zu ersetzen und somit einen erheblichen Risikofaktor aus der globalen Lieferkette zu eliminieren. Dafür bräuchte es eine gemeinsame Produktionsstrategie seitens der Allianz, damit die wichtigsten Technologien für die nationale Sicherheit direkt in den Mitgliedsstaaten hergestellt werde könnten. Damit würde sie auch offene Technologien und Standards fördern. Man hätte dann mehrere Anbieter, anstatt sich wie heute auf ein paar wenige zu verlassen. Zudem sollte die Möglichkeit bestehen, Geräte vom Netz zu nehmen.

Wie der Kryptograph Bruce Schneier zu Recht anmerkt: »Wenn die einzige Möglichkeit, ein Gerät zu schützen, darin besteht, es nicht anzuschließen, dann muss diese Option zur Verfügung stehen. Man muss den derzeitigen Trend umkehren, alles in einen Allzweckcomputer zu verwandeln, hin zu weniger Zentralisierung und einer Verteilung auf verschiedene Systemen, so wie das Internet ursprünglich gedacht war … Ungefähr 90 Prozent der Internet-Infrastrukturen sind privat. Sie sind auf die Optimierung der kurzfristigen finanziellen Interessen der Unternehmen ausgerichtet, die im Internet Einfluss haben, nicht aber auf die Nutzerinteressen oder die Sicherheit des Netzes.«[69]

Digitale Infrastruktur und nationale Souveränität

Es gibt verschiedene Aspekte der digitalen Infrastruktur, die es zu diskutieren gilt. Einer davon betrifft die Kommerzialisierung eines ihrer grundlegenden Aspekte, die wir gerade erleben. 2019 gab die »Internet Society« (ISOC) bekannt, dass sie dem Verkauf der »Public Interest Registry« (PIR) an einen privaten Beteiligungsfonds zugestimmt habe. Die PIR verwaltet die .org-Domains, die damals an gemeinnützige Organisationen vergeben wurden. Die

Nachricht, dass dieses öffentliche Gut in private Hände übergehen würde, war ein Schock für Nichtregierungsorganisationen. Man befürchtete, dass sich dies in höheren Registrierungs- und Verlängerungsgebühren für Websites, geringeren Investitionen in die bereits bestehende Infrastruktur und Sicherheit, sowie Vereinbarungen zum Verkauf sensibler Daten und sogar Zensur und Überwachung niederschlagen würde.

Internetpioniere und gemeinnützige Organisationen wie Wikipedia gingen auf die Barrikaden und konnten den Verkauf schließlich stoppen. Im selben Jahr beschloss jedoch ebenjene Organisation, die die Zustimmung verweigerte – die »Internet Corporation for Assigned Names and Numbers« (ICANN), zuständig für die Vergabe von Namen im Internet – mit Einschränkungen Preiserhöhungen für die kommerziellen .com-Domains zuzulassen.

Solche Entwicklungen schüren Ängste, denn es steht zurecht zu befürchten, dass Räume und Einrichtungen verschwinden, die das öffentliche Interesse am Internet repräsentieren, und darüber hinaus, dass die Infrastruktur ausgehöhlt wird, auf der das Internet gründet. Die Allianz müsste nicht nur für dieses öffentliche Interesse eintreten, sondern auch klare Normen definieren, die die Beteiligung aller Betroffenen an Entscheidungsprozessen gewährleisten. Zum Beispiel die gesellschaftliche Diskussionen und Genehmigungsverfahren miteinzubeziehen, falls es zukünftige Bestrebungen gäbe, .org-Domänen zu verkaufen.

Bei den Überlegungen zur digitalen Infrastruktur sind auch Abhängigkeitsbeziehungen zwischen Mitgliedsstaaten und Drittländern hinsichtlich Hard- und Software zu betrachten. Europa verfügt über eine gute Telekommunikations- und Glasfaserinfrastruktur, hat aber keine wettbewerbsfähige Datenspeicherungsinfrastruktur vorzuweisen. Wie bereits an anderer Stelle erwähnt, werden 92 Prozent der in Europa generierten Daten in den USA gespeichert[70] – was kein Problem darstellen muss, solange die EU-Länder und die Vereinigten Staaten Teil der Allianz sind.

Doch endlich krempelt auch Europa die Ärmel hoch und rüstet mit jahrelanger Verspätung nach. Die Rede ist vom Projekt Gaia-X, einer Initiative zur Entwicklung einer wettbewerbsfähigen, sicheren, vertrauenswürdigen, offenen und transparenten cloudbasierten Dateninfrastruktur. Als europäisches Projekt muss es dazu in der Lage sein, sich mit anderen Ländern zu vernetzen. Mit Gaia-X soll das Fundament für eine offene und föderierte Dateninfrastruktur geschaffen werden, mit der man sicher und zuverlässig auf Daten zugreifen und diese weitergeben kann.

Der Fokus von Gaia-X liegt auf der Interoperabilität. Das Projekt beinhaltet zahlreiche föderale Dienste, die jedes Unternehmen nutzen kann, wenn es einige grundlegende Anforderungen erfüllt. Darunter die Fähigkeit, mit dieser föderalen Struktur zu arbeiten oder die Bereitschaft, grundlegende Daten bereitzustellen wie beispielsweise Angaben zum Herkunftsland oder dem Land, in dem sie tätig sind.[71] Diese Anforderungen haben eine Filterfunktion und helfen den Kunden bei der Suche nach Anbietern. Mit dem Konzept des freien Datenverkehrs innerhalb der digitalen Handelszone im Hinterkopf wäre es ratsam, Gaia-X als globales Projekt für demokratische Digitalisierung anzugehen. Würden die USA dem Bündnis beitreten, wären die US-Unternehmen, die den globalen Markt für Cloud-Infrastrukturdienste beherrschen (mit über 70 Prozent),[72] gezwungen, Teil der föderierten Gaia-X-Cloud zu werden. Doch damit nicht genug: Es könnte ein Beitrag zur Dezentralisierung des Hostings sein, was Kosten einsparen und die Marktanteile der großen Player verringern würde. Wenn viele Cloud-Anbieter, die Teil des föderierten Cloud-Projekts Gaia-X sind, mit dem Anspruch auf digitale Souveränität in den Ring steigen, dürfte das mehr Länder dazu motivieren, sich ebenfalls anzuschließen und damit die Position gegenüber China zu stärken. Letztendlich will kein Land bei seinen kritischen Infrastrukturen von einem anderen abhängig sein.

Neue Strukturen und individuelle Unabhängigkeit

Es will auch keiner bei der Datenspeicherung oder beim Zugriff auf digitale Dienste von Plattformen abhängig sein, denen er nicht vertraut. Was, wenn sich das umgehen ließe? Diese Wunschvorstellung kann durch eine Technologie, die einen strikten Datenschutz ermöglicht, Wirklichkeit werden. Manche haben sie bereits in Händen, denn Apps zur Kontaktverfolgung in der Coronapandemie greifen in zahlreichen europäischen Ländern darauf zurück. Diese Systeme sind interoperabel und funktionieren, ohne dass persönliche Daten gesammelt werden. Sie verbleiben auf dem Handy und werden nicht auf externen Servern gespeichert. Hinter dieser Technologie steckt ein neues Protokoll namens DP-3T von Apple und Google. An seiner Entwicklung war auch die Spanierin Carmela Troncoso beteiligt, Professorin an der École Polytechnique Fédérale de Lausanne und Leiterin des dortigen Forschungsprojekts SPRING (»Security and Privacy Engineering«).

Diese Art von Technologie bricht mit der Vorstellung, dass wir unsere Privatsphäre aufgeben müssen, um von unseren Daten profitieren zu können. So sieht es auch Tim Berners-Lee. Sein Vorstoß, den digitalen Kurs zu ändern, sodass das Web mehr seiner ursprünglichen Vision ähnelt, stützt sich technologisch auf sogenannte Pods, also persönliche Online-Datenspeicher. Dabei handelt es sich um so etwas wie einen Informationstresor, in dem jeder seine eigenen Daten verwahren und über sie bestimmen kann.[73] Jeder Nutzer könnte Dritten eine Erlaubnis zum Zugriff auf die eigenen Daten erteilen: eine sichere Verbindung für eine bestimmte Aufgabe, wie zum Beispiel die Bearbeitung eines Darlehensantrags. Auf diese Weise könnten Außenstehende die personenbezogenen Daten selektiv nutzen, aber nicht speichern. Berners-Lees Idee baut auf dem Open-Source-Projekt »Solid« auf, dessen Server im Grunde wie ein riesiger digitaler Tresorraum fungieren, der alle individuellen Schließfächer beinhaltet. Wie ursprünglich bei der Begründung des Webs geht es darum, Technologiestandards bereitzustellen, die Programmierer für die Entwicklung von Software und Unternehmen als ihre Basis nutzen können. Um Solid zu einem marktfähigen Produkt zu machen, hat Berners-Lee das Start-up »Inrupt« gegründet, das eine Lizenzgebühr für eine verbesserte Version der Solid-Software erhebt.

Zu den Unternehmen, die das Projekt bereits nutzen, gehört etwa die spanische Firma »Empathy«. Mit Solid wollen sie ein dezentrales Suchsystem für E-Commerce-Websites aufbauen. Ihr Ansatz führt weg von der Zentralisierung, die den Unternehmen mit den meisten Daten (zum Beispiel Amazon) Vorteile verschafft, weg vom Wettbewerb um die meisten Daten, hin zu einem Wettbewerb um den besten Service. Inrupt hat auch Pilotprojekte mit Organisationen wie der BBC, der Bank NatWest, der flämischen Regierung und dem Nationalen Gesundheitsdienst des Vereinigten Königreichs.

Ein ähnliches Ziel wie Berners-Lees verfolgt das spanische Projekt »Dalion«. Es geht um die digitale Souveränität jedes Einzelnen. Doch anstatt auf einzelne digitale Tresore zu setzen, verknüpft die spanische Initiative Daten mit einer Art digitaler Brieftasche. Die Nutzer hinterlegen dort eine Reihe von Informationen (Name, Alter, Adresse, Geburtsdatum, Ausbildung usw.) und können jedem auf Anfrage Zugang zu ihnen gewähren. Man kann sehen, wem man Zugriff auf welche Daten erteilt hat, deren Löschung beantragen oder die Erlaubnis für ihre Verwendung widerrufen – alles mit Hilfe von Blockchain-Technologie.

Auch bei den sozialen Netzwerken tut sich etwas: Der Twitter-Mitentwickler Evan Henshaw-Plath hat ein dezentralisiertes soziales Netzwerk gegründet, »von und für Menschen«. Die dezentrale Open-Source-App namens »Planetary« läuft über ein Netzwerk namens »Scuttlebutt«, über das Freunde direkt Nachrichten austauschen können – ohne zentralen Server. Planetary ist also ein vollständig dezentralisiertes Netzwerk, in dem jeder Nutzer – nicht Planetary – seine eigenen Daten verwaltet und seine Identität mit Hilfe kryptographischer Schlüssel definiert. Planetary funktioniert offline und ist werbefrei. Bald wird die Plattform außerdem den Urhebern von Inhalten Tools zur Verfügung stellen, mit denen sie die Bedingungen festlegen, wie sie für ihre Arbeit entschädigt werden. Das läuft über verschlüsselte Kanäle, sodass sie für Inhalte und die Verbindung bezahlt werden.[74]

Henshaw-Plath ist außerdem an einem Projekt beteiligt, das ein weiterer Mitgründer von Twitter, Jack Dorsey, finanziell unterstützt. Die Initiative »Bluesky« möchte anders als Planetary kein spezifisches soziales Netzwerk sein, sondern ein Protokoll bereitstellen, auf das eine neue Generation dieser Plattformen aufbauen kann (um nach und nach Twitter zu dezentralisieren). Bluesky will einen offenen und dezentralisierten Standard für soziale Netzwerke schaffen. Wie Dalion setzen sie dabei auf Blockchain-Technologie, um ein nachhaltiges Modell für Hosting und Governance zu ermöglichen, das sogar Profit generiert.

Ökosysteme der Innovation mit Mehrwert

Außer Tim Berners-Lee kämpft auch ein weiterer Internetpionier seit geraumer Zeit für einen besseren Cyberspace. Die Rede ist von Ethan Zuckerman, der sich für den Aufbau digitaler öffentlicher Infrastrukturen durch Software einsetzt, die sich an gesellschaftlichen Werten orientiert. Im Zentrum steht für ihn die Frage, wie man gemeinnützige Online-Räume für Einzelpersonen und Gemeinschaften schafft, die mit den vorherrschenden kommerziellen Angeboten konkurrieren können.

Zuckerman betont die Notwendigkeit, die gesetzlichen Vorgaben im Bereich der Überwachungstechnologien durch die Finanzierung neuer Tools zu ergänzen, die eine Alternative zur bloßen Verteidigungsstrategie darstellen könnten[75] – Lösungen, die das Gemeinwohl und nicht nur schnelles Wachstum im Blick haben. Dafür muss man in die Schaffung sozialer Netzwerke für die Gesellschaft investieren, in spezialisierte nicht extraktive Suchmaschinen, neue, datenschutzorientierte Technologien zur Generierung von Einnahmen, Online-Werbemodelle, die nicht auf dem Abschöpfen persönlicher Daten basieren, Werkzeuge, die die gemeinsame Generierung und den solidarischen Austausch von Inhalten erleichtern, sowie weitere digitale Dienste und bürgerorientierte Technologien.

Dafür muss man Geld in die Hand nehmen – viel Geld. Hier käme die Allianz mit der Gründung eines öffentlich-privaten Risikokapitalfonds ins Spiel. So ließe sich in die Forschung und Projekte für die nächste Generation von gemeinwohlorientierten Plattformen investieren. Zu den Fondsbeiträgen der Mitgliedsstaaten kämen Gelder von Spendern und Investoren, die an ihre Projekte einen höheren Anspruch als bloße Rendite stellen und sich von ihren Investitionen einen gesellschaftlichen Nutzen erhoffen.

Die Investorengemeinschaft muss der Welt die deutliche Botschaft vermitteln: Nein, es ist *nicht* alles erlaubt. Einige Investoren aus dem Silicon Valley haben dies bereits eingesehen und reumütig bekannt, mitgewirkt zu haben an der Schaffung eines wahren Monstrums der extraktiven Überwachung. Wenn ihren Worten auch Taten folgen, wird das die Geschäftsmodelle weniger populär machen, die ausschließlich darauf beruhen, möglichst viele User zu ködern und um ihre Aufmerksamkeit zu konkurrieren.[76] Diese neuen Plattformen und Unternehmen, die gerade entstehen, und weitere, die bereits auf dem richtigen Weg sind, müssen zusammen ein Ökosystem der digitalen Innovation aufbauen, das allen einen Mehrwert bringt.[77] Damit dieses Ökosystem wachsen kann, sind nicht nur Investitionen und Begegnungsräume vonnöten, sondern auch Maßnahmen, die soziales, verantwortungsvolles Unternehmertum fördern.

Dazu könnte man alternative Unternehmensstrukturen einführen, durch die es den Firmen möglich wäre, ihre wirtschaftlichen Ziele mit sozialen zu verbinden. Zudem sollten die Ziele eines Unternehmens, die Parameter, die den Auftrag oder Zweck jeder Organisation definieren, in Kennzahlen übersetzt werden. Faire Verhaltensweisen sollte die Allianz belohnen, etwa wenn auf bereits bestehende, datenschutzorientierte Tools, die eine Alternative zu extraktiven Plattformen darstellen, hingewiesen und ihre Nutzung gefördert wird. Ein einfaches Verzeichnis könnte genügen. Hier würde man beispielsweise Browser wie Brave, Firefox oder Safari listen, Suchmaschinen wie DuckDuckGo, E-Mail- und Online-Arbeitsplattformen wie OpenXchange oder ProtonMail, Messenger wie Signal und soziale Netzwerke wie Planetary. Wenn diese weitläufig genutzt würden, wäre das eine deutliche Botschaft an die Tech-Industrie.

»Wird unsere Zukunft von Innovationen bestimmt sein, die unser Leben verbessern, bereichern und menschlicher machen, oder wird sie von Tools bestimmt werden, die unsere Aufmerksamkeit wollen und alle anderen ausblenden?«, fragt sich Tim Cook. Nun, das hängt auch von Multimillionären wie ihm ab.[78]

Steuern

Die Mitgliedsstaaten müssen sich in Hinblick auf die Besteuerung großer Technologieunternehmen einigen, damit diese in den Ländern, in denen sie tätig sind, ihren entsprechenden Anteil zahlen. Die »Google-Steuer«, die zwischen den Anwenderländern und den USA für Spannungen sorgt, könnte hier einen Ansatzpunkt bieten. Ein aktuelleres Beispiel ist die im Mai 2021 getroffene Vereinbarung der G7-Staaten (USA, Frankreich, Deutschland, Italien, Vereinigtes Königreich, Kanada und Japan), eine globale Mindeststeuer von 15 Prozent für Konzerne einzuführen. Zudem sollte man weitere Möglichkeiten prüfen, den enormen Reichtum umzuverteilen, der sich bei einigen wenigen angesammelt hat. Laut der Wirtschaftswissenschaftlerin Mariana Mazzucato profitieren die Tech-Giganten von Technologien, die von Steuerzahlern finanziert wurden. Wir müssen erkennen, dass wirtschaftlicher Wert kollektiv entsteht, und engere Partnerschaften zwischen öffentlichen und privaten Einrichtungen sowie der Zivilgesellschaft aufbauen.[79]

Umwelt

Auch die Umweltkosten, die das Internet und energieintensive Technologieunternehmen verursachen, könnten eine Steuer notwendig machen. Microsoft hat sich bis zum Jahr 2030 eine negative CO_2-Bilanz zum Ziel gesetzt und will alle seine Rechenzentren und Standorte ausschließlich mit erneuerbaren Energien versorgen. Daraus könnte sich eine Verpflichtung für alle Akteure mit hohem Energieverbrauch für ihre digitalen Dienste entwickeln. Bei Nichteinhaltung würden Strafzahlungen fällig.

Einen anderen Lösungsansatz stellt die Ausweitung der bestehenden (europäischen) »Richtlinie über Industrieemissionen« (IED) auf Datenunternehmen dar.[80] Die Richtlinie beschäftigt sich mit großen Industrieanlagen und der Vermeidung oder Minimierung von Schadstoffemissionen in Luft, Wasser und Boden. Sie verpflichtet die Industrie dazu, ihr Abfallaufkommen zu verringern, legt EU-weite Emissionsgrenzwerte für bestimmte Schadstoffe und Mindeststandards für Inspektionen fest. Andere Maßnahmen sollen Anreize für umweltfreundliche Innovationen schaffen und innovative Märkte fördern. Die IED auch auf die extrem umweltbelastenden Tech-Unternehmen anzuwenden, könnte in der Branche einen ähnlichen Wandel wie in der Autoindustrie auslösen, wo man mittlerweile umweltfreundliche, emissionsarme oder -freie Fahrzeuge produziert.

Auch die Tech-Sparte sollte auf Waren und Dienstleistungen auf Basis sauberer Energien umstellen. Des Weiteren muss geplante Obsoleszenz verboten und die Herstellung leicht zu reparierender Geräte gefördert werden.

Nationale Umsetzung

Die Maßnahmen einer »Allianz für digitale Governance« müssten angepasst und auf nationaler und lokaler Ebene etabliert werden. Den Regierungen der Mitgliedsstaaten würde es zufallen, die Normen zu übertragen und die Entscheidungen des Bündnisses umzusetzen. Des Weiteren braucht es spezifische und ehrgeizige Pläne für eine digitale Alphabetisierung und das Erlernen des Umgangs mit Technologie, damit diese gut genutzt und deren Möglichkeiten ausgeschöpft werden.

Es ist außerdem Aufgabe der Regierungen – auf staatlicher, regionaler und lokaler Ebene –, die kollektive Intelligenz effektiv zu bündeln, um gesellschaftliche Probleme anzugehen. Das gilt auch für die Bürgerbeteiligung als Ausdruck des bürgerlichen Rechts, zur Governance beizutragen. Dies muss über organisierte Systeme der Mitverantwortung und Teilhabe geschehen, die transparent, überprüfbar, gut anwendbar, wirksam und verbindlich sind, die das Recht auf Anerkennung der Urheberschaft und Rückverfolgbarkeit von Beiträgen sowie den wirksamen Schutz von Whistleblowern berücksichtigen.[81]

Darüber hinaus sollten die Mitglieder die Einrichtung öffentlicher sozialer Plattformen in Betracht ziehen, die eine ähnliche Stellung wie der öffentliche Rundfunk hätten, da diese für die Information der Bürger (öffentliches Interesse) und die öffentliche Diskussion (öffentlicher Raum) von wesentlicher Bedeutung sind. Finanzieren könnte man sie mit Geldern aus der »Google-Steuer«.

Eine Dosis Realpolitik

Es wäre naiv zu glauben, dass es in diesem Prozess nicht zu Spannungen kommen wird, dass all das, was hier gefordert wurde, ohne Abstriche umsetzbar sein wird. Natürlich stellt sich die

Frage, warum die USA sich für ein Bündnis einsetzen oder zumindest eine zentrale Rolle darin einnehmen sollten, bei dem sie offensichtlich so viel zu verlieren haben? Was haben die USA zu gewinnen, wenn alle Maßnahmen darauf abzielen, ein europäisches Rechtsmodell einzuführen, das US-amerikanische Unternehmen (auch auf nordamerikanischem Gebiet) zu höheren Steuern verpflichten würde? Es wäre sehr einfach (und zu einfach gedacht), diesen Vorschlag als Versuch der Europäer abzutun, die USA kleinzuhalten. Denn tatsächlich würden die USA auch von höheren Steuereinnahmen in ihrem Land profitieren.

Darüber hinaus würde die Vereinheitlichung der Spielregeln in der gesamten digitalen Handelszone und der damit einhergehende einheitliche Markt aller demokratischen Länder der Technologiebranche vieles einfacher machen. Es würde das Ende der Rechtsunsicherheit bedeuten, die durch Dutzende unterschiedliche Märkte mit unterschiedlichen Regeln bedingt ist.

Vor allem aber brauchen die USA mehr denn je Verbündete, um ihren Vorsprung vor dem aufstrebenden China zu wahren. Im Rahmen der Allianz ließen sich Normen und Regeln für den digitalen Handel festlegen und die Sicherheit zu bewahren. Wie schon das Bretton-Woods-System und die NATO würde die »Allianz für digitale Governance« den demokratischen Werten die besten Überlebenschancen ermöglichen und den Weg für ein neues goldenes Zeitalter des Wohlstands ebnen.

Und was ist mit der EU? Sie scheint nur gewinnen zu können, ohne viel opfern zu müssen. Aber tatsächlich muss auch sie etwas aufgeben – ihren alten Trott. Europa hat, von wenigen Ausnahmen wie Spotify abgesehen, keine großen digitalen Unternehmen hervorgebracht. Bislang entschuldigte man das mit dem Hinweis auf die bürokratischen Hürden, die den Gründern und Entwicklern hier das Leben schwer machten. Kein Wunder, dass die regulierungsscheuen USA die Nase vorn hatten! Durch die Gründung der Allianz würden die Karten neu gemischt und Europa wäre gezwungen, die Hände aus den Taschen zu nehmen, wenn es seine eigenen digitalen Erfolgsgeschichten schreiben möchte. Die Zeit der Ausreden ist vorbei, jetzt kommen nur noch Klagen: »Verdammt, jetzt läuft es zu unseren Bedingungen, und sie schlagen uns immer noch!«

Ausgangspunkt

Niemand hat behauptet, es würde einfach sein. Aber trotzdem werden viele sich für eine Welt einsetzen, in der die internationalen Vereinbarungen und Praktiken demokratische, nicht autokratische Werte und Interessen widerspiegeln. Das Ideal eines freien und offenen Internets wird immer noch an Grenzen wie Chinas »Große digitale Mauer« stoßen, wäre aber freier und offener als jetzt.

All das, was hier beschrieben wurde, kann man diskutieren, verbessern, ergänzen und verändern. Es soll einen Ausgangspunkt darstellen, von dem aus man Ideen weiterspinnen kann. Die vorgeschlagenen Maßnahmen sollen als Orientierungshilfe dienen und können je nach Bedarf auf neuen Rechtsvorschriften aufbauen oder an die bestehende Gesetzgebung angepasst werden.

Zwar wurden für diese Vorschläge bereits vielerlei Perspektiven zusammengeführt, trotzdem benötigen sie noch weitere Ergänzungen. Die Allianz (oder wie auch immer das Gremium heißen würde) muss diese Offenheit für neue Vorschläge bei all ihren Entscheidungen berücksichtigen und die Zivilgesellschaft, Nutzergruppen, gemeinnützige Organisationen, die Wissenschaft und die Technologiebranche in den Prozess miteinbeziehen (inklusive Maßnahmen, die verhindern, dass am Ende die mächtigen Lobbyisten der großen Technologieunternehmen die Regeln machen).

Es ist unabdingbar, alle Akteure miteinzubeziehen, und ebenso, dass die Regulierungen dynamisch funktionieren. Das Bündnis muss seine Maßnahmen ständig aktualisieren und koordinieren, wie man jeweils auf neue digitale Bedrohungen oder Chancen reagieren kann. Zudem sollte es über eine unabhängige Gruppe objektiver und unparteiischer Beobachter verfügen, die ihre Vorgehensweise überprüft und die Richtung im Auge behält, in die sich die digitale Welt entwickelt.

Ein ganzheitlicher Ansatz

Gleichzeitig muss man die Allianz als Teil des großen Ganzen sehen. Sie muss ihren Platz finden in dieser Welt, wo es so viele andere Schlachten zu schlagen gibt: den Kampf gegen Ungleichheit, Diskriminierung und Armut oder den Klimawandel. Es wäre außerdem kurzsichtig, in eine Art technischen »Solutionismus« zu verfallen, denn was die Menschheit so weit gebracht hat, dass sie heute an diesem Punkt steht, ist weder das Internet noch die Digitalisierung. Beide spiegeln vielmehr die menschliche Verfassung wider und können die besten und schlechtesten Seiten der Menschen verstärken. Hass, Gewalt und Verbrechen werden auch weiter online reproduziert werden, Polarisierung und Fehlinformationen weiterhin verstärkt, Diskriminierung findet ihren Niederschlag in unseren Algorithmen, und jeden unserer analogen oder digitalen Schritte wird man potenziell überwachen können.

Die Allianz kann dazu beitragen, die verstärkte negative Einflussnahme einzudämmen und schrittweise umzukehren. Aber einen richtigen Wandel wird es nur geben, wenn wir bessere, integrativere und gerechtere Gesellschaften und partizipativere und transparentere Demokratien aufbauen. Das kann nur gelingen, wenn wir alles daran setzen, bessere Menschen hervorzubringen und dabei keinen Moment unsere Leitwerte aus den Augen verlieren.

Die Technik kann dies nicht allein bewerkstelligen, und sie wird uns auch nicht zum Homo Deus erheben. Vielmehr wird sie eine große Leere hinterlassen. Wenn wir das Internet verlieren, was bleibt uns dann? Wir sind so sehr und schon so lange auf das Netz der Netze angewiesen, dass wir darauf eigentlich keine Antwort haben. Wir würden jeglichen Rückhalt verlieren. Dabei war dieser nie echt. Das eigentliche Fundament stellen unsere zwischenmenschlichen Beziehungen dar, und wenn wir versuchen, ein Gebäude ohne sie zu bauen, kann das nur schiefgehen. Denn wenn alles andere versagt, zählt nur die gegenseitige menschliche Hilfe. Sie ist der Rückhalt, den es zu stärken gilt.

An diesem Punkt gibt es kein Zurück mehr. Der Anfang vom Ende hat bereits begonnen. Der Anfang vom Ende des Internets, wie wir es nicht haben wollen, vom unverantwortlichen Kapitalismus der extraktiven Geschäftsmodelle, vom Online-Merkantilismus, vom Nein zur Freiheit und dem Verlust der Menschlichkeit. Um es mit Hannah Arendts Worten zu sagen: »Jedes Ende in der Geschichte enthält auch einen Neuanfang.« Es ist an der Zeit, in eine verheißungsvolle Zukunft der Freiheit, Harmonie, des Wohlstands und der Entfaltung der Menschheit zu blicken und Schritt für Schritt einem neuen Morgen entgegenzugehen.

EPILOG
Eine Milliarde Sekunden

Die Utopie wartet am Horizont. Wenn ich zwei
Schritte auf sie zugehe, tut sie zwei Schritte vorwärts,
und der Horizont entfernt sich zehn Schritte.
Wozu also die Utopie? Genau dafür, um zu gehen.

Eduardo Galeano

Zweiunddreißig Jahre sind eine lange Zeit, fast ein Drittel der durchschnittlichen menschlichen Lebensdauer. Es ist die kostbare Nachspielzeit, um den Planeten vor der Klimakatastrophe zu bewahren. Zweiunddreißig Jahre sind lang – oder? Nun, sie sind nichts im Vergleich zu den über 4,5 Milliarden Jahren Erdgeschichte. Es ist alles eine Frage der Perspektive. Für das Internet mit seinen fünfzig Jahren machen sie mehr als seine halbe Existenz aus – mehr als genug Zeit, um es vollkommen auf den Kopf zu stellen. Zweiunddreißig Jahre sind eine Milliarde Sekunden. Einmal in Zeit, Leben und Aufmerksamkeit umgerechnet – und nicht wie sonst üblich in Geld –, eröffnen sie die Möglichkeit, langfristig und in großen Dimensionen zu denken, verschiedene Mentalitäten und Schwerpunkte zuzulassen sowie kreative Strategien für einen Systemwandel. Vor diesem Hintergrund entstand in Barcelona und mit mehreren, auf der ganzen Welt verteilten kleinen Zweigstellen das Billion Seconds Institute. Diese gemeinnützige Initiative wurde von einem unerschrockenen Duo, bestehend aus Lucy Black-Swan und Andrés Colmenares, ins Leben gerufen, den führenden Köpfen des Kreativlabors »Internet Age Media« (IAM). Sie möchten ein Netzwerk von Spezialisten und Gruppen für lebenslanges Lernen aufbauen, um unser

Verständnis und unsere Gestaltung der mentalen, sozialen und ökologischen Auswirkungen der digitalen Wirtschaft neu zu denken. Es geht darum, ganzheitliche Ansätze für heute, morgen und die nächste Milliarde Sekunden zu entwickeln und umzusetzen. Colmenares und BlackSwan stellen sich die Frage: »Was würde passieren, wenn wir uns zusammentun, um das Internet neu zu erfinden, und zwar als nachhaltiges Netz für Wissen, Solidarität und Achtsamkeit?« Sie möchten einen Beitrag leisten, damit sich die vom Individualismus beherrschte, nutzerzentrierte digitale Wirtschaft zur Interdependenz digitaler Ökosysteme wandelt, die von verantwortungsbewussten Erdenbürgern getragen werden. Damit geht ein Paradigmenwechsel einher, vom Internet-Nutzer zum »Inter-Weltbürger«. »Inter-Weltbürger« eines metamorphen Raums mit Bibliotheken, Cafés und offenen sowie privaten Räumen. Wenn in zweiunddreißig Jahren der Timer des Billion Seconds Institute abläuft, hoffen seine Gründer, dass die Bedingungen für eine Evolution der Digitalwirtschaft vorherrschen werden, dass aus dem extraktiven Modell Ökosysteme geworden sind, in denen die Vermögensverteilung gerechter, pluralistischer, nachhaltiger und bewusster vonstatten geht.

Sie suchen nicht die eine Antwort, sondern viele Antworten. Die Vorstellung vom »ewigen Fortschritt und Wachstum« wird von dem Versuch abgelöst, eine Balance zwischen der Entwicklung unserer Zivilisation und allen anderen Aspekten zu finden. Das ist ein Prozess, der einige Zeit in Anspruch nehmen wird.

Das goldene Zeitalter

Colmenares und BlackSwan werden alles daran setzen, den Übergang zu dieser harmonischen Entwicklung zu unterstützen. Und damit sind sie nicht allein. Die Community von IAM steht hinter ihrem Vorhaben, so wie viele andere. Tausende, Millionen Menschen verschiedenster Bereiche, Positionen, Gebiete und Stellungen. Ihr Handeln wird die Zukunft des Internets prägen, wie seine Gegenwart bereits vom Handeln und den Versäumnissen früherer Generationen geprägt wurde. All diese Einzelpersonen und Kollektive von Bürgern, Arbeitern, Führungskräften, Abgeordneten, Beamten, Wissenschaftlern, Akademikern, Journalisten und Autoren – auch die Autorin dieses Buches – möchten dafür sorgen, dass eine neue goldene Ära der Menschheit anbricht. Denn dieser glorreiche Moment steht uns bevor, kündigt sich bereits an. Die Ökonomin Carlota Pérez, bekannt für ihre Zyklen-Theorie der technologischen Revolutionen,[1] schreibt, dass das Ende der fünften industriellen Revolution (die der Information) bevorsteht und auf den sozialen, klimatischen, wirtschaftlichen, ethischen und wertebezogenen Zusammenbruch, den wir gerade erleben, ein Wendepunkt folgt. Laut Pérez steht uns ein neues goldenes Zeitalter bevor.[2] Ihrer Theorie nach gibt es ein solches in jeder Revolution nach einer Rezessionsperiode. Das gegenwärtige Zeitalter der Informationsrevolution, das durch Fortschritte in der Informations- und Kommunikationstechnologie (IKT) an Fahrt aufnahm, begann in den siebziger Jahren. Damals entstand das Internet, Mikroelektronik wurde billiger, der PC wurde entwickelt und Bioinformatik sowie eine globale Telekommunikationsinfrastruktur kamen auf. Das Zeitalter hatte in den 2000ern auch seine Blase (die Dotcom-Blase), gefolgt von einer Rezession und der Weltwirtschaftskrise 2008. Doch diesmal haben wir es mit einer anderen Art von Revolution zu tun, handelt es sich doch nicht um eine einzelne, sondern zwei: Es ist nicht nur eine Revolution der IKT und der Information, sondern auch die riesiger Datenmengen und der künstlichen Intelligenz. Diese zweite technologische Entwicklungswelle, die sich auf die Analyse gigantischer Datensätze und die KI stützt, kam parallel zum Rückgang der IKT und ist nicht dem goldenen Zeitalter gewichen, das sich laut Pérez' Theorie anschließen müsste. Das liegt einerseits daran, dass die KI dazwischenkam, eine Technik, die gleichermaßen das Potenzial hat, ihre Auswirkungen zu vervielfachen wie zu neutralisieren. Zweitens funkte die unvorhergesehene, zerstörerische Coronapandemie dazwischen. Die zweifache Revolution unserer Zeit steckt in einer Übergangsphase zwischen dem Aufkommen der KI sowie der Entfaltung und Regulierung. Eine Erholung steht bevor, doch dass die ruhmreichen Tage tatsächlich kommen werden, steht nicht fest. Es kann sie nur geben, wenn sie einen sicheren und echten Gewinn für alle mit sich bringen, wenn der Fortschritt auf gesellschaftlichen Nutzen und Frieden ausgerichtet ist. Damit es Pérez' nachhaltige weltweite Wissensgemeinschaft geben kann, muss sie gewollt sein. Einige Anzeichen deuten darauf hin, dass wir uns auf einem guten Weg befinden. Mit dem Techlash gewinnt auch das Modell des Stakeholder-Kapitalismus wieder an Bedeutung. Dieser möchte allen Interessen gerecht werden – denen der Kunden, Providern, Angestellten, lokalen Gemeinschaften und so weiter – und nicht nur den Aktionären. Dieses Modell versucht, die Unternehmensziele und -anreize mit denen der Interessengruppen in Einklang zu bringen. Letztendlich ist eine Unternehmenskultur nach dem Facebook-Motto »Move fast and break things« (»Beweg dich schnell und mach Sachen kaputt«) nicht so gewinnbringend, wie es für die Firmen im Anfang schien.[3] In der britischen Wochenzeitschrift *The Economist* ist von der Notwendigkeit die Rede, den kaputten Kapitalismus zu reparieren und die herrschende Klasse zu remoralisieren. Auf der ganzen Welt kämpfen Bewegungen für ein menschlicheres, gerechteres, verantwortungsvolleres und nachhaltigeres Wirtschaftsmodell oder eine Kreislaufwirtschaft. Ein Modell, das sich nicht vornehmlich am Bruttoinlandsprodukt orientiert, sondern auch Messungen zu Zufriedenheit, Wohlbefinden und Erwartungen für ein gesundes Leben umfasst, sowie auf Ungleichheit und auf das Vermögen anstatt auf das Einkommen schaut. Wenn sich die wirtschaftlichen Ziele ändern, wird es auch die Technologie tun. Die Anleger machen sich immer mehr Gedanken über die Auswirkungen ihrer Investitionsentscheidungen auf Umwelt, Gesellschaft und Governance.[4] Bei unter Fünfunddreißigjährigen ist die Wahrscheinlichkeit doppelt so hoch, dass sie eine Aktie verkaufen, wenn sie ein Unternehmen für ökologisch oder sozial nicht nachhaltig halten, wie für ältere Menschen.[5] Das zeigt, dass die jüngere Generation mehr will als finanzielle Rendite. Zwar sind die marktbeherrschenden Unternehmen noch immer mächtig, aber das Zeitalter, in dem mit den Worten von ABBA alles an den Gewinner ging (»The winner takes it all«), ist im Begriff zu enden, während die Technologie in eine neue, wettbewerbsintensivere Phase eintritt.[6] Im Silicon Valley entstehen neue Plattformen für die ganze Welt, und regionale oder nationale Akteure fordern die Tech-Giganten heraus. Neue Alternativen erweitern das Angebot und beleben den Wettbewerb, selbst wenn sie – zumindest derzeit – noch mehr vom Gleichen bieten.

Die Zukunft gestalten

Für die Zukunft und ihre möglichen Varianten braucht man weder eine Wahrsagekugel noch Gurus, die behaupten, sie vorhersehen zu können, sondern was es braucht, ist kollektive Kreativität. Man muss die Zukunft erfinden und sie erzählen. In einer Zeit unzähliger Dystopien ist es wichtiger denn je, über Alternativen nachzudenken. Warum nicht Utopien entwerfen, die uns weiterbringen können? Um etwas gestalten zu können, muss man es erst kennenlernen, verstehen und analysieren, eine gründliche Situationsdiagnostik vornehmen. Genau das haben wir hier versucht – Sie, indem Sie dieses Buch gelesen haben, und ich, als ich es schrieb:

- Wir haben uns verschiedene Szenarien zum Ausfall oder Zusammenbruch des Internets angesehen; unsere Abhängigkeit vom Netz der Netze und welches Chaos ein Ausfall verursachen würde.
- Wir haben die Wächter des Internets kennengelernt.

- Wir haben uns in die Schattenseiten des Cyberspaces vorgewagt und festgestellt, wie einfach ein Cyberangriff sein kann.
- Wir haben uns angeschaut, wie das Internet, die Konnektivität oder das Smartphone in der »Aufmerksamkeitswirtschaft« süchtig machen.
- Wir haben erfahren, wer »Bacon and Eggs« zum US-amerikanischen Frühstück schlechthin machte und was das mit Manipulation zu tun hat.
- Wir haben über Desinformation und die erkenntnismäßige Fragmentierung sowie den Hassdiskurs im Netz nachgedacht.
- Wir haben uns über die zahlreichen und teilweise versteckten Formen der algorithmischen Diskriminierung empört.
- Wir haben festgestellt, dass sich die neue Art der digitalen Tyrannei im 21. Jahrhundert bereits auf halben Weg zu George Orwell und Aldous Huxley befindet.
- Wir haben analysiert, wie wir hier gelandet sind.
- Wir haben uns die gebrochenen Versprechen der Technologie und die Erbsünde des Internets angesehen, das immer mehr zum »Splinternet« wird.
- Wir haben die Auswirkungen der ungleichen Machtverhältnisse in der Tech-Industrie und der Privatisierung der Governance abgewogen.
- Wir haben den ökologischen Fußabdruck des Internets unter die Lupe genommen, die unheimlichen Datenmengen und die künstliche Intelligenz und was dies alles mit der Einsamkeit der Menschen, aber auch mit sozialem Zusammenhalt zu tun hat.
- Wir waren überrascht, wie ein paar junge Leute den Finanzmarkt durcheinanderbringen können.
- Wir haben verstanden, wie das Internet die Organisation des Soziallebens erleichtert, die Mobilisierung von Gesellschaften oder die Civic Technology, wir haben uns darüber gefreut und waren stolz darauf.

- Wir haben uns damit befasst, wie komplex die Bewältigung all dieser Probleme ist und einige mögliche Lösungsansätze näher betrachtet, wobei die Menschenrechte stets im Vordergrund standen. Und trotz aller Schwierigkeiten haben wir Hoffnung geschöpft.

Jetzt, da wir über all dies Bescheid wissen, ist es unsere Pflicht, dieses Wissen weiterzugeben. Gehet hin in alle Welt und verbreitet die Kunde! Es gilt, für diese Themen zu sensibilisieren, anderen Menschen dieses Wissen zu vermitteln. Wir müssen kritisches Denken fördern und Gespräche und Debatten anstoßen. Genauso wichtig ist es, bewährte Verfahren weiter zu erforschen. In diesem Buch wurden einige davon vorgestellt, aber es gibt noch so viele mehr. Sie müssen sichtbarer werden und Nachahmer finden. Das gilt auch für neue Narrative. Wir müssen uns in diesen Narrativen wiederfinden, und wenn wir das nicht tun, müssen wir neue erfinden. Zu guter Letzt muss man diese neuen Erzählungen und Zukunftsvisionen in die Tat umsetzen, planen, wie sie Realität werden könnten und dementsprechend handeln. Wird sich das lohnen? Zukunft, um es mit Albert Cañigueral[7] zu sagen, gestaltet man entweder selbst, oder sie wird für einen gestaltet. Bislang wurde sie für uns gestaltet, und es scheint so, dass das Ergebnis nur für einige wenige gut war. Die Zukunft selbst zu gestalten ist bereichernd, herausfordernd, spannend und aufregend – warum sollten wir uns das entgehen lassen? Warum nicht einfach daran glauben? Schon allein das wird den Aufwand wert gewesen ein. Die Zukunft mit all ihrem Potenzial liegt in greifbarer Nähe. Ein neuer Tag bricht an – für das Internet und auch für die Menschheit.

Danksagungen

Dies ist mein erstes allein verfasstes Buch, weshalb ich bitte, mir zu verzeihen, dass ich die Widmungen und Danksagungen etwas ausführlicher gestalte.

Für meine Eltern, Juan Carlos und Inma: dafür, dass sie mir die Türen des Lebens geöffnet haben, als ich unerwartet ankam; dafür, dass sie mich mit bestimmten Werten erzogen haben; dafür, dass sie mich gelehrt haben, selbstständig zu denken, einen kritischen Blick auf die Wirklichkeit zu werfen und die wichtigen Dinge im Leben zu schätzen; dafür, dass sie mich eine musikalische Ausbildung beginnen ließen, eine prägende Erfahrung; dafür, dass sie mir die aufregende Welt der Literatur näher gebracht haben, die mich ganz natürlich zum Schreiben und zum Journalismus geführt hat; dafür, dass sie mich zur Zeit der 486er-Computer mit dem Internet in Berührung brachten; dafür, dass ich die Möglichkeit hatte zu reisen; dafür, dass sie mir halfen, erwachsen zu werden, und dass sie mich dann in eine eigene Existenz entließen. Danke für alles: dafür, dass ihr meine ersten Leser und Kritiker und meine treuen Follower seid.

Für meinen geliebten Ollie, meinen Lebensgefährten, für sein unerschütterliches Lächeln, für seine bedingungslose Liebe und für seine Unterstützung bei der Niederschrift dieses Buches. Danke für deine Vorschläge und Ideen, für die Diskussionen und Einwände, sodass ich mein Bestes geben konnte. »*Great minds think alike, though fools seldom differ.*«

Für meinen Großvater Antonio, weil er mir den Wert von anständigem Verhalten und Bescheidenheit vermittelt hat. Für meine verstorbene Großmutter Rafaela, weil sie mir das Fischen beigebracht hat. Für meinen ebenfalls schon von uns gegangenen Großvater Gregorio für seine Großzügigkeit.

Für meinen kleinen Bruder Manuel, der mich jeden Morgen aus der Ferne aufheitert, ohne es zu wissen.

Für meine Tanten, Onkel und Paten, weil sie die besten großen Brüder und Schwestern sind.

Für Toni, der mich inspiriert und zum Schreiben ermutigt hat. Wenn du mich nicht auf den Weg gebracht hättest, wäre dieses Buch nie entstanden.

Für Andreu, für deinen Charme und dafür, dass du mich schon vor acht Jahren »eingewickelt« hast, Mitglied in der großartigen IP-Gemeinschaft zu werden.

Für R. P., für die von mir sehr geschätzte Begleitung.

Für meine Freundinnen und Freunde, von »Tururú« bis zu den »Lovers«, über die »Shakers«, meine liebe »crazycabra«, und all die Einzelpersonen, die ich in unterschiedlichen Lebensabschnitten kennengelernt habe und auf die ich glücklicherweise zählen kann. Danke, dass ihr für mich da seid.

Für alle Menschen, die mir in meinem Leben begegnet sind und darin ihre Spuren hinterlassen haben.

Für meine Quellen: all jene Personen beiderlei Geschlechts, die mir ihre Zeit, ihr Wissen und ihre Überlegungen zur Verfügung gestellt haben und die es mir ermöglicht haben, in diesen Jahren des Journalismus so viel zu lernen. Mein besonderer Dank gilt all den Menschen, deren Beiträge für dieses Buch so wichtig waren. Wie Sinan Aral es in *The Hype Machine* formuliert: »Kein intellektuelles Unterfangen gelingt im Alleingang.« Wir denken in Gesellschaft. Wir nähren uns aus den Inspirationen, Einflüssen und Lehren anderer, aus kollektiven Erfahrungen, aus Gesprächen und Herausforderungen an unsere Art zu denken und die Welt zu sehen, aus der Kunst, aus der Liebe.

Für meine Verleger Miguel und Roberta, denen ich unendlich dankbar bin für die Möglichkeit, dieses Buch veröffentlicht zu sehen, es anzufassen und daran zu riechen. Herzlichen Dank für

DANKSAGUNGEN

die Aufnahme dieses Projekts mit offenen Armen und für seine Verwirklichung. Genauso dankbar bin ich dem Verlag Hoffmann und Campe, dass er das Wagnis eingegangen ist, *Error 404* auf Deutsch herauszubringen. Das bedeutet mir sehr viel.

Für meine anderen Verleger, die der journalistischen Medien, weil sie mir eine Chance gegeben haben, weil sie meine Arbeit zu würdigen wussten und es mir erlaubten, damit Millionen von Menschen zu erreichen. Mein besonderer Dank gilt jenen Personen, die mich in meinen Anfängen begleitet haben, die mir so viel beigebracht haben und mich so viel eigenständig machen ließen; all jenen, die mir die Durchführung ihrer Projekte anvertraut haben; all jenen, die mir eine Neuorientierung ermöglicht haben; all jenen, die mich dafür bezahlt haben, dass ich Spaß bei der Arbeit hatte; all jenen, die mir meine berufliche Reifung ermöglicht haben. Ich schätze und respektiere euch alle.

Für »meine Pablos«, meine ständigen Fernsehfreunde. Ihr seid nicht nur großartig, ihr seid einfach wunderbar.

Für meine guten Lehrerinnen und Lehrer des Gymnasiums José Hierro in Getafe, an die ich mich mit großer Zuneigung erinnere. Auch für viele Dozentinnen und Dozenten der Universidad Rey Juan Carlos und der Universidad Complutense von Madrid, deren Lehren für mich unvergesslich sind.

Ihnen allen möchte ich aus tiefstem Herzen *danke* sagen.

ANHANG
Liste der Vorschläge aus Kapitel 11

THEMA	VORSCHLÄGE
Geopolitik des Internets und Cyber-Governance	• Schaffung einer gemeinsamen demokratischen Front gegen das autoritäre Modell: die Demokratische Allianz für digitale Governance.
Werte und Rechte	• Bewahrung der Allgemeinen Erklärung der Menschenrechte (AEMR) im digitalen Kontext: wirksame Instrumente zu ihrer Verteidigung und zur Unterstützung ihrer Einhaltung. • Identifizierung von Leitwerten. • Entwicklung von Normen, um Rechtslücken zu schließen und Rechtssicherheit zu schaffen.
Handel	• Schaffung einer digitalen Handelszone, die die Akzeptanz demokratischer Werte im Internet mit dem Zugang zu digitalen Märkten verknüpft. • Gemeinsame Standards und Praktiken zur Gewährleistung des Schutzes der Privatsphäre und der Diskriminierungsfreiheit, zur Verhinderung von Desinformation, zur Verbesserung der Cybersicherheit, zur Stärkung der Infrastruktur, zur Verringerung der Abhängigkeit von Drittländern …
Datenmanagement, Datenschutz und Monopole	• Verbesserte Datenschutz-Grundverordnung (DSGVO): eine robuste multilaterale Architektur, die die kollektiven Regeln und Werte der Mitgliedsstaaten widerspiegelt. Ein allgemeingültiger Korpus digitaler Regeln und Normen, zusammen mit einem Durchführungsmechanismus. • Verbot von Märkten für personenbezogene Daten. • Überdenken des Wesens und des Ziels der Werbung unter ethischen Gesichtspunkten: Ermittlung einer ausgewogenen Position für akzeptable Geschäftsmodelle.

ANHANG

THEMA	VORSCHLÄGE
	• Verbot personalisierter Online-Werbung und Einschränkung der Datenkategorien, die verarbeitet werden dürfen.
	• Eine neue Wettbewerbsordnung für die Tech-Giganten: stärkere Durchsetzung der Kartellvorschriften und Begrenzung der Macht dieser Firmen.
	• Portabilität der Daten und Kontakte als Eckpfeiler: die Möglichkeit, nicht nur die eigenen Informationen zu kontrollieren und zu verwalten, sondern auch Inhalte und Kontakte von einer Plattform auf eine andere zu übertragen.
	• Politische Programme für freies Wissen und offene Daten. Beispiele: DECODE, EOSC, TRUST.
	• Treuepflicht für die für die Verarbeitung personenbezogener Daten Verantwortlichen.
	• Vermeidung der standardmäßigen Datenerfassung und Durchsetzung der Löschung unrechtmäßig erfasster Daten und Informationen.
	• Sanktionen für soziale Plattformen und Netzwerke bei Suchtproblemen ihrer Nutzer.
	• Jugendschutz: Sicherheitsvorkehrungen, die Minderjährige schützen, ohne ihre Freiheit zu beschneiden oder das Internet zu kriminalisieren.
	• Gleiche Gewichtung von nationaler Sicherheit und Privatsphäre: Zugriff auf personenbezogene Daten von Nutzern nur bei einer schwerwiegenden Bedrohung der nationalen Sicherheit auf einer zeitlich begrenzten Basis, mit wirksamen Schutzmaßnahmen und unabhängiger Überprüfung.
Desinformation und Hassreden	• Schaffung »gesunder« Online Räume für den Austausch der Bürger.
	• Nutzung der Gemeinschaft zur Risikominderung und zur Verbesserung der Verwaltung der sozialen Netzwerke.
	• Pläne zur Inhaltsverwaltung, die sich an menschlicheren Maßstäben orientieren und besonders auf virale Inhalte achten.
	• Gewährleistung des Zugangs zu objektiven Informationen und der Sichtbarkeit einer Vielzahl von Ideen und Meinungen, die die Debatte vorantreiben.

LISTE DER VORSCHLÄGE AUS KAPITEL 11

THEMA	VORSCHLÄGE
	• Plattformen die rechtliche Verantwortung dafür übertragen, wie ihre Produkte Inhalte und Daten anderer Personen organisieren, verbreiten, ausrichten und verstärken.
	• Annahme von oder Orientierung an Maßnahmen, die im Gesetzesvorschlag der Europäischen Kommission für digitale Dienste vorgesehen sind.
	• Aktualisierung der Überprüfungsparameter der journalistischen Berufsethik und anschließende Anwendung auf diese Plattformen.
	• Erleichterung des Fortbestehens der journalistischen Medien als für die Gesellschaft unverzichtbare Dienstleistung durch direkte finanzielle Unterstützung – zum Beispiel durch eine spezielle Steuer auf Plattformen oder auf digitale Werbung.
	• Beseitigung der Vermischung von verifizierter Information und Werbung, außerdem Regulierung der Arbeit der Online-Influencer, um Schleichwerbung zu vermeiden.
Diskriminierung	• Verbot der Verwendung von Algorithmen mit diskriminierender und stigmatisierender Wirkung, einschließlich Gesichtserkennungstechnologien.
	• Umfassender Rechtsrahmen, der die Speicherung biometrischer Daten in Datenbanken einschränkt und klare Beschreibungen unerwünschter oder verbotener biometrischer Identifizierungen enthält. (Bezüglich der Prüfung der Notwendigkeit und Verhältnismäßigkeit eines derartigen Gebrauchs muss er sehr streng sein.)
	• Vorschriften für die drei Stufen der Datenverarbeitung: Eingabe, Speicherung und Ausgabe. Neuformulierung der rechtlichen Rationalisierung der Verfügungsmacht über die Daten.
	• Obligatorische Vorabprüfungen der algorithmischen Entscheidungssysteme hinsichtlich ihrer Genauigkeit und Diskriminierungsfreiheit.
	• Prüfung der potenziell diskriminierenden Auswirkungen dieser Systeme bei ihrer Anwendung.
	• Technische Normen, die Voreingenommenheit und Ungenauigkeit berücksichtigen, wie z.B. durch Leistungstests in realen Kontexten.

ANHANG

THEMA	VORSCHLÄGE
	• Ein offenes und für jedermann zugängliches Verzeichnis von Algorithmen, das die Entwicklung und Anwendung automatisierter Systeme in der öffentlichen Verwaltung dokumentiert. • Gewährleistung des Rechts zu erfahren, ob ein Prozess durch Software gesteuert wird, die sein Ergebnis bestimmt; außerdem muss sichergestellt werden, dass diese Software von allen Beteiligten, die von ihr betroffen sind oder sie nutzen werden, interpretierbar ist. • Standardmäßige Berücksichtigung der Grundsätze des Schutzes der Privatsphäre und der Diskriminierungsfreiheit. • Begutachtung des technologischen Konzepts.
Deontologie	• Berufliche Verhaltensregeln, die jede Art von Berufsausbildung in den Bereichen technisches Design, Programmierung oder Unternehmensführung begleiten sollen hinsichtlich der Auswirkungen dieser Arbeitsbereiche auf das Leben der Menschen. Eine ausdrücklich formulierte ethische Norm, der das Verhalten des Berufsstandes entsprechen muss.
Arbeit und neuer Gesellschaftsvertrag	• Sozialversicherung mit Leistungen bei Arbeitslosigkeit und Krankheit sowie für Gesundheitsfürsorge, Mutterschaft und Vaterschaft, bei Invalidität und im Alter, für Witwen und Witwer; außerdem Leistungen bei Arbeitsunfällen und Berufskrankheiten für alle Arten von Arbeitnehmern. • Idealerweise wären solche Serviceleistungen nicht nur übertragbar und mitnehmbar, sondern auch international vorhanden. • Gewährleistung eines Mindestlohns auf der gleichen Berechnungsgrundlage. • Universelles Ausbildungseinkommen zur Umschulung oder Fortbildung von Personen, deren Arbeitsplätze veraltet sind oder im Laufe ihres Arbeitslebens verschwinden. • Erprobung von Maßnahmen wie das allgemeine Grundeinkommen unter Abwägung der Vor- und Nachteile. • Umkehrung der Tendenz, dass das Kapital profitabler ist als die Arbeit.

LISTE DER VORSCHLÄGE AUS KAPITEL 11

THEMA	VORSCHLÄGE
	• Den Arbeitnehmern das Recht einräumen zu erfahren, wann, wie und zu welchem Zweck automatisierte Systeme zur Entscheidungsfindung in Arbeits- und Unternehmensprozessen eingesetzt werden.
Cybersecurity	• Verlässliche Verfahren zur Meldung von Cyber-Bedrohungen und zur Überwachung ihrer Beseitigung.
	• Verbot des Sammelns von Informationen aus anderen Ländern durch das direkte oder elektronische Abhören der Kommunikation und Beschränkung der Spionage auf mildere Formen der menschlichen Aufklärung.
	• Verbot der verdeckten Wahlbeeinflussung auf globaler Ebene, nicht nur bezüglich anderer Mitgliedsstaaten.
	• Vereinbarung über den Zugang der Sicherheitsbehörden zu verschlüsselten Daten und über die Kontrolle des Verkaufs von Cybersecurity-Tools.
	• Grundsatz der kollektiven Verteidigung: Ein Cyberangriff auf ein Mitglied des Bündnisses gilt als Angriff auf das gesamte Bündnis.
	• Festlegung eines Mindestbetrags für die Ausgaben im Bereich der Cyberverteidigung in jedem Land.
	• Schutz kritischer Infrastrukturen durch gemeinsame industrielle Planung, um sicherzustellen, dass die wichtigsten Technologien für nationale Sicherheitsanwendungen in den Mitgliedsstaaten produziert werden.
	• Unterstützung offener Technologien und Standards, die zu einer Vielzahl von Anbietern führen.
	• Trennung gefährdeter Geräte vom Internet.
	• Beschränkter Zugang zur digitalen Handelszone für alle, die sich nicht an die wie oben erwähnt vereinbarten Sicherheitsmechanismen halten.
Digitale Infrastruktur	• Sicherstellung des Fortbestands von Online-Räumen und Einrichtungen, die das öffentliche Interesse im Internet vertreten, und Festlegung klarer Regeln, um die Beteiligung aller Interessengruppen an der Entscheidungsfindung zu gewährleisten.

ANHANG

THEMA	VORSCHLÄGE
	• Offene und föderative Infrastruktur der Daten zur Ermöglichung des Zugangs zu und der gemeinsamen Nutzung von Daten auf sichere und zuverlässige Weise.
	• Dezentralisierung der Speicherdienste, um die Marktanteile der großen Anbieter zu verringern.
Persönliche digitale Souveränität	• Förderung der Entwicklung und Nutzung neuer digitaler Architekturen und Protokolle, die die Privatsphäre schützen und den Nutzern die Kontrolle über ihre persönlichen Daten zurückgeben.
	• Neue Tools zur Monetarisierung von Inhalten für deren Urheber.
	• Dezentralisierte soziale Plattformen.
Investition in wirksame Technologien und Ökosysteme	Maßnahmen zur Gestaltung eines Systems der digitalen Innovation, das für alle einen Nutzen bringt:
	• Finanzierung neuer digitaler Werkzeuge, die dem Gemeinwohl dienen: soziale Netzwerke für öffentliche Zwecke, spezialisierte Suchmaschinen ohne Nutzerdatensammlung, neue Technologien mit respektvollen Methoden der Erzeugung von Einnahmen, Online-Werbemodelle ohne Sammlung intimer Daten, Werkzeuge zur Förderung gemeinschaftlicher Kreativität und des solidarischen Austauschs von Daten sowie andere digitale Dienste und Technologien für die Nutzer und Nutzerinnen.
	• Einrichtung eines öffentlich-privaten Risikokapitalfonds für Investitionen in Forschungen und unternehmerische Projekte für die nächste Generation von Plattformen mit gesellschaftlichem Nutzen.
	• Einführung alternativer Unternehmensstrukturen, die es den Firmen ermöglichen, ihre wirtschaftlichen Ziele mit andersartigen sozialen Zielen in Einklang zu bringen.
	• Übersetzung der Unternehmensaufträge, d. h. der Parameter, die die Zielsetzung oder Grundlage von Organisationen definieren, in operative Messgrößen.
	• Auszeichnung richtiger Entwicklungen, zum Beispiel durch ein Verzeichnis, um die Nutzung bereits vorhandener respektvoller Digitalwerkzeuge sichtbar zu machen und zu fördern.

LISTE DER VORSCHLÄGE AUS KAPITEL 11

THEMA	VORSCHLÄGE
Umwelt	• Ausweitung der europäischen Richtlinie über Industrieemissionen (Industrial Emissions Directive, IED) auf große Datenunternehmen, um Schadstoffemissionen in Luft, Wasser und Boden zu vermeiden oder zu minimieren, mit EU-weiten Emissionsgrenzwerten für bestimmte Schadstoffe und Mindestinspektionsanforderungen. Verpflichtung zur ausschließlichen Nutzung erneuerbarer Energien zur Stromversorgung aller Rechenzentren, einschließlich der dazugehörigen Gebäude und Grundstücke. • Konkrete Anreize für Öko-Innovationen und Unterstützung bei der Schaffung neuartiger Märkte dafür. • Verbot der »geplanten Obsoleszenz«. • Pflicht zur Berücksichtigung der Reparaturfreundlichkeit bei der Konzeption elektronischer Geräte.
Bildung, Teilhabe und öffentliche Serviceangebote	Auf nationaler Ebene: • Spezifische und ehrgeizige Pläne zur digitalen Alphabetisierung und technologischen Ausbildung, um einen sinnvollen Einsatz der Technologie und die Nutzung der damit verbundenen Chancen zu fördern. • Organisierte, transparente, überprüfbare, nutzbare, wirksame und verpflichtende Systeme der Mitverantwortung und Beteiligung; Recht auf Anerkennung und Rückverfolgbarkeit der Beiträge. • Wirksamer Schutz von »Whistleblowern«, die Missstände melden, die das Gemeinwohl betreffen. • Schaffung öffentlicher Internetplattformen und sozialer Netzwerke, wie dies bereits für andere wichtige Medien (Radio und Fernsehen) der Fall ist.
Ganzheitlicher Ansatz	• Die Aktionen der Allianz ganzheitlich verstehen und betrachten: das Gesamtbild des Wohlergehens unseres Planeten. • Vermeidung der Konzentration auf rein technische Lösungen. Stattdessen Fokussierung auf die Schaffung besserer Gesellschaften – mit mehr Inklusion und Gerechtigkeit – und besserer Demokratien – mit mehr Partizipation und Transparenz – sowie auf die Erziehung zu besseren Menschen unter Stärkung der zwischenmenschlichen Beziehungen.

Anmerkungen

Prolog: Wir kommen noch rechtzeitig

1. Toni García, »Internet se vendrá abajo y viviremos oleadas de pánico«, *El País* (2014); verfügbar unter https://elpais.com/cultura/2014/03/25/actualidad/1395776953_258137.html
2. Cristian Rus, »La ›magia‹ del internet de las cosas. Caen servidores de Amazon y dejan sin funcionar a la Roomba y a timbres conectados«, *Xataka* (2020); verfügbar unter https://www.xataka.com/otros-dispositivos/caida-parcial-servidores-amazon-ha-provocado-que-aspiradoras-dejen-funcionar
3. Alex Hern, »Google suffers global outage with Gmail, YouTube and majority of services affected«, *The Guardian* (2020); verfügbar unter https://www.theguardian.com/technology/2020/dec/14/google-suffers-worldwide-outage-with-gmail-youtube-and-other-services-down
4. »French scifi team called on to predict future threats«, *BBC* (2019); verfügbar unter https://www.bbc.com/news/world-europe-49044892

ERSTER TEIL: DÄMMERUNG
1. Das Debakel. Abschied vom Internet. Willkommen beim Weltuntergang

1. Interview, das Toni García mit Mo Gawdat für die Zeitschrift *Icon* durchführte: »Yo era un tipo que una noche se compró online dos RollsRoyce porque me aburría«, *El País* (2018); verfügbar unter https://elpais.com/elpais/2018/06/04/icon/1528129934_188441.html
2. Laut John Voeller, ehemaliger Analytiker für nationale Sicherheit im US Executive Office of the President und ehemaliger Berater des US Department of Homeland Security (DHS), April 2020.
3. Interview mit Vinton Cerf, 9. April 2020.
4. Interview mit Daniel Dennett, 26. Juni 2020.
5. Toni García, »Internet se vendrá abajo y viviremos oleadas de pánico«, *El País* (2014); verfügbar unter https://elpais.com/cultura/2014/03/25/actualidad/1395776953_258137.html
6. »The Internet could crash. We need a Plan B. Danny Hillis«, TED (2013); verfügbar unter https://www.ted.com/talks/danny_hillis_the_internet_could_crash_we_need_a_plan_b
7. Interview mit Bill Dutton, 6. April 2019.

ANHANG

8 »What if the internet failed?«, European Parliamentary Research Service (EPRS), 2021; verfügbar unter https://www.europarl.europa.eu/RegData/etudes/ATAG/2021/690044/EPRSATA(2021)690044EN.pdf

9 Laut dem Eingeständnis von Soledad Antelada, Ingenieurin für Cybersicherheit am Berkeley Lab (das an der Entstehung des Internets beteiligt war) und Direktorin für Netzwerksicherheit bei SCinet.

10 Stellungnahme von Mudge und seinen Kollegen von L0pht im Senat der Vereinigten Staaten (1998); Teil I verfügbar unter https://youtu.be/PQ_F9MRpulw, Teil II unter https://youtu.be/_DN549gka7k und Teil III unter https://youtu.be/i5M7LiVZkXk

11 Pamela Ferdin, »Into the breach«, *The Washington Post* (1998); verfügbar unter https://www.washingtonpost.com/archive/politics/1998/04/04/into-the-breach/8ae3cf86-fbd7-4037-a1b6-842df39d9db7/

12 Kim Zetter, »Revealed. The Internet's Biggest Security Hole«, *Wired* (2008); verfügbar unter https://www.wired.com/2008/08/revealed-the-in/

13 Dies wurde enthüllt von Edward Snowden. Hierzu Spencer Ackerman, »Snowden. NSA accidentally caused Syria's internet blackout in 2012«, *The Guardian* (2014); verfügbar unter https://www.theguardian.com/world/2014/aug/13/snowden-nsa-syria-internet-outage-civil-war). Technische Details des Fehlers bei Matthew Prince, »How Syria Turned Off the Internet«, *Cloudflare* (2012); verfügbar unter https://blog.cloudflare.com/how-syria-turned-off-the-internet/

14 Ebenda.

15 Andrei Robachevsky, »14000 Incidents. A 2017 Routing Security Year in Review« (2018), Internet Society; verfügbar unter https://www.internetsociety.org/blog/2018/01/14000-incidents-2017-routing-security-year-review/

16 Vasileios Giotsas, »The internet is surprisingly fragile, crashes thousands of times a year, and no one is making it stronger«, *The Conversation* (2019); verfügbar unter https://theconversation.com/the-internet-is-surprisingly-fragile-crashes-thousands-of-times-a-year-and-no-one-is-ma king-it-stronger-120364

17 Interview mit João Damas, 24. Februar 2020.

18 J. Clement, »Worldwide digital population as of April 2020«, *Statista* (2020); verfügbar unter https://www.statista.com/statistics/617136/digital-population-worldwide/#:~:text=How%20many%20people%20use%20the,in%20terms%20of%20internet%20users

19 Alvy, »Fallo generalizado de los dominios .es debido a problemas en los DNS del ESNIC«, *Microsiervos* (2006); verfügbar unter https://www.microsiervos.com/archivo/internet/fallo-dns-es.html

20 Kieren McCarthy, »It's begun: ›First‹ IPv6 denial-of-service attack puts IT bods on notice. Internet engineers warn this is only the beginning«, *The Register* (2018); verfügbar unter https://www.theregister.com/2018/03/03/ipv6_ddos/

21 »Internet disrupted in Kazakhstan as energy protests escalate«, Netblocks (2021); verfügbar unter https://netblocks.org/reports/internet-disrupted-in-kazakhstan-amid-energy-price-protests-oy9YQgy3

ANMERKUNGEN ZU KAPITEL 1

22 Javier G. Cuesta, »Rusia envía tropas a Kazajistán tras la muerte de decenas de manifestantes por la represión de las protestas«, *El País* (2021); verfügbar unter https://elpais.com/internacional/2022-01-06/rusia-envia-tropas-a-kazajistan-tras-la-muerte-de-decenas-de-manifestantes-por-la-represion-de-las-protestas.html

23 Esha Mitra und Julia Hollingsworth, »India cuts internet around New Delhi as protesting farmers clash with police«, CNN (2021); verfügbar unter https://edition.cnn.com/2021/02/01/asia/india-internet-cut-farmers-intl-hnk/index.html

24 »Resistance to coup grows despite Myanmar's block of Facebook«, AP (2021); verfügbar unter https://apnews.com/article/myanmar-blocks-facebook-08ce7dd971655e839d6a81e7391d9e4f

25 Pavithra Mohan, »How the internet shutdown in Kashmir is splintering India's democracy«, *Fast Company* (2020); verfügbar unter https://www.fastcompany.com/90470779/how-the-internet-shutdown-in-kashmir-is-splintering-indias-democracy

26 Jeffrey Gettleman, Vindu Goel und Maria Abi-Habib, »India Adopts the Tactic of Authoritarians. Shutting Down the Internet«, *The New York Times* (2019); verfügbar unter https://www.nytimes.com/2019/12/17/world/asia/india-internet-modi-protests.html

27 Weitere Informationen hierzu in Kapitel 8, »Gebrochene Versprechen«.

28 Samuel Woodhams und Simon Migliano, »The Global Cost of Internet Shutdowns«, Top10VPN (2021); verfügbar unter https://www.top10vpn.com/cost-of-internet-shutdowns

29 »What if the internet failed?«, EPRS (2021); verfügbar unter https://www.europarl.europa.eu/RegData/etudes/ATAG/2021/690044/EPRS_ATA(2021)690044_EN.pdf

30 »Visualizing 487 Cables Stretching Over 1.3 Million Kilometers«, *TeleGeograpy* (2021); verfügbar unter https://blog.telegeography.com/visualizing-487-cables-stretching-over-1.3-million-kilometers

31 Ángel Gómez de Ágreda hat an der Polytechnischen Universität Madrid in Ingenieurwissenschaften promoviert, ist Oberst der spanischen Luftwaffe, ehemaliger Kooperationsleiter des Gemeinsamen Cyberverteidigungskommandos der spanischen Regierung und Autor von *Mundo Orwell. Manual de supervivencia para un mundo hiperconectado* (Barcelona, Ariel, 2019); er wurde interviewt am 3. März 2020.

32 Chris Stokel-Walker, »Tonga's volcano blast cut it off from the world. Here's what it will take to get it reconnected«, *MIT Technology Review* (2022); verfügbar unter https://www.technologyreview.com/2022/01/18/1043790/tongas-volcano-internet-reconnected

33 »Yemen's internet outage reveals power Sana'a still wields over Aden, Marib«, *Almasdar Online* (2020); verfügbar unter https://al-masdaronline.net/national/305

34 James Griffiths, »The global internet is powered by vast undersea cables. But they're vulnerable«, CNN Digital (2019); verfügbar unter https://edition.cnn.com/2019/07/25/asia/internet-undersea-cables-intl-hnk/index.html

35 »Mobile vs. Desktop Usage in 2019«, *Perficient* (2019); verfügbar unter https://www.perficient.com/insights/research-hub/mobile-vs-desktop-usage-study
36 Bob Metcalfe, »Predicting the internet's catastrophic collapse and ghost sites galore in 1996«, *InfoWorld* (1995).
37 Matt Nelson (Produzent) und Stewart Sugg (Regisseur), *Slaughterbots*, USA (2017); verfügbar unter https://www.youtube.com/watch?v=O-2tpwW0kmU
38 Weizhen Tan, »›Everything you see in sci-fi movies is going to happen‹, says former Google X senior executive«, CNBC (2018); verfügbar unter https://www.cnbc.com/2018/04/18/former-google-x-senior-executive-mo-gawdat-on-future-technology.html

2. Nur vier Mahlzeiten vom Chaos entfernt

1 Hisashi Hayakawa u. a., »Long-lasting Extreme Magnetic Storm Activities in 1770 Found in Historical Documents«, *The Astrophysical Journal Letters* (2017); verfügbar unter https://iopscience.iop.org/article/10.3847/2041-8213/aa9661#apjlaa9661t1
2 National Research Council of the National Academies, »Severe Space Weather Events Understanding Societal and Economic Impacts. A Workshop Report«, 2008, The National Academies Press; verfügbar unter https://www.nap.edu/catalog/12507/severe-space-weather-events-understanding-societal-and-economic-impacts-a
3 »Preliminary flash estimate for the fourth quarter of 2020«, Eurostat (2021); verfügbar unter https://ec.europa.eu/eurostat/documents/portlet_file_entry/2995521/2-02022021-AP-EN.pdf/0e84de9c-0462-6868-df3e-dbacaad9f49f
4 Jason Furman y Wilson Powell III, »What the US GDP data tell us about 2020«, Peterson Institute for International Economics (2021); verfügbar unter https://www.piie.com/blogs/realtime-economic-issues-watch/what-us-gdp-data-tell-us-about-2020
5 Auf der Grundlage des BIP der USA von 2008 (14,71 Billionen Dollar) und unter Berücksichtigung der im Bericht von 2008 des National Research Council prognostizierten Verluste von 2 Billionen Dollar im Falle eines Carrington-Ereignisses oder eines ähnlichen Vorfalls.
6 Erin Winick, »The space mission to buy us vital extra hours before a solar storm strikes«, *MIT Technology Review* (2019); verfügbar unter https://www.technologyreview.com/2019/03/27/136297/the-space-mission-to-buy-us-vital-extra-hours-before-a-solar-storm-strikes/
7 Laut Fernando Sánchez, Direktor des spanischen Nationalen Zentrums für Infrastrukturschutz und Cybersicherheit (CNPIC).
8 Lloyd's of London, »Business Blackout«, Zentrum für Risikostudien der Universität Cambridge, Judge Business School (2015); verfügbar unter https://www.lloyds.com/news-and-risk-insight/risk-reports/library/society-and-security/business-blackout

ANMERKUNGEN ZU KAPITEL 3

9   Anton Cherepanov und Robert Lipovsky, »Industroyer. Biggest threat to industrial control systems since Stuxnet«, ESET (2017); verfügbar unter https://www.welivesecurity.com/2017/06/12/industroyer-biggest-threat-industrial-control-systems-since-stuxnet/
10 Andy Greenberg, »How an Entire Nation Became Russia's Test Lab for Cyberwar«, *Wired* (2017); verfügbar unter https://www.wired.com/story/russian-hackers-attack-ukraine/
11 Rebecca Smith, »Russian Hackers Reach U.S. Utility Control Rooms, Homeland Security Officials Say«, *The Wall Street Journal* (2018); verfügbar unter https://www.wsj.com/articles/russian-hackers-reach-u-s-utility-control-rooms-homeland-security-officials-say-1532388110
12 »Informe Anual de Seguridad Nacional 2019«, Gobierno de España (2020); verfügbar unter https://www.dsn.gob.es/es/documento/informe-anual-seguridad-nacional-2019
13 Yuval Noah Harari, »Lessons from a year of Covid«, deutsche Fassung (»Die Lehren nach einem Jahr Corona«) verfügbar unter https://www.focus.de/magazin/archiv/agenda-yuval-noah-harari-die-lehren-nach-einem-jahr-corona_id_13132880.html
14 Vincent C.C. Cheng u.a., »Severe Acute Respiratory Syndrome Coronavirus as an Agent of Emerging and Reemerging Infection«, *Clinical Microbiology Reviews* (2007); verfügbar unter https://cmr.asm.org/content/20/4/660

ZWEITER TEIL: FINSTERNIS
3. Verbrechen

1   Ben Bours, »How a Dorm Room Minecraft Scam Brought Down the Internet«, *Wired* (2017); verfügbar unter https://www.wired.com/story/mirai-botnet-minecraft-scam-brought-down-the-internet/
2   Bruce Schneier, *Click here to Kill Everybody*, W.W. Norton Company, 2018 (Übersetzung des Zitats nach der spanischen Vorlage von M.F. und Th.S.).
3   So Ángel Gómez de Ágreda, Leiter des Bereichs Geopolitische Analyse der Abteilung für Koordinierung und Analyse von Sicherheit und Verteidigung des Generalsekretariats für Verteidigungspolitik (mit dem spanischen Akronym SEGENPOL, dem Verteidigungsministerium unterstellt) und Autor von *Mundo Orwell. Manual de supervivencia para un mundo hiperconectado*, Barcelona, Ariel, 2019, bei unserem Gespräch am 3. März 2020.
4   Cybersecurity Ventures, »Global Ransomware Damage Costs To Exceed $ 265 Billion By 2031«, *EIN Presswire* (2021); verfügbar unter https://www.einnews.com/pr_news/542950077/global-ransomware-damage-costs-to-exceed-265-billion-by-2031
5   »Global Threat Report 2017«, Darktrace (2017).
6   Kim Zetter, *Countdown to Zero Day. Stuxnet and the Launch of the World's First Digital Weapon*, New York, Broadway Books / Crown, 2014.
7   Geoff White, »Love Bug's creator tracked down to repair shop in Manila«, BBC (2020); verfügbar unter https://www.bbc.com/news/technology-52458765

ANHANG

8 »Rural German district declares disaster after cyberattack«, Deutsche Welle (2021); verfügbar unter https://www.dw.com/en/rural-german-district-declares-disaster-after-cyberattack/a-58227484
9 Laut dem Bericht »The cost of ransomware in 2021. A country-by-country analysis« von EMSISOFT; verfügbar unter https://blog.emsisoft.com/en/38426/the-cost-of-ransomware-in-2021-a-country-by-country-analysis/
10 Die Zahlen schwanken je nach Bericht. Hier sind einige Referenzen: »¿Qué impacto ha tenido el ciberincidente de WannaCry en nuestra economía?«, Deloitte (2017); verfügbar unter https://perspectivas.deloitte.com/hubfs/Campanas/WannaCry/Deloitte-ES-informe-WannaCry.pdf; Bericht, »2017 Internet Organised Crime Threat Assessment (IOCTA)«, Europol's European Cybercrime Centre (EC3); verfügbar unter https://www.europol.europa.eu/iocta/2017/index.html
11 S. Ghafur u. a., »A retrospective impact analysis of the WannaCry cyberattack on the NHS«, *Nature* (2019); verfügbar unter https://www.nature.com/articles/s41746-019-0161-6
12 Zack Whittaker, »Two years after WannaCry, a million computers remain at risk«, *TechCrunch* (2019); verfügbar unter https://techcrunch.com/2019/05/12/wannacry-two-years-on/
13 Melissa Eddy and Nicole Perlroth, »Cyber Attack Suspected in German Woman's Death«, *The New York Times* (2020); verfügbar unter https://www.nytimes.com/2020/09/18/world/europe/cyber-attack-germany-ransomeware-death.html
14 Lindsey O'Donnell, »Phishing Attack Hits German Coronavirus Task Force«, *Almasdar Online* (2020); verfügbar unter https://threatpost.com/phishing-attack-german-coronavirus-task-force/156377/
15 Rob Pegoraro, »We keep falling for phishing emails, and Google just revealed why«, *Fast Company* (2019); verfügbar unter https://www.fast-company.com/90387855/we-keep-falling-for-phishing-emails-and-google-just-revealed-why
16 Bericht »2019 Internet Crime Report«, FBI (2020); verfügbar unter https://pdf.ic3.gov/2019_IC3Report.pdf
17 »Un error en una campaña de phishing permite que cualquiera pueda acceder desde Google a miles de contraseñas robadas«, *Europa Press* (2021); verfügbar unter https://www.europapress.es/portaltic/ciberseguridad/noticia-error-campana-phishing-permite-cualquiera-pueda-acceder-google-miles-contrasenas-robadas-20210121125710.html
18 Aaron Holmes, »Exclusive. 533 million Facebook users' phone numbers and personal data have been leaked online«, *Business Insider* (2021); verfügbar unter https://www.businessinsider.com/stolen-data-of-533-million-facebook-users-leaked-online-2021-4
19 Raphael Satter, Christopher Bing und Joseph Menn, »Hackers used SolarWinds' dominance against it in sprawling spy campaign«, Reuters (2020); verfügbar unter https://www.reuters.com/article/global-cyber-solarwinds-idINKBN28P2N8?edition-redirect=in

ANMERKUNGEN ZU KAPITEL 3

20 »Assessing the Saudi Government's Role in the Killing of Jamal Khashoggi«, Office of the Director of National Intelligence (ODNI) der USA; verfügbar unter https://www.dni.gov/files/ODNI/documents/assessments/Assessment-Saudi-Gov-Role-in-JK-Death-20210226v2.pdf
21 Holger Stark, »BKA kaufte heimlich NSO-Spähsoftware«, *Die Zeit* (2021); verfügbar unter https://www.zeit.de/politik/deutschland/2021-09/spionagesoftware-pegasus-nso-israel-bundeskriminalamt-kauf-innenauschuss-bundestag-unterrichtung?utm_referrer=https%3A%2F%2Fduckduckgo.com%2F
22 Weitere Informationen zu Cyberüberwachung und Cyberspionage in Kapitel 7.
23 »Hackers Remotely Kill a Jeep on a Highway«, *Wired* (2015), verfügbar unter https://youtu.be/MK0SrxBC1xs
24 Check Points globaler Index der Auswirkung von Bedrohungen, »Check Point's Global Threat Impact Index«, Check Point (August 2020).
25 Laut dem Bericht »Die Lage der IT-Sicherheit in Deutschland 2021«, Bundesamt für Sicherheit in der Informationstechnik (2021); verfügbar unter https://www.bsi.bund.de/SharedDocs/Downloads/DE/BSI/Publikationen/Lageberichte/Lagebericht2021.pdf;jsessionid=2834360CC6D776F67A88E6CB00769A9E.internet461?__blob=publicationFile&v=3
26 Nicholas Kristof, »The Children of Pornhub«, *The New York Times* (2020); verfügbar unter https://www.nytimes.com/2020/12/04/opinion/sunday/pornhub-rape-trafficking.html
27 Brian Heater, »Pornhub removes all unverified content, following reports of exploitation«, *TechCrunch*; verfügbar unter https://techcrunch.com/2020/12/14/pornhub-removes-all-unverified-content-following-reports-of-exploitation/
28 Jewgeni Walentinowitsch Kasperski, »Covid-19 has changed global cybersecurity. What must nations do now?«, Kaspersky (2020); verfügbar unter https://www.kaspersky.com/blog/secure-futures-magazine/global-cybersecurity-priorities/37866/
29 Ben Collier, »Briefing Paper #4. Boredom, routine activities, and cybercrime during the pandemic«, Universität Cambridge, Cambridge Cybercrime Centre Covid, (2020); verfügbar unter https://www.cambridgecybercrime.uk/COVID/COVIDbriefing-4.pdf
30 Silvia Barrera, Inspektorin der Nationalen Polizei, spezialisiert auf Cybersicherheit und die Untersuchung von Cyberkriminalität; Verfasserin des Buches *Nuestros hijos en la red. 50 cosas que debemos saber para una buena prevención digital*, Barcelona, Plataforma Editorial, 2019; interviewt am 2. September 2020.
31 Vgl. dazu u. a. den Bericht »Cybersecurity and U. S. Election Infrastructure« von *Foreign Policy* (2020); verfügbar unter https://foreignpolicy.com/2020/10/27/election-cybersecurity-cyberattack-critical-infrastructure-voting
32 James Bridle, *La nueva edad oscura. La tecnología y el fin del futuro*, übersetzt von Marcos Pérez Sánchez, Barcelona, Debate, 2020.

ANHANG

4. Sucht

1. Russell Brand, *Recovery. Freedom from Our Addictions*, New York, Henry Holt and Co., 2017.
2. Die Zahlen sind nicht in allen Studien gleich. Laut dem Überblick »Smartphone users worldwide 2016–2021« von Statista (2020) (verfügbar unter https://www.statista.com/statistics/330695/numberofsmartphoneusersworld wide) beträgt die Smartphone-Durchdringung in Spanien 80 Prozent. In der »Annual Study of Mobile & Connect Devices« (2019), die von GFK und *People* für IAB España erstellt wurde, steigt die Durchdringung auf 96 Prozent. Der ein Jahr zuvor durchgeführte Global Mobile Consumer Survey 2017 von Deloitte (verfügbar unter https://www2.deloitte.com/content/dam/Deloitte/de/Documents/tecnologiamediatelecommunications/DeloitteESTMTConsumoMovil2017.pdf) bezifferte den Anteil bereits auf 92 Prozent.
3. »How many smartphones are in the world?«, Bankmycell (2022); verfügbar unter https://www.bankmycell.com/blog/how-many-phones-are-in-the-world#part-4
4. Evgenia Koptyug, »Number of smartphone users in Germany 2009–2021«, Statista (2021); verfügbar unter https://www.statista.com/statistics/461801/number-of-smartphone-users-in-germany/
5. Evgenia Koptyug, »Smartphone ownership among children in Germany in 2020, by age group«, Statista (2022); verfügbar unter https://www.statista.com/statistics/1283678/smartphone-children-owners-age-group-germany
6. »Die Drogenaffinität Jugendlicher in der Bundesrepublik Deutschland 2019 – Teilband Computerspiele und Internet«, BZgA (2020); verfügbar unter https://www.bzga.de/fileadmin/user_upload/PDF/studien/Drogenaffinitaet_Jugendlicher_2019_Teilband_Computerspiele_u_Internet.pdf
7. Hans-Jürgen Rumpf, Christian Meyer, Anja Kreuzer und Ulrich John, »Prävalenz der Internetabhängigkeit (PINTA) Bericht an das Bundesministerium für Gesundheit Projektlaufzeit«, BZgA (2011); verfügbar unter https://www.bundesgesundheitsministerium.de/fileadmin/Dateien/5_Publikationen/Drogen_und_Sucht/Berichte/Studie_Praevalenz_der_Internetabhaengigkeit__PINTA_.pdf
8. Lucija Vejmelka und Martin Mihajlov, »Internet Addiction. A Review of the First Twenty Years«, *Psychiatria Danubina*, 29, 3 (2017), S. 260–272.
9. Richard Seymour, *The Twittering Machine*, Indigo Press, 2019 (Übersetzung des Zitats nach der spanischen Vorlag von M. F. und Th. S.).
10. Die Bezeichnung wurde geprägt von der Anthropologin Natasha Dow Schüll in ihrem Buch *Addiction by Design*, Princeton, Princeton University Press, 2012.
11. Tim Kendall sagte am 24. September 2020 vor dem US-Kongress aus, in der Sitzung »Hearing on mainstream extremism. Social Media's role in radicalizing America«. Das Video dazu ist verfügbar unter https://energycommerce.house.gov/committee-activity/hearings/hearing-on-mainstreaming-extremism-social-medias-role-in-radicalizing Die Abschrift seiner Stellungnahme ist verfügbar unter https://docs.house.gov/meetings/IF/IF17/20200924/111041/HHRG-116-IF17-Wstate-KendallT-20200924.pdf

ANMERKUNGEN ZU KAPITEL 4

12 Samuel P. L. Veissière und Moriah Stendel, »Hypernatural Monitoring. A Social Rehearsal Account of Smartphone Addiction«, *Frontiers in Psychology*, Nr. 9 (2018); verfügbar unter https://www.frontiersin.org/articles/10.3389/fpsyg.2018.00141/full
13 Ebenda.
14 Matthew D. Lieberman, *Social. Why Our Brains Are Wired to Connect*, New York, Crown Publishers, 2013.
15 John McCarthy u. a., »The experience of enchantment in human computer interaction«, *Personal and Ubiquitous Computing*, 10, 6 (2006), S. 369–378; verfügbar unter https://link.springer.com/article/10.1007/s00779-005-0055-2
16 In seinem Buch *Persuasive Technology. Using Computers to Change What We Think and Do* (Amsterdam und Boston, Morgan Kaufmann Publishers, 2002), veröffentlicht, als herkömmliche Mobiltelefone längst allgegenwärtig waren, aber Smartphones noch nicht, skizzierte B. J. Fogg bereits einige der Möglichkeiten der neuartigen Geräte.
17 Russell B. Clayton u. a., »The Extended iSelf. The Impact of iPhone Separation on Cognition, Emotion, and Physiology«, *Journal of Computer-Mediated Communication*, 20, 2 (2015), S. 119–135; verfügbar unter https://academic.oup.com/jcmc/article/20/2/119/4067530
18 Dafür gibt es mehrere Belege, u. a. der unlängst erschienene Aufsatz »Overnight smartphone use. A new public health challenge? A novel study design based on high-resolution smartphone data«, *PLOS ONE* (2018), verfügbar unter https://journals.plos.org/plosone/article?id=10.1371/journal.pone.0204811
19 Vgl. Anm. 14 in diesem Kapitel.
20 »Digital Distraction in the Workplace«, EMI Research Solutions und Stark Statistical Consulting, *Screen Education* (2019); verfügbar unter https://www.screeneducation.org/digital-distraction-in-the-workplace.html
21 Laut einem Experiment, das 2016 von den Universitäten Würzburg und Nottingham Trent im Auftrag des »Kaspersky Lab« durchgeführt wurde.
22 Adrian F. Ward u. a., »Brain Drain. The Mere Presence of One's Own Smartphone Reduces Available Cognitive Capacity«, *Journal of the Association for Consumer Research* (2017), University of Chicago Press; verfügbar unter https://www.journals.uchicago.edu/doi/abs/10.1086/691462
23 Bernard McCoy, »Digital Distractions in the Classroom. Student Classroom Use of Digital Devices for Non-Class Related Purposes« (2013), Universität von Nebraska-Lincoln; verfügbar unter https://digitalcommons.unl.edu/cgi/viewcontent.cgi?referer=&httpsredir=1&article=1070&context=journalismfacpub
24 Richard E. Mayer und Roxana Moreno, »Nine Ways to Reduce Cognitive Load in Multimedia Learning«, *Educational Psychologist* (2003); verfügbar unter https://www.tandfonline.com/doi/abs/10.1207/S15326985 EP3801_6
25 Jeffrey H. Kuznekoff und Scott Titsworth, »The Impact of Mobile Phone Usage on Student Learning«, *Communication Education* (2013); verfügbar unter https://www.tandfonline.com/action/showCitFormats?doi=10.1080

%2F03634523.2013.767917; Larry D. Rosen u. a., »Un estudio empírico del efecto de los cambios de tarea en el aula inducidos por los mensajes de texto. Implicaciones para la enseñanza y estrategias para la mejora del aprendizaje«, *Psicología Educativa* (2011), Colegio Oficial de Psicólogos de Madrid; verfügbar unter https://doi.org/10.5093/ed2011v17n2a4

26 Sana Faria u. a., »Laptop multitasking hinders classroom learning for both users and nearby peers«, *Computers & Education* (2011); verfügbar unter https://www.sciencedirect.com/science/article/pii/S0360131512002254?via%3Dihub

27 Deborah R. Tindell und Robert W. Bohlander, »The Use and Abuse of Cell Phones and Text Messaging in the Classroom. A Survey of College Students«, *College Teaching* (2012); verfügbar unter https://www.tandfonline.com/doi/abs/10.1080/87567555.2011.604802

28 Suzanne Bearne, »Would you let your child become a ›kid influencer‹?« BBC (2019); verfügbar unter https://www.bbc.com/news/business-49333712

29 Michel Desmurget, *La fabrique du crétin digital. Les dangers des écrans pour nos enfants*, Éditions du Seuil, 2019 (Übersetzung des Zitats nach der spanischen Vorlage von M. F. und Th. S.).

30 Ebenda.

31 Lutz Wartberg, Levente Kriston und Rainer Thomasius, »Internet gaming disorder and problematic social media use in a representative sample of German adolescents: Prevalence estimates, comorbid depressive symptoms and related psychosocial aspects«, Computers in Human Behavior (2020); verfügbar unter https://www.sciencedirect.com/science/article/pii/S0747563219303425

32 Evgenia Koptyug, »Share of children and teenagers who actively used the following social networks in Germany in 2019«, Statista (2020); verfügbar unter: https://www.statista.com/statistics/422297/children-and-teenagers-social-network-usage-germany/

33 »State of Mobile 2022«, App Annie (2022); verfügbar unter https://www.appannie.com/de/go/state-of-mobile-2022/

34 Sarah Marsh, »TikTok investigating videos promoting starvation and anorexia«, *The Guardian* (2020); verfügbar unter https://www.theguardian.com/technology/2020/dec/07/tiktok-investigating-videos-promoting-starvation-and-anorexia

35 Ebenda.

36 Wie in Kapitel 3 gezeigt wurde.

37 Dies laut Silvia Barrera, Inspektorin der Nationalen Polizei, die auf Cybersicherheit und die Untersuchung von Cyberkriminalität spezialisiert ist, und Autorin von *Nuestros hijos en la red. 50 cosas que debemos saber para una buena prevención digital*, Barcelona, Plataforma Editorial, 2019. Das Interview mit ihr wurde am 2. September 2020 geführt.

38 Esther Paniagua, »Así triunfa una red social sin seguidores, ›likes‹ ni comentarios«, *Retina, El País* (2019); verfügbar unter https://retina.elpais.com/retina/2020/01/03/tendencias/1578056349_169377.html

ANMERKUNGEN ZU KAPITEL 5

39 Cecilie Schou Andreassen, »Online Social Network Site Addiction. A Comprehensive Review«, *Current Addiction Reports* (2015); verfügbar unter https://link.springer.com/article/10.1007%2Fs40429-015-0056-9
40 Georgia Wells Follow, Jeff Horwitz und Deepa Seetharaman, »Facebook Knows Instagram Is Toxic for Teen Girls, Company Documents Show«, *The Wall Street Journal* (2021); verfügbar unter https://www.wsj.com/articles/facebook-knows-instagram-is-toxic-for-teen-girls-company-documents-show-11631620739
41 Laut dem Bericht »Young people's mental and emotional health« des Education Policy Institute und The Prince's Trust von Großbritannien, verfügbar unter https://epi.org.uk/wp-content/uploads/2021/01/EPI-PT_Young-people%E2%80%99s-wellbeing_Jan2021.pdf
42 Gadi Lissak, »Adverse physiological and psychological effects of screen time on children and adolescents. Literature review and case study«, *Environmental Research* (2018); verfügbar unter https://www.sciencedirect.com/science/article/abs/pii/S001393511830015X?via%3Dihub
43 Canela López, »6 tech executives who raise their kids tech-free or seriously limit their screen time«, *Business Insider* (2020), verfügbar unter https://www.businessinsider.com/tech-execs-screen-time-children-bill-gates-steve-jobs-2019-9?IR=T; Jenny McCartney, »Tech gurus don't let their kids have smartphones. Here's why«, *The Spectator Australia* (2018); verfügbar unter https://www.spectator.com.au/2018/09/tech-gurus-dont-let-their-kids-have-smartphones-heres-why/; Nick Bilton, »Steve Jobs Was a Low-Tech Parent«, *The New York Times* (2014); verfügbar unter https://www.nytimes.com/2014/09/11/fashion/steve-jobs-apple-was-a-low-tech-parent.html
44 Vgl. https://www.humanetech.com/ Zu Beginn nannte sich diese Initiative »Time Well Spent« (»Sinnvoll verbrachte Zeit«).

5. Desinformation und Hass

1 Edward L. Bernays, »The Engineering of Consent«, *The Annals of the American Academy of Political and Social Science* (1947; verfügbar unter https://journals.sagepub.com/doi/10.1177/000271624725000116) (Übersetzung des Zitats nach der spanischen Vorlage von M. F. und Th. S.).
2 *Propaganda*, Routledge, 1928 (Übersetzung des Zitats nach der spanischen Vorlage von M. F. und Th. S.).
3 Mitteilung der Kommission an das Europäische Parlament zur Bekämpfung von Desinformation im Internet: ein europäisches Konzept COM (2018) 236.
4 Vic Zoschak, »A Brief History of Propaganda«, The International League of Antiquarian Booksellers (ILAB) (2014); verfügbar unter https://ilab.org/articles/brief-history-propaganda
5 Dies erläutert die Ägyptologin Jacquelyn Williamson in »Cleopatra and Fake News. How ancient Roman political needs created a mythic temptress«, Folger Shakespeare Library, *Shakespeare & Beyond* (2017); verfügbar unter https://shakespeareandbeyond.folger.edu/2017/10/20/cleopatra-mythic-temptress/?_ga=2.45348769.481991007.1602245654-1066924633.1602245654

ANHANG

6 Frei nach einem berühmten Gedicht des Romantikers Gustavo Adolfo Bécquer; die Verse, auf die hier angespielt wird, lauten im Original: »¿Qué es poesía?, dices mientras clavas/en mi pupila tu pupila azul./¡Qué es poesía! ¿Y tú me lo preguntas?/Poesía eres tú«, *Rimas*, rima XXI, Madrid, Castalia, 1974, S. 122.

7 Justin Cheng u. a., »Anyone Can Become a Troll. Causes of Trolling Behavior in Online Discussions«, Conference on Computer-Supported Cooperative Work (CSCW) (2017); verfügbar unter https://files.clr3.com/papers/2017_anyone.pdf

8 Vgl. »Bad Bot Report 2020« von Imperva.

9 Florian Gallwitz und Michael Kreil, »The Rise and Fall of ›Social Bot‹ Research« (2021); verfügbar unter https://papers.ssrn.com/sol3/papers.cfm?abstract_id=3814191 (Übersetzung des Zitats nach der spanischen Vorlage von M. F. und Th. S.).

10 Marc J. Dupuis und Andrew Williams, »The Spread of Disinformation on the Web. An Examination of Memes on Social Networking«, IEEE, 2019; verfügbar unter https://ieeexplore.ieee.org/document/9060100

11 Claire Wardle, »Misinformation Has Created a New World Disorder«, *Scientific American* (2019); verfügbar unter https://www.scientificamerican.com/article/misinformation-has-created-a-new-world-disorder/

12 Einige wenige Beispiele aus einer langen Liste, die die spanische Faktencheck-Plattform Maldita.es im Rahmen ihrer Kampagne zur Überwachung und Überprüfung von Inhalten zusammengestellt hat; verfügbar unter https://maldita.es/tag/coronavirus#bulos/

13 Das erzählte mir Kathleen Carley – Direktorin des Center for Informed Democracy and Socialcybersecurity (IDeaS) und des Center for Computational Analysis of Social and Organizational Systems (CASOS) – während einer Online-Debatte, die von dem in Barcelona ansässigen Zentrum für Wissenschafts- und Technologiediplomatie SciTech DiploHub am 11. Mai 2020 organisiert wurde.

14 Catherine Stupp, »Fraudsters Used AI to Mimic CEO's Voice in Unusual Cybercrime Case«, *The Wall Street Journal* (2019); verfügbar unter https://www.wsj.com/articles/fraudsters-use-ai-to-mimic-ceos-voice-in-unusual-cybercrime-case-11567157402

15 Karen Hao, »A deepfake bot is being used to ›undress‹ underage girls«, *MIT Technology Review* (2020); verfügbar unter https://www.technologyreview.com/2020/10/20/1010789/ai-deepfake-bot-undresses-wo men-and-underage-girls/

16 Rana Ayyub, »I Was The Victim Of A Deepfake Porn Plot Intended To Silence Me«, *Huffington Post* (2018); verfügbar unter https://www.huffingtonpost.co.uk/entry/deepfake-porn_uk_5bf2c126e4b0f32bd58ba316

17 Samantha Cole, Emanuel Maiberg und Anna Koslerova, »›Frankenstein's Monster‹. Images of Sexual Abuse Are Fueling Algorithmic Porn«, *Vice* (2020); verfügbar unter https://www.vice.com/en/article/akdgnp/sexual-abuse-fueling-ai-porn-deepfake-czech-casting-girls-do-porn

ANMERKUNGEN ZU KAPITEL 5

18 Rob Toews, »Deepfakes Are Going To Wreak Havoc On Society. We Are Not Prepared«, *Forbes* (2020); verfügbar unter https://www.forbes.com/sites/robtoews/2020/05/25/deepfakes-are-going-to-wreak-havoc-on-society-we-are-not-prepared/
19 »Journalism, ›Fake News‹ & Disinformation«, United Nations Educational, Scientific and Cultural Organization (Unesco) (2018); verfügbar unter https://en.unesco.org/sites/default/files/journalism_fake_news_disinformation_print_friendly_0.pdf
20 Tim Kendall sagte am 24. September 2020 vor dem US-Kongress aus, in der Sitzung »Hearing on mainstream extremism. Social Media's role in radicalizing America«. Das Video dazu ist verfügbar unter https://energycommerce.house.gov/committee-activity/hearings/hearing-on-mainstreaming-extremism-social-media-s-role-in-radicalizing. Die Mitschrift seiner Erklärung ist verfügbar unter https://docs.house.gov/meetings/F/IF17/20200924/111041/HHRG-116-IF17-Transcript-20200924.pdf
21 Die Definition stammt von der WHO-Microsite »Infodemic«; verfügbar unter https://www.who.int/healthtopics/infodemic#tab=tab_1
22 Laut der FundéuRAE: https://www.fundeu.es/recomendacion/infodemia/
23 Sune Lehmann u. a., »Accelerating dynamics of collective attention«, *Nature Communications* (2019); verfügbar unter https://www.nature.com/articles/s41467-019-09311-w
24 »Granja de clics, mejor que click farm«, 2019, FundéuRAE; verfügbar unter https://www.fundeu.es/recomendacion/granja-de-clics-mejor-que-click-farm/
25 Peter Pomerantsev, *Das ist keine Propaganda. Wie unsere Wirklichkeit zertrümmert wird*, Übersetzung von Klaus-Dieter Schmidt, DVA, 2020.
26 Ben Nimmo, »Measuring Traffic Manipulation on Twitter«, Oxford Internet Institute (2019); verfügbar unter https://comprop.oii.ox.ac.uk/wp-content/uploads/sites/93/2019/01/Manipulating-Twitter-Traffic.pdf
27 Walter Kriwitzki, *Ich war in Stalins Dienst*, Albert de Lange, 1940.
28 So argumentiert P. Pomerantsev in seinem Buch *Das ist keine Propaganda*.
29 Gemäß der Definition des *Oxford English Dictionary*, der 2016 »post-truth« zum Wort des Jahres erklärte: https://languages.oup.com/word-of-the-year/2016/
30 Eli Pariser, *The Filter Bubble: What The Internet Is Hiding From You*, Penguin Press Limited, 2011.
31 Richard Fletcher, »The truth behind filter bubbles. Bursting some myths«, Reuters Institute/University of Oxford (2020); verfügbar unter https://reutersinstitute.politics.ox.ac.uk/risj-review/truth-behind-filter-bubbles-bursting-some-myths
32 Aufbauend auf dem aus der Psychiatrie und Medizin stammenden Begriff der »Agnosie« (»Nichtwissen«) prägte 1992 der Wissenschaftshistoriker Iain Boal den Begriff »Agnotology«, der später von den Professoren der Stanford University Robert Proctor und Londa Schiebinger in ihrem Buch *Agnotology. The Making and Unmaking of Ignorance*, Stanford, Stanford University Press, 2008, popularisiert wurde.

ANHANG

33 Danah Boyd, »The Fragmentation of Truth«, Knight Media Forum (2019); verfügbar unter https://vimeo.com/319934136
34 Im Januar 2022 erschien es bei YouTube noch immer an zweiter Stelle (A. d. Ü.).
35 Zitat David Prager, Mitbegründer der PragerU, in einem Video, dessen Link ich aus Gründen der journalistischen Verantwortung hier nicht wiedergebe.
36 Dies erläutert Kevin Roose in seinem Artikel »What Is QAnon, the Viral Pro-Trump Conspiracy Theory?«, *The New York Times* (2020); verfügbar unter https://www.nytimes.com/article/what-is-qanon.html
37 Jessica Guynn, »Trump believes QAnon claim it's fighting pedophiles, refuses to disavow extremist conspiracy theory«, *USA Today* (2020); verfügbar unter https://eu.usatoday.com/story/tech/2020/10/15/trump-believes-qanon-claim-fighting-pedophiles/3673377001
38 Peter Baker und Sabrina Tavernise, »One Legacy of Impeachment. The Most Complete Account So Far of Jan. 6«, *The New York Times* (2021), verfügbar unter https://www.nytimes.com/2021/02/13/us/politics/capitol-riots-impeachment-trial.html
39 Clare Hymes, Cassidy McDonald und Eleanor Watson, »What we know about the ›unprecedented‹ U. S. Capitol riot arrests«, CBS News (2021); verfügbar unter https://www.cbsnews.com/news/capitol-riot-arrests-2021-05-07/
40 Vgl. Anm. 37 in diesem Kapitel.
41 Ebenda.
42 Ebenda.
43 »In Myanmar, Facebook struggles with a deluge of disinformation«, *The Economist* (2020); verfügbar unter https://www.economist.com/asia/2020/10/22/in-myanmar-facebook-struggles-with-a-deluge-of-disinformation
44 Ebenda.
45 Der Anteil des Einkommens, der dem reichsten einen Prozent der Weltbevölkerung zugutekam, stieg in 46 der 57 Länder und Großräume, für die Daten von 1990 bis 2015 vorliegen. In den 92 Ländern, für die Daten vorhanden sind, erhielten die untersten 40 Prozent der Bevölkerung weniger als 25 Prozent aller Einkünfte. Während die Ungleichheit zwischen den Ländern relativ gesehen abnimmt, ist dies vor allem auf das starke Wirtschaftswachstum in China und anderen asiatischen Schwellenländern zurückzuführen; jedoch wird diese Konvergenz nicht gleichmäßig verteilt, was bedeutet, dass die Unterschiede zwischen einigen Ländern und Regionen weiterhin beträchtlich sind. Dies laut dem »World Social Report 2020. Inequality in a rapidly changing world« der Vereinten Nationen (UNO); verfügbar unter https://www.un.org/development/desa/dspd/wpcontent/uploads/sites/22/2020/01/WorldSocialReport2020FullReport.pdf
46 Laut Experten der UNO. Quelle: »El mundo de hoy es más rico, pero también más desigual que nunca«, UNO, 2018; verfügbar unter https://news.un.org/es/story/2018/12/1447091

ANMERKUNGEN ZU KAPITEL 6

6. Diskriminierung

1 Julia Carrie Wong, »The viral selfie app ImageNet Roulette seemed fun until it called me a racist slur«, *The Guardian* (2019); verfügbar unter https://www.theguardian.com/technology/2019/sep/17/imagenet-roulette-asian-racist-slur-selfie?CMP=Share_iOSApp_Other
2 Er erzählt davon in einem Twitter-Thread, verfügbar unter https://twitter.com/stephenkb/status/1173566714543595520?s=20
3 Die Bezeichnung »Artificial Intelligence« stammt von Kate Crawford, Mitgründerin des Instituts AI Now an der Universität von New York.
4 Dies ist die Schlussfolgerung des viel beachteten wissenschaftlichen Artikels »Semantics derived automatically from language corpora contain human-like biases« von Aylin Caliskan u. a., *Science* (2017); verfügbar unter https://science.sciencemag.org/content/356/6334/183.full) sowie von vielen weiteren seitdem erschienen Artikeln.
5 Cathy O'Neil, *Angriff der Algorithmen. Wie sie Wahlen manipulieren, Berufschancen zerstören und unsere Gesundheit gefährden*, Übersetzung von Karsten Petersen, Hanser, 2016.
6 Oscar Schwartz, »Untold History of AI. Algorithmic Bias Was Born in the 1980s«, *IEEE Spectrum* (2019); verfügbar unter https://spectrum.ieee.org/tech-talk/tech-history/dawn-of-electronics/untold-history-of-ai-the-birth-of-machine-bias
7 Julia Angwin u. a., »Machine Bias. There's software used across the country to predict future criminals. And it's biased against blacks«, *ProPublica* (2016); verfügbar unter https://www.propublica.org/article/machine-bias-risk-assessments-in-criminal-sentencing
8 Nach Ansicht von Christopher Markou, Professor und Forscher für Recht und künstliche Intelligenz an der Universität Cambridge (UK). Das Gespräch mit ihm wurde am 16. April 2019 geführt.
9 Julia Angwin u. a., »Minority Neighborhoods Pay Higher Car Insurance Premiums Than White Areas With the Same Risk«, *ProPublica* (2017); verfügbar unter https://www.propublica.org/article/minority-neighborhoods-higher-car-insurance-premiums-white-areas-same-risk
10 Julia Angwin u. a., »When Algorithms Decide What You Pay«, *ProPublica* (2017); verfügbar unter https://www.propublica.org/article/breaking-the-black-box-when-algorithms-decide-what-you-pay
11 Julia Angwin u. a., »Facebook Lets Advertisers Exclude Users by Race«, *ProPublica* (2016); verfügbar unter https://www.propublica.org/article/facebook-lets-advertisers-exclude-users-by-race
12 Julia Angwin u. a., »Facebook Ads Can Still Discriminate Against Women and Older Workers, Despite a Civil Rights Settlement«, *ProPublica* (2019); verfügbar unter https://www.propublica.org/article/facebook-ads-can-still-discriminate-against-women-and-older-workers-despite-a-civil-rights-settlement
13 Piotr Sapiezynski u. a., »Algorithms that ›Don't See Color‹. Comparing Biases in Lookalike and Special Ad Audiences«, *arXiv* (2019); verfügbar unter https://arxiv.org/pdf/1912.07579.pdf

ANHANG

14 Stellungnahme von Esther Sánchez, eingeholt im Dezember 2020 im Rahmen einer Videokonferenz.
15 Das berichtet sie in dem Artikel von Alex Lee, »An AI to stop hiring bias could be bad news for disabled people«, *Wired* (2019); verfügbar unter https://www.wired.co.uk/article/ai-hiring-bias-disabled-people
16 Dies erläutert C. O'Neil (vgl. Anm. 5).
17 Facebook-Patent von 2015: »Authorization and authentication based on an individual's social network«; verfügbar unter https://patents.google.com/patent/US8302164B2/en
18 Dies enthüllte Colin Lecher in seinem Artikel »What happens when an algorithm cuts your health care«, *The Verge* (2016); verfügbar unter https://www.theverge.com/2018/3/21/17144260/healthcare-medicaid-algorithm-arkansas-cerebral-palsy
19 Ziad Obermeyer u. a., »Dissecting racial bias in an algorithm used to manage the health of populations«, *Science* (2019); verfügbar unter https://science.sciencemag.org/content/366/6464/447
20 Natasha Singer, »Where Do Vaccine Doses Go, and Who Gets Them? The Algorithms Decide«, *The New York Times* (2021); verfügbar unter https://www.nytimes.com/2021/02/07/technology/vaccine-algorithms.html
21 Matt Burgess, »Police built an AI to predict violent crime. It was seriously flawed«, *Wired* (2020); verfügbar unter https://www.wired.co.uk/article/police-violence-prediction-ndas
22 »Home Office drops ›racist‹ algorithm from visa decisions«, BBC (2020); verfügbar unter https://www.bbc.com/news/technology-53650758
23 Jessica Murray, »Student who wrote story about biased algorithm has results downgraded«, *The Guardian* (2020); verfügbar unter https://www.theguardian.com/education/2020/aug/18/ashton-a-level-student-predicted-results-fiasco-in-prize-winning-story-jessica-johnson-ashton
24 Das Forschungsprojekt hieß OpenSCHUFA. Alle diesbezüglichen Informationen und Ergebnisse sind verfügbar unter https://openschufa.de
25 Jim Waterson, »Microsoft sacks journalists to replace them with robots«, *The Guardian* (2020); verfügbar unter https://www.theguardian.com/technology/2020/may/30/microsoft-sacks-journalists-to-replace-them-with-robots
26 Jim Waterson, »Microsoft's robot editor confuses mixed-race Little Mix singers«, *The Guardian* (2020); verfügbar unter https://www.theguardian.com/technology/2020/jun/09/microsofts-robot-journalist-confused-by-mixed-race-little-mix-singers
27 Nicolas Kayser-Bril, »Female historians and male nurses do not exist, Google Translate tells its European users«, AlgorithmWatch (2020); verfügbar unter https://algorithmwatch.org/en/google-translate-gender-bias/
28 Esther Paniagua, »Los asistentes de voz no deberían tener género«, *Retina*, *El País* (2020); verfügbar unter https://elpais.com/retina/2020/01/27/innovacion/1580114979_118922.html
29 Ebenda.

ANMERKUNGEN ZU KAPITEL 7

30 Das Experiment wurde durchgeführt von Nicolas Kayser-Bril von Algorithm-Watch; die Ergebnisse veröffentlichte er in dem Artikel »Spam filters are efficient and uncontroversial. Until you look at them«, AlgorithmWatch (2020); verfügbar unter https://algorithmwatch.org/en/story/spam-filters-outlook-spamassassin/

31 Wer weitere Fälle von Algorithmen mit sozialen Auswirkungen kennenlernen möchte, dem empfehle ich die Suchmaschine OASI (Observatory of Algorithms with Social Impact) der Eticas Stiftung: https://eticasfoundation.org/algorithms/

32 Daniel Dennet, *From Bacteria to Bach and Back: The Evolution of Minds*, W.W. Norton & Company, 2017.

33 Für weitere Informationen hierzu vgl. Mark Harris, »NTSB Investigation Into Deadly Uber Self-Driving Car Crash Reveals Lax Attitude Toward Safety«, *IEEE Spectrum* (2019); verfügbar unter https://spectrum.ieee.org/cars-that-think/transportation/self-driving/ntsb-investigation-into-deadly-uber-selfdriving-car-crash-reveals-lax-attitude-toward-safety

34 Laut Gemma Galdon Clavell, Datenschutzexpertin sowie Gründerin von Eticas Research & Consulting und der Stiftung Eticas, die von mir mehrfach interviewt wurde.

35 Ruha Benjamin, *Race After Technology. Abolitionist Tools for the New Jim Code*, Cambridge (UK), Polity Press, 2019.

36 Ebenda.

37 Siehe Virginia Eubanks, *Automating Inequality: How High-tech Tools Profile, Police, and Punish the Poor*, St Martin's Press, 2018.

7. Digitale Tyrannei

1 Jeremy Bentham, *Panopticon Letters*, 1791, verfügbar unter http://transcribe-bentham.ucl.ac.uk/td/JB/550/207/001

2 Ángel Gómez Fuentes, »Condenan a una madre por subir fotos de su hijo a Facebook«, *ABC* (2018); verfügbar unter https://www.abc.es/sociedad/abci-condenan-madre-subir-fotos-hijo-facebook-201801181003_noticia.html

3 Laut einer in Europa eingereichten Klage des privaten Webbrowsers Brave, der Open Rights Group und des University College London, die die Suchmaschine beschuldigen, gegen die Datenschutz-Grundverordnung (DSGVO) zu verstoßen, weil sie »massiv hochsensible Daten preisgibt«.

4 Esther Paniagua, »Así subasta Google tus datos online«, *Retina, El País* (2019); verfügbar unter https://retina.elpais.com/retina/2019/05/28/tendencias/1559040361_176907.html

5 Geoffrey A. Fowler, »It's the middle of the night. Do you know who your iPhone is talking to?«, *The Washington Post* (2019); verfügbar unter https://www.washingtonpost.com/technology/2019/05/28/its-middle-night-do-you-know-who-your-iphone-is-talking/

6 Wie Pilar Vila, Computerexpertin und digitale Forensikerin, mir für meinen folgenden Artikel erklärte: »¿Tú también, Apple? Así se filtran los datos de tu

iPhone«, erschienen in *Retina*, *El País* (2019); verfügbar unter https://retina.elpais.com/retina/2019/06/06/innovacion/1559816217_561514.html
7   Zack Whittaker, »Many popular iPhone apps secretly record your screen without asking«, *TechCrunch* (2019); verfügbar unter https://techcrunch.com/2019/02/06/iphone-session-replay-screenshots
8   Laut der »Klage gemäß Artikel 22.2 des Gesetzes 34/2002«, die von Noyb zusammen mit Xnet am 16. November 2020 bei der spanischen Datenschutzbehörde eingereicht wurde; verfügbar unter https://noyb.eu/sites/default/files/2020-11/IDFA_ES_DEF_Redacted.pdf?mtc=j
9   Ebenda.
10 Die Journalistin Kari Paul konnte sich selbst davon überzeugen; vgl. ihren Artikel »›They know us better than we know ourselves‹. How Amazon tracked my last two years of reading«, *The Guardian* (2020); verfügbar unter https://www.theguardian.com/technology/2020/feb/03/amazon-kindle-data-reading-tracking-privacy
11 Julien Gamba u. a., »An Analysis of Pre-installed Android Software«, 41th IEEE Symposium on Security and Privacy, IEEE, 2020; verfügbar unter https://ieeexplore.ieee.org/abstract/document/9152633
12 »How Apps on Android Share Data with Facebook (even if you don't have a Facebook account)«, Privacy International (2018); verfügbar unter https://privacyinternational.org/sites/default/files/2018-12/How%20Apps%20on%20Android%20Share%20Data%20with%20Facebook%20-%20Privacy%20International%202018.pdf
13 Roger McNamee, »I Mentored Mark Zuckerberg. I Loved Facebook. But I Can't Stay Silent About What's Happening«, *Time Magazine* (2019); verfügbar unter https://time.com/magazine/us/5505429/january-28th-2019-vol-193-no-3-u-s/
14 Am 26. Juli 2017 durchgeführtes Interview, veröffentlicht in der Zeitschrift *Papel* von *El Mundo*; verfügbar unter https://www.elmundo.es/papel/lideres/2017/09/12/59b7bff2e2704e25488b45f7.html
15 Edward Snowden, *Permanent Record*, New York, Macmillan, 2019.
16 Ebenda.
17 Ebenda.
18 »Metadata. Piecing Together a Privacy Solution« (2014), American Civil Liberties Union (ACLU) von Kalifornien; verfügbar unter https://www.aclunc.org/sites/default/files/Metadata%20report%20FINAL%202%2021%2014%20cover%20%2B%20inside%20for%20web%20%283%29.pdf
19 John Battelle, »The Database of Intentions«, *John Battelle's Search Blog* (2003); verfügbar unter https://battellemedia.com/archives/2003/11/the_database_of_intentions
20 David Cole, »We Kill People Based on Metadata«, *The New York Review* (2014); verfügbar unter https://www.nybooks.com/daily/2014/05/10/we-kill-people-based-metadata/
21 Lars Backstrom und Jon Kleinberg, »Romantic partnerships and the dispersion of social ties«, *Proceedings of the 17th ACM Conference on Computer Supported*

ANMERKUNGEN ZU KAPITEL 7

    Cooperative Work & Social Computing, CSCW '14, Association for Computing Machinery (2014); verfügbar unter https://dl.acm.org/doi/abs/10.1145/2531602.2531642

22 Erheng Zhonga u.a., »User demographics prediction based on mobile data«, *Pervasive and Mobile Computing* (2013); verfügbar unter https://www.sciencedirect.com/science/article/abs/pii/S1574119213000916#!

23 Jonathan Mayer u.a., »Evaluating the privacy properties of telephone metadata«, *PNAS* (2016); verfügbar unter https://www.pnas.org/content/113/20/5536#ref-38

24 Aus diesem Grund prüft die Europäische Kommission derzeit die Übernahme von Fitbit durch Google: »Mergers. Commission opens in-depth investigation into the proposed acquisition of Fitbit by Google«; verfügbar unter https://ec.europa.eu/commission/presscorner/detail/en/ip_20_1446

25 »Google, Amazon Patent Filings Reveal Digital Home Assistant Privacy Problems«, *Consumer Watchdog* (2017); verfügbar unter https://www.consumerwatchdog.org/sites/default/files/2017-12/Digital%20Assistants%20and%20Privacy.pdf

26 Ebenda.

27 Ebenda.

28 Ebenda.

29 Medien aus der ganzen Welt berichteten über diesen Vorfall, der ursprünglich vom lokalen Fernsehsender KIRO-TV gemeldet worden war. Vgl. Gary Horcher, »Woman says her Amazon device recorded private conversation, sent it out to random contact«, KIRO 7 News (2018); verfügbar unter https://www.kiro7.com/news/local/woman-says-her-amazon-device-recorded-private-conversation-sent-it-out-to-random-contact/755507974/

30 Rachel Metz, »Yes, Alexa is recording mundane details of your life, and it's creepy as hell«, *MIT Technology Review* (2018); verfügbar unter https://www.technologyreview.com/2018/05/25/142713/yes-alexa-is-recording-mundane-details-of-your-life-and-its-creepy-as-hell/

31 Matt Day u.a., »Amazon Workers Are Listening to What You Tell Alexa. A global team reviews audio clips in an effort to help the voice-activated assistant respond to commands«, Bloomberg (2019); verfügbar unter https://www.bloomberg.com/news/articles/2019-04-10/is-anyone-listening-to-you-on-alexa-a-global-team-reviews-audio

32 Jamie Tarabay und Kartikay Mehrotra, »Clubhouse Chats Are Breached, Raising Concerns Over Security«, Bloomberg (2021); verfügbar unter https://www.bloomberg.com/news/articles/2021-02-22/clubhouse-chats-are-breached-raising-concerns-over-security

33 Jack Cable u.a., »Clubhouse in China. Is the data safe?«, Stanford Internet Observatory (2021); verfügbar unter https://cyber.fsi.stanford.edu/io/news/clubhouse-china

34 »The Facial Recognition World Map«, Surfshark (2020); verfügbar unter https://surfshark.com/facial-recognition-map

ANHANG

35 Laut dem Bericht »Artificial Intelligence Index Report 2019« der Universität Stanford; verfügbar unter https://hai.stanford.edu/sites/default/files/ai_index_2019_report.pdf

36 Isabel Rubio, »Las claves de la polémica por el uso de reconocimiento facial en los supermercados de Mercadona«, *El País* (2020); verfügbar unter https://elpais.com/tecnologia/2020-07-06/las-claves-de-la-polemica-por-el-uso-de-reconocimiento-facial-en-los-supermercados-de-mercadona.html

37 Kashmir Hill, »The Secretive Company That Might End Privacy as We Know It«, *The New York Times* (2020); verfügbar unter: https://www.nytimes.com/2020/01/18/technology/clearview-privacy-facial-recognition.html

38 Caroline Haskins u. a., »Clearview's Facial Recognition App Has Been Used By The Justice Department, ICE, Macy's, Walmart and The NBA«, *BuzzFeed* (2020); verfügbar unter https://www.buzzfeednews.com/article/ryanmac/clearview-ai-fbi-ice-global-law-enforcement

39 Das beklagt die American Civil Liberty Union von Michigan in »ACLU of Michigan complaint re use of facial recognition«: verfügbar unter https://www.aclu.org/letter/aclu-michigan-complaint-re-use-of-facial-recognition

40 Thomas Brewster, »London Police Facial Recognition ›Fails 80 % Of The Time And Must Stop Now‹«, *Forbes* (2019); verfügbar unter https://www.forbes.com/sites/thomasbrewster/2019/07/04/london-police-facial-recognition-fails-80-of-the-time-and-must-stop-now/; Pete Fussey und Daragh Murray, »Independent Report on the London Metropolitan Police Service's Trial of Live Facial Recognition Technology«, Universität von Essex, 2019; verfügbar unter https://48ba3m4eh2bf2sksp43rq8kk-wpengine.netdna-ssl.com/wp-content/uploads/2019/07/London-Met-Police-Trial-of-Facial-Recognition-Tech-Report.pdf

41 Ben Gilbert, »Facial recognition software fails to correctly identify people ›96 % of the time‹, Detroit police chief says«, *Business Insider* (2020); verfügbar unter https://www.businessinsider.com/facial-recognition-fails-96-of-the-time-detroit-police-chief-2020-6

42 »Passport facial recognition checks fail to work with dark skin«, BBC (2019); verfügbar unter https://www.bbc.com/news/technology-49993647; Jim Nash, »A year later and UK passport biometric face scan system still favors white males«, *Biometric Update* (2020); verfügbar unter https://www.biometricupdate.com/202010/a-year-later-and-uk-passport-biometric-face-scan-system-still-favors-white-males

43 Alex Hern, »Twitter apologises for ›racist‹ image-cropping algorithm«, *The Guardian* (2020); verfügbar unter https://www.theguardian.com/technology/2020/sep/21/twitter-apologises-for-racist-image-cropping-algorithm

44 Joy Adowaa Buolamwini, »Gender shades. Intersectional phenotypic and demographic evaluation of face datasets and gender classifiers«, MIT Libraries, DSpace@MIT, 2017; verfügbar unter https://dspace.mit.edu/handle/1721.1/114068

45 Cynthia Cook u. a., »Demographic Effects in Facial Recognition and their Dependence on Image Acquisition. An Evaluation of Eleven Commercial

Systems«, *IEEE Transactions on Biometrics, Behavior, and Identity Science* (IEEE T-BIOM) (2019); verfügbar unter https://ieeexplore.ieee.org/document/8636231; Shahina Anwarul und Susheela Dahiya, »A Comprehensive Review on Face Recognition Methods and Factors Affecting Facial Recognition Accuracy«, *Proceedings of ICRIC 2019* (2019); verfügbar unter https://link.springer.com/chapter/10.1007%2F9 78-3-030-29407-6_36

46 Ebenda.
47 Laut dem Index AI Global Surveillance (AIGS), erstellt vom Carnegie Endowment for International Peace; verfügbar unter https://carnegieendowment.org/2019/09/17/global-expansion-of-ai-surveillance-pub-79847
48 Ebenda.
49 Ebenda.
50 Ebenda.
51 Gemäß der Karte von AIGS die erstellt wurde vom Carnegie Endowment for International Peace; verfügbar unter https://carnegieendowment.org/publications/interactive/ai-surveillance
52 Marcel Rosenbach und Alexander Sarovic »NRW-Datenschutzbeauftragte hält Einsatz von Palantir-Software für unzulässig«, *Der Spiegel* (2021); verfügbar unter https://www.spiegel.de/netzwelt/palantir-nrw-datenschuetzerin-haelt-einsatz-von-software-fuer-unzulaessig-a-af196b3f-b93c-475d-86d7-8e569d25490c
53 Paul Lewis u.a., »UK government using confidential patient data in coronavirus response«, *The Guardian* (2020); verfügbar unter https://www.theguardian.com/world/2020/apr/12/uk-government-using-confidential-patient-data-in-coronavirus-response
54 »Mainzer Polizei nutzte Daten aus Luca-App ohne Rechtsgrundlage«, SWR (2022); verfügbar unter https://www.swr.de/swraktuell/rheinland-pfalz/mainz/polizei-ermittelt-ohne-rechtsgrundlage-mit-daten-aus-luca-app-100.html
55 Ross Andersen, »The Panopticon Is Already Here«, *The Atlantic* (2020); verfügbar unter www.theatlantic.com/magazine/archive/2020/09/china-ai-surveillance/614197
56 Issie Lapowsky, »In 2020, Covid-19 derailed the privacy debate in the U.S.«, *Protocol* (2020); verfügbar unter https://www.protocol.com/covid-19-privacy-debate
57 Lora Jones, »I monitor my staff with software that takes screenshots«, BBC (2020); verfügbar unter https://www.bbc.com/news/business-54289152
58 Tom Goodwin, »The Battle Is For The Costumer Interface«, techcrunch.com, 4. März 2015.
59 Laura Delle Femmine, »Ahora espero que Glovo contrate a todos los trabajadores sin trampas«, *El País* (2020); verfügbar https://elpais.com/economia/2020-09-24/ahora-espero-que-glovo-contrate-a-todos-los-trabajadores-sin-trampas.html
60 Dies ist eine der Fragen, die in dem Artikel »Plataformas y Gig economy en el trabajo cualificado« aufgeworfen werden, der 2019 im Rahmen des Inter-University Congress on the Future of Work der Internationalen Arbeitsorganisa-

tion veröffentlicht wurde; verfügbar unter https://www.ccoo.es/b6d559e4cb dec5c4ce99cd3d0a0dd49a000001.pdf

61 Urteil des Amtsgerichts von Bologna vom 31. Dezember 2020; verfügbar unter www.bollettinoadapt.it/wp-content/uploads/2021/01/Ordinanza-Bologna.pdf

62 Joanna Bronowicka und Mirela Ivanova, »Resisting the Algorithmic Boss. Guessing, Gaming, Reframing and Contesting Rules in App-based Management«, *SSRN* (2020); verfügbar unter https://papers.ssrn.com/sol3/papers.cfm?abstract_id=3624087

63 Laut dem Bericht »AI Now 2019 Report« der Organisation AI Now; verfügbar unter https://ainowinstitute.org/AI_Now_2019_Report.pdf

64 Mike Walsh nennt dies »code ceiling«, in seinem Artikel »Algorithms Are Making Economic Inequality Worse«, *Harvard Business Review* (2020); verfügbar unter: https://hbr-org.cdn.ampproject.org/c/s/hbr.org/amp/2020/10/algorithms-are-making-economic-inequality-worse

65 Mary L. Gray und Siddharth Suri, *Ghost Work. How to Stop Silicon Valley from Building a New Global Underclass*, Boston, Houghton Mifflin, 2019.

66 »Data Engineering, Preparation and Labeling for AI 2020«, Cognilytica (2020).

67 Vgl. Anm. 65 in diesem Kapitel.

68 David Gilbert, »Bestiality, Stabbings, and Child Porn. Why Facebook Moderators Are Suing the Company for Trauma«, *Vice* (2019); verfügbar unter https://www.vice.com/en/article/a35xk5/facebook-moderators-are-suing-for-trauma-ptsd

69 »YouTube censura vídeos paródicos sobre los negacionistas de la Covid-19 mientras se le escapan vídeos sobre la pandemia que sí desinforman«, Maldita (2020); verfügbar unter https://maldita.es/malditatecnologia/2020/10/02/youtube-censura-videos-parodicos-negacionistas-covid-19-desinformacion/

70 Judith Vives, »Instagram censura la parodia de un desnudo pero no la imagen original«, *La Vanguardia* (2020); verfügbar unter https://www.lavanguardia.com/tecnologia/20201020/484199007411/instagram-censura-parodia-desnudo-no-imagen-original.html

71 »Don't delete art«, verfügbar unter https://dontdelete.art/

72 Sam Biddle u. a., »Invisible censorship«, *The Intercept* (2020); verfügbar unter https://theintercept.com/2020/03/16/tiktok-app-moderators-users-discrimination

73 Ebenda.

74 Dies wurde von dem Bündnis #SaveYourInternet (https://saveyourinternet.eu) kritisiert, das in Spanien von Xnet angeführt wird. Vgl. »Sobre la aprobación de la Directiva Copyright. No lo llames censura, llámalo Derechos de Autor«, Xnet (2019), verfügbar unter https://xnet-x.net/es/aprobacion-directiva-copyright-no-llames-censura-llamalo-derechos-autor/.net/aprobacion-directiva-copyright-no-llames-censura-llamalo-derechos-autor/

75 Die aktuelle Fassung der Norm, geändert im Juni 2021, findet sich im »Gesetz zur Änderung des Netzwerkdurchsetzungsgesetzes 1«, Bundesministerium der Justiz (2021); verfügbar unter https://www.bmj.de/SharedDocs/Gesetzgebungsverfahren/Dokumente/Bgbl_NetzDG.pdf?__blob=publicationFile&v=2

ANMERKUNGEN ZU KAPITEL 7

76 »Germany: Flawed Social Media Law«, Humans Rights Watch (2018); verfügbar unter https://www.hrw.org/news/2018/02/14/germany-flawed-social-media-law
77 »Sentencia del Tribunal de Justicia (Gran Sala) de 13 de mayo de 2014«, Gerichtshof der Europäischen Union, 2014; verfügbar unter www.curia.europa.eu/juris/document/document.jsf?docid=152065&doclang=ES
78 »Derecho de supresión (›al olvido‹). Buscadores de internet«, Agencia Española de Protección de Datos (AEPD), 2020; verfügbar unter https://www.aepd.es/es/areas-de-actuacion/internet-y-redes-sociales/derecho-al-olvido
79 »Google victory in German top court over right to be forgotten«, Deutsche Welle (2020); verfügbar unter https://www.dw.com/en/google-right-to-be-forgotten/a-54326877
80 Gemäß der Zählung von Google: »Retiradas de resultados de búsqueda en aplicación de la normativa europea sobre privacidad«, Google (2022), aufgerufen am 31.1.2022; verfügbar unter https://transparencyreport.google.com/eu-privacy/overview?requests_over_time=country:CH&lu=requests_over_time&delisted_urls=start:1401235200000;end:1643673599999;country:DE
81 Dies laut Gemma Galdon Clavell, Datenschutzexpertin, Gründerin von »Eticas Research & Consulting« und der Stiftung »Eticas«, die mehrfach von mir interviewt wurde.
82 Alle erwähnten Ausnahmen sind in Artikel 17 Absatz 3 des Reglamento General de Protección de Datos (RGPD) aufgeführt, veröffentlicht im *BOE* vom 4. Mai 2016; verfügbar unter https://www.boe.es/doue/2016/119/L00001-00088.pdf
83 Dies erläutert Dev Lewis, Wissenschaftler an der Universität Peking (China) und Leiter des Programms Digital Asia Hub, in seinem Aufsatz »Separating Myth From Reality. How China's Social Credit System uses public data for social governance«, veröffentlicht von Nesta als Teil des Berichts »The AI Powered State. China's approach to public sector innovation« (2020); verfügbar unter https://media.nesta.org.uk/documents/Nesta_TheAIPowered State_2020.pdf
84 Vor allem die Episode 1 der dritten Staffel von *Black Mirror*, auf Deutsch »Abgestürzt«, im englischen Original »Nosedive« (Joe Wright, 2016).
85 Lewis, »Separating Myth From Reality« (vgl. Anm. 83 in diesem Kapitel).
86 Ebenda.
87 Ebenda.
88 Ebenda.
89 Ebenda.
90 Im Jahr 2018 wurden 83 Prozent aller Zahlungen in China über Mobilgeräte getätigt, so die Daten von Statista. Vgl. Yihan Ma, »Mobile payment market share in China 2011–2018«, Statista (2020); verfügbar unter https://www.statista.com/statistics/1050151/china-market-share-of-mobile-payments/
91 Ross Andersen, »The Panopticon Is Already Here«, *The Atlantic* (2020); verfügbar unter www.theatlantic.com/magazine/archive/2020/09/china-ai-surveillance/614197

ANHANG

92 Basierend auf Daten, die von CompariTech zusammengestellt und von PreciseSecurity.com analysiert wurden. Referenzen: »Top 10 Countries and Cities by Number of CCTV Cameras«, PreciseSecurity (2019); verfügbar unter https://www.precisesecurity.com/articles/Top-10-Countries-by-Number-of-CCTV-Cameras. »Surveillance camera statistics. Which cities have the most CCTV cameras?«, Comparitech (2020); verfügbar unter https://www.comparitech.com/vpn-privacy/the-worlds-most-surveilled-cities/
93 »Startschuss für intelligente Videoüberwachung«, Stadt Mannheim (2018); verfügbar unter https://www.mannheim.de/de/nachrichten/startschuss-fuer-intelligente-videoueberwachung
94 »Automating Society Taking Stock of Automated DecisionMaking in the EU«, AlgorithmWatch und Bertelsmann Stiftung (2019); verfügbar unter https://algorithmwatch.org/wp-content/uploads/2019/02/Auto mating_Society_Report_2019.pdf
95 Jamie Bartlett, *The People vs Tech. How the Internet is Killing Democracy (and How We Save It)*, New York, Penguin Random House, 2018.
96 Joseph Menn, »Exclusive. Apple dropped plan for encrypting backups after FBI complained«, Reuters (2020); verfügbar unter https://www.reuters.com/article/us-apple-fbi-icloud-exclusive/exclusive-apple-dropped-plan-for-encrypting-backups-after-fbi-complained-sources-idUSKBN1ZK1CT
97 Patrick Howell O'Neill, »US senators on encryption back doors. ›We will impose our will‹ on Apple and Facebook«, *MIT Technology Review* (2019); verfügbar unter https://www.technologyreview.com/2019/12/10/131634/us-senators-on-encryption-backdoors-we-will-impose-our-will-on-apple-and-facebook/
98 »Council Resolution on Encryption – Security through encryption and security despite encryption«, 2020; verfügbar unter https://data.consilium.europa.eu/doc/document/ST-13084-2020-REV-1/en/pdf
99 »The Rise of Central Bank Digital Currencies«, Atlantic Council, 2021; verfügbar unter https://www.atlanticcouncil.org/blogs/econographics/the-rise-of-central-bank-digital-currencies/
100 Shoshana Zuboff, *Das Zeitalter des Überwachungskapitalismus*, Frankfurt am Main, Campus, 2018.
101 Vgl. Anm. 98 in diesem Kapitel.
102 Ebenda.
103 Eileen Yu, »Singapore police can access Covid-19 contact tracing data for criminal investigations«, ZDNet (2021); verfügbar unter https://www.zdnet.com/article/singapore-police-can-access-covid-19-contact-tracing-data-for-criminal-investigations/
104 »You can log out, but you can never leave. How Amazon manipulates consumers to keep them subscribed to Amazon Prime«, Norwegischer Verbraucherrat, 2021; verfügbar unter https://fil.forbrukerradet.no/wp-content/uploads/2021/01/2021-01-14-you-can-log-out-but-you-can-never-leave-final.pdf
105 Aus dem Schreiben von Public Citizen, Campaign for a Commercial-Free Childhood, Center for Digital Democracy, Center for Economic Justice,

ANMERKUNGEN ZU KAPITEL 8

Consumer Federation of America, Electronic Privacy Information Center und U.S. PIRG an die FTC, 14. Januar 2021; verfügbar unter https://www.citizen.org/wp-content/uploads/Amazon-Dark-Patterns-FTC-letter-.pdf

106 Das sind Überlegungen der Wissenschaftlerin und Angehörigen der Real Academia de Ingeniería Nuria Oliver, Direktorin eines der Zentren des European Laboratory for Learning and Intelligent Systems (ELLIS), während unseres Gesprächs im Jahr 2019. (Vgl. Esther Paniagua, »Llevo 20 años investigando la inteligencia artificial. Esto es lo que he aprendido y estos serán sus desafíos futuros«, *Xataka* (2019); verfügbar unter https://www.xataka.com/robotica-e-ia/llevo-20-anos-investigando-inteligencia-artificial-esto-que-he-aprendido-estos-seran-sus-desafios-futuros).

8. Gebrochene Versprechen

1 Tim Berners-Lee, »Thirty years after he invented the World Wide Web, Tim Berners-Lee says we all must act to save it«, Quartz (2019); verfügbar unter https://qz.com/1568798/tim-berners-lees-annual-letter-on-the-world-webs-30th-anniversary/
2 Tim Berners-Lee während seiner Rede zur Gründung der W3F Foundation (2008); verfügbar unter https://vimeo.com/1761434
3 Ebenda.
4 Tim Berners-Lee, »Thirty years after he invented the World Wide Web, Tim Berners-Lee says we all must act to save it«, Quartz (2019); verfügbar unter https://qz.com/1568798/tim-berners-lees-annual-letter-on-the-world-webs-30th-anniversary/
5 Die folgende Darstellung von Rechtsverstößen im Netz und das Konzept von Privatheit als einem Grundrecht, aus dem sich andere ableiten, wurden aus den vorherigen Kapiteln dieses Buches entwickelt, wenngleich diese Synthese sich auch auf Expertenwissen von Gemma Galdon Clavell aus folgender Vortragsreihe stützt: »La gobernanza de la inteligencia artificial en el mundo pos-Covid-19. Responsabilidad social, democracia y cooperación transnacional«, ausgerichtet von Globernance, wie von mir im hier genannten Podcast beschrieben, https://palaumacaya.org/es/p/la-gobernanza-de-la-inteligencia-artificial-en-el-mundo-poscovid19_c13504270, sowie im Artikel »El reconocimiento facial necesita una cuarentena«, El Español (2021); verfügbar unter https://www.elespanol.com/invertia/disruptores-innovadores/opinion/20210403/reconocimiento-facial-necesita-cuarentena/570572939_13.html
6 Dem Jahresbericht des spanischen Digitalministeriums Observatorio Nacional de las Telecomunicaciones y de la Sociedad de la Información (ONTSI) zufolge »La sociedad en red. Transformación digital en España«, 2019; verfügbar unter https://www.ontsi.red.es/sites/ontsi/files/2019-10/InformeAnualLaSociedadEn RedEdic2019.pdf
7 »World Social Report 2020. Inequality in a rapidly changing world«, UN, 2020; verfügbar unter https://www.un.org/development/desa/dspd/wp-content/uploads/sites/22/2020/01/World-Social-Report-2020-FullReport.pdf

ANHANG

8 »Household internet access in Germany 2007–2020«, Statista (2021); verfügbar unter https://www.statista.com/statistics/377677/household-internet-access-in-germany

9 Diesem Bericht zufolge: »Digital Economy and Society Index Report 2020 – Human Capital«, Comisión Europea, 2020; verfügbar unter https://ec.europa.eu/digital-single-market/en/human-capital

10 Diesem Bericht der UGT zufolge: »La brecha digital en España«.

11 Ebenda.

12 Ebenda.

13 Diesem Bericht zufolge: »Empowering women in the digital age. Where do we stand?«, Organisation for Economic Co-operation and Development (OECD), 2018; verfügbar unter https://www.oecd.org/digital/empowering-women-in-the-digital-age-brochure.pdf

14 Ebenda.

15 »Bridging the gender divide«, International Telecommunication Union (ITU), 2019; verfügbar unter https://www.itu.int/en/mediacentre/backgrounders/Pages/bridging-the-gender-divide.aspx

16 »The gender gap in internet access. Using a women-centred method«, Web Foundation, 2020; verfügbar unter https://webfoundation.org/2020/03/the-gender-gap-in-internet-access-using-a-women-centred-method/

17 Dies zeigt diese Studie: »Hábitos en el uso del móvil en las familias«, Durcal, 2021.

18 Josh Jacobs, »›Macho‹ culture still nudging women out of tech«, Financial Times (2018); verfügbar unter https://www.ft.com/content/5dd12c50-dd41-11e8-b173-ebef6ab1374a

19 Interview mit María Sefidari vom 7. Februar 2020. Wie aus der Internet-Nutzungsstatistik des Pew Research Center von 1996 hervorgeht; verfügbar unter https://www.pewresearch.org/politics/1996/12/16/online-use/

20 Interview mit María Sefidari vom 7. Februar 2020.

21 Adrienne Massanari, »#Gamergate and The Fappening. How Reddit's algorithm, governance, and culture support toxic technocultures«, New Media & Society (2015); verfügbar unter https://journals.sagepub.com/doi/abs/10.1177/1461444815608807

22 Ebenda.

23 Víctor Navarro, »Feminismo, medios y #GamerGate. Por qué está en guerra el mundo de los videojuegos«, Verne, El País (2014); verfügbar unter https://verne.elpais.com/verne/2014/11/02/articulo/1414911892_000081.html

24 Laura Favaro, »Los estudios críticos de internet. Conceptos, debates y retos«, Teknokultura (2018); verfügbar unter https://revistas.ucm.es/index.php/TEKN/article/view/56687/4564456547157

25 »Web inventor Sir Tim Berners-Lee responds to US net neutrality threat«, W3F, 2017; verfügbar unter https://webfoundation.org/2017/04/sir-tim-berners-lee-responds-to-us-net-neutrality-threat/

26 »In the Matter of Restoring Internet Freedom«, 2017; verfügbar unter https://static.tumblr.com/unowjew/1b8p0vnxq/comments_of_internet_engineersfcc_nn.pdf.

ANMERKUNGEN ZU KAPITEL 8

27 »Loss of net neutrality could harm research«, Nature (2017); verfügbar unter https://www.nature.com/articles/d41586-017-07842-0
28 Der Studie »The Net Neutrality Situation in the EU. Evaluation of the First Two Years of Enforcement« (2019) von der europäischen Vereinigung von Bürgerrechtsorganisationen zum Datenschutz European Digital Rights (EDRi), verfügbar unter https://epicenter.works/sites/default/files/2019_netneutrality_in_eu-epicenter.works-r1.pdf
29 Ebenda; für die Daten hier und in den folgenden Absätzen.
30 Clement, »Google, Amazon, Facebook, Apple, and Microsoft (GAFAM) – statistics & facts«, Statista (2020); verfügbar unter https://www.statista.com/topics/4213/google-apple-facebook-amazon-and-microsoft-gafam/
31 Mónica Mena Roa, »Los gigantes tecnológicos resisten ante la crisis del coronavirus«, Statista (2020); verfügbar unter https://es.statista.com/grafico/21659/ingresos-de-empresas-tecnologicas-seleccionadas-en-el-primer-trimestre-de-2020/
32 Shelley E. Kohan, »Amazon's Net Profit Soars 84 % With Sales Hitting $ 386 Billion«, *Forbes* (2021); verfügbar unter https://www.forbes.com/sites/shelleykohan/2021/02/02/amazons-net-profit-soars-84-with-sales-hitting-386-billion/?sh=18b790bc1334
33 »Google owner Alphabet sees record growth as ad spend soars«, BBC (2021); verfügbar unter https://www.bbc.com/news/business-55913453
34 Chris Welch, »Apple surpasses $ 100 billion in quarterly revenue for first time in its history«, The Verge (2021); verfügbar unter https://www.theverge.com/2021/1/27/22252663/apple-q1-2021-earnings-iphone-12-mac-sales
35 »The new rules of competition in the technology industry«, *The Economist* (2021); verfügbar unter https://www.economist.com/business/2021/02/27/the-new-rules-of-competition-in-the-technology-industry
36 »Bloomberg Billionaires Index View«, Bloomberg (2021); verfügbar unter https://www.bloomberg.com/billionaires/
37 Aktionärsbrief von Netflix vom 19. Januar 2021; verfügbar unter https://s22.q4cdn.com/959853165/files/doc_financials/2020/q4/FINAL-Q420-Shareholder-Letter.pdf
38 Fernando Garcìa, »Netflix duplica beneficios y dispara el nuimero de abonados por la pandemia«, *La Vanguardia* (2020); verfügbar unter https://www.lavanguardia.com/cultura/20200422/48677811708/netflix-duplica-beneficios-pandemia.html
39 Verfasser von *Coimo creamos internet* (Barcelona, Peninsula, 2013) und u. a. ehemaliger Präsident der Internet Society.
40 Cecilia Kang und Mike Isaac, »U. S. and States Say Facebook Illegally Crushed Competition« *The New York Times* (2020); verfügbar unter https://www.nytimes.com/2020/12/09/technology/facebook-antitrust-monopoly.html
41 »Antitrust. Commission fines Google 4.34 billion for illegal practices regarding Android mobile devices to strengthen dominance of Google's search engine«, Comisioin Europea, 2018; verfügbar unter: https://ec.europa.eu/commission/presscorner/detail/en/IP_ 18_4581

ANHANG

42 »Epic Game Files EU Antitrust Complaint Against Apple«, Epic Games (2021); verfügbar unter https://www.epicgames.com/site/en-US/news/epic-games-files-eu-antitrust-complaint-against-apple

43 Spanien ist das EU-Land mit der besten Quote von Glasfaseranschlüssen »bis nach Hause« (Fibre To The Home [FTTH]), so der Bericht »2020 Market Panorama«, FTTH Council Europe, 2020; verfügbar unter https://www.ropa.de/wp-content/uploads/2021/05/FTTH-Council-Europe-Panorama-at-September-2020_12052021.pdf

44 So der Bericht »European Digital Sovereignty«, Oliver Wyman, 2020.

45 Ebenda.

46 Charles McDermid »Cambodia's Internet May Soon Be Like China's: State-Controlled«, *The New York Times* (2022); verfügbar unter https://www.nytimes.com/2022/01/15/business/cambodia-arrests-internet.html

47 Daten laut gs.statcounter.com: »Search Engine Market Share Russian Federation«; verfügbar unter https://gs.statcounter.com/search-engine-market-share/all/russian-federation

48 Kai-Fu Lee, *AI-Superpowers. China, Silicon Valley und die neue Weltordnung*, Frankfurt am Main, Campus, 2019.

DRITTER TEIL: EIN NEUER TAG BRICHT AN
9. Ungewisse Zukunft

1 Der Brief trägt nun den Titel »G is for Google« und ist der einleitende Text der Website von Alphabet, verfügbar unter https://abc.xyz/

2 Davide Castelvecchi, »AI pioneer: ›The dangers of abuse are very real‹«, *Nature* (2019); verfügbar unter https://www.nature.com/articles/d41586-019-00505-2

3 Dies ist eine der vernichtenden Schlussfolgerungen eines Berichts des britischen Ausschusses für Digitales, Kultur, Medien und Sport, der 2019 veröffentlicht wurde und verfügbar ist unter https://publications.parliament.uk/pa/cm201719/cmselect/cmcumeds/1791/1791.pdf

4 Wie in Kapitel 8 erläutert, sind GAFAM (Google, Amazon, Facebook, Apple und Microsoft) und BAT (Baidu, Alibaba und Tencent) die Akronyme für die aus den USA (im ersten Fall) und China (im zweiten Fall) stammenden Technologieriesen.

5 Alain Supiot, vgl. Anm. 104 und 105 in Kapitel 7.

6 Daniel Innerarity, »La pandemia de los datos«, *El País* (2021); verfügbar unter https://elpais.com/opinion/2021-01-21/la-pandemia-de-los-datos.html

7 »Let us breathe! Censorship and criminalization of online expression in Viet Nam«, Amnesty International (2020); verfügbar unter https://www.amnesty.org/download/Documents/ASA4132432020ENGLISH.pdf

8 »Facebook Transparency Report«, Facebook, 2020; verfügbar unter https://transparency.facebook.com

9 »Facebook, YouTube accused of complicity in Vietnam rights abuses«, Al Jazeera (2020); verfügbar unter https://www.aljazeera.com/news/2020/12/1/facebook-youtube-accused-on-complicity-in-vietnam-rights-abusess

ANMERKUNGEN ZU KAPITEL 9

10 Ebenda.
11 James Harkin, *Mobilisation. The growing public interest in mobile technology*, London, Demos, 2003; verfügbar unter http://www.demos.co.uk/files/Mobilisation.pdf
12 Wie der Psychiater und emeritierte Professor der Universität von Kalifornien in San Diego (USA) Saul Levine mir im Rahmen einer Reportage erklärte, die veröffentlicht wurde in *Buena Vida, El País* (2017) und verfügbar ist unter https://elpais.com/elpais/2017/11/06/buenavida/1509965411_556909.html
13 Darauf weist José Manuel Sánchez hin, der Co-Direktor des Centro de Estudios del Coaching.
14 »Technology adoption in US households, 2005 to 2019«, Our World in Data (2019); verfügbar unter https://ourworldindata.org/grapher/technology-adoption-by-households-in-the-united-states?tab=chart&stackMode=absolute&time=2005..2019&country=~Social%20media%20usage&region=World
15 2018 hatte Facebook 2,26 Milliarden Nutzer, 2008 waren es 100 Millionen (https://ourworldindata.org/grapher/usersbysocialmediaplatform?time=2008.2019&country=~Facebook); die Weltbevölkerung lag 2008 bei 6,8 Milliarden und 2018 bei 7,63 Milliarden (https://ourworldindata.org/grapher/world-population-by-world-regions-post-1820), so die Daten von Our World in Data.
16 Der Begriff wird definiert von Sinan Aral in *The Hype Machine*, London, HarperCollins, 2020.
17 Brian A. Primack u. a., »Social Media Use and Perceived Social Isolation Among Young Adults in the U. S.«, *American Journal of Preventive Medicine* (2017); verfügbar unter https://www.ajpmonline.org/article/S0749-3797(17)30016-8/fulltext
18 Gemäß dem Interview von Jordi Évole mit Zygmunt Bauman: »Se dio cuenta de que nuestra peor pesadilla es ser abandonados«, *Salvados* (2017); verfügbar unter https://www.youtube.com/watch?v=_EnGbibIGx4
19 Ricardo de Querol, »Zygmunt Bauman. ›Las redes sociales son una trampa‹«, *El País* (2016); verfügbar unter https://elpais.com/cultura/2015/12/30/babelia/1451504427_675885.html
20 So Ángel Gómez de Ágreda, Leiter des Bereichs Geopolitische Analyse der Abteilung für Sicherheits- und Verteidigungskoordination und -studien des Generalsekretariats für Verteidigungspolitik (SEGENPOL, im spanischen Verteidigungsministerium) und Autor von *Mundo Orwell. Manual de supervivencia para un mundo hiperconectado* (Barcelona, Ariel, 2019), bei unserem Gespräch am 3. März 2020.
21 Maksym Gabielkov, »Social Clicks. What and Who Gets Read on Twitter?«, *ACM Sigmetrics* (2016); verfügbar unter https://dl.acm.org/doi/10.1145/2964791.2901462
22 Annie Reneau, »I wrote a news headline that didn't even link to a story. Over 2,000 people commented on it anyway«, *Upworthy* (2019); verfügbar unter https://www.upworthy.com/comments-didnt-read-the-article
23 Vgl. Marc Hooghe und Jennifer Oser, »Internet, television and social capital. The effect of ›screen time‹ on social capital«, *Information, Communication &*

Society (2015); verfügbar unter https://doi.org/10.1080/1369118X.2015.
1022568; B. Veenhof u. a., »How Canadians' Use of the Internet Affects Social
Life and Civic Participation«, Science, Innovation and Electronic Information
Division (SIEID), Ottawa, Kanada, 2008; verfügbar unter https://www150.
statcan.gc.ca/n1/en/pub/56f0004m/56f0004m2008016-eng.pdf?st=UUXUi
WEk

24 Das zeigt die Studie, die der Mathematiker Esteban Moro im Rahmen des Projekts »Atlas der Ungleichheit« durchgeführt hat, verfügbar unter https://inequality.media.mit.edu/
25 Darauf weist José María Lassalle in seinem Buch *Ciberleviatán* hin (Barcelona, Arpa, 2019).
26 So die Analyse von Lorena Jaume-Palasí, Gründerin der Ethical Tech Society, während unseres Gesprächs am 22. Juli 2020.
27 Ebenda.
28 Das ist die Auffassung von Lorena Jaume-Palasí, der Gründerin der Ethical Tech Society, die von mir am 22. Juli 2020 hierzu befragt wurde.
29 Laut der offiziellen Version von Google war sie es, die kündigte, nachdem Google gewisse Bedingungen nicht erfüllt hatte, die die Forscherin gestellt hatte. Für weitere Einzelheiten vgl. Casey Newton, »The withering email that got an ethical AI researcher fired at Google«, *Platformer* (2020); verfügbar unter: https://www.platformer.news/p/the-withering-email-that-got-an-ethical
30 Emma Strubell u. a., »Energy and Policy Considerations for Deep Learning in NLP«, *Proceedings of the 57th Annual Meeting of the Association for Computational Linguistics* (2019); verfügbar unter https://www.aclweb.org/anthology/P19-1355.pdf
31 Bericht »Data Centres and Data Transmission Networks«, International Energy Agency (IEA), 2020; verfügbar unter https://www.iea.org/reports/data-centres-and-data-transmission-networks
32 Die Zahlen variieren je nach der für die Messungen und Prognosen verwendeten Methodik. Vgl. Anders S. G. Andrae, »On Global Electricity Usage of Communication Technology. Trends to 2030«, *Challenges* (2015); verfügbar unter https://doi.org/10.3390/challe6010117; »ICT Carbon footprint«, European Framework Initiative for Energy & Environmental Efficiency in the ICT Sector; verfügbar unter https://ictfootprint.eu/en/about/ict-carbon-footprint/ict-carbon-footprint; Anders S. G. Andrae, »New perspectives on internet electricity use in 2030«, *Engineering and Applied Science Letter* (2020); verfügbar unter https://pisrt.org/psr-press/journals/easl-vol-3-issue-2-2020/new-perspectives-on-internet-electricity-use-in-2030/
33 Schätzungen aus der Studie von Anders S. G. Andrae aus dem Jahr 2015, überarbeitet im Jahr 2020. Vgl. die Quellen in der vorhergehenden Anmerkung.
34 Bericht »The Global Internet Phenomena Report«, Sandvine (2020); verfügbar unter https://www.sandvine.com/hubfs/Sandvine_Redesign_2019/Downloads/2020/Phenomena/Covid%20Internet%20 Phenomena%20Report%2020200507.pdf

ANMERKUNGEN ZU KAPITEL 9

35 Bericht »Cisco Annual Internet Report (2018–2023) White Paper«, Cisco (2020); verfügbar unter https://www.cisco.com/c/en/us/solutions/collateral/executive-perspectives/annual-internet-report/white-paper-c11-741490.html
36 Ebenda.
37 Bericht »Lean ICT. Towards Digital Sobriety«, The Shift Project (2019); verfügbar unter https://theshiftproject.org/wp-content/uploads/2019/03/Lean-ICT-Report_The-Shift-Project_2019.pdf. Vgl. auch Anm. 33 in diesem Kapitel.
38 Insgesamt mehr als 55 Prozent im Jahr 2019 und 57,64 Prozent in den ersten Monaten des Jahres 2020, so der Sandvine-Bericht (vgl. Anm. 34 in diesem Kapitel).
39 Dies ist eine zurückhaltende Schätzung, wenn man die mögliche Fehlerspanne bei den für 2020 prognostizierten Gesamtemissionen des IKT-Sektors (687 Millionen Tonnen) bedenkt, so der Bericht »Trayectorias de emisiones de gases de efecto invernadero para el sector de las TIC compatibles con el Acuerdo de París de la CMNUCC«, Unión Internacional de Telecomunicaciones (2020); verfügbar unter https://www.itu.int/ITU-T/recommendations/rec.aspx?rec=14084
40 Nach Angaben von »Our World in Data« emittierte Deutschland im Jahr 2020 644,31 Millionen Tonnen Kohlendioxid. Vgl. Hannah Ritchie und Max Roser, »Germany: CO_2 Country Profile«, Our World in Data (2022); verfügbar unter https://ourworldindata.org/co2/country/germany
41 Christian Stoll u. a., »The Carbon Footprint of Bitcoin«, *Joule* (2019); verfügbar unter https://www.cell.com/joule/fulltext/S2542-4351(19)30255-7
42 George Kamiya, »Bitcoin energy use – mined the gap«, International Energy Agency (IEA) (2019); verfügbar unter https://www.iea.org/commentaries/bitcoin-energy-use-mined-the-gap
43 Alex de Vries, »Bitcoin's energy consumption is underestimated. A market dynamics approach«, *Energy Research & Social Science* (2020); verfügbar unter https://doi.org/10.1016/j.erss.2020.101721
44 Laut dem Bitcoin Energy Consumption Index (BECI), 8. Februar 2021 (vgl. https://digiconomist.net/bitcoin-energy-consumption).
45 »Bitcoin consumes ›more electricity than Argentina‹«, BBC (2021); verfügbar unter https://www.bbc.com/news/technology-56012952
46 Ebenda.
47 Die Bruttoemissionen von Treibhausgasen in Neuseeland betrugen im Jahr 2018 78,9 Millionen Tonnen. Vgl. »New Zealand's Greenhouse Gas Inventory«, 2020, Umweltministerium von Neuseeland, verfügbar unter https://www.mfe.govt.nz/climate-change/state-of-our-atmosphere-and-climate/new-zealands-greenhouse-gas-inventory#:~:text=New%20Zealand's%20gross%20greenhouse%20gas%20emissions%20in%202018%20were%2078.9,decreased%20by%201%20per%20cent
48 Laut dem Cambridge Bitcoin Electricity Consumption Index (CBECI); verfügbar unter https://cbeci.org
49 Laut der Analyse von South Pole für das Projekt CleanCoin; verfügbar unter http://www.cleancoins.io/files/cleancoin/factsheet.pdf

50 Camilo Mora u. a., »Bitcoin emissions alone could push global warming above 2 °C«, *Nature Climate Change* (2018); verfügbar unter https://www.nature.com/articles/s41558-018-0321-8
51 Ebenda.
52 »Encuesta sobre equipamiento y uso de tecnologías de información y comunicación en los hogares«, INE, 2020; verfügbar unter https://www.ine.es/prensa/tich_2020.pdf
53 Laut der jährlichen E-Commerce-Studie des IAB für 2020, verfügbar unter https://iabspain.es/download/41528/
54 Sadegh Shahmohammadi u. a., »Comparative Greenhouse Gas Footprinting of Online versus Traditional Shopping for Fast-Moving Consumer Goods. A Stochastic Approach«, *Environmental Science and Technology* (2020); verfügbar unter https://pubs.acs.org/doi/pdf/10.1021/acs.est.9b06252
55 »Global E-Waste – Statistics & Facts«, Statista (2020); verfügbar unter https://www.statista.com/topics/3409/electronic-waste-worldwide/#:~:text=In%202018%2C%20just%20percent,metric%20tons%20was%20produced%20worldwide.&text=However%2C%20e-waste%20generation%20per,developed%20nations%20in%20the%20west
56 Ebenda.
57 José Luis Sanz, »Italia condena a Apple por la obsolescencia programada en sus iPhone«, *Cinco Dias* (2020); verfügbar unter https://cincodias.elpais.com/cincodias/2020/06/01/lifestyle/1590995739_694167.html
58 »Apple pagará unos 25 dólares a los usuarios de iPhone afectados por la obsolescencia programada en EE UU«, Europa Press (2020); verfügbar unter https://www.europapress.es/portaltic/sector/noticia-apple-pagara-25-dolares-usuarios-iphone-afectados-obsolescencia-programada-eeuu-20200713183734.html
59 Laut dem Bericht »Die weltweite Perspektive der biologischen Vielfalt 5«, Sekretariat des Übereinkommens über die biologische Vielfalt (UNO), 2020; verfügbar unter https://www.cbd.int/gbo/gbo5/publication/gbo-5-es.pdf
60 Karn Vohra u. a., »Global mortality from outdoor fine particle pollution generated by fossil fuel combustion. Results from GEOS-Chem«, *Environmental Research* (2021); verfügbar unter https://doi.org/10.1016/j.envres.2021.110754
61 David Coopers Stellungnahme gegenüber der *New York Times*. Vgl. Catrin Einhorn, »A ›Crossroads‹ for Humanity. Earth's Biodiversity Is Still Collapsing«, *The New York Times* (2020); verfügbar unter https://www.nytimes.com/2020/09/15/climate/biodiversity-united-nations-report.html
62 Vgl. Anm. 25 in diesem Kapitel.
63 Shoshana Zuboff, *Das Zeitalter des Überwachungskapitalismus*, Frankfurt am Main, Campus, 2018.
64 Jill Lepore, »A Golden Age for Dystopian Fiction«, *The New Yorker* (2017); verfügbar unter https://www.newyorker.com/magazine/2017/06/05/a-golden-age-for-dystopian-fiction

ANMERKUNGEN ZU KAPITEL 10

10. Erneutes Vertrauen

1 Andrew Perrin, »Americans Are Changing Their Relationship with Facebook«, Pew Research Center, 2018; verfügbar unter www.pewresearch.org/fact-tank/ 2018/09/05/americans-are-changing-their-relationship-with-facebook/
2 Börsenentwicklung der Facebook-Aktien, 2020, Yahoo Finance; verfügbar unter https://finance.yahoo.com/quote/FB/history?period1=1521158400& period2=1522108800&interval=1d&filter=history&frequency=1d&include AdjustedClose=true
3 »FTC Imposes $5 Billion Penalty and Sweeping New Privacy Restrictions on Facebook«, FTC, 2019; verfügbar unter https://www.ftc.gov/news-events/press-releases/2019/07/ftc-imposes-5-billion-penalty-sweeping-new-privacy-restrictions
4 California Consumer Privacy Act of 2018; verfügbar unter https://leginfo.legislature.ca.gov/faces/billTextClient.xhtml?bill_id=201720180SB1121
5 Mike Isaac, »Uber C.E.O. to Leave Trump Advisory Council After Criticism«, *The New York Times* (2017); verfügbar unter https://www.nytimes.com/2017/ 02/02/technology/uber-ceo-travis-kalanick-trump-advisory-council.html
6 Ian Sample, »The great project. How Covid changed science for ever«, *The Guardian* (2020); verfügbar unter https://www.theguardian.com/world/2020/ dec/15/the-great-project-how-covid-changed-science-for-ever
7 Im englischsprachigen Wikipedia erschienener Artikel über Wikipedia (Stand 21.1.2021); verfügbar unter https://en.wikipedia.org/wiki/Wikipedia#cite_ note-Econ21-6
8 »About the Internet Archive«, Internet Archive, https://archive.org/about/
9 Die Kontroverse um Richard Stallman hat nichts mit seiner Verteidigung freier Software zu tun, sondern vielmehr mit seinen Äußerungen zur Verteidigung von Pädophilie und Kinderpornographie sowie Beleidigungen gegenüber Menschen mit Behinderungen und der ihm vorgeworfenen sexistischen Einstellung gegenüber Frauen. Aus all diesen Gründen musste er von der Präsidentschaft der von ihm selbst gegründeten Free Software Foundation (FSF) zurücktreten, in deren Leitungsgremium er jedoch 2021 (nicht ohne Widerspruch) zurückkehrte. Vgl. Edward Ongweso Jr., »Famed Computer Scientist Richard Stallman Described Epstein Victims As ›Entirely Willing‹«, *Vice* (2019), verfügbar unter https://www.vice.com/en/article/ 9ke3ke/famed-computer-scientist-richard-stallman-described-epstein-victims-as-entirely-willing; »Richard Stallman's personal political notes from 2003: May–August«, verfügbar unter https://stallman.org/archives/2003-may-aug. html; »Richard Stallman's personal political notes from 2006: March–June«, verfügbar unter https://stallman.org/archives/2006-mar-jun.html#05%20 June%202006%20%28Dutch%20paedophiles%20form%20political%20 party%29; »Richard Stallman's personal political notes from 2012: July–October«, verfügbar unter https://stallman.org/archives/2012-jul-oct.html#15_ September_2012_%28Censorship_of_child_pornography%29; Danny O'Brien, »Statement on the Re-election of Richard Stallman to the FSF Board«, Electronic Frontier Foundation (EFF) (2021), verfügbar unter https://www.eff. org/es/deeplinks/2021/03/statement-re-election-richard-stallman-fsf-board

ANHANG

10 Richard Stallman, »Free Software Is Even More Important Now«, GNU, 2013; verfügbar unter https://www.gnu.org/philosophy/free-software-even-more-important.html.en (Übersetzung des Zitats aus dem Englischen von M. F. und Th. S.).
11 »European Commission Open Source Study«, 2021, Fraunhofer-Institut und OpenForum Europe; verfügbar unter https://openforumeurope.org/wp-content/uploads/2021/02/Summit-Study-Presentation.pdf
12 So Mara Balestrini, Expertin auf dem Gebiet der Mensch-Computer-Interaktion, Mitbegründerin von SalusCoop und ehemalige Direktorin von Ideas for Change, in einem am 10. Februar 2021 geführten Interview.
13 Ebenda.
14 Mara Balestrini, »A City in Common Explorations on Sustained Community Engagement with Bottom-up Civic Technologies«, University College London, 2017; verfügbar unter https://discovery.ucl.ac.uk/id/eprint/1547540/
15 Paula Forteza, »The future of Digital Democracy«, Citizenlab, 2020; verfügbar unter https://docsend.com/view/afwdxfw
16 Aelita Skaržauskienė und Monika Mačiulienė, »Mapping International Civic Technologies Platforms«, *Informatics* (2020); verfügbar unter https://doi.org/10.3390/informatics7040046
17 »Wirkungsbericht 2018«, Change.org (2019); verfügbar unter https://static.change.org/brand-pages/impact/reports/2019/change.org_Impact_Report_spanish_FINAL.pdf
18 Vgl. Anm. 23 in Kapitel 9.
19 Ebenda.
20 Eine Initiative, die vom Fablab Barcelona aus von Mara Balestrini koordiniert wurde, im Rahmen des europäischen Projekts Making Sense, http://makingsense.eu/campaigns/placadelsol/
21 Allein der Civic Tech Field Guide (https://civictech.guide/) listet mehr als 4000 auf.
22 Vgl. Anm. 23 in Kapitel 9.
23 Samuel Bowles und Jung-Kyoo Choi, »Coevolution of farming and private property during the early Holocene«, *Proceedings of the National Academy of Sciences (PNAS)* (2013); verfügbar unter https://www.pnas.org/content/pnas/110/22/8830.full.pdf
24 »Los modelos colaborativos y bajo demanda en plataformas digitales«, Adigital und Sharing España, 2017.
25 Ebenda.
26 Ebenda.
27 Rachel Botsman Roo Rogers, »Más allá de Zipcar. Consumo colaborativo«, *Harvard Business Review* (2011); verfügbar unter https://hbr.org/2010/10/beyond-zipcar-collaborative-consumption?language=es
28 Auch hier laut dem Autor und Plattformökonomie-Spezialisten Albert Cañigueral, Gründer von ConsumoColaborativo.com im Jahr 2011.
29 Ebenda.

ANMERKUNGEN ZU KAPITEL 11

30 Madrid, Barcelona, Saragossa, Valencia, A Coruña und mehrere andalusische Ortschaften sind einige der spanischen Städte, die eine Bürgerbeteiligung an der Haushaltsplanung eingeführt haben, wenngleich kritisiert wird, dass sowohl der Umfang der Beteiligung und das Vorschlagsrecht der Bürger als auch die Höhe der Finanzmittel, über die sie entscheiden dürfen, begrenzt sind.
31 Olivera Kostoska und Ljupco Kocarev, »A Novel ICT Framework for Sustainable Development Goals«, *Sustainability* (2019); verfügbar unter https://doi.org/10.3390/su11071961
32 J. Wu u. a., »Information and Communications Technologies for Sustainable Development Goals. State-of-the-Art, Needs and Perspectives«, IEEE, 2018; verfügbar unter https://ieeexplore.ieee.org/document/8306870
33 Ebenda.
34 Ebenda.
35 Ebenda.

11. Der Anfang vom Ende

1 Shoshana Zuboff, »Facebook, Google and a dark age of surveillance capitalism«, Financial Times (2019); verfügbar unter https://www.ft.com/content/7fafec06-1ea2-11e9-b126-46fc3ad87c65
2 Tim Berners-Lee, »Thirty years after he invented the World Wide Web, Tim Berners-Lee says we all must act to save it«, *Quartz* (2019); verfügbar unter https://qz.com/1568798/tim-berners-lees-annual-letter-on-the-world-webs-30th-anniversary/
3 So einer der Beteiligten, Anwalt Javier de la Cueva, im Interview vom 25. Februar 2021. Einige andere Beteiligte bestätigten die Geschichte, über die auch teils die Medien berichteten. In einem *Wired*-Artikel räumte Larry Sanger, Mitgründer von Wikipedia, ein, dass »die Abspaltung der spanischen Wikipedia vielleicht das Zünglein an der Waage für eine hundert Prozent werbefreie Wikipedia« war. Laut dem anderen Gründer (Jimmy Wales) war »die spanische Abspaltung ein wichtiges Ereignis in der Geschichte von Wikipedia, das aber keine großen Veränderung angestoßen hat«. Es sei seine eigene Weigerung gewesen, Werbung zu akzeptieren, die Wikipedia zu dem gemacht habe, was sie heute ist. Nathaniel Tkacz, »The Spanish Fork. Wikipedias ad-fuelled mutiny«, *Wired* (2011); verfügbar unter https://www.wired.co.uk/article/wikipedia-spanish-fork.
4 Vgl. Anm. 1 in diesem Kapitel.
5 Ebenda.
6 »Testimony before the U. S. China Economic and Security Review Commission. Hearing on China's Strategic Aims in Africa«, Economic and Security Review Commission der USA und Chinas, 2020; verfügbar unter https://www.uscc.gov/sites/default/files/Feldstein_Testimony.pdf
7 »Democracies must team up to take on China in the technosphere«, *The Economist* (2020); verfügbar unter https://www.economist.com/briefing/2020/11/19/democracies-must-team-up-to-take-on-china-in-the-technosphere

ANHANG

8   So Lorena Jaume-Palasí, Gründerin der Ethical Tech Society, mehrfach interviewt 2019, 2020 und 2021.
9   So Gemma Galdon Clavell, Gründerin von »Eticas Research Consulting« und »Eticas Foundation« und Pionierin auf dem Gebiet der ethischen Überprüfung von Algorithmen; mehrfach interviewt 2019, 2020 und 2021.
10 Basierend auf dem Vorschlag der Denkfabrik »Council on Foreign Relations« (CFR) in ihrem Bricht »Weaponizing Digital Trade. Creating a Digital Trade Zone to Promote Online Freedom and Cybersecurity«, 2020; verfügbar unter https://cdn.cfr.org/sites/default/files/report_pdf/weaponizing-digital-trade_csr_combined_final.pdf
11 Etwas Ähnliches schlägt Ian Bremmer vor, Leiter und Gründer des Forschungs- und Beratungsunternehmens für politische Risiken »Eurasia Group«, der sich für die Schaffung einer globalen Datenorganisation ausspricht. Vgl. Ian Bremmer: »Why we need a World Data Organization. Now«, GZERO (2019); verfügbar unter https://www.gzeromedia.com/why-we-need-a-world-data-organization-now
12 Dies ist einer der Vorschläge von Shoshana Zuboff in einem Interview mit der Chefredakteurin von *The Markup*, Julia Angwin, erschienen im wöchentlichen Newsletter, Ausgabe vom 13. Februar 2021.
13 Ebenda.
14 Auszug aus der Rede von Tim Cook während der CPDP-Konferenz (Computers, Privacy and Data Protection) am 3. Februar 2021; verfügbar unter https://youtu.be/OaLxTz1Yw7M
15 So Ex-Google-Mitarbeiter James Williams in *Clicks against humanity*, Cambridge University Press, 2018.
16 Vgl. Carissa Véliz: *Privacidad es poder*, 2021.
17 Tim Hwang, *Subprime Attention Crisis. Advertising and the Time Bomb at the Heart of the Internet*, New York, Farrar, Straus and Giroux, 2020.
18 »EDPS Opinions on the Digital Services Act and the Digital Markets Act«, 2021, European Data Protection Supervisor (EDPS); verfügbar unter https://edps.europa.eu/press-publications/press-news/press-releases/2021/edps-opinions-digital-services-act-and-digital_de
19 Emily Stewart, »Poll. Two thirds of Americans want to break up companies like Amazon and Google«, *Vox* (2019); verfügbar unter https://www.vox.com/policy-and-politics/2019/9/18/20870938/break-up-big-tech-google-facebook-amazon-poll
20 »Techlash 2020. Why the technology sector needs to lean in now on consumer expectations«, FleishmanHillard, 2020; verfügbar unter https://fleishmanhillard.com/wp-content/uploads/2021/03/Techlash-2020-Why-the-Technology-Sector-Needs-to-Lean-in-Now-on-Consumer-Expectations.pdf
21 »Vorschlag für eine Verordnung des Europäischen Parlaments und des Rates über bestreitbare und faire Märkte im digitalen Sektor (Gesetz über digitale Märkte)«, Amtsblatt der Europäischen Union (2020); verfügbar unter https://eur-lex.europa.eu/legal-content/DE/TXT/PDF/?uri=CELEX:52020PC0842&from=DE

ANMERKUNGEN ZU KAPITEL 11

22 »Vorschlag für eine Verordnung des Europäischen Parlaments und des Rates über die Achtung des Privatlebens und den Schutz personenbezogener Daten in der elektronischen Kommunikation und zur Aufhebung der Richtlinie 2002/58/EG (Verordnung über Privatsphäre und elektronische Kommunikation)«, Amtsblatt der Europäischen Union (2017); verfügbar unter https://eur-lex.europa.eu/legal-content/DE/TXT/PDF/?uri=OJ:L:2002:201:FULL&from=DE
23 So beschreibt es Martin Tisné in »Data isn't the new oil, it's the new CO_2«, *Luminate*, 2019; verfügbar unter https://luminategroup.com/posts/blog/data-isnt-the-new-oil-its-the-new-co2
24 So Javier de la Cueva, Jurist, Doktor der Philosophie und Forscher auf dem Gebiet der Beziehungen zwischen Recht und Technologie, Interview vom 25. Februar 2021; Mark Wilkinson u. a., »The FAIR Guiding Principles for scientific data management and stewardship«, *Nature* (2016); verfügbar unter https://www.nature.com/articles/sdata201618
25 Vgl. Anm. 16 in diesem Kapitel.
26 Ebenda.
27 Nach Artikel 8 der DSGVO, »Bedingungen für die Einwilligung eines Kindes in Bezug auf Dienste der Informationsgesellschaft«, BOE (2016); verfügbar unter https://www.boe.es/doue/2016/119/L00001-00088.pdf
28 Francesco Rodella, »Poleimica por la violacioin del avatar de una niña de siete años en un popular videojuego«, *El País* (2018); verfügbar unter https://elpais.com/tecnologia/2018/07/06/actualidad/1530871736_133106.html
29 Urteil Nr. 123/2020 vom 6. Oktober 2020. Urteile des Gerichtshofs in den Rechtssachen C-511/18, C-512/18, C-520/18, C-623/17, Gerichtshof der Europäischen Union, La Quadrature du Net und weitere; verfügbar unter https://eur-lex.europa.eu/legal-content/DE/TXT/PDF/?uri=OJ:L:2016:119:FULL&from=DE
30 Vgl. Anm. 14 in diesem Kapitel.
31 Ryan Mac und Craig Silverman, »Facebook Has A Metric For ›Violence And Incitement Trends‹. It's Rising«, *BuzzFeed* (2020); verfügbar unter https://www.buzzfeednews.com/article/ryanmac/facebook-internal-metric-violence-incitement-rising-vote
32 Kevin Roose »In Pulling Trump's Megaphone, Twitter Shows Where Power Now Lies«, *The New York Times* (2021); verfügbar unter https://www.nytimes.com/2021/01/09/technology/trump-twitter-ban.html
33 »Angela Merkel calls Trump Twitter ban ›problematic‹«, Deutsche Welle (englisch), 11.1.2021.
34 »Code of Practice on Disinformation«; verfügbar unter https://digital-strategy.ec.europa.eu/en/policies/code-practice-disinformation
35 Wie es Joan Donovan vorschlägt, Forschungsdirektorin vom »Shorenstein Center on Media, Politics and Public Policy« der Harvard Kennedy School und Verantwortliche für das »Technology and Social Change Project« (TaSC).

36 Anne Applebaum und Peter Pomerantsev, »How to Put Out Democracy's Dumpster Fire«, *The Atlantic* (2021); verfügbar unter https://www.theatlantic.com/magazine/archive/2021/04/the-internet-doesnt-have-to-be-awful/618079/
37 »Vorschlag für eine Verordnung des Europäischen Parlaments und des Rates über einen Binnenmarkt für digitale Dienste (Gesetz über digitale Dienste) und zur Änderung der Richtlinie 2000/31/EG«, https://eur-lex.europa.eu/legal-content/DE/TXT/PDF/?uri=CELEX:52020PC0825&from=DE
38 Hannah Arendt, *Zwischen Vergangenheit und Zukunft. Übungen im politischen Denken*, München, Piper, 1994. Im Original von 1961.
39 Simona Levi (Regisseurin), *#FakeYou. Fake news y desinformacioìn*, Barcelona, Rayo Verde, 2019.
40 Im März 2021, als dieses Kapitel geschrieben wurde, befand sich die Initiative Birdwatch für die USA in der Probephase. Weitere Informationen unter https://twitter.github.io/birdwatch/
41 Vgl. Nathan Matias, »Persuading Algorithms with an AI Nudge Fact Checking Can Reduce the Spread of Unreliable News. It Can Also Do the Opposite«, Medium (2017), verfügbar unter https://medium.com/mit-medialab/persuading-algorithms-with-an-ai-nudge-25c92293df1d, und J. Nathan Matias, »Nudging Algorithms by Influencing Human Behavior. Effects of Encouraging Fact Checking on News Rankings Contributors«, OSF, 2020, verfügbar unter https://osf.io/m98b6/
42 Urteil ECLI: NL: RBDHA: 2020: 1878, »SyRI legislation in breach of European Convention on Human Rights«, Den Haager Gericht, 2020; verfügbar unter https://uitspraken.rechtspraak.nl/inziendocument?id=ECLI:NL:RBDHA:2020:1878
43 »Vorschlag für eine Verordnung des Europäischen Parlaments und des Rates zur Festlegung harmonisierter Vorschriften für Künstliche Intelligenz (Gesetz über Künstliche Intelligenz) und zur Änderung bestimmter Rechtsakte der Union)«, Europäische Kommission, 2021; verfügbar unter https://eur-lex.europa.eu/resource.html?uri=cellar:e0649735-a372-11eb-9585-01aa75ed71a1.0019.02/DOC_1&format=PDF
44 Wie im Bericht »Regulating Biometrics. Global Approaches and Urgent Questions«, AINow, 2020 beschrieben; verfügbar unter https://ainowinstitute.org/regulatingbiometrics.pdf
45 Ebenda.
46 Ebenda.
47 »Estrategia Nacional de Inteligencia Artificial« (Nationale Strategie für künstliche Intelligenz), spanische Regierung, 2020; verfügbar unter https://www.lamoncloa.gob.es/presidente/actividades/Documents/2020/ENIAResumen2B.pdf
48 Vgl. Cathy O'Neil, *Angriff der Algorithmen*.
49 So die Europäische Kommission in ihrem Dokument »Ethik-Leitlinien für eine vertrauenswürdige KI« (2019); verfügbar unter https://op.europa.eu/de/publication-detail/-/publication/d3988569-0434-11ea-8c1f-01aa75ed71a1
50 Ebenda.

ANMERKUNGEN ZU KAPITEL 11

51 Williams, *Clicks against humanity*.
52 Emanuel Derman und Paul Wilmott, »The Financial Modelers' Manifesto«, 2009; verfügbar unter https://www.uio.no/studier/emner/sv/oekonomi/ECON4135/h09/undervisningsmateriale/FinancialModelersManifesto.pdf
53 Julian Oliver, Gordan Savičić und Danja Vasiliev, »The Critical Engineering Manifesto«, The Critical Engineering Working Group, 2011; verfügbar unter https://criticalengineering.org/de
54 Vgl. Anm. 51 in diesem Kapitel.
55 Ebenda.
56 Laut der Gewerkschaft »Alphabet Workers Union«, https://twitter.com/alphabetworkers/status/1346050124544233473
57 Carl B. Frey, *The Technology Trap. Capital, Labor, and Power in the Age of Automation*, Princeton (New Jersey), Princeton University Press, 2019.
58 Genis Roca, »Tener trabajo ya no garantiza tener derechos«, VIA Empresa (2020); verfügbar unter https://www.viaempresa.cat/es/opinion/trabajode rechogenisroca_2110488_102.html
59 Albert Cañigueral, *El trabajo ya no es lo que era*, Barcelona, Conecta, 2020.
60 Ebenda.
61 So auch vom Rat der Europäischen Union empfohlen; vgl. »Empfehlung des Rates vom 8. November 2019 zum Zugang zum Sozialschutz für Arbeitnehmer und Selbstständige«, Amtsblatt der Europäischen Union, 2019, verfügbar unter https://eur-lex.europa.eu/legal-content/DE/TXT/PDF/?uri=CELEX:32019H1115(01)&from=FR
62 So der Vorschlag des »Universal Worker Protections Act« des Bundesstaats Washington 2019; verfügbar unter https://lawfilesext.leg.wa.gov/biennium/2019-20/Pdf/Bills/Senate%20Bills/5690.pdf
63 José Mariia Lassalle, *Ciberleviatain*, Barcelona, Arpa, 2019.
64 So bei Jamie Bartlett, *The People vs Tech. How the Internet is Killing Democracy (and How We Save It)*, New York, Penguin Random House, 2018.
65 Einige dieser Vorschläge orientieren sich an den Empfehlungen der Denkfabrik »Council on Foreign Relations« (CFR); vgl. Anm. 11 in diesem Kapitel.
66 Bruce Schneier, *Click Here to Kill Everybody*.
67 Auszug aus Artikel 5 des Nordatlantikvertrags, dem Pakt, der die NATO begründete (1949); verfügbar unter https://www.nato.int/cps/en/natohq/official_texts_17120.htm?selectedLocale=de
68 Vgl. Schneier, *Click Here to Kill Everybody*.
69 Schneier, *Click Here to Kill Everybody*.
70 Dem Bericht »European Digital Sovereignty« zufolge, Oliver Wyman, 2020.
71 So Adam Smith, Berater für Cloud-Dienste, digitale Souveränität und Cybersicherheit bei HiSolutions AG und Berater für Gaia-X, Interview vom 8. März 2021.
72 Den Daten von Statista für das letzte Quartal 2020 zufolge; vgl. https://cdn.statcdn.com/Infographic/images/normal/18819.jpeg

ANHANG

73 Steve Lohr, »He Created the Web. Now He's Out to Remake the Digital-World«, *The New York Times* (2021); verfügbar unter https://www.nytimes.com/2021/01/10/technology/tim-berners-lee-privacy-internet.html
74 So Evan Henshaw-Plath, Interview vom 13. März 2021.
75 Ethan Zuckerman, »The Case for Digital Public Infrastructure Harnessing past successes in public broadcasting to build community oriented digital tools«, Knight First Amendment Institute, Columbia University, 2020; verfügbar unter https://s3.amazonaws.com/kfai-documents/documents/7f5fdaa8d0/Zuckerman-1.17.19-FINAL-.pdf
76 So beschreibt es auch James Williams. Vgl. Anm. 51 in diesem Kapitel.
77 Vgl. Mariana Mazzucato, *Faster than the future. Facing the digital age*, Barcelona, Digital Future Society (DFS), 2021.
78 Auszug aus Tim Cooks Rede auf der CPDP-Konferenz vom 3. Februar 2021; verfügbar unter https://youtu.be/OaLxTz1Yw7M
79 Vgl. Anm. 77 in diesem Kapitel.
80 So schlägt es Gemma Galdon Clavell vor (vgl. Anm. 10 in diesem Kapitel); »Richtlinie 2010/75/EU des Europäischen Parlaments und des Rates vom 24. November 2010 über Industrieemissionen (integrierte Vermeidung und Verminderung der Umweltverschmutzung)« Amtsblatt der Europäischen Union (2010); verfügbar unter https://eur-lex.europa.eu/legal-content/DE/TXT/PDF/?uri=CELEX:32010L0075&from=ES
81 So vorgeschlagen von Simona Levi, Dramaturgin und Mitbegründerin des Kollektivs Xnet für freie Kultur, Expertin für Technopolitik und digitale Rechte; mehrere Interviews im November 2020.

Epilog: Eine Milliarde Sekunden

1 Carlota Pérez, *Technological Revolutions and Financial Capital. The Dynamics of Bubbles and Golden Ages*, London, Edward Elgar, 2002.
2 Azeem Azhars Interview mit Carlota Pérez in seinem Podcast »Exponential View with Azeem Azhar: Bubbles, Golden Ages, and Tech Revolutions« (Staffel 4, Folge 3), *Harvard Business Review* (2019); verfügbar unter https://hbr.org/podcast/2019/10/bubbles-golden-ages-and-tech-revolutions
3 Dana Kanze, Mark A. Conley und E. Tory Higgins, »Research. Organizations That Move Fast Really Do Break Things«, *Harvard Business Review* (2020); verfügbar unter https://hbr.org/2020/02/research-organizations-that-move-fast-really-do-break-things
4 Wie die Daten aus dem Bericht »Sustainable Funds U. S. Landscape Report«, Morningstar, 2021, zeigen; verfügbar unter https://www.morningstar.com/lp/sustainable-funds-landscape-report
5 »Wall Street will soon have to take millennial investors seriously«, *The Economist* (2021); verfügbar unter https://www.economist.com/finance-and-economics/2020/10/20/wall-street-will-soon-have-to-take-millennial-investors-seriously

ANMERKUNGEN ZUM EPILOG

6 Dies geht aus mehreren Studien und Analysen hervor. Vgl. »The new rules of competition in the technology industry«, *The Economist* (2021); verfügbar unter https://www.economist.com/business/2021/02/27/the-new-rules-of-competition-in-the-technology-industry; Shira Ovide, »Tech Is Global. Right?«, *The New York Times* (2021); verfügbar unter https://www.nytimes.com/2020/06/04/technology/internet-global-competition.html, und Casey Newton, »How social networks got competitive again Facebook's surprising new challengers in audio, video, photos, and text«, *Platformer* (2021); verfügbar unter https://www.platformer.news/p/how-social-networks-got-competitive
7 Albert Cañigueral, *El trabajo ya no es lo que era*, Barcelona, Conecta, 2020.